Bildungs-management

Ein Lehrbuch

von
apl. Prof. Dr. Christiane Griese
und
Prof. Dr. Helga Marburger
Technische Universität Berlin

Oldenbourg Verlag München

Bibliografische Information der Deutschen Nationalbibliothek

Die Deutsche Nationalbibliothek verzeichnet diese Publikation in der Deutschen
Nationalbibliografie; detaillierte bibliografische Daten sind im Internet über
<http://dnb.d-nb.de> abrufbar.

© 2011 Oldenbourg Wissenschaftsverlag GmbH
Rosenheimer Straße 145, D-81671 München
Telefon: (089) 45051-0
oldenbourg.de

Lektorat: Kristin Beck
Herstellung: Anna Grosser
Coverentwurf: Kochan & Partner, München
Gedruckt auf säure- und chlorfreiem Papier
Gesamtherstellung: Grafik + Druck GmbH, München

ISBN 978-3-486-59229-0

Vorwort

Drei wesentliche Entwicklungstrends im Bereich Bildung haben dazu geführt, dass ein Bedarf nach Lehr- und Studienmaterialien zum Thema Bildungsmanagement entstanden ist:

Einerseits haben sich die Prozesse der Entwicklung sowie Etablierung von neuen Steuerungsstrukturen und -instrumenten im Bereich Bildung enorm verstärkt. Nicht zuletzt die für Deutschland insgesamt enttäuschenden Ergebnisse der internationalen Schulleistungsvergleichstudien (PISA) erzeugten hier bildungspolitischen Handlungsdruck.

Außerdem lässt sich ein Trend zur Ökonomisierung von Bildungsprozessen erkennen, was sich u. a. darin zeigt, dass die Qualität von Bildungsangeboten auch unter Effizienzgesichtspunkten bewertet wird. Schon längst wird von einem Bildungsmarkt gesprochen, der sich zudem rasant ausdifferenziert hat, nicht nur was die Vielfalt der inhaltlichen Angebote betrifft, sondern vor allem auch die Organisationsformen betreffend, in denen diese realisiert werden.

Zum Dritten wurde die durch den Bologna-Prozess angestoßene flächendeckende Umstrukturierung von Studiengängen zu konsekutiven wie nicht-konsekutiven Bachelor- und Masterabschlüssen auch zur Implementierung inhaltlich neuer, stärker berufsfeldbezogener Studiengänge genutzt. In diesem Kontext wurden auch Studiengänge mit dem Profil „Bildungsmanagement" eingerichtet, die auf die Bedarfe aus der oben beschriebenen Ausgangslage auf dem Bildungsmarkt bzw. in den Handlungsdomänen innerhalb von (Bildungs-) Organisationen und -Institutionen reagierten.

Die Funktionen, die im Bildungssektor wahrgenommen werden müssen, beschränken sich eben nicht mehr nur auf solche didaktisch-methodischer Art. Vielmehr weiten sich diese auf Managementaufgaben aus. Dafür benötigen die Studierenden entsprechendes Know how. Solche Studiengänge vermitteln deshalb nicht nur theoretische Wissensgrundlagen aus den Bildungswissenschaften. Stärker als bisher werden vielmehr anwendungsorientiert sowie disziplinübergreifend die jeweiligen Anforderungen der Arbeitsfelder in die Studieninhalte mit einbezogen. Für Bildungsmanagement-Studiengänge bedeutet das, Lehr- und Studieninhalte aus der (klassischen) Erziehungswissenschaft bzw. den Sozialwissenschaften mit jenen der (klassischen) Betriebswirtschaftslehre zu verknüpfen. Genau jene Verknüpfungs- bzw. Transferleistung ist bisher noch nicht in einem Kompendium für Studium und Lehre geleistet worden.

Das vorliegende Lehrwerk soll diese Lücke schließen. Es richtet sich an einen breiten Leserkreis: Studierende und Lehrende an Universitäten und Fachhochschulen, aber auch berufsbezogener Zweige in der Gymnasialen Oberstufe sowie Lehrende und Lernende in der Erwachsenenbildung, betrieblichen sowie außerbetrieblichen Fort- und Weiterbildung.

Die Texte adressieren drei Schwerpunkte:

Im ersten erfolgt die konzeptionelle Grundlegung von Bildungsmanagement. In Anbetracht der jungen Disziplingeschichte sowie der noch weitgehend offenen Arrondierung und wissenschaftssystematischen Verortung erfolgt dies mittels vier Beiträgen mit unterschiedlichem fachwissenschaftlichen Zugang. Nach dem überblickgebenden Einstiegskapitel „Bildungsmanagement", welches das sich zunehmend konturierende und etablierende Handlungsfeld und seine Aufgaben fokussiert, werden in den drei folgenden Beiträgen die angesprochenen Kernkategorien Bildung, Organisation und Management mit ihren theoretischen Grundlagen als notwendige Referenzsysteme diskutiert.

Im Rahmen des zweiten Schwerpunktes wurden zentrale *Managementfunktionen im Bildungssektor* ausgewählt. Spezifische Ansätze, Tools, Instrumente bzw. Methoden von Management aus dem betriebswirtschaftlichen Bereich werden für den Bildungssektor domänenspezifisch erfasst und beschrieben: Finanzierung, Bildungsbedarfsanalyse und Marketing, Controlling und Qualitätssicherung, personalpsychologische Kernprozesse des Personalmanagements, Gestaltung von Lernarchitekturen im Sinne der Implementierung von Lernprozessen in Organisationen, außerdem Schulentwicklung sowie Strategien von Gender Mainstreaming, Interkultureller Öffnung und Diversity Management.

Es folgen *Fallstudien* (Cases). Sie dienen dazu, an konkreten Arbeitsfeldern die Vielfältigkeit und Komplexität von Bildungsmanagementaufgaben bzw. -prozessen sowohl in Profit- als auch Non-Profit-Bereichen aufzuzeigen. Dabei werden die oben besprochenen Funktionen, Strategien und Instrumente anwendungsorientiert aufeinander bezogen. Im Einzelnen betreffen die Cases die betriebliche Fort- und Weiterbildung in einem Profit-Unternehmen, die Gründung einer Privatschule sowie einer privaten Hochschule, ein polyvalentes Bildungsprojekt im Rahmen „lokaler Ökonomie", Managementhandeln an der Schnittstelle von Sozial- und Bildungsdienstleistung, Wissenschaftsmanagement in einem privatwirtschaftlich organisierten Forschungsinstitut sowie Professionalisierungs- und Institutionalisierungsprozesse in der Sexualpädagogik.

Jedem Beitrag sind Vertiefungs- und Reflexionsfragen angefügt, um in Lehr-Lernprozessen Transfer, Diskussionen und weitergehende Recherchen anzuregen.

Die Texte wurden einerseits von in Wissenschaft und Lehre ausgewiesenen Fachvertreterinnen und Fachvertretern relevanter Bezugsdisziplinen verfasst. Andererseits konnten für die Cases Professionals aus den betreffenden Handlungsfeldern gewonnen werden, die jeweils als Expertinnen und Experten ihren Bereich präsentieren.

Die Herausgeberinnen, Berlin, im September 2010

Inhalt

Theoretische Grundlagen

1 Bildungsmanagement

Christiane Griese und Helga Marburger

1.1 Vorüberlegungen

Der Begriff „Management" ist fest im Alltag etabliert. Begibt man sich erst einmal auf die Suche, dann wächst die Zahl der aufgefundenen mit „Management" gebildeten Komposita rasch und die Ergebnisse frappieren. Scheinen uns heute im Alltag Gebäudemanagement, Schulmanagement, Tourismus- und Informationsmanagement schon fast vertraut, lassen Reklamations- und Beschwerdemanagement, Friedhofs- und Bestattungsmanagement, auch Krankenhaus- und Altenpflegemanagement stutzen. Aber auch diese und noch eine Anzahl anderer gesellschaftlicher Ebenen und Institutionen haben sich inzwischen den Managementbegriff zu eigen gemacht.

Ist dies hier erwähnenswert? Im Kontext der wissenschaftlichen Beschäftigung mit Bildungsmanagement von Relevanz? Durchaus. Denn bei der überblicksartigen Durchsicht jener Managementbereiche lassen sich bereits auf der Oberfläche die grundlegenden Konnotationen, die zur Nutzung des Labels motivieren, erkennen.

Organisational signalisiert Management, dass das benannte Unternehmen den erhöhten Ansprüchen der Komplexität einer modernen Gesellschaft und von betrieblichen Prozessen gewachsen ist. Hochschulmanagement ist „moderne Hochschuladministration"[1]. Das „Institut für Familienmanagement Saar" will Eltern dabei unterstützen, das „Chaos (zu) beseitigen" und „alles unter einen Hut" zu bringen. Das „Einrichtungsmanagement" wendet sich an Personen und Firmen, die komplexe Projekte (komplette Wohnungen, Lokale, Praxen) einrichten lassen wollen, wobei alle notwendigen Arbeitsschritte und -phasen in einer Dienstleistung zusammengefasst sind: Beratung, Planung, Ausschreibung der Gewerke, Organisation, Kontrolle, Übergabe, Nachbetreuung.[2]

Wenn „Gebäudemanagement" Aufgaben von „Haustechnik, Catering, Feuerwehr und Sicherheit" integriert, dann werden zwei kategoriale Merkmale eines allgemeinen Managementverständnisses offenkundig:

---

[1] http://www.hochschul-management.de/ (Stand: 26. 7. 2010).

[2] http://www.hoertnagl.com/main.php?sid=18&op=photogalery&gid=14 (Stand: 18. 7. 2010).

1. Management impliziert umfassende Aufgaben und Funktionen, die in Bezug auf das Objekt oder das Produkt organisiert und koordiniert werden müssen.
2. Eine Organisation besitzt alle notwendigen Kompetenzen bzw. präsentiert sich als damit ausgestattet, um einen komplexen Kundenauftrag als Projekt erfüllen zu können.

Eine andere Facette dokumentiert sich vor allem in entsprechenden Weiterbildungsangeboten für domänenspezifisches Management. Sie wenden sich in der Regel an Führungspersonal bzw. Menschen, die sich für eine Führungsposition im gewählten Bereich qualifizieren wollen. Das impliziert, dass Managementaufgaben immer auch Leitungsaufgaben darstellen: So richtet sich die Fortbildung im Altenpflegemanagement an Führungskräfte in Alten- und Pflegeheimen. Gleichzeitig werden als Zielgruppe in erster Linie potentielle Teilnehmer mit betriebswirtschaftlicher Ausbildung und Erfahrung angesprochen. Das heißt, die Notwendigkeit der Weiterbildung im Bereich Krankenhausmanagement wird systematisch von der Betriebswirtschaftslehre her begründet: „Krankenhäuser sind keine Verwaltungen mehr, sondern längst Unternehmen."[3]

Jene Sichtweise stellt das Management, seine Prinzipien und Strategien, in den Vordergrund. Dabei ist zu fragen, inwieweit jene Perspektive Einfluss auf das Objekt/das Produkt und dessen Charakter nimmt. Bleibt ein Gebäude ein Gebäude, das gewartet werden muss? Bleibt ein Krankenhaus ein Ort, an dem die Heilung von Menschen vorrangiges Ziel ist? Oder eben konkreter gefragt: Verändert Bildungs*management*, das Managen von Bildung, die Bildung bzw. das Verständnis von Bildung? Gibt es Anzeichen dafür, dass sich das Produkt Bildung modifiziert, insofern es stärker als bisher einerseits in den Fokus von Ökonomisierungstendenzen gerät und andererseits im Duktus von Managementtheorien deutlicher unter Verwertungsaspekten beurteilt wird?

Gerade die oben skizzierte Pluralität und Heterogenität der Handlungsfelder macht es nach einem ersten, noch essayistischen Zugang im Folgenden notwendig, systematisch die Spezifik des wissenschaftlichen Konzepts *Bildungsmanagement* und des mit ihm adressierten Anwendungsfeldes zu entfalten.

Dabei kann nicht auf ein bereits kodifiziertes Begriffs- bzw. Fachverständnis von Bildungsmanagement zurückgegriffen werden. Denn zum einen handelt es sich hier um eine noch relativ junge Begriffsbildung mit einem sich aktuell stark ausweitenden Bedeutungsradius. So findet sich eine erstmalige Verschlagwortung von Bildungsmanagement im Bestand der Deutschen Nationalbibliothek in den 1980er Jahren bezogen auf berufliche Bildung, seit Mitte der 1990er Jahre mehren sich Titel in Verbindung mit (betrieblicher) Erwachsenenbildung sowie seit 2002/2003 auch verstärkt Publikationen mit Blick auf den (vor-)schulischen und außerschulischen Sektor.

Zum anderen lässt sich durchaus ein Ringen der beiden disziplinären Bezugssysteme Pädagogik und Ökonomie um die Definitionsmacht konstatieren. Dies zeigt die zu diesem Themenbereich erschienene Literatur mit ihrer mehrheitlich entweder deutlich betriebswirtschaftlichen oder aber bildungswissenschaftlichen Schwerpunktsetzung. Dies dokumentieren

---

[3] http://www.manager-magazin.de/magazin/artikel/0,2828,201635,00.html (Stand: 15. Juli 2010).

ebenso die in den letzten Jahren vielerorts an Fachhochschulen und Universitäten eingerichteten Bachelor- und Master-Studiengänge mit dem Label Bildungsmanagement. Auch sie stellen überwiegend entweder Managementbereiche und -funktionen in den Mittelpunkt ihrer Curricula oder wählen einen pädagogisch-konzeptionellen und -institutionellen Zugriff. Bezeichnenderweise tragen die Abschlüsse dann einmal den Zusatz „Master of Business Administration" (MBA)[4] und einmal „Master of Arts" (M.A.)[5].

Die Darstellung und Diskussion des konzeptionellen Fachverständnisses von Bildungsmanagement erfolgt in einem Dreischritt: Zuerst wird das Kompositum Bildungsmanagement mit dem Fokus auf *Management* (Bildungs*management*), dann auf *Bildung (Bildungs*management) und zuletzt als integratives Konzept *Bildungsmanagement* ausgelotet.

1.2 Bildungs*management*

Im ersten Fall Bildungs*management* liegt der Schwerpunkt auf der Betrachtung des Managements als komplexe Strategie zur Planung, Steuerung und Evaluierung von Lernprozessen in Organisationen. Folgende und ähnlich lautende Definitionen signalisieren dies Verständnis von Bildungsmanagement: *„Bildungsmanagement ist die zentrale Leistung ‚lernender Systeme', mit der angemessen auf System-Umwelt-Dynamiken reagiert werden kann (...) Unter Bildungsmanagement wird vor diesem Hintergrund die professionelle Steuerung aller Rahmenbedingungen und aller personellen, interaktiven und organisationalen Voraussetzungen verstanden, damit Lernprozesse (...) ermöglicht werden"* (Gütl, Orthey 2006, 17 u. 19).

Systematisch fachdisziplinär wäre demnach Bildungs*management* zu verorten in der Betriebswirtschaftslehre. Auch die Beiträge des vorliegenden Lehrbuches zu den verschiedenen Managementfunktionen machen dies deutlich, indem sie Merkmale und Standards für professionelles Managementhandeln erörtern, die sich aus der Spezifik managementtheoretischer und betriebswirtschaftlicher Logiken ergeben und sich domänen-/produktunabhängig entfalten. Etwas salopp könnte man formulieren: Ein Kostenplan ist ein Kostenplan, gleichgültig, ob er sich auf die Gestaltung von Bildungsprozessen, die Unterhaltung von Gebäuden oder die Herstellung von Autos bezieht. Management impliziert dabei eine Handlungsperspektive, die einerseits auf der Analyse von Bedarfen und Bedürfnissen potentieller Abnehmer/Kunden (am Markt) basiert und andererseits sich im Kontext einer Organisation vollzieht bzw. auf deren Erhalt gerichtet ist.

Das heißt, hier wäre eine Schnittstelle zwischen dem Gut „Bildung" und der Ökonomie zu fixieren, eine nicht unproblematische und kritisch begleitete Verbindung zwar, deren Sinn und Notwendigkeit sich jedoch aus dem Eingebundensein und den strukturellen Bedingungen einer Organisation (unabhängig davon, ob es sich um ein Wirtschaftsunternehmen oder

---

[4] Z. B. an der Carl von Ossietzky Universität Oldenburg.

[5] Z. B. an der Pädagogische Hochschule Ludwigsburg.

eine Bildungsinstitution handelt) systematisch ergeben: *„Das Hauptziel des Managements eines Unternehmens ist die Maximierung des Unternehmenserfolgs. ‚Erfolg' unterliegt unterschiedlichen subjektiven Auslegungen. Allgemein kann formuliert werden: Der Erfolg eines Unternehmens ist gleichbedeutend mit seiner langfristigen Überlebensfähigkeit. Diese hängt wiederum von der strategischen Position des Unternehmens im Markt und von der Wirtschaftlichkeit interner Prozesse ab"* (Riecke-Baulecke, Müller 1999, 47). Es ist kaum in Abrede zu stellen, dass es auch im Bildungssektor notwendig ist, die entsprechenden institutionell-strukturellen Rahmungen, das heißt, die Organisation „am Leben zu erhalten", um ein als wertvoll erachtetes Bildungsgut überhaupt anbieten und realisieren zu können.

Eines der Hauptprinzipien des unternehmerischen Managements – Wirtschaftlichkeit – ergibt sich daraus notwendigerweise auch für Organisationen mit Bildung als *Kerngeschäft*. Zu diesen gehören u. a. Kindertagesstätten, Schulen, Universitäten, Volkshochschulen oder Einrichtungen der Politischen Bildung. Ebenso unterliegen (bildungs-)branchenfremde Unternehmen mit Bildung als *Randgeschäft* (im Wesentlichen innerbetriebliche Fort- und Weiterbildung) dem Prinzip der Wirtschaftlichkeit. Hier dient Bildung (der Beschäftigten) in erster Linie zur Optimierung des Geschäftserfolges. Wettbewerbsvorteile versprechen sich (bildungs-)branchenfremde Unternehmen, die Bildung als *Zusatzleistung* anbieten. Das kann der Fall sein, wenn für Kunden Manuals zur Benutzung von Maschinen erarbeitet werden, den Firmenmitarbeitern (wie bei der Commerzbank) betriebseigene Kinderbetreuung angeboten wird oder ein Kaffeeunternehmen Golfschläger inklusive Golfkurs verkauft.

Wirtschaftlichkeit basiert unternehmerisch auf Kostenoptimierung, Qualitätssicherung im Sinne des Kunden/Adressaten und Flexibilität/Veränderungskompetenz in Bezug auf Umfeldbedingungen (Riecke-Baulecke, Müller 1999, 50). Dies bedeutet jedoch nicht, dass Managementhandeln – auch im Wirtschaftsunternehmen (und erst recht in Bildungsorganisationen) – auf ethische Gründung, das heißt soziale und globale Verantwortung, verzichten kann.

Der Transfer von unternehmensorientierten Managementfunktionen in den Bildungssektor erscheint generell möglich, ohne dass dies zu einer ausschließlich profitorientierten „Bildungsproduktion" führen muss. Grundsätzlich lässt sich auch bei der Produktion von Bildung weder plausibel etwas gegen Kundenorientierung noch ein betriebswirtschaftlich orientiertes Handeln sagen. So wie sich unternehmerisches Management an Bedarfen des Marktes ausrichtet und diese (mit)gestaltet, stellt auch Bildungsmanagement eine Antwort auf individuelle und gesamtgesellschaftliche Bildungsbedarfe dar.

1.3   *Bildungs*management

Liegt die Betonung auf *Bildungs*management so steht das spezifische „Produkt", auf das sich Management bezieht, im Zentrum der Betrachtung.

Produkte können Sachgütern oder Dienstleistungsgütern zugeordnet werden. Bildungssachgüter sind dabei u. a. Lehrwerke, Schulbücher, Lernsoftware und Übungssammlungen. Zu

Bildungsdienstleistungen gehören vor allem Lehrveranstaltungen wie Unterricht, Seminare oder Vorlesungen, Schulungen und Trainings.

Im Konzept Bildungsmanagement wird Bildung als Output eines systematisch gemanagten Produktionsprozesses fokussiert. Dabei weist Bildung vor allem solche Produkteigenschaften auf, die es als Dienstleistungsgut plausibel definieren lassen:

- Eine Dienstleistung ist ein immaterielles Produkt.
- Dienstleistungen sind nicht lagerfähig. Es ist also keine Produktion auf Vorrat möglich. Das heißt, die Dienstleistung wird im Moment ihrer Nachfrage erzeugt.
- Eine Dienstleistung ist stets ein Unikat, auch wenn sie immer wieder erbracht wird. Das wird zusätzlich beeinflusst von den nie gleichen Rahmenbedingungen, unter denen sie erbracht wird. Insofern besteht ein entscheidender Unterschied zur Produktion an einer Taktstraße. Dies wiederum erzeugt die breit diskutierten Probleme bei der Mess- und Vergleichbarkeit ihrer Qualität (Dörfler 2007, 38).

Dabei wird der sich etablierende Anspruch, vor allem in Bildungsorganisationen nach den Prinzipien des Managements zu handeln bzw. das „klassische" Bildungsgut wie ein Produkt herzustellen und anzubieten, von zwei Diskursen flankiert, die danach fragen:

- inwieweit Unternehmensmanagement überhaupt auf die Domäne Bildung übertragbar ist und
- ob Bildung durch jene Ökonomisierungstendenzen nicht zur bloßen Ware verkommt.

Zum Diskurs: Reichweite der Übertragbarkeit

Ausgangspunkt der Problematisierung des Transfers von Managementtheorien und -instrumenten auf Bildungsprozesse ist die Feststellung branchentypischer Produktionsprozesse und -bedingungen: Jene seien eben nicht vergleichbar mit einem Regelkreislauf, einer programmierten Taktstraße zur Herstellung eines Autos, die ungewollte Einflüsse oder Fehlerquellen (weitgehend) ausschließen kann.

Dazu kommt die anhaltende Wirkungsmacht eines Humboldtschen Bildungsverständnisses, das sich vorrangig als zweckfrei definiert. Vor allem der traditionelle Bildungssektor (lange eine Domäne des Staates) schien damit von Marktbedingungen unbeeindruckt bzw. verteidigte (und verteidigt noch) das Gut Bildung gegen Ansprüche und Einflüsse von dort. Jedoch kann dem eine modifizierte Perspektive hinzugefügt werden. Bildungsaktivitäten und Bildungsengagement waren und sind nie frei von Überlegungen, ob sich der Einsatz von Ressourcen (Finanzen, Zeit, Anstrengungen…) für die Aneignung von Bildungsgütern lohnt – und dies sowohl auf der individuellen (Bedürfnisbefriedigung, Abschlüsse für die Sicherung des Arbeitsplatzes…), als auch der gesamtgesellschaftlichen Ebene (Stabilität des sozialen Gefüges, Sicherung eines Wertesystems…).

International ist der Transfer ökonomischer Parameter in die Bildungsarbeit schon geraume Zeit vollzogen. Das dokumentiert sich u. a. darin, dass es die „Organisation for Economic Cooperation and Development" (OECD) ist, die auf der Basis von ihr festgelegter Indikatoren Bildungsprozesse in Bezug auf In- und Outputs erhebt, dokumentiert und bewertet (www.oecd.org).

Im internationalen Rahmen sind Bildungsentwicklungsbemühungen außerdem an die Weltbank (www.weltbank.org) gekoppelt. Es ist davon auszugehen, dass deren Vorstellungen über das Produkt bzw. die Dienstleistung Bildung auch auf bildungspolitische Entscheidungen sowie die in einer Gesellschaft virulenten Bilder über Bildung und ihren Wert Wirkung entfalten. So wurde z. B. in einem Statement der Weltbank „Returns to Investment in Education" (2002) gefordert, dass die Bürger überzeugt werden müssten, selbst in ihr eigenes Humankapital stärker zu investieren, weil „private returns are higher than 'social returns'" (Psacharopoulos, Patrinos 2002, 2).

Auch ein Blick auf die (zwar) in der Volkswirtschaftslehre verortete Bildungsökonomie macht deutlich, dass es eine längere Tradition gibt, sich unter der Perspektive der Nutzen-Kosten-Relation (gesamtgesellschaftliches Wirtschaftswachstum, individuelle Einkommenschancen – Zeit, Kapital, Opportunitätskosten) mit der Ressource Bildung zu beschäftigen. Ende der 1950er/Anfang der 1960er Jahre begannen sich entsprechende bildungsökonomische Ansätze herauszubilden. Im Kern beruhen jene Ansätze auf der Humankapitaltheorie, die auf die Arbeit von Gary Becker „Human Capital: A Theoretical and Empirical Analysis with Special Reference to Education" von 1964 zurückgehen. Die Humankapitaltheorie untersucht den Bestand an Humankapitel in einer Gesellschaft in Form von qualifizierten und deshalb produktiven Arbeitskräften – in Analogie zum Sachkapital als Investitionsfaktor in zukünftigen wirtschaftlichen Erfolg einer Volkswirtschaft. Unter diesen theoretischen Vorannahmen gilt Bildung bereits seit geraumer Zeit als Investition in das individuelle und gesellschaftliche Humankapitel.

Für die fachdisziplinäre Professionalisierung eines Bildungsmanagementkonzeptes scheint es sinnvoll, eine vorschnelle diskreditierend konnotierte Interpretation jener Nutzenaspekte (Humankapital wurde zum Unwort des Jahres 2004 gekürt) im Sinne kapitalistischer Ausbeutungspraxen zurückzustellen. Ist doch eine solide berufliche Ausbildung der nachwachsenden Generationen gerade auch ein Instrument der individuellen (sinngebenden) Existenzsicherung, die über ein Hartz-IV- oder Leiharbeiterniveau hinausweist. Auch wird (bildungs-)politisch ein hoher Qualifikationsstand der Bevölkerung angestrebt bzw. ein derzeitiger Mangel an Fachkräften als Standortnachteil wirtschaftlicher Entwicklung beklagt. Eine apodiktische Gegenüberstellung von nutzenorientierter und (vermeintlich) zweckfreier (schöngeistiger) Bildung kann als eine akademisch-mittelschichts-orientierte Sichtweise interpretiert werden, die sozioökonomische Realitäten unzureichend berücksichtigt.

Zum Diskurs: Bildung als Ware

Hier artikuliert sich die Kritik gegenüber Bildungsmanagement in Bezug auf eine bloße Ökonomisierung insbesondere dort (vor allem im staatlichen Bildungssystem), wo der Anspruch nach Bildungsmanagement „von oben" mit der Verwaltung von Mangelwirtschaft prekär verknüpft wird. So wird z. B. *„der Begriff des Marketings (...) mit dem Versuch der Ökonomie assoziiert, Bildung zu vereinnahmen und sie wie eine Ware zu behandeln, für die*

Werbung betrieben werden soll. Allein dieser Verdacht schreckt die Pädagogik" (Böttcher, Hogrebe, Neuhaus 2010, 9).

Insbesondere im Rahmen des bisher von managementtheoretischen sowie -praktischen Erwägungen (scheinbar) unbelasteten staatlichen Bildungssektors werden bildungspolitisch formulierte Ansprüche, Lernprozesse nach bildungsmanagementbasierten Grundsätzen zu organisieren, kritisch reflektiert oder gar abgewehrt. Dies vor allem deshalb, weil die Rede von „Effizienzsteigerung" nicht nur stets verknüpft ist mit „Kostenreduzierung", sondern gleichsam Effizienz und Qualität (von Bildung) sich an der Minimierung der Kosten festmachen. Insofern werden Maßnahmen des Bildungsmanagements (Autonomisierung, Dezentralisierung, Wettbewerb) wahrgenommen als (bildungspolitisches) Instrument, staatlicherseits Geld zu sparen: *„In wirtschaftlich schwierigen Zeiten ist die Effizienz von Bildungssystemen besonders wichtig: Trotz Kürzungen der Ressourcen muss die Qualität der Bildung aufrechterhalten oder sogar noch ausgebaut werden"* (Burba 2010, 33).

Im Sinne einer grundlegenden Kapitalismuskritik, die darauf verweist, worin die Folgen einer umfassenden „Kapitalisierung der Lebensführung" in allen gesellschaftlichen Bereichen und für individuelle Biografien bestehen, sei, so Hensel (2009, 276 u. 278), die Verknüpfung zwischen Bildung und Management zu hinterfragen: *„Konkurrenz und Profitstreben zwingen das Kapital, gestern noch marktfreies Sein und Handeln heute zur Ware zu erniedrigen. Alles und jedes muss überall und immer profitabel verwertet werden können (...) So verkümmert die Gesellschaft zum Markt, der Lebenslauf der Einzelnen zum Wirtschaftsprozess (...) Dieser Kapitalismus (trachtet danach), das gesamte gesellschaftliche Leben, alle Subsysteme, alle sozialen, kulturellen und politischen Prozesse nach Verwertungsgesichtspunkten zu formieren."*

Privatwirtschaftlich basierte Produktion auch von Allgemeinbildung ist trotz aller Kritik auf dem Vormarsch. Der Fall der Privatschul-Kette der Phorms Management AG vermag jene kritischen Stimmen darin zu bestätigen, dass sich daraus eben auch (unerwünschte) marktwirtschaftliche Konsequenzen für die Abnehmer ergeben können. Phorms eröffnete bundesweit Schulen, die Kindern modernen Unterricht versprachen und „dem Betreiber Profit bringen" sollten. Doch die Hannoveraner Filiale war nicht mehr profitabel und wurde geschlossen; auch Köln steht vor der Auflösung. *„Richtig unbequem wurde es für Phorms in Köln, wo Eltern erstmals die Leitung des Phorms-Konzerns in Frage stellten: ‚Der Umgang mit den Eltern und Kindern war absolut unseriös, da wurden Versprechen nicht eingehalten, Leistungen nicht erbracht, auch die Finanzierung war unklar', sagte die Kölner Elternvertreterin Mira Calderón der ‚Financial Times Deutschland'. ‚Das Konzept ist super, aber das Management ist eine Katastrophe.'"*[6] Profitinteressen und Markterfordernisse treten hier in Widerspruch zur gewohnten Verlässlichkeit des Bildungsangebotes.

Die Kritik richtet sich vielfach nicht grundsätzlich gegen eine Umverteilung des Bildungsmarktes auch in die privatwirtschaftlichen bzw. bildungsbranchenfremden Sektoren. Vielmehr geht es darum, jene Ausdifferenzierung der Bildungsanbieter und -angebote durch eine – wenn auch reduzierte – Verantwortung des Staates für (allgemeine) Bildung (für die All-

---

[6] http://www.spiegel.de/schulspiegel/wissen/0,1518,678561,00.html (Stand: 19. 7. 2010).

gemeinheit) zu flankieren: *„Die Bildungspolitik ist daher gefordert, die wertvolle Ressource „Wissen' bzw. „Humankapital' als Grundlage für Wohlstand und soziale Sicherheit zu fördern und zu optimieren"* (Andreae 2004, 3).

In Bezug auf die skizzierten kritischen Stellungnahmen zur Unterwerfung von Bildung unter (Ver)Markt(ungs)mechanismen muss sich professionelles Bildungsmanagement in einem Ausbalancieren der gesellschaftlichen, wirtschaftlichen sowie individuellen Interessen und Bedürfnisse etablieren.

1.4   Bildungsmanagement

Auf dem Hintergrund der unterschiedlichen Gewichtung der Management- bzw. Bildungsanteile und der Kritik an damit hervorgerufenen Einseitigkeiten ist *Bildungsmanagement* konzeptionell auf eine *Balance* zwischen dem geistes- und sozialwissenschaftlich gegründeten Phänomen Bildung und den betriebswirtschaftlich ausgerichteten Prozessen ihrer Planung, Steuerung und Evaluation angelegt. Dies gilt für die folgenden drei (Lernprozess)Ebenen:

*   organisational in Bezug auf die Lernende Organisation,
*   produktbezogen im Kontext individueller und gesellschaftlicher Sinngebung und Legitimierung,
*   professionsbezogen auf die Rolle der Bildungsmanagerin/des Bildungsmanagers.

Lernende Organisation

Bildungsmanagement zeigt sich auf der organisationalen Ebene als ein (normatives) Konzept, das auf die Etablierung einer Lernenden Organisation gerichtet ist.

In einer lernenden Organisation zielt Bildungsmanagement auf die Veränderungen von internen Strukturen und Prozessen, um organisationales Lernen in der Organisation zu institutionalisieren. Die Lernende Organisation gilt dabei als Zielkategorie eines Organisationsentwicklungsprozesses, der Lernen in internen Strukturen, Abläufen, Räumen und Zeiten derart etabliert, dass es sowohl in der Aufbau- als auch in der Ablauforganisation sich verstetigt in Prozessen der Reflexion und Analyse, Anpassung und Modifikation, Problemlösung und Innovation. Intendiert werden u. a. Optimierung von Informationsweitergabe, Sichtbarmachung und Bündelung von informellen Lernprozessen sowie Steuerung von Wissenstransfers.

Das organisationale Lernen schließt selbstverständlich das individuelle Lernen der Mitarbeiterinnen und Mitarbeiter ein bzw. ist von Seiten des Bildungsmanagements individuelles Lernen so zu organisieren, dass für die Organisation zweckdienliche Ergebnisse generiert werden können. Dazu muss sich Bildungsmanagementhandeln der Wechselwirkungen zwischen individuellem und organisationalem Lernen bewusst sein, jene reflektieren und konzeptionalisieren.

Es ist sicher davon auszugehen, dass es auch in der Vergangenheit immer auch Anliegen war, die Gestaltung von Lernprozessen zu optimieren. Im Konzept Bildungsmanagement generieren sich jedoch Merkmale einer neuen Qualität der Planung, Durchführung und Steuerung des Lernens. Indem Bildungsmanagementprozesse und -instrumente in einer Organisation etabliert werden, generiert sich diese als „Lernendes System". Es hat damit Mechanismen entwickelt, *„sich organisiert mit Lernanlässen und Lernschleifen auszustatten, um sich in ihrer systemischen Ganzheit und in ihren Veränderungsprozessen besser wahrnehmen und steuern zu können"* (Gütl, Orthey 2006, 16).

Insofern braucht es auch ein spezifisch neues Bewusstsein der Mitarbeiterinnen und Mitarbeiter, die sich ihrer Stellung in der Organisation, ihrer Teilverantwortung in Bezug auf das Ganze bewusst werden und jenes permanent kritisch-begleitend zu reflektieren vermögen: *„Bildungsmanagement stellt eine funktional relevante Leistung für ‚lernende Systeme' dar, indem es (Lern)Strukturen und Prozesse verfügbar hält, die Reflexion und Rückkopplung ermöglichen"* (a. a. O., 17).

Produkt

Bildungsmanagement konzipiert das (Bildungs-)Produkt hinsichtlich ausgewählter und für bedeutsam erachteter Merkmale. Dass ein Bildungsprodukt als „gut", attraktiv für einen Adressatenkreis bzw. im Sinne der Organisation definiert und bewertet wird, orientiert sich aktuell an Gütekriterien und Qualitätsstandards, Nutzen-Kosten-Erwägungen, Sinngebungsparametern, Zugänglichkeit, rechtlichen und ethischen Rahmungen.

Es wurde oben bereits diskutiert, dass das Produkt Bildung, seine Inhalte und Bedeutungen für die Produzenten sowie die Abnehmer von der Verknüpfung mit Management nicht unberührt bleibt. Damit sind vor allem jene Merkmale gemeint, die dem Produkt Bildung sowohl auf Seiten der Produzenten als auch auf der der Abnehmer/Konsumenten Sinn und Legitimation zuschreiben.

Ein Beispiel soll diesen produktbezogenen Zuschreibungsprozess im Folgenden verdeutlichen: In den letzten Jahren entwickelten sich zahlreiche private Hochschulen vorrangig im Kontext der Veränderung von Berufsprofilen (z. B. in Medienberufen). In Berlin gibt es allein neun Neugründungen, die sich TV Hauptstadtakademie, Macromedia Hochschule für Medien oder Games Academy nennen. Jene privaten Hochschulen bewerben die Vorteile für die Abnehmer ihres (Bildungs)Produkts direkt in Abgrenzung zu staatlichen Hochschulen in der Ausrichtung auf ein bestimmtes Berufsfeld bzw. dem dort zu erwartenden praktischen Aufgabenspektrum.

Dabei werden aktuelle berufspraktische Anforderungen explizit über die an staatlichen Hochschulen üblichen theoriegeleiteten Studieninhalte gestellt: *„Der Lehrplan ist praktisch und nah am Arbeitsmarkt gehalten. Lehrkräfte rekrutieren die Schulen direkt aus der Wirtschaft, besonders beliebt sind namhafte Vertreter ihrer Branche. Aus dem hochkarätigen Personal ergeben sich lohnenswerte Kooperationen der Schulen. Für die Studierenden ist der Schritt zu Praktika oder späteren Jobs bei beliebten Arbeitgebern ein kurzer. Auch der Zugang zum Studium ist leichter. Zwar stehen vor der Zulassung zum Teil sehr ausführliche*

Eignungstests, doch sind die Berwerberraten längst nicht so hoch wie etwa bei den staatlichen Filmhochschulen in Berlin und Potsdam-Babelsberg" (Altmann 2010, 13).

Das Produkt definiert sich damit über *ein* zentrales Merkmal: Anwendungsorientierung. Damit verknüpft es sich schwerpunktmäßig mit einer Kosten-Nutzen-Abwägung in Bezug auf die Verwertung für darauf aufbauenden beruflichen Erfolg. Die Attraktivität für potentielle Studienbewerber für „Game Designer" wird in diesem Sinne noch unterstützt durch den Hinweis auf Ergebnisse einer Studie der Beratungsgesellschaft Pricewaterhouse Coopers, die Wachstumspotentiale für das „German Entertainment and Media Outlook" bis 2013 prognostiziert hat (a. a. O.).

Aus diesem Fallbeispiel lassen sich – als Anforderung an Bildungsmanagement – Fragen ableiten, die nicht etwa die Orientierung des Studiums auf Anwendung im Gegensatz zu einer wissenschaftlich grundlegenden Ausbildung kritisieren. Vielmehr besteht eine Aufgabe darin, die impliziten Erfolgsversprechen, die dem potentiellen Abnehmer gegeben werden, zu problematisieren und zu prüfen: Welche langfristigen Konsequenzen ergeben sich für den Nutzer: Lohnt es sich langfristig in eine solche Ausbildung 20.000 bis 30.000 Euro zu investieren? Was, wenn sich die Verwertungsbedingungen am Markt ändern? Ist auch eine breite Flexibilität im Berufsfeld weiter möglich? Ist zu erwarten, dass der aktuelle Anbieter solche Überlegungen in die Gestaltung seines Produktes mit einbezieht?

Jene analytische Perspektive ist Teil des professionellen Standings als Bildungsmanagerin oder Bildungsmanager. Und dies unabhängig von der Organisation, in der Bildungsdienstleistungen erzeugt werden, sei es, wenn es um Umstrukturierungen im öffentlichen Schulwesen (Einführung einer jahrgangsübergreifenden Schuleingangsstufe, eines Zentralabiturs, der Verkürzung der Schulzeit...) geht, die Vermittlung von Schulabschluss nachholenden oder berufsvorbereitenden Unterrichtsprojekten (für Schüler ohne Schulabschluss) durch freie Bildungsträger oder um die Konzeptionalisierung von Umschulungen/Bewerbertrainings für Arbeitslose durch die Jobagenturen.

Professionalisierung

Aus den bisherigen Überlegungen folgt, dass Bildungsmanagement ein Professionsverständnis herausbilden muss, das sich aus den Bereichen Betriebswirtschaftslehre und Bildungswissenschaft nicht bloß summarisch addieren lässt. Es gilt, ein Selbstverständnis zu etablieren, das sich entlang der Bezugsgrößen Organisation, Bildung und Management zu einer neuen Qualität einer Berufsidentität entwickelt, die sich im Schnittpunkt beider Disziplinen derart professionalisiert, dass sie sich den zum Teil konkurrierenden Ansprüchen im Zusammenspiel von Bildung und unternehmerischem Managementhandeln bewusst wird, diese in die Entscheidungen rational einbezieht, gegebenenfalls aushält und damit handlungsfähig wird.

Stärker als bisher im pädagogischen Berufsfeld üblich, ist dabei ein Verständnis für das organisationale Eingebundensein von Bildungsprozessen und der Akteurinnen und Akteure ihrer Planung, Steuerung und Evaluierung zu entwickeln. Dies bedeutet keine prinzipielle Umkehr der Gewichtung vom Adressaten- und Organisationsorientierung, sondern die Anerkennung der Notwendigkeit fach- und sachbezogener Priorisierungen und deren transparenter Begründung.

1.5 Tätigkeitsfelder und Aufgaben von Bildungsmanagement

Eine kategorial eindeutige Systematisierung der Handlungsfelder von Bildungsmanagement ist nicht möglich. Die Begrenzung von Bildungsmanagement auf (Leitungs-)Aktivitäten in Bildungseinrichtungen, wie sie einige Autoren vornehmen (Schuster, Viernickel, Weltzien 2006), blendet Anforderungen an Bildungsplanung, -steuerung und -gestaltung in organisationalen Kontexten (bildungs-)branchenfremder Unternehmen und Institutionen bzw. Verwaltungen unzulässig aus. Marktanpassungsprozesse wie Zielgruppen- und/oder Problemlagenorientierung erfordern auch hier auf organisationaler wie individueller Ebene Lernleistungen, die nicht dem Zufall überlassen bleiben können, sondern eines professionellen Handlings bedürfen. Ebenfalls wenig hilfreich ist die Splittung entlang öffentlichem und privatem Sektor mit Bildung als Kerngeschäft, denn auch im letzten gibt es sowohl Profit- wie Non-Profit-Segmente. Träger einer öffentlich anerkannten Ersatzschule kann z. B. sowohl die Evangelische oder Katholische Kirche aber auch ein privatwirtschaftliches Unternehmen (z. B. Phorms) sein.

Gewinn- bzw. Gemeinnutzenorientierung liefern ebenfalls keinen überschneidungsfreien Gliederungsansatz. So können etwa zivilgesellschaftliche Organisationen (NGOs) Bildung als Kerngeschäft und/oder als betriebsinterne Aufgabe betreiben (z. B. Gender Mainstreaming oder interkulturelle Qualifizierung im Rahmen einer Gewerkschaft oder einer Stiftung). Entsprechendes gilt für Wirtschaftsunternehmen.

Auch interne und externe (Out-put von Sachgütern oder Dienstleistungen) Adressierung des Managementhandelns können quer zu allen genannten Kategorien verlaufen und bilden somit neue Schnittmengen. So können Bildungsprodukte wie etwa Seminarangebote zur PC-Textverarbeitung sowohl für einen externen wohl definierten Markt entwickelt werden wie auch für einen ebenfalls wohl definierten internen Bedarf der eigenen Belegschaft. Dies kann in einem Profit- wie in einem Non-Profit-Kontext (z. B. VHS) erfolgen, als Kerngeschäft wie auch als absatzfördernde Zusatzleistung eines PC-Herstellers oder -Vertreibers.

Ein weiteres Problem beinhaltet die domänenspezifische Abgrenzung insbesondere zu den Handlungsfeldern von Sozialmanagement, Kulturmanagement und Wissenschaftsmanagement. So lassen sich die Managementaktivitäten zur Realisierung von Großveranstaltungen wie „Lange Nacht der Wissenschaften" oder „Lange Nacht der Museen" sicher nicht nur unter Wissenschaftsmanagement bzw. Kulturmanagement subsumieren, sondern mit guten

Gründen auch dem Bildungsmanagement zurechnen. Und Überlappungen von sozialen und Bildungsmaßnahmen sind gerade im Jugendhilfebereich konstitutiv.

Bildungsmanagement als Tätigkeitsfeld bewegt sich somit in einem mehrdimensionalen Bezugssystem, das durch unterschiedliche Kombinationen folgender Merkmalkategorien je spezifisch konstituiert und strukturiert wird:

- Bildungseinrichtungen – (bildungs-)branchenfremde Unternehmen und Institutionen,
- Staatlicher Sektor – außerstaatlicher Sektor – privatwirtschaftlicher Sektor,
- Profit-Bereich – Non-Profit-Bereich,
- Unternehmen/Einrichtungen mit Bildung als Kerngeschäft – Unternehmen/Einrichtungen mit Bildung als Zusatzleistung,
- Interne Adressierung – externe Adressierung,
- Adressierung von Mikro-, Meso- und Makroebenen/-systemen,
- Überlappungen mit bildungsaffinen Domänen – keine Schnittmengen mit bildungsaffinen Domänen.

Die unter Bildungsmanagement gefassten Aufgaben lassen sich unter analytischen Gesichtspunkten in zwei Komplexe differenzieren:

- Bildungs*prozess*management,
- Bildungs*betriebs*management.

Bildungsprozessmanagement

Das Bildungsprozessmanagement zielt auf die Initiierung und Gestaltung von Lehr- und Lernprozessen innerhalb eines organisationalen Rahmens. Die zentralen Bestandteile dieses Prozesses sind:

Bildungsbedarfsanalyse. Diese kann auf einen externen Markt bzw. Marktsegmente (z. B. Zuwanderer, Arbeitslose, Jugendliche ohne Schulabschluss, …) aber auch auf organisations- bzw. unternehmensinterne Erfordernisse (z. B. Anpassung an neue Technologien, Kundenbedürfnisse, …) gerichtet sein. Ebenso kann die Sondierung sehr spezifische Bedarfe betreffen – und zwar auf kognitiver, sozial-emotionaler wie Fertigkeitsebene – aber auch ganzheitlich-umfassende Kompetenzprofile.

Produkt- bzw. Programmplanung. Hier reicht das Spektrum von der Konzipierung etwa einer VHS-Veranstaltungsreihe zur Elternbildung oder Gesundheitsbildung über die von mehrmonatigen, vollzeitlichen sprach- und kulturbezogenen Integrationsmaßnahmen, berufsbegleitenden Qualifizierungsangeboten, betrieblichen Traineeprogrammen oder domänenspezifischen Trainingsmodulen bis hin zur Lehrplanentwicklung im allgemeinbildenden oder berufsbildenden Schulsystem einschließlich der Entwicklung von (Fach-)Hochschulstudiengängen auf Bachelor-, Master- und Promotionsniveau. Adressiert sind dabei potentiell Mikro-, Meso- und Makroebene. Der Entwurf einer Lernarchitektur berücksichtigt zudem das komplexe Zusammenspiel individueller, sozialer und organisationaler Bedingungen.

Durchführung. Dieser Teilschritt ist funktional bezogen auf die effektive Planungsumsetzung, etwa durch Beauftragung qualifizierten Lehrpersonals (Lehrkräfte, Dozenten, Trainer,...), Auswahl und Bereitstellung adäquaten Lehr- und Lernmaterials, Schaffung möglichst optimaler Rahmenbedingungen (z. B. örtliche und zeitliche Vorgaben, Zusammensetzung von Lernergruppen, Lehrer-Lerner-Schlüssel,...) sowie Sorge für den (möglichst) planungsgemäßen Ablauf. Er beinhaltet jedoch ausdrücklich nicht die eigene Unterrichts- bzw. Dozententätigkeit der Bildungsmanagerin oder des Bildungsmanagers.

Evaluation und Produkt- bzw. Programmrevision. Auch hier reicht die Bandbreite von der empirischen Prüfung einer Einzelveranstaltung über die von Seminarreihen, Fort- und Weiterbildungslehrgängen, regelmäßigen Coachingangeboten bis hin zu nationalen und internationalen Schülerleistungsvergleichen und Hochschulrankings. Die angewandten Methoden (z. B. Teilnehmerbefragung, Hospitationen, Selbsteinschätzungen, standardisierte Tests, ...) wie der Grad ihrer Reichweite sind dabei sehr unterschiedlich, doch immer handelt es sich um Maßnahmen der Qualitätssicherung – sei es mit Blick auf den Out-put und/oder den Prozessverlauf. Entsprechend ist die Programmrevision, d. h. die Überarbeitung des betreffenden Bildungsproduktes einschließlich Veränderungen seiner Nutzungsmodalitäten, ein konsequenter Folgeschritt.

Bildungsbetriebsmanagement

Das Bildungsbetriebsmanagement zielt auf die Steuerung und Gestaltung von organisationalen, personalen und finanziellen Rahmenbedingungen einer Bildungseinrichtung bzw. einer mit Bildungsaufgaben befassten Organisationseinheit (Stabsstelle, Referat, Abteilung,...) innerhalb einer (bildungs-)branchenfremden Organisation. Die zentralen Bestandteile dieses Prozesses sind:

Organisationsentwicklung. Stehen bei der Bildungsbedarfsanalyse personale Bildungsbedarfe im Mittelpunkt, werden hier vorrangig strukturelle Veränderungserfordernisse und -potentiale auf organisationaler Ebene fokussiert (z. B. Wissensgenerierung und -transfer, Anpassungs- und Beharrungsmechanismen, ...). Diese Analyse kann sowohl durch ein organisationsinternes Bildungsmanagement wie durch einen externen Anbieter erfolgen.

Personalmanagement. Angesprochen sind hier insbesondere die Bereiche Berufseignungsdiagnose, Kompetenzfeststellung und -förderung, motivationale Unterstützung. Diese Maßnahmen setzen einerseits stets am Individuum und seinen personalen Dispositionen an, sind aber andererseits immer auch im Kontext von organisationsumfassenden Anforderungen bzw. Veränderungsprozessen zu betrachten.

Bildungsfinanzierung. Unabhängig davon, ob Bildungsprodukte im öffentlichen Sektor, im Profit- oder Non-Profit-Bereich angeboten werden, Fragen der Finanzierung spielen immer eine maßgebliche Rolle. Ökonomische Notwendigkeiten bedingen bei allen Anbietern bzw. Trägern Kosten-Nutzen-Kalkulationen, allerdings mit durchaus unterschiedlichen Schwerpunktsetzungen und Handlungsspielräumen. Ebenso differieren die Strukturmerkmale der Finanzierung von gemeinnützigen und kommerziell ausgerichteten Unternehmen (z. B. Finanzierungsmix aus öffentlichen Zuwendungen, Spendenmitteln, Beiträgen oder Entgelten bei gemeinnützigen Bildungsanbietern). Die Kenntnis der Finanzierungslandschaft bzw. potentieller Finanzierungsquellen und ihrer optimalen Nutzung bei entsprechender Berücksichtigung der Organisationsziele bzw. -zwecke ist daher eine zentrale (Bildungs-)Managementfunktion.

Bildungsmarketing. Noch differieren Entwicklung und Implementierung eines professionellen Marketing-Managements erheblich in den unterschiedlichen Sektoren des Bildungsbereichs. Während private Bildungsanbieter aufgrund der Konkurrenzsituation schon seit Jahren mittels Marketing Wettbewerbsvorteile zu generieren trachten, setzen bei den öffentlichen Trägern erst in jüngster Zeit bedingt durch Verknappung öffentlicher Mittel, Rückgang an Kinder-, Schüler- und Studierendenzahlen entsprechende Prozesse ein. Generell betrachtet geht es dabei einerseits um die strategische wie operative Ausrichtung auf die Bedürfnisse und Wünsche der aktuellen Zielgruppe wie die neuer, zukünftiger Nachfrager etwa durch Verbesserung der Qualität des Angebots, durch klientelspezifische Angebotsdifferenzierung und/oder -erweiterung sowie andererseits um werbewirksame Öffentlichkeitsarbeit, die Kommunizierung des „Produktnutzens" für aktuelle und potentielle Abnehmer.

Bildungscontrolling. Auch hinsichtlich dieser Managementfunktion differieren derzeit noch Entwicklungs- und Implementierungsstand, und zwar insbesondere entlang der Linien Non-Profit-/Profit-Segment sowie allgemeinbildender Bereich/betrieblicher Fort- und Weiterbildungsbereich, allerdings ebenfalls mit der Tendenz zur Angleichung. Ziel des Bildungscontrollings ist der Nachweis und die Bewertung der Erträge von Bildungsinvestitionen nach Effektivitäts- und Effizienzkriterien zur Optimierung der Planung, Durchführung und Kontrolle von Bildungsmaßnahmen. D. h. adressiert sind Wirksamkeit und prospektiver Nutzen einer Bildungsleistung in Relation zu den entstandenen Kosten und dem geforderten Aufwand. Angesichts knapper Kassen und nur mittelmäßiger Ergebnisse in internationalen Schul- und Hochschulvergleichsstudien werden Ansätze und Konzepte zum Bildungscontrolling aus dem (Wirtschafts-)Unternehmenssektor zunehmend in den öffentlich finanzierten Bildungssektor transferiert.

Die hier erfolgte Aufgabenlistung erfolgte zu analytischen Zwecken, im berufspraktischen Handeln stehen sowohl die beiden Teilkomplexe „Bildungsprozessmanagement" und „Bildungsbetriebsmanagement" wie auch die zentralen Bestandteile dieser Prozesse meist in einem Interdependenzverhältnis. Bildungsmanagement bedingt daher paradigmatisch die integrale Zusammenschau und Koordinierung dieser Aufgabensegmente unter Ausbalancierung von mehr oder minder konkurrierenden individuellen, organisationalen und gesellschaftlichen Bedürfnislagen und/oder Zwecksetzungen bzw. Vorgaben sowie rechtlichen und ökonomischen Rahmungen.

Qualifikationsprofil „Bildungsmanagerin/Bildungsmanager"

Die Eckpunkte der Konturierung des Qualifikationsprofils „Bildungsmanagerin/Bildungsmanager" resultieren aus dieser Sachlage. Im Einzelnen gehört dazu tätigkeitsfeldübergreifende Fachkompetenz insbesondere hinsichtlich:

- grundlegender Fragen des sozialhistorischen, strukturellen und funktionalen Zusammenhangs von Bildung, Organisation und Profession,
- Organisations-, Organisationsentwicklungs- und Managementtheorien,
- Voraussetzungen, Bedingungen und Merkmalen von Lehr-/Lernprozessen von Individuen, Gruppen, Institutions- und Organisationsformen sowie Verbundsystemen.

Des Weiteren rechnet dazu tätigkeitsfeldübergreifende Methodenkompetenz insbesondere hinsichtlich:
- Bestandsaufnahme und Diagnose bezogen auf Lehr-/Lernprozesse von Individuen, Gruppen, Institutions- und Organisationsformen sowie Verbundsystemen,
- Planung und Gestaltung von Lernarchitekturen auf Mikro-, Meso- und Makroebene,
- adressaten-/zielgruppen- bzw. marktorientierter Entwicklung, Steuerung und Evaluation/ Controlling von Bildungsmaßnahmen.

Zu den tätigkeitsfeldübergreifenden Sozialkompetenzen zählen insbesondere:
- Empathie und Flexibilität,
- Selbstreflexivität und Rollenbewusstheit,
- Kommunikations- und Kooperationsfähigkeit,
- Führungskompetenz.

Gefordert sind zudem tätigkeitsfeldspezifische Analyse- und Handlungskompetenzen, die dem konkreten Arbeitsbereich unter sachzwecklich-inhaltlichen und strukturellen sowie kontextuellen und situativen Gegebenheiten Rechnung tragen.
Das Spektrum der fach- und domänenspezifischen Wissensbestände ist dabei so breit wie die mit Bildungsmanagement adressierten Handlungsfelder. Notwendig sind etwa lebensphasen- bzw. entwicklungsstandbezogene Kenntnisse von Erziehungs- und Bildungsprozessen und ihrem Bedingungsgefüge wie beispielsweise frühkindliches Lernen (Elementarpädagogik), Lernen im Erwachsenenalter (Erwachsenenbildung), Lernen im Alter (Geragogik), Lernen unter erschwerten Bedingungen (Sonderpädagogik, Förderpädagogik) bei Aufgabenstellungen in bzw. für entsprechend klientelausgerichtete Bildungseinrichtungen.

Notwendig können aber auch spezifische bildungsinhaltliche Kompetenzen sein, wie etwa kultur- und sprachwissenschaftliche Kenntnisse für Akteurinnen und Akteure im interkulturellen oder internationalen Bildungsmanagement, gesellschaftswissenschaftliches, Gender- und Diversity-Fachwissen für diejenigen im Bereich der Politischen Bildung, informations- und kommunikationstechnologisches Wissen für jene im Sektor EDV und neue Medien. Immer ist auch ein spezifisches organisationsbezogenes Wissen erforderlich. Dies gilt sowohl innerhalb der Gruppe der verschiedenen Bildungseinrichtungen von Kindertagesstätten über allgemeinbildende und berufsbildende Schulen, Hochschulen, Volkshochschulen bis hin zu Seniorenakademien als auch für Bildungsverwaltungen auf kommunaler, Landes- und Bundesebene.

Erst recht gilt dies für (bildungs-)branchenfremde Organisationen mit Bildung als Randgeschäft als betriebs-/unternehmensinterne Aufgabe und/oder extern eingekaufte Dienstleistung. Bildungsmanagement zur interkulturellen Öffnung oder zum Gender Mainstreaming im Rahmen der Polizei, der Justiz oder der Sozialen Dienste setzt auch Kenntnisse der jeweiligen institutionellen Rahmenbedingungen und des Verwaltungshandelns voraus. Das Management der betrieblichen Fort- und Weiterbildung in einem Industrieunternehmen bedingt unter anderem auch Kenntnisse der Organisationsstrukturen und -abläufe im jeweiligen Produktionsbereich mit seinen spezifischen Anforderungen. Darüber hinaus können spezifische Kompetenzprofile als Schnittmenge aus allgemeinen und speziellen bildungs- und betriebswirtschaftlichen Wissensbeständen ergänzt um solche angrenzender oder auch nicht affiner Disziplinen auch neue Tätigkeitsfelder generieren, indem sie einen erst latenten Bedarf bedienen und so perspektivisch etablieren (vgl. Lehrbuchteil Fallbeispiele).

1.6   Fazit

Bildungsmanagement wie das Berufsbild Bildungsmanagerin/Bildungsmanager befinden sich noch im Fluss. Dies gilt sowohl für die äußere Rahmung und fachdisziplinäre Verortung wie für die innere Ausdifferenzierung. Unstrittig ist jedoch, dass es sich um ein Tätigkeitsfeld handelt, dessen rasche Expansion mit der Bedeutsamkeit von Bildung bzw. Wissen und Wissensgenerierung für individuellen und gesamtgesellschaftlichen Nutzen korrespondiert. Unstrittig ist auch, dass es Handlungsbedarfe im Bildungsmanagementsektor sowohl mit betriebswirtschaftlicher wie mit bildungswissenschaftlicher Schwerpunktsetzung wie auch mit paritätischer Ausrichtung oder solcher mit Zusatzqualifikationen gibt. Die Frage des professionellen Kompetenzprofils und der dafür notwendigen Studieninhalte und ihrer Gewichtung ist daher nicht akademisch zu klären, sondern die je konkrete Nachfrage wie der (materielle oder immaterielle) Erfolg entscheiden über die Employabilität der Akteurinnen und Akteure.

1.7   Vertiefungsaufgaben und -fragen

1. Recherchieren Sie, mit welchen Aspekten aktuell der Begriff Bildungsmanagement in der Literatur verknüpft ist. Zeigen Sie Tendenzen auf.

2. „Das Bildungswesen ist bei uns das größte Unternehmen der öffentlichen Hand, mit den meisten ‚Kunden'. Es gestaltet Millionen von menschlichen Schicksalen mit" (Fend 1998, 357). Diskutieren Sie diese Aussage in Bezug auf Ansprüche an Bildungsmanagement im genannten Bildungsbereich.

3. Überlegen Sie, wie sich Managementanforderungen darstellen in einem Profit- und in einem Non-Profit-orientierten Bildungsunternehmen.

4. Was könnte (bildungs-)branchenfremde Unternehmen veranlassen, Bildung als Zusatzleistung in ihre Produktpalette zu übernehmen?

1.8   Literatur

Andreae, L. (Red.)(2004): Investitionsgut Bildung. Workshop „Investition in Humankapital",
7. Juni 2004, BMBF. Referat Publikationen. Bonn.

Becker, G. (1964): „Human Capital: A Theoretical and Empirical Analysis with Special
Reference to Education. 3. Ausgabe 1993. University Chicago Press.

Böttcher, W., Hogrebe, N., & J. Neuhaus (2010): Bachelor/Master. Bildungsmarketing. Qualitätsentwicklung im Bildungswesen. Beltz, Weinheim Basel.

Altmann, P. (2010): Kreatives Studieren. In: Berliner Zeitung vom 14. Juli 2010, 13.

Burba, D. (2010): Bildung auf einen (internationalen) Blick. Bildungsinvestitionen in Zeiten
der Wirtschaftskrise im internationalen Vergleich. In: schulmanagement. Die Zeitschrift für
Schulleitung und Schulpraxis, Heft 3, Juni 2010, 33–35.

Dörfler, V. (2007): Dienstleistungsbetrieb Schule. Konsequenzen für das pädagogische Management. Martin Meidenbauer, München.

Fend, Helmut (1998): Qualität im Bildungswesen. Schulforschung zu Systembedingungen,
Schulprofilen und Lehrerleistung. Juventa, Weinheim.

Gütl. B. & F. M. Michael (2006): Differenzen bilden: Bildungsmanagement heute. In: Gütl,
B., Orthey, F. M., Laske, S. (Hrsg.): Bildungsmanagement. Differenzen bilden zwischen
System und Umwelt. Rainer Hampp, München Mering, 13–56.

Hensel, H. (2009): Kapitalbildung und Bildung. Moderner Kapitalismus als Sozialisationsin-
stanz. In: PÄDForum: unterrichten erziehen, Jg. 37./28, 6/2009, 275–279.

Lutzer, B. & H. Reiter (2009): Handbuch Marketing für Weiterbildner. Bildung mit den
sechs „P" professionell vermarkten. Beltz, Weinheim Basel.

Psacharopoulos, G. & H. A. Patrino (2002): Returns to Investment in Education.

Riecke-Baulecke T. & H.-W. Müller (1999): Schulmanagement. Leitideen und praktische
Hilfen. Westermann, Braunschweig.

Schuster, K.-M., Viernickel, S. & D. Weltzien (2006): Bildungsmanagement: Methoden und
Instrumente der Umsetzung pädagogischer Konzepte. Ibus, Remagen.

2 Bildung

Ergin Focali

2.1 Einleitung

„Jeder Bildungstheorie liegt, bewusst oder unbewusst, ausgesprochen oder unausgesprochen eine bestimmte Auffassung vom Wesen des Menschen zugrunde" (Theodor Litt).

Bildung, einer der bedeutsamsten und dauerhaftesten Leit- und Kernbegriffe der Erziehungswissenschaften (Ehrenspeck 2004, 64), erfährt in Zeiten der Krise massive gesellschaftspolitische Aufmerksamkeit. Aus den unterschiedlichen politischen Spektren wird auf die Bedeutung von Bildung für die Zukunft unserer Gesellschaft verwiesen und hierin eine wesentliche Herausforderung für die Gesellschaft, zentrale Aufgabe der Zukunft und eine Antwort auf die vielfältigen sozialen, ökonomischen und ökologischen Probleme unserer Zeit gesehen. Unklar bleibt oftmals, welche Form und welches Verständnis von Bildung zur Bearbeitung der vielfältigen Themenkomplexe unterlegt sind. Im erziehungswissenschaftlichen Kontext, dem der Bildungsbegriff entstammt und dessen zentrale Kategorie er darstellt, herrscht zumindest kein einheitliches Begriffverständnis darüber, was unter Bildung verstanden wird. Gleiches gilt für den Alltagsgebrauch.

So kann die Antwort auf die Frage, wer gebildet sei, sowohl im Alltagsgebrauch, als auch im fachwissenschaftlichen Diskurs je nach Schwerpunktsetzung und persönlichem Zugang völlig anders ausfallen. Bildung kann als hohes Maß an akkumuliertem, abrufbarem Wissen verstanden werden. Aus einer anderen Perspektive zeigt sich Bildung in „hohen Bildungsabschlüssen" und Bildungstiteln. Eine wieder andere Sicht subsumiert unter Bildung einen spezifischen (z. B. bürgerlichen) Habitus, also eine Verinnerlichung bestimmter Umgangsformen zu entsprechenden gesellschaftlichen Anlässen. Auch die Fähigkeit des systematischen Hinterfragens gesellschaftlicher Realitäten auf ihre (Entstehungs- und Verwertungs-) Zusammenhänge, wäre einem spezifischen Bildungsverständnis zufolge Bildung (Bernhard, Rothermel 2001, 62).

Über diese Mehrdeutigkeit und den inflationären Gebrauch des Begriffes herrscht im pädagogischen Fachdiskurs Einigkeit. Bildungssystem, Bildungspolitik, Bildungsprogramme, Bildungsmisere, bildungsferne Schichten – immer kann mit dem vorangestellten Begriff der Bildung etwas Anderes zum Ausdruck gebracht werden. Bildung wird so oftmals zum „politischen Kampfbegriff". In diesem Zusammenhang bezeichnet Dieter Lenzen den Begriff der Bildung gar als „deutsches Containerwort", in das soviel hineingepackt wurde, „dass sich sein Gehalt inzwischen verflüchtigt hat" (Pongratz, Bünger 2008, 110). In jedem Fall variieren die Ansichten darüber, was unter „Bildung" verstanden werden sollte, erheblich, kaum eine erziehungswissenschaftliche Kategorie ist so umstritten wie die der Bildung.

In der Fachdiskussion werden oftmals 5 Dimensionen von Bildung unterschieden, die sich so auch im Alltagsgebrauch finden lassen (Ehrenspeck 2004, 68 sowie Lenzen 1999, 125):

1. Bildung als individueller Bestand z. B. Wissen,
2. Bildung als individuelles Vermögen z. B. Kompetenzen,
3. Bildung als individueller Prozess z. B. Persönlichkeitsentwicklung,
4. Bildung als individuelle Selbstüberschreitung und Höherbildung der Gattung,
5. Bildung als Aktivität bildender Institutionen.

Dieses breite Verwendungsspektrum (zwischen Unbestimmtheit und Überdetermination) macht im Rahmen einer Auseinandersetzung mit dem Begriff der Bildung, wie sie im vorliegenden Kontext – Bildungsmanagement – stattfindet, eine Klärung darüber notwendig, was gemeint ist, wenn von Bildung gesprochen wird. In Abgrenzung zu Begriffen anderer Disziplinen, die mit „Bildung zusammenhängende Sachverhalte" thematisieren[7], wird Bildung hier als erziehungswissenschaftlicher Leitbegriff betrachtet. Hiermit ist der Anspruch verbunden, ein originär pädagogisches Verständnis von Bildung aufzuzeigen, das als solches eng mit der philosophischen Reflexion über Wesen und Bildsamkeit des Menschen verbunden ist.

Hauptziel des Beitrages ist es von daher nicht, lexikalisches Wissen über den Bildungsbegriff zu summieren und auszubreiten. Vielmehr sollten Leserinnen und Leser – handele es sich um Studierende der Pädagogik oder angrenzender Disziplinen, pädagogisch Tätige in Praxis und Lehre, ebenso wie aktuell oder zukünftige Leitungskräfte im Bereich Bildungsmanagement – motiviert und befähigt werden, eigene bildungstheoretische Reflexionen in Beruf, Ausbildung und Alltag einfließen zu lassen und diese Reflexion über Bildung und Bildungsziele als wesentlichen Bestandteil der eigenen beruflichen Identität zu begreifen.

Um dies zu leisten und vor dem Hintergrund der „Überdeterminiertheit" der Thematik Orientierung zu verschaffen, wird hier zunächst eine allgemeine Begriffbestimmung vorgeschlagen. Da, wie Ehrenspeck betont, Bildung immer „nur im Kontext von Bildungstheorien dimensioniert werden" kann (Ehrenspeck 2004, 65), erscheint es von zentraler Bedeutung, die Grundkategorien bzw. Grundfiguren aufzuzeigen, die nahezu allen Bildungstheorien innewohnen und auf deren Grundlage Bildungstheorien in ihrem Bedeutungsgehalt für die heutige gesellschaftspolitische Diskussion entschlüsselt werden können. Nach der ersten allgemeinen Begriffsbestimmung wird der gewählte Zugang durch einen Blick auf die Etymologie und die historische Genese verdeutlicht, aus dem sich auch die historische Verbindung von Pädagogik, Theologie und Philosophie aufzeigen lässt. Während, wie zu zeigen sein

---

[7] So vor allem die Soziologie mit den Begriffen „Sozialisation" und „Habitus", die Psychologie mit den Begriffen „Lernen" und „Wissen", die Berufspädagogik mit den Begriffen „Ausbildung" und „Qualifikation" (Dörpinghaus 2008, 137 sowie Borst 2009, 14).

wird, dem Bildungsbegriff ursprünglich ein theologisches Wesensverständnis des Menschen (Mensch als Eben*bild* Gottes) zugrunde liegt, rückt im neuzeitlichen Verständnis der Mensch selbst in den Mittelpunkt der Bildungsauffassung. Dieses humanistische Bildungsideal trägt nun aber bereits Antinomien, Widersprüchlichkeiten in sich, die sich in der heutigen Diskussion und vielfältigen Verwendungsmöglichkeit des Bildungsbegriffes wiederfinden und deren Kenntnis für die Reflexion über aktuelle Bildungsaufgaben und Ziele unabdingbar ist.

2.2 Bildung: Versuch einer allgemeinen Begriffsbestimmung

Als pädagogische Kategorie taucht der Begriff der Bildung erst im 18. Jahrhundert auf. Dennoch handelt es sich bei ihm keineswegs um eine neuzeitliche Erfindung. Vielmehr gehört „Bildung" zur „Conditio Humana", sie ist unausweichlich ein Wesensmerkmal des Menschen[8]. Der Mensch ist anthropologisch jenes Wesen, das in die natürliche Umwelt verändernd und gestaltend eingreift, sie nach seinen „Vorstellungen bildet", sich im gleichen Zug auch Vorstellungen über die Welt und somit ein Bewusstsein von ihr bildet. So vollzieht sich Bildung in der menschlichen Geschichte von Anfang an in den Tätigkeiten, durch die der Mensch seine Lebensbedingungen gestaltet und weiterentwickelt (Bernhard, Rothermel 2001, 63).

Dabei verfügt, wie schon Aristoteles vermerkte, der Mensch als einziges Wesen über das Wort. Handlung (im Sinne der tätigen Aneignung) und Sprache (als Fähigkeit des Symbolisierens und somit der Bildung von Vorstellung) bedingen sich dabei gegenseitig. In diesem Sinne beinhaltet Bildung immer Sprache und Handlung, zeigt sich also auf den Ebenen von Theorie *und* Praxis (Melich, 1999, 301).

Die in der menschlichen Geschichte immer schon vollzogene tätige Aneignung von Welt und die gleichzeitige „Bildung" einer Vorstellung, eines Bewusstseins über Welt verweist auf einen spezifischen Zugang zu dem, was im Bildungsbegriff angelegt ist und was nahezu allen Bildungstheorien gemein ist: Die innere und äußere Entwicklung des Menschen und sein reflektiertes Verhältnis zu sich, zu anderen und zur Welt und somit die Fähigkeit und Notwendigkeit des Menschen, sich selbst und die Welt zu begreifen (Dörpinghaus 2008, 10).

Bildung lässt sich aus dieser allgemeinen Perspektive zunächst wie folgt bestimmen: Der Mensch bildet sich bewusst oder unbewusst ein Bild von sich und der Welt und bildet gleichzeitig Welt bewusst oder unbewusst nach diesem Bilde. Die Theorien, die diese Prozesse beschreiben, nennt man Bildungstheorien. Die klassischen Begriffe, mit denen Bildungstheorien die Verhältnisse beschreiben, sind Subjekt (Mensch) und Objekt (Welt) und

---

[8] Hierzu Herrmann Röhrs: „Bildung und Erziehung (sind) als Grunderscheinungen des menschlichen Lebens überhaupt zu verstehen (...). Der Mensch gewinnt (...) nur durch Erziehung und Bildung ein Verständnis seiner selbst und seiner spezifisch menschlichen Aufgaben" (Röhrs 1970, 111).

Theorie (wissenschaftliches oder alltagspraktisches Wissen) und Praxis (Umsetzung des Wissens in Handlungen).

Bildungstheorie fragt vor diesem Hintergrund, was überhaupt den Menschen seinem Wesen nach ausmacht. Sie fragt im gleichen Moment danach, was die den Menschen umgebende (natürliche und soziale) Umwelt kennzeichnet. Sie fragt schließlich nach dem Verhältnis dieser beiden, dem Menschen und seiner Umwelt, um die Stellung des Menschen in der Welt zu bestimmen. Hier wird die historische Verbundenheit von pädagogischer Bildungstheorie und der Philosophie aber auch der Theologie, aus denen sie hervorgegangen ist, deutlich.

2.3   Historische und etymologische Herleitung

Ein Blick auf die Etymologie des Begriffes stützt den aufgezeigten Zugang. So entstammt der Begriff der Bildung dem Alt- bzw. Mittelhochdeutschen[9]. Danach meint „bilden" sowohl „einer Sache Gestalt und Wesen geben" als auch als „bilidön" „eine Gestalt nachbilden". Die Sache aber, der es gilt, Wesen und Gestalt zu geben, seien dies Menschen (Subjekt) oder Welt (Objekt) und die Vorstellung (Theorie) und Art und Weise, diese Gestalt nachzubilden (Praxis), unterlag immer schon einem stetigen Wandel.

Das Menschenbild (und damit auch der Bildungsbegriff und die hieraus abgeleiteten Bildungsziele) war und ist immer abhängig von den jeweiligen aktuellen gesellschaftspolitischen und sozioökonomischen Bedingungen. Man muss sogar ergänzen, dass die „*Geschichte der Bildung (...) nicht zu trennen (ist) von der Geschichte gesellschaftlicher Herrschaft: In antiken und feudalen Gesellschaften waren es Sklaven und Leibeigene, die die Bedingungen dafür schufen, dass wenige andere am Privileg organisierter Bildung teilhaben konnten*" (Pongratz, Bünger 2008, 124).

Maßgeblichen Einfluss auf das Menschenbild und damit den Bildungsbegriff hatten aber bis zum Beginn der Aufklärung die religiösen Sinnsysteme, die in ihrer theologischen Fassung hauptsächlich eine einheitliche Weltbeschreibung garantierten (Luhmann 1997, 925). Dies zeigt ein Blick auf die theologischen Wurzeln des Bildungsverständnisses im alttestamentarischen Buch Moses, in der Genesis. „Sich ein Bild zu machen", zeugt von der Bildungsvorstellung, wonach Gott den Menschen nach seinem Bilde geschaffen hat und verweist auf die hierin enthaltene Vorstellung der Ebenbildlichkeit des Menschen mit Gott. Nach dieser Vorstellung von der „Imago Dei", von der Gottesbildlichkeit des Menschen, ist es das Bildungsziel, die Verwirklichung des (Göttlichen im) Menschen durch die Klärung des inneren Bildes (Röhrs 1970, 125) zu erreichen. Gott ist das Ursprüngliche, der Mensch nur eine Abbildung dessen. Gerade in seiner (menschlichen) Unzulänglichkeit (Leiblichkeit, Sterblichkeit) muss er das Göttliche als Bild hiervon in seiner Innerlichkeit wiederfinden. Bildung in einer theo-

---

[9]   Zur Diskussion um die spezifisch deutschsprachige Begriffsverwendung (eine strikte Trennung zwischen Bildung und Erziehung gibt es so z. B. im Englischen nicht) und den Einfluss englischsprachiger Bildungskategorien (z. B. bei Shaftesbury „inward form" für „Innere Bildung") vgl. Lichtenstein 1982, 165.

logischen Vorstellung ist „Entbildung des Kreatürlichen" und „Verstärkung" bzw. Aufdeckung der „urbildhaften Strukturen" (a. a. O.).

Im christlich-abendländischen Verständnis war das (fragmentarische) Bildungsverständnis an die skizzierte Imago-Dei-Lehre und die klerikalen Dogmen gebunden. Bildungsprozesse und damit Weltdeutung ging im Wesentlichen von einer Priesterschaft aus, die (in einer Jahrtausenden währenden Koalition mit dem Adelsstand) das Volk in feste Rollenmuster und Strukturen der traditionellen Gesellschaft einordnete und fixierte (Bourdieu 2000, 96ff.). Weitergehende Bildung war auf eine patriarchale Minderheit beschränkt.

Eine fundamentale Änderung ergab sich erst mit Beginn der Aufklärung und der zunehmenden Säkularisierung moderner Gesellschaften. Durch das Erstarken und die damit verbundene Emanzipation des Bürgertums kommt es zum Aufbrechen der traditionellen feudalen Standeszuweisungen und in der Folge auch zu einem neuen Bildungsverständnis (Pongratz, Bünger 2008, 124). Bildung zielt nun nicht mehr so sehr auf Nachbildung in der Nachfolge Christi bzw. die Suche und Aufdeckung des Göttlichen im Menschen, sondern auf Hervorbringung, auf eine wachsende Selbstgestaltung und Selbstverfügung des Menschen, auf die Entwicklung seiner eigenen Kräfte und Anlagen, kurz: Bildung im modernen Sinn zielt auf die Konstitution von Subjektivität. Das nun zu suchende und zu bildende Ideal ist das des Menschen selbst, der Selbstentfaltung des Individuums als Sich-selbst-Bilden zu einer reichen und allseitigen Individualität. Das Ideal, welches dies beschreibt, ist das der Humanität bzw. des Humanismus.

2.4   Zur Entstehung der neuzeitlichen Bildungsidee

In dem Maße, in dem die Theologie (und ihr bereitgestelltes Menschenbild) infolge technologischer Erneuerungen im Zuge der Industrialisierung, dem Erstarken des Bürgertums, flankiert von Aufklärung und Säkularisierung ihre Stellung als normatives Zentrum der Gesellschaft verliert (Durkheim 1973, 37ff., Focali 2007, 56), entsteht ein neues Menschenbild. Dem theologischen Verständnis von Bildung steht nun ein aufklärerisch-philosophisches Bildungsverständnis gegenüber.

Mit dem Aufstreben des Bürgertums im 18. Jahrhundert wird ein neues, nicht zuletzt politisches Konzept von Bildung mit emanzipatorischem Anspruch entfaltet, Bildung und bilden werden zu pädagogischen Begriffen. Die Aufklärung bringt jenes Menschenbild hervor, das den Einzelnen als frei handelndes Subjekt denkt und das eine Vorstellung von Subjektivität überhaupt erst möglich macht, wie sie sich im Humanismus dieser Zeit in vollster Weise entfaltet. Bildung zielt nun auf Menschwerdung, die im Inneren des Menschen geweckt und jedem zugänglich gemacht werden soll.

Hier kann man von einer zweiten, einer „geistigen Genesis" sprechen, durch die Bildung zu etwas Neuem wird, in dem nun der Mensch, nicht nur als Gattungswesen, sondern auch und vor allem als Individuum, im Mittelpunkt des Bildungsprozesses steht. Im Individuum, in jedem Einzelnen, sind bereits die Werte und Kräfte des Gattungswesens angelegt, die nun durch Bildung zur Entfaltung kommen sollen, weil nur so auch der Mensch als Gattungswe-sen in der individuellen Entfaltung zu seiner Bestimmung findet.

Im hier skizzierten Ideal der Humanität, also der Aufforderung, die Bestimmung des Men-schen zu einem durchgeformten Bilde zu verdichten (Litt 1955, 11), kommt eine Vorstel-lung, ein Bild vom Menschen zum Ausdruck, der als Norm und Vorbild das anzustrebende Ziel vorgibt, auf welches das Bildungsideal gerichtet ist. In der Idee der Humanität lässt sich alles das zusammenfassen, was dem menschlichen Dasein einen höheren, ja den eigentlichen „menschlichen" Sinn verleiht. *„Es ist die Bestimmung, ja die einzige Bestimmung des Men-schen, sich zum Menschen zu bilden"* (a. a. O., 14). In dem Maße, in dem der Mensch in den Mittelpunkt der Betrachtung rückt, erwächst auch ein anthropozentrischer Zug der Bildungs-theorie, der die Humanitätsidee charakterisiert: Der Mensch wird zum Maß aller Dinge.

2.5   Antinomie von Bildung: Von der Humanitätsidee zur „Sachdienlichkeit"

Wie dargestellt, gingen die industrielle Revolution und Entwicklung der Humanitätsidee Hand in Hand. Diese parallele Entwicklung birgt aber bereits die inneren Widersprüche von Bildungsprozessen in sich, die seither dem neuzeitlichen Bildungsverständnis – und somit auch dem vorherrschenden Welt- und Menschenbild in der modernen Gesellschaft – unauf-lösbar angehören.

Diese Widersprüche zwischen humanistischem Bildungsanspruch und den vorfindbaren gesellschaftlichen (und bildungspolitischen) Realitäten zeigen sich überall dort, wo Lern-, Lebens- und Arbeitsbedingungen in immer stärkerem Maße dem Wesen des Menschen und dem Ideal der inneren (und äußeren) Formung widersprechen. Sie finden sich auch dort, wo menschliches Denken und Handeln trotz umfangreicher Bildungsbemühungen soziale, öko-nomische und ökologische Schieflagen produzieren.

So geht mit der Zuwendung zum Menschen im Rahmen der säkularisierten Humanitätsidee eine gleichzeitige Abwendung vom Wesen des Menschen „Hand in Hand", die sich (bil-dungstheoretisch) in der Zuwendung zur Sache zeigt. Die Sache aber, wie Theodor Litt es bezeichnet, bedeutet das neuzeitliche Denken, welches sich in der Verschwisterung und dem unbedingten Vorrang von Mathematik, Naturwissenschaft, Technik und Ökonomie findet.

Hier entwickelt sich eine voranschreitende Fortschrittslogik der Sache[10], in der nicht mehr das Individuum mit seiner Tatkraft und seinem Ideenreichtum im Vordergrund steht, sondern in der Personen austauschbar werden und Prozesse Eigendynamiken entwickeln, die kaum mehr Steuerungsmöglichkeiten erkennbar werden lassen. Hier ist nicht mehr der Mensch Maß aller Dinge, sondern das „Ideal der Sache", laute sie da Fortschritt, Wachstum oder Nützlichkeit.

---

[10]   Vielfach beschrieben z. B. als instrumentelle Vernunft, Systemrationalität oder ähnlich.

Exkurs: In der gesellschaftspolitischen Bildungsdiskussion wird in zunehmendem Maße auf eine „Ökonomisierung der Bildung" hingewiesen (Krautz, 2009). Im Anschluss an internationale Vergleichsstudien (z. B. PISA) werden Bildungsprozesse vor allem unter dem Gesichtspunkt messbarer Leistungs- und Erfolgskriterien betrachtet. Als Ziele von Bildung wird die Optimierung der Lernprozesse auch oder gerade im internationalen Ranking ausgegeben. Bildung wird in immer stärkerem Maß zum Standortfaktor im internationalen Wettbewerb. Das dahinter liegende Welt-/ und Menschenbild ist das des „homo oeconomicus" bzw. des Menschen als Humankapital. Zum Ausdruck kommt diese Bildungsvorstellung auch in der Abkehr vom Begriff der Bildung, der aus einer ökonomisierten Perspektive Begriffen wie Qualifikation oder Kompetenzerwerb weicht. Kompetenzen aber, z. B. im Umgang mit dem Computer, können sowohl für den Umgang mit medizinischen Gerätschaften (und somit „für den Menschen") als auch im Umgang mit Kriegsmaschinerie (und somit „gegen den Menschen") genutzt werden. Der Begriff der Bildung aber intendiert die Auseinandersetzung mit den Gesamtzusammenhängen, das Hinterfragen, letztlich die Befähigung zur Übernahme von Verantwortung. In diesem Sinne müssen auch Pädagoginnen und Pädagogen z. B. in der Lage sein, politische Bildungsaufforderungen zur Veränderung bzw. Ökonomisierung und Effizienzorientierung des Bildungssystems in ihrer Tragweite einschätzen zu können (Hintz 1993, 47) und beispielsweise auch „gegen den Zeitgeist (…) in öffentlichen Dingen tätig" werden (Horkheimer 1985, 416).

Nimmt man die gesellschaftspolitischen Ansprüche an Bildung als zentrale Herausforderungen für die Zukunft der Gesellschaft auf, ist es unabdingbar, deren innere Widersprüche transparent und damit der fachlichen wie auch der persönlichen bildungstheoretischen Reflexion zugänglich zu machen. Dies aber lässt sich auf Grundlage der eingangs vorgestellten bildungstheoretischen Grundfiguren Subjekt/ Objekt sowie Theorie/ Praxis in ihren jeweiligen Verhältnissen leisten.

Das Verhältnis von Theorie und Praxis

Das Verhältnis von Theorie und Praxis, von Vorstellung und Handlung, bildet im „*Ursprung des vortechnischen Menschen"* eine Einheit: Theorie und Praxis bedingen sich gegenseitig und gehen auseinander hervor. Diese unauflösbare Verbundenheit zwischen Theorie und Praxis im vortechnischen Zeitalter kann als „*Umgang"* bezeichnet werden, analog zum Umgang mit einem Menschen, zu dem durch den Umgang eine Beziehung gestiftet wird.

Der Faustkeil (als theoretische Errungenschaft) steht in unmittelbarer Beziehung zur praktischen Handlung und ist Medium im „*Umgang des Menschen mit der Natur"*. Ebenso kann der Handwerker „*in dem Werk, das er aus dem naturgegebenen Stoff hervorwachsen sieht, sich selbst, (...) seine Geschicklichkeit, Erfindsamkeit, Gestaltungskraft wiederfinden. Er wird durch das Geschaffene in dem, was er selbst ist, nicht verleugnet oder verdrängt, sondern bestätigt"* (Litt 1955, 18). Unschwer ist die durch das Auseinandertreten von Theorie und Praxis in der technisierten Welt hervorgerufene Veränderung zu erkennen, die sich bildungstheoretisch nachdrücklich auswirkt. Ab jetzt werden Bildungsinhalte zunehmend nur noch auf Teilbereiche bezogen als wichtig erachtet. Bildung wird zum Kompetenzerwerb mit dem Bildungsziel der Sachdienlichkeit. Bildung wird dort ein Wert zugeordnet, wo es der Sache dient und verflacht zunehmend zur Bezeichnung bloßen Formalwissens. Kennzeichnend hierfür ist der Vorrang von Technik, Naturwissenschaften, Ökonomie und Mathematik. *„Statt dass die Sache sich dem der Bildung zustrebenden Menschen unterordnet, zwingt sie ihn in eine gegen sein Menschentum gleichgültige, ja dieses Menschentum knechtende Bewegung hinein"* (a.a.O., 23).

Das Verhältnis Subjekt und Objekt

Durch die Theorie/Praxis-Spaltung im technisierten „Bildungsverständnis" wird auch die Natur – die dem Menschen bis dahin als Partnerin zur Seite stand – zur „Sache" formalisiert, in mathematische, physikalische, naturwissenschaftliche Kategorien zerlegt und somit in ihrer Einheit ebenfalls in voneinander unterscheidbare „Sachen" aufgespalten, sie wird zum Objekt der Analyse und Manipulation. Diese Veränderungen mit nachhaltigen Folgen für das Menschen-, Welt- und auch Bildungsverständnis, die sich hieraus ergeben, lassen sich ebenfalls auf Grundlage der bildungstheoretischen Grundfiguren, hier der von Subjekt/Objekt, beschreiben. Die Trennung von Subjekt/Objekt, nach der alltagssemantisch Mensch und Natur keine Einheit mehr bilden, ist philosophiegeschichtlich betrachtet – ebenso wie die Auflösung der Einheit von Theorie und Praxis – eine historisch gewachsene „Vorstellung". Allerdings handelt es sich um die ursprünglichere Veränderung im Verhältnis von Mensch und Welt, aus der heraus sich überhaupt erst die anthropologische Möglichkeit und Notwendigkeit von Bildung ergibt.

Die ursprüngliche Verbundenheit von Mensch und Natur zeigt sich z. B. in den Ritualen zur Besänftigung ängstigender „natürlicher" Phänomene. Horkheimer/Adorno sprechen hier von einem mimetischen Gleichmachen mit der Natur: *„Die Riten des Schamanen wandten sich an den Wind, den Regen, die Schlange draußen oder den Dämonen im Kranken, nicht an Stoffe oder Exemplare (...). Der Schamane bannt das Gefährliche durch dessen Bild"* (Horkheimer, Adorno 1998, 25f.). Dieses Bild aber ist nicht bloßes Abbild des natürlichen, sondern es ist vielmehr mit diesem identisch. Der angebetete Fetisch symbolisiert nicht, er ist das Heilige, das es zu besänftigen gilt. In dieser (vormythischen) Einheit von Zeichen und Bild kommt die ursprüngliche Einheit von Mensch und Natur symbolisch zum Ausdruck. Der Wandel aber, oftmals mit dem Bild des „Sündenfalls" dargestellt, entsteht überhaupt erst, durch die Trennung von Zeichen (Sprache) und Bild (Welt) und ist die Voraussetzung für die Gegenüberstellung von Subjekt und Objekt: *„Der ‚Sündenfall' des Menschen besteht in der Zeichenfunktion der Sprache, im Auseinandertreten von Sprache und Welt und der damit einhergehenden Subjekt-Objekt-Trennung. Es ist der Eintritt in die symbolische Ordnung sprachlicher Zeichen, der eine Distanz zur Welt schafft, die jede Unmittelbarkeit einer Zugehörigkeit des Menschen zu einem nicht von ihm geschaffenen Kosmos aufhebt"* (Schäfer 2005, 75f.).

Am Anfang steht das Wort, durch das der Mensch (im Bruch mit seinem Ursprung) nur Mensch wird. Und so ist menschliches Leben letztlich Leben, das in der Sprache des Menschen offenbar wird und zu sich selbst findet (Dürckheim 2008*)*. Friedrich Nietzsche zeigt dies am Beispiel der Moralentwicklung eindrucksvoll auf. Indem er davon ausgeht, dass moralische Begriffe (gut/schlecht) keinen eigenen Wesensgehalt haben, sondern historisch gebildet und verändert wurden, war der Mensch in der Lage, „in der Geschichte überhaupt Werte zu schaffen, die „nicht von dieser Welt" sind, „unweltliche" Werte, im buchstäblichen Sinne des Wortes" (Nietzsche 1999, 197), um z. B. das Problem des Leidens zu lösen, dem die Bedrückten in „dieser Welt" ausgesetzt sind. So erschafft er „eine ‚wahre' Welt hinter dieser Welt, die sich für die wahre lediglich als die bloß tatsächlich und zufällige ausnimmt" (Raffnsoee 2007, 51). Es entsteht – geistig – also eine parallele „Hinterwelt", die es noch nicht gibt, eine anzustrebende, ideale, vorgestellte Welt.

Die (notwendige) Abwendung von der rohen, gewalttätigen Natur, wie sie sich nicht zuletzt im „memento mori" im Gedanken an den Tod findet, führt zu einer Umwendung, die es erlaubt, natürliche, äußerliche, körperliche Phänomene z. B. den Tod, zu göttlichen, innerlichen, spirituell/geistigen umzudeuten. Es entsteht eine Welt symbolischer Begriffe, die sich zwischen Mensch und Welt schiebt. Der Mensch lebt nicht mehr in einem „tierischen Zustand" der Handlung, sondern ist durch diesen Abstand in die Lage versetzt zu reflektieren, Sinn und Richtung zu bestimmen, Neues zu schaffen. Die so entstandene Welt hat eine eigene weiterreichende Bedeutung und befindet sich nun in einem fortlaufendem, in einem geschichtlichen Prozess. Mit der Trennung von Subjekt und Objekt „tritt der Mensch in die Geschichte ein" (Schäfer 2005, 76).

2.6 Rückschlüsse auf aktuelle Bildungsaufgaben

Wie dargestellt wurde, ist der Mensch in die Lage versetzt, sich nicht nur Vorstellungen von der („objektiven") Welt machen zu können, sondern vielmehr sich die Welt in unterschiedlicher Weise vorstellen zu können und damit Welten zu schaffen. Der Doppelcharakter menschlichen Lebens ist es letztlich, der Bildung möglich und notwendig macht. Aufgabe und Inhalt von Bildungsprozessen ist es danach, das Verhältnis von Innerlichkeit und Äußerlichkeit, von Selbst und Welt, von Individuum und Umwelt (in der modernen Welt auch die Dualität von Persönlichkeitsentwicklung und Sachdienlichkeit) theoretisch zu (re-)konstruieren und (sozial) praktisch zu gestalten. Vor dem Hintergrund der Komplexität moderner, arbeitsteilig organisierter und ethisch heterogener Gesellschaften und Lebenszusammenhänge wird Bildung so zur wesentlichen pädagogischen Aufgabe und damit letztlich zu ihrer obersten Leitkategorie.

Daran ändert auch der aktuelle Vorrang eines ökonomisch-technisch-naturwissenschaftlichen Welt- und Menschenbildes nichts. Überall dort, wo dieses mit den Folgen seines Handelns in die ihm innewohnende Sackgasse geführt hat (Bsp. Klimawandel), werden Bildungsprozesse auf den Plan gerufen[11] in der Hoffnung und Erwartung, dass diese Individuum und Soziales, Mensch und Natur, Vorstellung und Handeln wieder in einen Zusammenhang stellen. Bildung zeigt sich vor diesem Hintergrund dort, wo die benannten Zusammenhänge von Welt (natürliche/soziale) und Mensch in seiner sozialen, physischen und psychischen Beschaffen-

---

[11] Ein aktuelles Beispiel ist das Konzept „Bildung für eine nachhaltige Entwicklung".

heit, in ihrer gegenseitigen Durchdringung und Abhängigkeit im Rahmen von Bildungstheorie transparent werden und auf jeweilige gesellschaftliche, geschichtliche Realitäten bezogen werden, um in diesem Geflecht gegenseitiger Durchdringung dem Einzelnen Wege der Selbstbestimmung und Selbstorganisation aufzuzeigen.

So findet menschliches Leben immer in einem ökologisch-sozialen Zusammenhang statt, in dem der Mensch nicht eine zentrale Position einnimmt, sondern allenfalls eine Randfigur ist, sonst wären Steuerungen sozialer, ökonomischer und ökologischer Fehlentwicklungen (Hungersnöte/Wirtschaftskrisen/Klimawandel) problemlos zu leisten. Adorno spricht in diesem Zusammenhang vom „Vorrang des Objekts" (Schäfer 2004, 93). Übersetzt in eine aktuelle Alltagssemantik könnte Vorrang des Objekts heute bedeuten: Vorrang von Welt, Vorrang von Natur, Vorrang von ökologischen/sozialen Zusammenhängen. So wie die Aufklärung mit den technologischen und sozialen Veränderungen der Industrialisierung einher ging und ein entsprechendes Bildungsverständnis zur Verfügung stellte, steht vor dem Hintergrund der aktuellen vielfältigen sozialen und ökologischen Veränderungen eine „zweite Aufklärung" mit einem für die heutigen Erfordernisse angemessenen Bildungsverständnis an, das weder einem reinen Anthropozentrismus noch einer reinen Sachdienlichkeit anheim fällt. Zentrale Kategorien einer „zweiten Aufklärung" sind vielmehr: Reflexivität und Freiheit.

Exkurs: Vor dem Hintergrund der für den Bildungsgedanken zentralen wechselseitigen Bezogenheit von Individuum und Welt hat Wolfgang Klafki ein Konzept der kategorialen Bildung entwickelt, in dem er unterschiedliche Bildungszugänge (vgl. Dimensionen von Bildung, Exkurs 1) in Beziehung setzt und hieraus abgeleitet Bildungsziele formuliert. Für Klafki sind es vor allem drei Bildungsziele die Persönlichkeitsentwicklung, die in einem (ausgewogenen) Verhältnis zur gesellschaftlichen Gesamtentwicklung steht, überhaupt erst ermöglicht:

- Selbstbestimmungsfähigkeit (das eigene Selbst als solches begreifen und bestimmen können,
- Mitbestimmungsfähigkeit (am Gemeinsamen partizipieren, das Gemeinsame bestimmen können),
- Solidaritätsfähigkeit (Fähigkeit sich in den Anderen *hineinversetzten* zu können, emotional am Anderen teilhaben) (Klafki 1996).

Bildungsprozesse müssen hierzu bestimmte weitere Fähigkeiten wie Kritikfähigkeit, Argumentationsfähigkeit, Empathiefähigkeit oder Fähigkeit zu vernetztem Denken vermitteln. Hier kommen Bildungsziele zum Ausdruck, die einerseits einer fortwährenden Neubestimmung bzw. Überprüfung unterliegen müssen und die andererseits immer auch in einem Spannungsverhältnis zu den gesellschaftlichen Erfordernissen und den tatsächlichen Bedingungen und Funktionen des Bildungssystems (z. B. auf Schulabschlüsse oder Berufstätigkeit vorzubereiten) stehen, die oft auf völlig andere Bildungsschwerpunkte (z. B. Fachkompetenzen, Wissensvermittlung) setzen. In diesem Sinne heißt Bildung auch, *„gesellschaftliche Widersprüche von eingeforderter Selbstständigkeit und aufgeherrschtem Zwang aufzunehmen und auszutragen, um einer Aussicht habhaft zu werden, die über die jeweils vorfindliche Realität hinausführt"* (Pongratz, Bünger 2008, 112).

2.7 Systemtheoretische Zugänge zu einem aktuellen Bildungsverständnis

Einen aktuellen Zugang zu einem solchen Bildungsverständnis bietet die Systemtheorie an, und zwar nicht primär in der Form wie sie Niklas Luhmann für die Beschreibung sozialer Systeme vorgelegt hat, sondern als systemisch-ökologischen Ansatz, der soziale, lebende und ökologische Systeme in ihrem Zusammenhang betrachtet. Diese Form der Systemtheorie entwickelt Zugänge für „neue Verantwortungsprofile", indem sie die Vernetzung von Teilsystemen mit ihren „Kontexten und dem Gesamtsystem" fordert (Huschke-Rhein 2003, 9).

Innerhalb des systemtheoretischen Ansatzes werden die klassischen erkenntnistheoretischen Referenzpunkte Subjekt-Objekt zugunsten der Unterscheidung System-Umwelt aufgegeben. So besteht Gesellschaft systemtheoretisch nicht aus Menschen (Subjekten), deren Objekt die Umwelt/Welt/Gesellschaft ist, die es zu begreifen gilt. Für Luhmann besteht Gesellschaft vielmehr aus Kommunikationen, die diese erst konstituieren. Innerhalb von (modernen) Gesellschaften kommt es (wie oben bereits ausgeführt) zu Differenzierung in Teilsysteme (funktionale Differenzierung), die je unterschiedliche Funktionen wahrnehmen und sich durch die jeweiligen Kommunikations-Codes unterscheiden, abgrenzen und vor allem überhaupt erst konstituieren.

Diese Selbstkonstituierung im Sinne einer Selbstorganisation nennt man Autopoiesis. Das soziologische Modell ist u. a. der biologischen Erkenntnis über die Selbstorganisationsfähigkeit von lebenden Organismen entlehnt (Maturana, Varela 1987). Und so ist der Mensch in diesem Kontext ein Zusammenstand aus lebendigem, psychischem und sozialem System (Luhmann 1997). Bildungstheoretisch umfasst dies die drei Bereiche: *„Entwicklung biologisch-körperlicher Gesundheit, sozialer Kommunikationsfähigkeit und der Bewusstseinsentwicklung"* (Huschke-Rhein 2003, 20).

Vor diesem Hintergrund kann der Mensch als „Selbst" aufgefasst werden, das unauflösbar verbundenen ist mit seiner Umwelt und mit seiner Genese, Geschichte und Biografie. Hier wird ein Bild *entworfen „von den ‚feinsten Fäden', durch die das System intern in sich selbst und extern mit seiner Umwelt verknüpft ist"* (Huschke-Rhein 2003, 240). Autonomie und Umweltabhängigkeit müssen – dies ist das systemisch-ökologische Paradox – im Zusammenhang begriffen werden, Autonomie *und* Kooperation zusammen ermöglichen erst Selbstorganisation: Je größer die Autonomie eines Organismus ist, umso mehr Rückkoppelungsschleifen braucht er offenbar in sich selbst und in seinen Beziehungen zur Umwelt. Mit anderen Worten: Das menschliche Individuum ist sowohl biologisch als auch sozial und damit verbunden in Bezug auf sein personales Bewusstsein in einer engen Verbundenheit und Abhängigkeit von seiner (natürlichen und sozialen) Umwelt. Ein Gefühl von Autonomie entsteht aber gerade dort, wo es z. B. durch sichere emotionale Bindung zur Rückkoppelung durch die Umwelt kommt.

Bildungsprozesse müssen einem systemisch-ökologischen Bildungsverständnis zufolge auf die Fähigkeit des Menschen zur Selbstorganisation in den genannten Basissystemen abzielen: Dem biologisch-ökologischen Selbstsystem (Mensch als lebendes Wesen im ökologischen Gesamtzusammenhang), dem psychischen Selbstsystem (Mensch mit Bewusstsein, Reflexion, aber auch unterdrückten Trieben) und dem sozialen Kontextsystem (Gemeinschaft, Gesellschaft, Menschheit). Der emanzipatorische Charakter von Bildung als *„Befreiung von einschränkenden Lebensbedingungen"* findet sich dabei in der *„Fähigkeit der Selbstorganisation", „Selbststeuerung"* wieder (Huschke-Rhein 2003, 252).

Nunmehr steht allerdings nicht mehr, wie im humanistisch geprägten Bildungsverständnis, der Mensch im Zentrum, sondern und dies ist der radikale neue Schritt, die ökologische Bildung. Der Grund hierfür ist die Erkenntnis, dass Naturbedingungen elementare Systembedingungen darstellen, ohne die lebende Systeme (wie der Mensch) nicht existieren können. Der Aufklärung des Menschen, die, wie aufgezeigt wurde, unser pädagogisches Bildungsverständnis hervorgebracht hat, ging es um die Befreiung des Menschen aus selbstverschuldeten Unmündigkeiten, im gleichen Moment aber auch um die Befreiung aus den Naturzwängen. Während es aber *„sinnvoll ist, Herrschaftssysteme abzuschaffen, die die Selbstbestimmung verhindern und die Menschen knechten, wäre es nicht sinnvoll, die Natur abzuschaffen. Vielmehr muss nun eine zweite Aufklärung gefordert werden, die in der Verbindung der Vernunft mit der Natur besteht"* (Huschke-Rhein 2003, 254). Hier ist abermals kein zurück zur Natur gemeint, die Trennung von Mensch/Natur, Subjekt/Objekt ist unhintergehbar. Vielmehr geht es gerade weil *„wir Menschen sind – und nicht einfach Natur – (...) um eine systemisch kompatible Vernetzung zwischen allen drei Systemen, zu denen auch, aber nicht nur die Natur gehört"* (Huschke-Rhein 2003, 255).

2.8   Ausblick

Entgegen aller Versuche einer kategorialen Bestimmung von Bildung handelt es sich strenggenommen nicht um einen wissenschaftlich-analytischen Begriff, sondern um ein Deutungsmuster der Geisteswissenschaften (Ehrenspeck 2004, 65). Das heißt auf vorliegenden Kontext gewendet, dass die Frage, was Bildung ist, nicht primär sachlich-begrifflich feststellend und analysierend verlaufen kann (im Sinne einer unverbindlichen Phänomenologie mit Aussagen, was einen gebildeten Menschen ausmacht und was nicht). Bildung ist nicht ein Ding, das man rein sachlich, objektiv bestimmen kann, sondern hat ihre Bedeutung, ihren Wert und Sinn nur im Zusammenhang mit dem menschlichen Leben und der Erfahrung der Ganzheitlichkeit von Mensch und Natur. Jörg Zirfas hat dies wie folgt zum Ausdruck gebracht: Den *„Menschen definiert gleichermaßen, dass er im Unterschied zu anderen Lebewesen die Fähigkeit besitzt, sich eine ‚Lebensreise' (Kant) auszuwählen, einen bildlichen ‚Entwurf' (Heidegger) seiner selbst, anderer und der Welt zu verfertigen wie auch, dass er diese Fähigkeit – wiederum im Unterschied zu anderen Lebewesen – noch auf bildlichem Weg erlernen muss. (...) Bildung bezeichnet demgemäß die (bildliche) Ausgestaltung eines spezifischen Verhältnisses – zu sich selbst, zur Welt und zu anderen – und anthropologisch verstanden ein Projekt der Freiheit zum Bild und zur Bildung durch das Bild"* (Schäfer, Wulf 1999, 159f.). Die Bilder, mit denen der Mensch sein Wesen zu bestimmen versuchte, variieren und verändern sich fortlaufend. Die Theologie hat Zugänge zu diesen Fragen von je her auf Grundlage des Glaubens angeboten. Die heute oft vorherrschenden sachbezogenen, wissenschaftlichen Zugänge von Naturwissenschaften und Ökonomie – die im Verlauf der letzten zweihundert Jahre z. B. im Bild des „homo oeconomicus" zunehmend das Bild des Menschen und der Natur dominiert haben – sehen Mensch und Natur als analytisch-objektiv bestimmbare *Sache*.

Bildung aber als Fähigkeit der Selbstorganisation bei gleichzeitiger Reflexion auf die Zusammenhänge von Mensch und Umwelt ist weder eine Frage von reiner Sachdienlichkeit noch eine Frage des Glaubens. Vielmehr zeichnet Bildungsprozesse – im Gegensatz zu theologischen Bildervorstellungen aber auch zu dem Glauben an die Sachdienlichkeit – aus, dass sie kein letztes Wort haben oder einen endgültigen Besitz darstellen, was sie wesentlich von allen dogmatischen Versuchen der Weltdeutung (religiöse, politische ebenso wie die des modernen Marktradikalismus) unterscheidet. Wie Melich deutlich macht, liegt der Unterschied z. B. zur Götzenverehrung in der dort vorherrschenden „Unmöglichkeit der Deutung. (…) In der Götzenverehrung wird der Sinn endgültig festgelegt" (Melich 1999, 305f.). Bildung ist hingegen dynamisch, veränderbar, überraschend und innovativ. So zeigt sich Bildung in ihrer Bestimmung als wesentlicher Faktor menschlichen Lebens mit ihrem Theorie- und Praxischarakter (Vorstellung und Gestaltung) als gemeinsame *Besinnung* des Menschen.

2.9   Vertiefungsaufgaben und -fragen

1. Reflektieren und benennen Sie eigene Erfahrungen mit dem Bildungssystem. Welches Bildungsverständnis, welche Menschenbilder waren anzutreffen oder herrschten vor?

2. Wie wurden Persönlichkeitsentwicklung, Identität, Individualität befördert bzw. beeinflusst?

3. Welche biografischen Gründe können Sie für ihre Berufswahl ausmachen, welche Bildungsziele verfolgen Sie?

2.10   Literatur

Arnold, R. & I. Schüßler (1998): Wandel der Lernkulturen. Ideen und Bausteine für lebendiges Lernen. Wissenschaftliche Buchgesellschaft, Darmstadt.

Bernhard, A. & L. Rothermel [Hrsg.] (2001): Handbuch Kritische Pädagogik, 2. Aufl., UTB, Weinheim Basel.

Borst, E. (2009): Theorie der Bildung – Eine Einführung. Schneider Hohengehren, Baltmannsweiler.

Bourdieu, P. (2000): Das religiöse Feld. UVK, Konstanz.

Dörpinghaus, A., A. Poenitsch & L. Wigger (2008): Einführung in die Theorie der Bildung. 2.Aufl., WBG, Darmstadt.

Dürckheim, K. G. (2008): Die Stille – Der Weg des Menschen zu sich selbst. Auditorium Netzwerk, Müllheim Baden.

Durkheim, É. (1984): Die elementaren Formen des religiösen Lebens. Suhrkamp, Frankfurt a. M.

Ehrenspeck, Y. (2004): Bildung. In: Krüger, H.-H. & C. Grundert [Hrsg.]: Wörterbuch Erziehungswissenschaft. UTB, Wiesbaden.

Focali, E. (2007): Pädagogik in der globalisierten Moderne – Ziele, Aufgaben und Funktion von Pädagogik im Spannungsfeld von Globalisierung und Regionalisierung. Waxmann, Münster.

Hintz D., K. G. Pöppel & J. Rekus (1993): Neues schulpädagogisches Wörterbuch. Juventa, Weinheim München.

Horkheimer, M. & T. W. Adorno (1998): Dialektik der Aufklärung. Fischer, Frankfurt a. M.

Horkheimer, M (1985): Gesammelte Schriften. Fischer, Frankfurt a. M.

Huschke-Rhein, R. (2003): Einführung in die systemische und konstruktivistische Pädagogik – Beratung-Systemanalyse-Selbstorganisation. 2. Aufl., UTB, Weinheim Basel Berlin.

Klafki, W. (1996): Neue Studien zur Bildungstheorie und Didaktik – Zeitgemäße Allgemeinbildung und kritisch-konstruktive Didaktik. UTB, Weinheim Basel.

Kleve, H. (2009): Konstruktivismus und Soziale Arbeit – Einführung in Grundlagen der systemisch-konstruktivistischen Theorie und Praxis. VS, Wiesbaden.

Lenzen, D. (1999): Orientierung Erziehungswissenschaften. Was sie kann und was sie will. Rororo, Reinbek b. Hamburg.

Lichtenstein, E. (1982): Die Entwicklung des Bildungsbegriffs. In: Hermann, U. [Hrsg.]: Die Bildung des Bürgers – Die Formierung der bürgerlichen Gesellschaft und die Gebildeten im 18. Jahrhundert. Beltz, Weinheim Basel.

Litt, T. (1955): Das Bildungsideal der deutschen Klassik und die moderne Arbeitswelt. Bundeszentrale für Heimatdienst, Bonn.

Luhmann, N. (1997): Gesellschaft der Gesellschaft. 2 Bde., Suhrkamp, Frankfurt a. M.

Melich, J.-C. (1999): Symbol und Bildung – Die Krise des Sinnbilds im pädagogischen Handeln. In: Schäfer, G. & C. Wulf [Hrsg.]: Bild-Bilder-Bildung. Beltz, Weinheim.

Nietzsche, F. (1999): Werke. DTV, Frankfurt a. M.

Pongratz, L. A. & C. Bünger (2008): Bildung. In: Faulstich-Wieland, H. & P. Faulstich [Hrsg.]: Erziehungswissenschaft – Ein Grundkurs. Rowohlt, Hamburg.

Raffnsoee, S. (2007): Nietzsches „Genealogie der Moral". UTB, Paderborn.

Röhrs, H. (1970): Allgemeine Erziehungswissenschaft. 2. Aufl., Beltz, Weinheim Berlin Basel.

Schäfer, A. (2005): Einführung in die Erziehungsphilosophie. UTB, Weinheim Basel.

Schäfer, G. & C. Wulf (1999) [Hrsg.]: Bild-Bilder-Bildung. Beltz, Weinheim.

Zirfas, J. (1999): Bildung als Entbildung. In: Schäfer, G. & C. Wulf [Hrsg.]: Bild-Bilder-Bildung. Beltz, Weinheim.

3 Organisation

Ergin Focali

3.1 Einleitung

Organisationen, ebenso der Prozess des Organisierens, durchziehen als konstitutive, unentbehrliche Bestandteile moderner Gesellschaften alle Bereiche unseres Lebens und kennzeichnen und prägen es in hohem Maße. Dabei sind Organisationen so vielfältig wie das Leben selbst. Die Heterogenität moderner Gesellschaften, die Vielfalt von Lebensentwürfen und Lebensmöglichkeiten und die Vielfältigkeit der Gesellschaftsstruktur in ihrem permanenten Wandel spiegelt sich in der Vielzahl von Organisationen, aber auch in der Vielfalt von Organisationsformen wider (Greving 2008, 15). Entsprechend vielfältig sind die theoretischen Beschreibungen von Organisationen im Rahmen von Organisationstheorien. Es gibt weder einen einheitlichen Organisationsbegriff noch die eine Theorie oder den Konsens über die „richtige Organisationsstrategie". Die unterschiedlichen Ansätze und Konzepte hängen immer von den expliziten oder impliziten anthropologischen Grundannahmen, also dem zugrunde gelegten Menschenbild, ab, aber auch von den Zielen oder der Art der Organisation (z. B. davon, ob es sich um eine pädagogische Organisation oder einen Finanzdienstleister handelt). Gerade vor dem Hintergrund dieser Heterogenität und Komplexität, aber auch den sich stetig verändernden gesellschaftlichen Erfordernissen und Bedingungen ist es sowohl auf Management-/Leitungsebene als auch im Alltagsverständnis notwendig, Organisation(en) in ihrer „Eigenlogik", ihrer Dynamik und ihren Wirkweisen zu verstehen und Möglichkeiten zu ihrer Veränderung und Flexibilisierung zu kennen.

Die Theorien, die Dynamiken, Entstehung, Ziele und Funktionen von Organisationen im Zusammenhang mit der sie umgebenden Umwelt beschreiben und erklären, nennt man Organisationstheorien. Diese theoretischen Modelle von Organisation sind Grundlagen für die Prozesse der Organisationsgestaltung und Veränderung, so z. B. der Personalentwicklung. Sie liefern Lösungsvorschläge und Argumente für organisatorische Fragestellungen, ohne eine zwingende Kausalität zwischen theoretischen Gestaltungsvorschlägen und tatsächlicher Organisationsentwicklung mit Sicherheit ableiten zu können.

Über die Unterschiedlichkeit von organisationstheoretischen Zugängen soll den Leserinnen und Lesern im Folgenden ein Überblick verschafft werden, mit dem Ziel, hieraus zu einem für Bildungsorganisationen angemessenen und tragfähigen Verständnis von Organisation zu

gelangen und ein Grundverständnis sowie eine Orientierung für die Beobachtung und Entscheidungsfindung in Organisationen und Organisationsprozessen zu entwickeln.

Hierzu wird im ersten Abschnitt bei aller Heterogenität der Versuch einer allgemeinen Be-
griffsverständigung unternommen, auf deren Grundlage unterschiedliche Organisationstheorien angemessen auf ihre jeweilige Schwerpunktsetzung hin eingeordnet werden können. Das
im Folgenden noch zu explizierende „Dreiecksverhältnis" von „Innerer Systemik" (psychische Struktur der Beteiligten, Leitung und Personal: personale Ebene), „Äußerer Systemik"
(Formalstruktur/organisatorischer Aufbau/Hierarchie) und Umwelt (alle Einflüsse, die auf
die Organisation wirken, auf die sie sich beziehen muss), soll in einer (historischen) Darstellung ausgewählter Organisationstheorien deren jeweilige Schwerpunkte und Zugänge verdeutlichen.

Leitung (Management) von Organisation(en) hat immer auch mit Macht und Hierarchie zu
tun. Dies gilt es, für den Bildungsbereich kritisch zu reflektieren. Und so ist der Ausgangspunkt der historischen Herleitung der macht- und bürokratietheoretische Ansatz von Max
Weber, der bis heute als einer der wichtigen klassischen Ansätze der Organisationstheorie
gilt. Hieraus resultierende Konflikte zwischen Organisationsstrukturen und Personen innerhalb dieser Organisationen werden u. a. im Rahmen „Humanistischer Organisationsansätze"
thematisiert. Die sogenannten Organisationen-Personen-Konflikte können dabei besonders
am Beispiel von Bildungs- bzw. pädagogischen Organisationen mit ihren Spezifika verdeutlicht werden. Das Spannungsfeld von innerer (personaler) und äußerer (formaler) Struktur
und ihrer Bedeutungen im Verhältnis zur Umwelt greifen u. a. neoinstitutionalistische Ansätze auf. Schließlich werden theoretische Zugänge zur Organisationsgestaltung und Veränderung dargestellt, um entsprechende Rückschlüsse für Leitungsprozesse in Organisationen
ziehen zu können.

3.2   Versuch einer allgemeinen Begriffsbestimmung

Wie eingangs aufgezeigt, ist der Begriff der Organisation vieldeutig, es finden sich zahlreiche Definitionen und Gebrauchsweisen in Alltag und Wissenschaft. Organisation im Sinne
des griechischen *órganon* heißt zunächst nichts weiter als Werkzeug und wird im Wortur-
sprung im Sinne von „Planung *und* Durchführung eines Vorhabens" verwendet. Hierin wird
implizit allerdings schon eine doppelte Verwendungsmöglichkeit deutlich, die im Alltagsgebrauch ebenso wie in der soziologischen und organisationstheoretischen Analyse ihre
Entsprechung findet: Die Unterscheidung zwischen einem Prozess der Organisation, also des
Organisierens und einer Struktur, einem Gebilde, nämlich der Organisation, wie sie sich im
Plural (Organisationen) in ihrer Eindeutigkeit erschließt. Letztlich meint Organisation immer
Prozess und Struktur, die Schwerpunkte der Betrachtung innerhalb von Organisations-
theorien sind, hierauf bezogen, aber recht unterschiedlich.

Organisation		
Struktur	**Sozialer Prozess**	**Ziele**
Gebilde	Aktivitäten	Ziele der Organisation
Firma	Motivation	Ziele der Leitung
Unternehmen	Handlungsweisen	Ziele der Mitarbeiter

———————————————————————➔

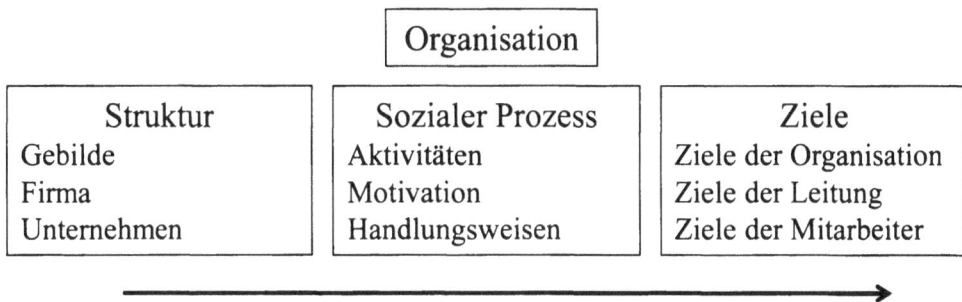

Abb. 3.1: Organisationsmodell

So finden sich Theorien und Ansätze, die ihre Analysen stärker auf den äußeren Rahmen eines Unternehmens, auf seine Formalstruktur richten. Man spricht hier von einem „Institutionalen" Organisationsbegriff, in dem Organisationen als soziale Gebilde verstanden werden (Gebildestruktur). Sie verfolgen bestimmte Ziele, weisen eine formale Struktur auf und unterliegen in ihrer Wirkweise einer spezifischen, im Wesentlichen als rational aufgefassten Eigenlogik, die zu kennen für die Steuerung, das Management, wesentlich ist. Eine Organisation ist hiernach ein Unternehmen, eine Firma, ein Betrieb oder eine Bildungseinrichtung, also ein „Soziales Subjekt" (Organisation = Subjekt), das anderen „Sozialen Subjekten" (Organisationen) gegenüber steht und beispielsweise mit ihnen konkurriert.

An dieser Stelle ist es wichtig, den Begriff der Organisation von dem der Institution abzugrenzen, da beide Begriffe oftmals eine synonyme Verwendung finden. Der Begriff der Institution meint ein gesellschaftlich anerkanntes bzw. bekanntes Regelwerk (Terhart 2001, 49). Die Institution Familie meint nicht die Einzelfamilie als solche, sondern den anerkannten normativen Gehalt, der mit der Institution Familie verbunden ist (zu einer Familie kann man nicht einfach dazugehören, wenn man ihr nicht angehört, zwischen den Mitgliedern herrscht ein spezifischer Zusammenhang usw.). Auch das jährliche Weihnachtsfest wäre eine feste gesellschaftliche Institution. Allerdings lassen sich bestimmte Einrichtungen, z. B. die Schule, sowohl als Institution denken, nämlich als gesellschaftliche Einrichtung zur Wissensvermittlung ebenso wie zur Verteilung von Lebenschancen. Gleichzeitig kann es sich um eine konkrete Schule als Organisation handeln, die aus Leitung, Lehrenden, Schülern und weiterem Personal, sowie Gebäude, Tradition, Programm etc. besteht. Durch diese Abgrenzung wird nun deutlich, dass neben der Beschreibung einer Formal- bzw. Gebildestruktur, die auf die Erreichung bestimmter Ziele ausgerichtet ist (dies kann für Institutionen ja so auch beschrieben werden), als weitere gemeinsame Merkmale aller Organisationen diese Mitglieder haben und in einer spezifischen (konkreten) Umwelt tätig sind: *„Organisationen sind soziale Gebilde, die dauerhaft ein Ziel verfolgen, eine formale Struktur aufweisen und mit deren Hilfe die Aktivitäten der Mitglieder auf das verfolgte Ziel ausgerichtet werden sollen"* (Kieser & Kubicek 2006, 15).

Der erste Zugang (Organisation als Struktur) wird im Folgenden auch als äußere Systemik bezeichnet. Äußere meint dabei die von außen sichtbaren Strukturen, wie sie z. B. in Organigrammen, Arbeitsverträgen, Zielvereinbarungen etc. manifestiert sind. Der zweite Zugang – der Prozesscharakter von Organisation – zielt auf die innere Systemik. Dabei ist davon auszugehen, dass der Prozess des Organisierens von Formalzielen immer als sozialer Prozess der Mitglieder einer Organisation aufzufassen ist. Die analytische Fokussierung auf Organisationsprozesse ist gekoppelt an die personale Ebene, an die Motivationen, Interessen, Handlungsweisen konkreter Menschen als Mitglieder der jeweiligen Organisation. Der Organisationstheoretiker Karl E. Weick spitzt den Blick auf die sozialen Prozesse in Organisationen dahingehend zu, dass *„Organisatorische Ziele"* ein illusionäres Konstrukt darstellen: So sind es letztlich nicht Organisationen, die Ziele haben, sondern Personen: *„Wann immer Organisationen handeln (...), sind es Individuen, die handeln" (Weick 2006, 244).* Der Begriff der inneren Systemik verweist also auf den Umstand, dass Menschen (aus denen Organisationen letztlich bestehen) immer eine nicht-sichtbare innere, psychische Struktur aufweisen, die verlässliche Kausalitätsaussagen in Organisationsprozessen schwierig bis unmöglich machen, gerade deshalb aber für die theoretische Reflexion umso unabdingbarer sind. Schließlich agieren Organisationen immer auch in Abhängigkeit und im Austausch also in einem Spannungsverhältnis von Abgrenzung und Koppelung mit der umgebenden äußeren Umwelt.

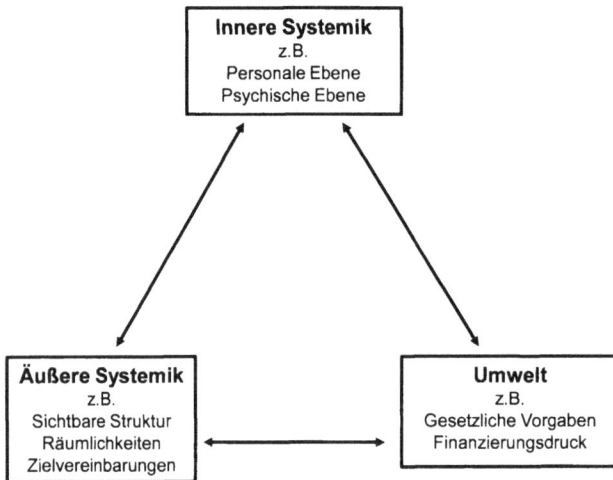

Abb. 3.2: Dreiecksverhältnis

Organisationstheorien können daran bemessen werden, in welchem Maße sie innere und äußere Systemik, personale und formale Ebene in ein Verhältnis setzen und dazu beitragen, in ihrer Abhängigkeit und ihrem jeweiligen notwendigen Austausch mit der Umwelt Strategien zur Umsetzung von Zielen zu entwickeln.

Idealtypisch für die Strukturvorstellung von Organisation steht der bürokratietheoretische Ansatz von Max Weber. Dieser prägt unser Alltagsverständnis von Organisation bis heute maßgeblich. Gleichzeitig kann hieran auch die historisch gewachsene Bedeutung von Organisation in und für die moderne Gesellschaft aufgezeigt werden.

3.3   Strukturebene: Bürokratietheoretischer Ansatz

Ein Verständnis von Organisationen, wie wir es heute in der Regel zugrunde legen, nämlich um eine bestimmte „soziale Formation" zu bezeichnen, taucht erst in der zweiten Hälfte des 19. Jahrhunderts auf (Luhmann 2006, 11). Zwar finden sich schon in früheren Kulturen – z. B. beim Bau der Pyramiden – die ersten „komplexeren Organisationsformen", aber erst mit den im Zuge der Industrialisierung entstehenden Großbetrieben, den mit der Gründung bürgerlicher Nationalstaaten sich ausweitenden Verwaltungsstrukturen und den schon in dieser Zeit zunehmenden Internationalisierungen von Handelsbeziehungen kommt es zu einer Ausweitung anonymer Ordnungen, die zunehmend tiefer in alle Bereiche individueller Lebensführung hineinragte.

Dieser Prozess der „Vernünftigwerdung" der „abendländischen Rationalisierung" durchzieht seitdem nicht nur die Bereiche der Organisation, die es im Vorliegenden darzustellen gilt, sondern alle Bereiche der praktischen Lebensführung, bis hin zu den religiösen Glaubenssystemen (Stark, Lahusen 2002, 19f.). Diese waren bis dahin ein wesentlicher Legitimationsanker für die Geltung von Herrschaft und somit von „sozialer Ordnung". So ergaben sich Formen von Herrschaft einerseits aus überlieferten, tradierten Regeln, z. B. der Weitergabe von Herrschaftsansprüchen durch die „vererbte" Traditionslinie oder durch die Ernennung „von Gottes Gnaden". Weiterhin zeigte sich Herrschaft, wie sie Max Weber idealtypisch für die vormoderne Epoche beschreibt, als charismatische Herrschaft auf der Basis des Glaubens an die Befähigung des Herrschenden aufgrund seiner „gottesähnlichen" Ausstrahlung. Erst in der Moderne mit ihrer Aufforderung zur Rationalisierung aller Lebensvollzüge entsteht Weber zufolge eine Form von Herrschaft, die, aus dem Umstand heraus, dass sie sich aus rationalen Kriterien speist, legitim bzw. legal ist. Herrschaftsausübende sind hierzu im Rahmen einer sachlichen Ordnung formal befugt. Diese reinste Form legaler Herrschaft ist die Bürokratie (Herrschaft des Büros). Diese zeichnet sich durch spezifische Elemente aus, die Max Weber als Wegbereiter der modernen Organisationstheorie im Rahmen seiner Bürokratietheorie beschreibt und die auch für unser heutiges Organisations- (Ordnungs-)Verständnis nach wie vor konstitutiv sind (Weber 1976, 120ff.).

Bürokratien sind durch ein klares System von Zuständigkeiten und festgelegter Arbeitsteilung gekennzeichnet. Im Rahmen dieser Arbeitsteilung gibt es eindeutige Über- und Unterordnungen (Hierarchien). Die Über- und Unterordnungen ebenso wie die Bereiche der Arbeitsteilung und Zuständigkeiten sind nicht willkürlich, sondern klar geregelt und werden ebenso wie Arbeits- (Amts-) Vorgänge in der Regel schriftlich fixiert bzw. dokumentiert. Schließlich stehen in diesem idealtypischen Bild nicht Personen im Vordergrund, sondern Funktionen. Loyalitäten gelten also den jeweiligen Funktionsinhabern, die wiederum ihre Funktion mit einem Höchstmaß an „Objektivität" zu vollführen haben, womit eine sachliche rationale Aufgabenerfüllung sichergestellt ist und alle Menschen ohne „Ansehen ihrer Person" gleichbehandelt werden und – so das Idealbild – vor Willkürakten geschützt sind.

Merkmale von bürokratischen Organisationen nach Max Weber sind:

- Trennung von Amt und Person (Loyalität gegenüber Amtsinhabern, nicht gegenüber einer Person),
- feste Kompetenz- und Arbeitsverteilungen, klare Zuständigkeiten, klare Hierarchien,
- unpersönliche/ rational-sachliche Entscheidungsfindung,
- schriftliche Dokumentation.

Bürokratische Organisation zeichnet sich also u. a. durch die prinzipielle Trennung von Amt und Person, festen Kompetenz- und Arbeitsverteilungen, klaren Hierarchien, unpersönlicher/rational-sachlicher Entscheidungsfindung, schriftlicher Dokumentation aus. Schnell zeigt sich, dass dies der formale Rahmen ist, den wir heute mit Organisationen unterschiedlichster Art in Verbindung bringen. Sowohl in Schulen als auch in Kaufhäusern oder öffentlichen Ämtern erwarten wir klare Kompetenzverteilung ebenso wie rationale Entscheidungsfindung oder schriftliche Dokumentation. Auch dass Entscheidungen – z. B. über Schul- oder Transferleistungen – von objektiven Kriterien und nicht nach persönlichem Gutdünken getroffen werden, gehört zu diesen Erwartungen, die Herrschaft, also in diesem Fall die Berechtigung, Entscheidungen über andere Personen treffen zu können, legitim erscheinen lassen und die somit legal sind. Die negative Seite dieser Entpersönlichung, die Gefahr, die Bürokratie bzw. bürokratische Organisation in sich birgt, wurde in furchtbarer Weise in der totalitären Bürokratie des Faschismus sichtbar und die sozialpsychologischen Mechanismen u. a. durch die Forschungen Stanley Milgrams aufgezeigt[12]. Es war aber nicht primär diese dialektische Kehrseite einer streng rationalen Organisationslogik, die dazu führte, die personale, menschliche Ebene in organisationstheoretische Überlegungen mit einzubeziehen. Die Bedeutung, das Personale zu erkennen und menschliche Faktoren wie Emotion, Wohlbefinden und Eigenmotivation in die Organisationsplanung und Gestaltung einzubeziehen, stammen vielmehr aus der wirtschaftswissenschaftlichen Managementlehre.

3.4 Personale Ebene: Humanistische Organisationsansätze

Ausgangspunkt war die Annahme, dass Organisationen als rational strukturierte soziale Gebilde darauf ausgerichtet sind, bestimmte Ziele zu erreichen. Menschen, die innerhalb dieser Organisationen tätig sind, haben den Rationalitätslogiken der jeweiligen Organisation zu folgen, unabhängig von ihren eigenen subjektiven Meinungen und Vorstellungen. Eine

---

[12] Stanley Milgram hatte gezeigt, dass Menschen (aller sozialer Schichten), denen in Hierarchien Verantwortung und Entscheidungen durch übergeordnete Instanzen abgenommen wird, in hohem Maße dazu tendieren auch unmoralische, unmenschliche Organisationsziele mitzutragen und durchzuführen, gerade weil sie sich auf die Autorität übergeordneter Entscheidungsebenen berufen können. Die Tendenz zu solchem Verhalten steigt noch mit dem Grad an sozialer Distanz, also dem Abstand zwischen organisatorischer Entscheidung und deren Auswirkung. In Deutschland wurde das Milgram Experiment als „Abraham Versuch" durchgeführt und führte zu den gleichen Ergebnissen. Materialen hierzu bei den Landesbildstellen, Milgram 2009, Bauman, 2002, 166f..

Bankangestellte kann einen Kredit nur gewähren, wenn bestimmte Voraussetzungen erfüllt sind (Bonität, Sicherheit), keinesfalls auf Basis von Mitleid oder Verständnis für die Situation.

Menschen, so der Zugang, passen ihr Verhalten der formalen Organisationsstruktur an, was zur optimalen Leistungsfähigkeit dieser Organisation führt. Abweichungen werden als Störgrößen wahrgenommen, die es zu vermeiden oder zu verhindern gilt. Die „menschliche" Komponente tritt hinter die Sache, das Organisationsziel, zurück, soweit der klassische Zugang, für den Max Webers Bürokratiemodell exemplarisch steht.

Die Bedeutung des Faktors „Mensch" wird allerdings von wirtschaftswissenschaftlichen Organisations- und Managementtheorien schon früh erkannt. In den sogenannten Hawthorne-Experimenten[13] wurde z. B. deutlich gemacht, dass eine Beteiligung, also ein partizipativer Führungsstil zu Leistungssteigerung führt und Zufriedenheit, Zuneigung und Anerkennung wichtige Determinanten für die Leistungsbereitschaft und Leistungsfähigkeit sind. Hieraus wurde die gesicherte Erkenntnis gezogen, dass Organisationen dann umso besser funktionieren, wenn auf die psychischen und mentalen Bedürfnisse der Mitarbeiter geachtet wird. Management heißt fortan nicht nur die formale Struktur und die Erfüllung der Vorgaben im Blick zu haben, sondern auch die „psychische, personale Struktur" der Belegschaft. Management erfordert Menschenführung. Auch wenn fortan Motivation, Zufriedenheit und Anerkennung Faktoren der Organisationsbeschreibung und Gestaltung werden, bleiben allerdings Abweichungen von den Organisationsvorgaben unsystematische Störfaktoren, die es zu vermeiden gilt.

Erst im Rahmen sogenannter humanistischer Organisationsansätze wird die Frage aufgeworfen, ob derartige Verhaltensabweichungen, wie sie in der Praxis durchgängig zu verzeichnen sind, tatsächlich als unsystematische, zu vermeidende Störgrößen aufzufassen sind, oder ob sie vielmehr als „systematische Inkompatibilitäten zwischen Organisationsstruktur und menschlichem Verhalten" (Sanders, Kianty 2006, 62f.) aufgefasst werden müssen. Diese Frage ist eng verbunden mit dem Namen Chris Argyris, der die zentralen Organisationsprinzipien, wie sie in den klassischen Zugängen formuliert wurden, auf den Prüfstand stellte. Es sind dies vor allem die genannten Aspekte: Arbeitsteilung (Aufgabenspezialisierung, spezialisierte Einzeltätigkeiten), hieraus resultierende Über- und Unterordnungen (Hierarchien), also Befehlsketten zur Koordination und Verknüpfung der Einzeltätigkeiten im Sinne der gesamtorganisatorischen Zielsetzung, Unterordnung unter zentrale Zielvorgabe, also Loyalitäten gegenüber den jeweiligen Funktionsinhabern und Anerkennung der Einheit der Leitung und schließlich die Kontrolle der Mitarbeiter durch Vorgesetzte (Leitungsspanne), nicht zuletzt durch die schriftliche Fixierung von Vorgängen und die fortlaufende Dokumentation. Die Annahme, dass diese klassischen Grundlagen organisatorischer Planung nachweisbare Vorteile in Bezug auf Effizienz und Leistungserfüllung haben, fand in den Studien der humanistischen Organisationstheorie um Chris Argyris keine Bestätigung. Vielmehr weisen die Befunde darauf hin, dass die Behinderung menschlicher Entfaltungsbedürfnisse deren Leistungsfähigkeit und Bereitschaft stark einschränkt. Z. B. behindern zu starke Spezialisierun-

---

[13] Benannt nach den seit 1924 durchgeführten langjährigen empirischen Untersuchungen der Western Electric Company in Hawthorne, USA.

gen, da nur Teilbereiche der individuellen Fähigkeiten zur Geltung kommen, Entwicklungsprozesse und Persönlichkeitsentwicklungen. Aufgaben stellen schnell keine Herausforderung mehr dar, Zufriedenheit und Motivation sinken. Gleiches gilt für eine starke Hierarchisierung, die z. B. die Ausbildung von (Eigen-)Aktivität oder Autonomie behindern. Auch fehlen oftmals längerfristige Orientierung z. B. hinsichtlich zukünftiger Planungen. Dies gilt gerade vor dem Hintergrund von Zielfestlegungen durch übergeordnete Instanzen (Einheit der Leitung), wodurch eigene Bedürfnisse und eigene Zielsetzungen in den Hintergrund geraten und psychologische Erfolgserlebnisse verhindert werden. Schließlich schränken zu starke Kontrollen (und nur diese sichern organisatorischen Erfolg, sofern die individuellen, personenbezogenen Faktoren wie Zufriedenheit, Motivation, Entfaltungsmöglichkeit keine ausreichende Berücksichtigung finden) in noch höherem Maße die Entfaltungsmöglichkeiten der Mitarbeiter ein, womit ein Teufelskreis geschlossen wird.

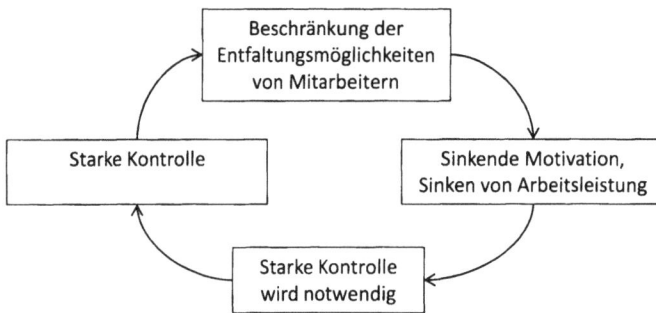

Beschränkung der Entfaltungsmöglichkeiten von Mitarbeitern

Starke Kontrolle

Sinkende Motivation, Sinken von Arbeitsleistung

Starke Kontrolle wird notwendig

Abb. 3.3 *Teufelskreis*

Zwar wachsen individuelle Gestaltungsspielräume in hierarchischen Strukturen auf jeweils höheren Ebenen. Die systematische Behinderung bzw. Ausblendung von Entwicklungsbedürfnissen innerhalb der Mitarbeiterschaft führt dennoch zu entsprechenden Anpassungsmustern, die dann als dysfunktionale Störungen des organisatorischen Ablaufes aufgefasst werden und die sich in der Praxis vielfach wiederfinden lassen. Diese Anpassungsreaktionen werden von Chris Argyris als Konflikt Organisation-Person aufgefasst und entstehen dort, wo eigene Bedürfnisse und formale Vorgaben für Beschäftigte zunehmend in Widerspruch geraten. Interessant sind die theoretisch beschriebenen Folgen, da sie sich so in der Praxis wiederfinden lassen: Zu diesen Folgen gehören Fluktuation und Absentismus (Verlassen der Organisation oder temporäres Fernbleiben), Karriere (Aufsteigen in der organisatorischen Hierarchie), Defensivmechanismen (Abwehr und Verzerrung unangenehmer Eindrücke oder Situationen), Rationalisierung (Benennen von „rationalen" Gründen für fehlende Einsatzbereitschaft), Projektion (z. B. Verschieben der Verantwortung auf andere), Ambivalenz, Realitätsflucht durch Tagträume, psychosomatische Erkrankungen, Desinteresse und Apathie (Sanders, Kianty 2006, 93f.).

Aus den genannten Befunden der humanistischen Organisationstheorie ergeben sich Rückschlüsse dahingehend, dass Bedürfnis nach Selbstverwirklichung, Übertragung von Verantwortung, Anerkennung, Wertschätzung und Streben nach aktivem Engagement wesentliche Bestandteile organisatorischer Gestaltung darstellen. Auf personaler Ebene liegt der Zugang zur Leitung und Gestaltung von Organisationsprozessen in der Individualität, den Interessen und Bedürfnissen der beteiligten Personen, ihrer Kreativität und ihrem Engagement. Eine Ausblendung dieser personalen Ebene durch Fokussierung auf organisatorische Formalziele bzw. rationale Zielvorgaben erzeugt einen Konflikt zwischen innerer und äußerer Systemik, zwischen formaler und personaler Struktur, dem oben aufgezeigten Konflikt Organisation-Person, der sich exemplarisch am Beispiel von Bildungsorganisationen besonders prägnant aufzeigen lässt.

3.5   Konflikt „Person-Organisation" am Beispiel pädagogischer Organisationen

Für vorliegenden Kontext Bildungsmanagement ist der beschriebene Konflikt Person-Organisation von besonderer Bedeutung, Kenntnisse von Ursachen und Auswirkungen für Leitungsprozesse unabdingbar. Gründe hierfür liegen in den spezifischen Eigenheiten, die sich für Bildungsorganisationen benennen lassen. Hier seien exemplarisch (1) das Spezifikum von Bildungsorganisationen als Expertenorganisation und (2) die Eigenlogik von Bildungsorganisationen, die sich aus ihrem Organisationszweck ergibt, genannt.

Eine grundlegende Annahme ist zunächst, dass Lehrkräfte bzw. pädagogische Fachkräfte einer Bildungseinrichtung in einer Doppelrolle stecken, die sich als Rolle im Spannungsfeld zwischen Profession und Organisation bezeichnen lässt (Brüsemeister 2008, 178f.). Diese Doppelrolle ergibt sich daraus, dass Bildungsorganisationen als sogenannte „Experten-organisation" aufgefasst werden können[14]. Angehörige von Expertenorganisationen verfügen über ein „Expertenwissen", das sich an „Standards der Profession" (z. B. Eigenverantwort-lichkeit) und den mit der Berufsprofession identifizierten Normen (z. B. Autonomie) orientiert. Hierbei überschneiden sich, so die Grundannahme, pädagogische und organisationale Handlungslogik, also Professions- und Organisationsrolle, was zum Widerstand der Experten (Pädagoginnen und Pädagogen) gegen die organisatorischen (bürokratischen) Regeln führt. Vergegenwärtigt man sich noch einmal die grundlegenden Merkmale von Organisationsrol-len nach einem bürokratietheoretischen Modell und stellt diesem „typische" Anforderungen an eine pädagogische Professionsrolle gegenüber, werden schnell die Widerständigkeiten deutlich, die spezifisch für Bildungsorganisationen aufweisbar sind und die letztlich den jeweiligen Zielsetzungen sowohl auf pädagogischer Handlungsebene wie auch auf Organisa-tionsebene zuwiderlaufen.

Zu den Kennzeichen und Widersprüchen der jeweiligen Rollenerwartungen zwischen Profes-sion (Pädagogik) und Organisationsmitgliedschaft gehören: Die Vorstellung traditioneller

---

[14] Dieses Verständnis geht zurück auf Richard W. Scott (1971). Expertenorganisationen sind z. B. auch medizini-sche Einrichtungen.

Arbeitsorganisation von hierarchisch gegliederten Abläufen (von oben nach unten organi-
sierte Abläufe/Bottom-up-Prozesse), Arbeitsteiligkeit, vertikale Koordination (Hierarchie),
Ergebnisorientierung, Schriftlichkeit und Nutzenerwartung (in der Regel materiell). Zum
Selbstverständnis pädagogischer Professionsrollen gehören hingegen: Bündeln von Ressourcen und Fördern von Austausch, ganzheitliches Denken, Ergebnisoffenheit und Prozessorien-
tierung, Mündlichkeit bzw. face-to-face-Interaktion und Setzen immaterieller Anreize (Anerkennung, Perspektive, Lebenschancen, „Man lernt für das Leben und nicht für Noten").

Die Folgen dieser Widersprüchlichkeiten werden z. B. in einem äußerlichen „Ankleben" von
Organisationsrollen beschrieben, also einer formalen Übernahme von Organisationsrollen,
ohne dass es zu einer Identifikation mit den hieran gebundenen Erwartungen kommt, oftmals
aber auch Zurückweisung, Widerstand, Illoyalität gegenüber bürokratischen Standards.

Neben den sich aus der beschriebenen Doppelrolle zwischen Organisation und Profession in
Bildungseinrichtungen ergebenden Widerständigkeiten ist es im weiteren vor allem das ori-
ginäre Ziel pädagogischer Einrichtungen, das zum Konflikt „Person-Organisation" führen
kann. Systemtheoretisch kann pädagogisches Handeln dahingehend definiert werden, dass es
darum geht, eine (nachhaltige) Veränderung bei denjenigen zu erreichen, die die pädagogische Einrichtung/Organisation durchlaufen haben. Es soll in das Werden einer Person inter-
veniert werden. Diese hohe Erwartung, die an Pädagogik gerichtet ist, arbeitet dabei mit
einer schwachen Binnentechnologie, Niklas Luhmann spricht in diesem Zusammenhang vom
sogenannten Technologiedefizit. Da Menschen, wie Luhmann ausführt, keine „Trivialma-
schinen" sind, die auf einen bestimmten Input ein berechenbares Output liefern, sondern ein
für die pädagogische Intervention unzugängliches Selbst besitzen, kann pädagogischer Handlung auch keine Kausallogik unterlegt werden[15]. Das pädagogische Technologiedefizit macht
es unwahrscheinlich bis unmöglich, pädagogische Prozesse auf der sachlichen Ebene auf
eine kausale Ursache-Wirkungskette zurückzuführen (Terhart 2001). Mit anderen Worten:
Angesichts eines für die pädagogische Handlung zu konstatierenden Technologiedefizites
steht dem pädagogisch Handelnden kein Medium zur Absicherung seiner Absicht zur Verfügung. So weiß man nie, auf welche inneren Strukturen pädagogische Angebote treffen. Schüler reagieren auf Lehrangebote entsprechend ihrer Sozialisation selektiv (z. B. mit der Frage:
„Was kann ich mit dem Lehrstoff anfangen?"), aber auch situativ (z. B. im Sinne von: „Ich
bin müde, hoffentlich lässt mich der Lehrer in Ruhe!").

Keine noch so gute Planung kann sicherstellen, dass das erwartete Ergebnis mit Sicherheit
erzielt wird. Dennoch wird, sowohl von Lehrkräften selbst, von Seiten der organisatorischen
Leitung, als auch von gesellschaftlicher Seite eine derartige Erwartung gehegt. Diese zeigt
sich auch in einer gesellschaftlichen Anspruchsinflation, nach der letztlich jeder weiß, wie
erzogen werden muss. Vor diesem Hintergrund kommt es zu einer „strukturellen Überforderung von pädagogischem Personal, wenn diese z. B. durch die Daueraufforderung zu Evalua-
tionen, zur Beweisführung ihrer Leistungsfähigkeit" angehalten werden (Kuper 2001). Dieses Kontrollparadigma und der permanente Erwartungsdruck sind u. a. Gründe für die im
pädagogischen Handlungsfeld typischen Überlastungen (Burn-Out). Setzt man diesen struk-

---

[15]   Gleiches gilt im Übrigen für Leitungsprozesse. Hierauf wird im letzten Abschnitt ‚Systemische Zugänge'
         explizit eingegangen.

turellen Überforderungen ein organisatorisches Gestaltungsinstrument zur Seite, so hieße dies, dass pädagogische Interaktionen immer nur als Prozesse plan- und beschreibbar sind. Planung und Organisation liegen dann im Setzen von Anfangs- und Endpunkten und der systematischen Beobachtung der Prozesse, die in die Folgeplanung einfließen. Pädagogische Professionalität und damit Expertentum entsteht nicht dadurch, Ergebnisse pädagogischer Intervention zielgenau voraussagen zu können, wie es die Vorgaben einer auf Formallogik basierenden Organisationsform fordern würde.

Planung und Organisation pädagogischer Prozesse können vielmehr immer nur ergebnisoffen sein, da im „System in sehr hohem Umfang Zufälle wirksam werden", die es allerdings gilt, „in Strukturgewinn" zu transformieren, so der originär pädagogische Anspruch (Luhmann 2004, 18ff). Die skizzierten Aspekte – Professionsrolle vs. Organisationsrolle, schwache Binnentechnologie bzw. Technologiedefizit bei gleichzeitiger Anspruchsinflation und gestiegenen Aufforderung zur Beweisführung der eigenen Leistungsfähigkeit – markieren hier die spezifischen Eigenlogiken innerhalb pädagogischer Organisationen, die es im Rahmen von Leitungs- und Gestaltungsprozessen zu kennen und zu berücksichtigen gilt. Gleichzeitig setzen pädagogische Organisationsprozesse eine Formalstruktur voraus. Diese dient sowohl der Stabilisierung der Verfahren im Innenverhältnis, als auch zur Herstellung von Kontakten zur gesellschaftlichen Umwelt bzw. zur selektiven Verarbeitung von Umwelteinflüssen. So ergibt sich ja auch die Aufforderung zum Nachweis der Leistungsfähigkeit für Bildungsorganisationen (heute in zunehmendem Maße) aus der Notwendigkeit der Herstellung selektiver Umweltkontakte. Nur durch diese fremdreferenziellen Kontakte, z. B. zur Politik, dem Finanz- und Rechtssystem, können Legitimität und Finanzierungswürdigkeit sichergestellt werden. Dieses „Dreiecksverhältnis" von innerer Eigendynamik (Prozessperspektive), äußerer Formalstruktur und Koppelung bzw. Herstellung von Umweltkontakten, also den Wechselwirkungen mit der gesellschaftlichen Umwelt, wird theoretisch im Rahmen neoinstitutionalistischer Modelle erörtert.

3.6   Koppelung von personaler und Strukturebene: Neoinstitutionalistischer Ansatz

Pädagogische Organisationen haben, wie gezeigt wurde, das organisatorische Ziel, (fundamentale und nachhaltige) Veränderungen bei denjenigen zu erreichen, die sie durchlaufen haben. In einer sich ständig wandelnden gesellschaftlichen Umwelt ist aber zur Erreichung eines solchen Organisationszieles eine gewisse Stabilität notwendig. Gleichzeitig bewirkt die ständige Veränderung von Umwelt auch eine ständige Veränderung der jeweiligen Organisationen selbst. So müssen Organisationen gesellschaftliche Umwelteinflüsse aufnehmen und verarbeiten können, die an sie aus anderen gesellschaftlichen Subsystemen, z. B. dem Rechts-, Finanz- oder politischen System, herangetragen werden. Ebenso müssen Entscheidungen getroffen werden, die im Rahmen der Selektion z. B. Finanzierungswürdigkeit ebenso wie Legitimität (Bildungsorganisationen verteilen z. B. Bildungsabschlüsse und somit „Anrechte" auf gesellschaftliche Positionen) sichern. Und so können Organisationen im

Allgemeinen und pädagogische Organisationen explizit, weder nur aus ihrer spezifischen inneren Eigenlogik, noch ausschließlich von einer äußeren Rationalitätslogik aus strukturiert werden. Organisationen wohnen immer mehrere Rationalitätslogiken inne. Ein Rationalitätskriterium auf der Strukturebene ist z. B. das der Effizienz. Organisationen müssen, wollen sie bestand haben und anschlussfähig bleiben, eine nach außen sichtbare Formalstruktur aufweisen, in der, so die Grundannahme neoinstitutionalistischer Organisationsmodelle, Mythen (wie z. B. der der unbedingten Notwendigkeit von Effizienz), die gesellschaftlich institutionalisiert sind, übernommen bzw. kopiert werden (Brüsemeister 2008, 119). Man spricht hier von einem Vorgang des „Mimetic isomorphism", womit ein Anpassungsprozess gemeint ist, der eine Einheit, ein System, dazu bewegt oder gar zwingt, sich anderen Einheiten, Systemen anzugleichen. Indem Organisationen äußere, gesellschaftlich institutionalisierte Elemente in ihre Struktur integrieren, erhöhen sie ihre Legitimität nach außen. Das Kopieren anderer Organisationen, die einen aufweisbaren Erfolg aufzeigen können, geschieht wie eine Art Blaupause, Strukturen werden nicht von innen aus der Organisation heraus und auf diese abgestimmt entwickelt, sondern von außen auf diese aufgelegt und übertragen (hier gibt es nun unzählige Beispiele, für den Bildungsbereich, aktuell am anschaulichsten, die Umstellung auf Bachelor-/Master-Abschlüsse an Hochschulen, sowie die hiermit verbundene Modularisierung von Studiengängen).

Wie in den vorangegangenen Abschnitten aufgezeigt wurde, beinhalten, so die einhelligen wirtschafts- und sozialwissenschaftlichen Befunde, Organisationsprozesse immer auch eine „innere", personale Ebene, die es zu berücksichtigen gilt, will man Prozessverluste vermeiden. Akteure in Organisationen (und somit letztlich die Organisation) handeln und bewegen sich im Rahmen ihrer eigenen personalen Rationalität. Organisationsentscheidungen auf Leitungsebene müssen also immer innere und äußere Bedingungen im Blick haben. Struktur- und Akteurs-/Personale Ebene befinden sich dabei in einem Wechselspiel, bzw. beeinflussen sich gegenseitig. Um aber diese Wechselspiele zuzulassen, ist es notwendig, äußere Formalstruktur (notwendig zur Umweltanpassung, Legitimierung, Anschlussfähigkeit) und innere Aktivitätsstruktur (Kreativität, Motivation, Ausschöpfung des „Expertenpotentials") auf Leitungsebene in ihrer Bedeutung für den Organisationsprozess zu berücksichtigen. Dies geschieht neoinstitutionalistischen Organisationstheorien nach durch Entkoppelung dieser Ebenen, bzw. durch eine lose Koppelung der beiden Ebenen aneinander. Institutionelle Regeln und notwendige Legitimationsstrukturen bilden den Rahmen, die „Zeremonielle Fassade" (Kuper 2001, 10), in dem sich Akteure entsprechend ihrer jeweiligen personalen Rationalität bewegen. Für die inneren Aktivitätsstrukturen werden demnach durch Leitung Freiräume geschaffen. Durch diese zu schaffende relative Autonomie einzelner Organisationselemente werden den jeweiligen Mitarbeitern der Organisation Freiheitsgrade sichtbar, die sich in pädagogischen Organisationen z. B. dadurch zeigen, dass die Eigenlogik des pädagogischen Handelns Berücksichtigung findet (schwache Binnentechnologie bzw. Technologiedefizit, Ganzheitlichkeit des Handelns usw.) und z. B. Detailkontrollen (dauerhafte Evaluationsaufforderung, Erhöhung von Belastung, Burn-Out) vermieden werden.

Neben den institutionellen, äußeren Erfordernissen sind bewusst und gezielt, pädagogische bzw. inhaltliche Bezugspunkte in den organisationalen Selbstbeschreibungen einzuführen. Leitung in einem neoinstitutionalistischen Sinne heißt dann immer Reflexion des Maßes an Koppelung und Schaffung von Freiheitsgraden durch gezielte und bewusste Entkoppelung

(z. B. auch von pädagogischer Rolle und Organisationsrolle). Gleichzeitig müssen die verschiedenen Medien kommuniziert werden, derer sich die jeweilige Organisation bedient, um eine Struktur aufzubauen. Hierzu gehört es, auf personaler Ebene die Notwendigkeit zu verdeutlichen, dass sich die (pädagogische) Organisation nicht ausschließlich aus pädagogischen Kommunikations-/ Sinnzusammenhängen heraus konstituieren kann. Sie muss um ihr Bestehen zu sichern, die jeweiligen Umwelterfordernisse und Bedingungen beachten. Diese Umwelterwartungen und Erfordernisse müssen in der Gestaltung der Organisationsstrukturen Berücksichtigung finden. Ein Instrumentarium, um innere Einheit bei gleichzeitiger äußerer Isomorphie zu sichern, bietet der Organisationskulturansatz. Dieser ermöglicht durch die Kulturmetapher die eigene Selbstreferenz, z. B. ein pädagogisches Selbstverständnis intern in den Vordergrund zu rücken und damit gegenüber den äußeren Strukturanforderungen zu sichern bzw. wieder zu gewinnen. So können Widersprüche zwischen pädagogischen und organisatorischen Erfordernissen und damit das „strukturierte Chaos beim Zusammentreffen von komplizierten Verwaltungsverfahren und Leben" in einen Zusammenhang gestellt werden (Terhart 2001, 64f.).

3.7   Stabilisierung: Organisationskulturansatz

Wie dargerstellt, können Organisationen als soziale Systeme aufgefasst werden, die sich verschiedener Kommunikationsmedien (z. B. rationaler und personaler Logik) bedienen, um eine Struktur aufzubauen. Eine Möglichkeit, um diese in einen Zusammenhang zu stellen, bietet der Organisationskulturansatz an (Jones, Bouncken 2008, 43f.). Organisationskultur meint die Selbstbeschreibung einer Organisation, bei gleichzeitigen Reflexionen auf die Bedingungen der Selbstbeschreibung. Die Kultursemantik soll dabei, nach innen und nach außen, Einheit und Transparenz z. B. über Programmatik (z. B. Schulprogramm) und Zielsetzungen (z. B. Leitbild) herstellen. Im Außenverhältnis werden Organisationen (und damit Organisationskulturen) vergleichbar, im Innenverhältnis entsteht eine Form der Identität. Im Idealfall kann durch diese Identität eine Identifikation entstehen, durch die sich z. B. der Leitungsbedarf verringert. Allerdings kann eine tiefe Verankerung einer spezifischen Organisationskultur auch zur Verfestigung und letztlich zur Abschottung gegen äußere Einflüsse und Erneuerung führen und somit den Austausch nach außen erschweren (so z. B. wenn bei der Mitarbeiterrekrutierung nur auf Kompatibilität zur Organisationskultur geachtet wird, womit die Variation von Einflüssen verringert wird). Insgesamt wird der Organisationskulturbegriff nicht einheitlich verstanden, vielmehr gibt es eine Reihe von Organisationskulturkonzepten.

Es sind aber die in den vorangegangenen Abschnitten beschriebenen drei Bereiche Umwelt (Selektion äußerer Einflüsse), Struktur (z. B. Größe, Entscheidungsformen) und Individuum (z. B. Personal, Gründungspersonen, auch Visionen und Werte), die als wesentliche Einflussgrößen die Denk- und Verhaltensmuster und somit die Organisationskultur zustande kommen lassen. Analog kann hier zum Verständnis auf Kulturmodelle wie dem „erweiterten Kulturbegriff" aus dem Bereich der Interkulturellen Pädagogik bzw. der Kulturpsychologie zurückgegriffen werden (Thomas 1993, Auernheimer 2007): Kultur ist das Orientierungssys-

tem einer Gruppe oder Organisation, das das Wahrnehmen, Denken und Handeln ihrer Mitglieder beeinflusst und strukturiert. Es wird gebildet aus sichtbaren und nicht sichtbaren
Standards, also aus wahrnehmbaren äußeren Bestandteilen und inneren Wahrnehmungs-
schemata. Analog zu den bisher aufgezeigten Organisationsmerkmalen (innere/äußere
Systemik) zeigt sich,

1. dass die beiden Ebenen nicht zwangsläufig aufeinander verweisen müssen (einzelne,
   äußere Merkmale können z. B. tradierte Elemente ohne wesentliche Funktion sein) und
2. dass die Bewertung äußerer Elemente immer auf eigene innere (Wahrnehmungs-) Schemata zurückverweist. So werden bestimmte (äußere) Organisationsmerkmale, Entscheidungen, Hierarchien, Evaluationsaufforderungen von Beteiligten völlig unterschiedlich
   wahrgenommen und bewertet.

In diesem Sinne kommt es z. B. bei der Entwicklung einer Organisationskultur (z. B. durch
Schulprogrammarbeit, Leitbildentwicklung aber auch Implementierung von Organisationsri-
ten wie jährlichem Betriebsausflug) immer auch zu Deutungsansprüchen bzw. einem Kampf
um die jeweilige Definitionsmacht. Ein Ansatz solcher Aushandlungsprozesse liegt in der
Reflexion (eigener) innerer Strukturen, dem Wahrnehmen und Bewerten von Regeln, Strukturen oder Entscheidungen, die immer auch auf die jeweils eigenen „inneren" Erfahrungen
der Beteiligten verweisen. Dieser Zugang zu Organisationsentwicklungsprozessen – das
Ansetzen an der „inneren Systemik" – ist auch Grundlage systemisch-konstruktivistischen
Ansatzes: Man kann ein System (unabhängig ob als psychisches System, also als Mensch,
oder als soziales System, also z. B. eine Organisation gedacht) nicht gegen seine eigene Logik gestalten und verändern.

3.8   Wandel und Gestaltung: Systemische Zugänge

Im Folgenden letzten Abschnitt soll der Versuch unternommen werden, über einen systemischen Zugang (1) die bis hierher erörterten Überlegungen systematisch zu bündeln und (2)
hieraus abgeleitet, Hinweise und Orientierung für Leitungs-, Gestaltungs- und Veränderungsprozesse in Organisationen zu geben.

Hierzu gilt es sich zunächst die Prämisse systemisch-konstruktivistischen Denkens zu vergegenwärtigen: Danach hängt vom Beobachter und von der Art der Beobachtung die Konstruktion von Wirklichkeit ab (Arnold 2007). Wir nehmen – und dies ist die erkenntnistheoreti-
sche Herausforderung – als Menschen generell die uns umgebende Umwelt, die Wirklichkeit, nicht rein rezeptiv wahr, sondern konstruieren uns vielmehr unsere (jeweils eigene)
Realität, wir sind Konstrukteure unserer Realität. Folgt man diesem Zugang, der im Weiteren
noch näher ausgeführt wird, zunächst, so ist die Realität, so wie sie uns erscheint immer
(auch) ein Konstrukt unserer Sinne, was auf vorliegenden Kontext „Organisationen" übertragen heißen kann: So wie uns Organisationen erscheinen, ist abhängig von unserer Beobachtung. Unsere Beobachtungen aber – und dies ist für die Logik dieses Gedankenganges kardi-
nal – erfolgen nicht willkürlich (also eben rein rezeptiv), sondern sind immer auf Basis und

in Abhängigkeit von den jeweilig vorhandenen Erfahrungen, die uns prägen und in die wir neue Umwelteinflüsse (Beobachtungen) einordnen, zu sehen.

Entgegen der Annahme, die bürokratietheoretische Zugänge nahelegen würden, reagieren Menschen in Organisationen – Leitung ebenso wie Personal – z. B. in bestimmten Entscheidungssituationen nicht nur „rational" oder so wie es eine „objektive" wissenschaftliche Theorie (z. B. Pädagogik) gelehrt hat. Vielmehr verfügen Menschen bei Handlungen bzw. Aushandlungen innerhalb von Organisationsprozessen immer nur über eine begrenzte Fähigkeit zur Informationsverarbeitung, wie der Organisationstheoretiker James G. March im Rahmen seiner verhaltenswissenschaftlichen Entscheidungstheorie aufgezeigt hat. Diese resultiert nicht nur aus einer begrenzten kognitiven Aufnahmefähigkeit, sondern auch aus den inneren, emotionalen Strukturen heraus. Hierzu zählen z. B. unbewusste Impulse, negative Gefühle, Stress und Konflikte zu vermeiden, wodurch, so March. Entscheidungen häufig durch Flucht und Übersehen herbeigeführt werden oder Probleme ignoriert bzw. umformuliert werden. Der Gebrauch solcher Strategien steigt mit dem Grad der Belastung (March 1990).

Insgesamt lässt sich sowohl verhaltenswissenschaftlich als auch auf systemisch-konstruktivistischer Grundlage konstatieren, dass Entscheidungen oftmals aus einer inneren, personalen Logik „intuitiv" oder „aus dem Bauch heraus" getroffen werden, gemeint ist der (zumeist unbewusste) Rückgriff auf vorhandene, bereits gemachte Erfahrungen. Bei der Verinnerlichung von Erfahrungen und Informationen kommt es zu Typisierungen, also zur Entwicklung von Strukturen, die innere Wahrnehmungs-, Denk- und Handlungsschemata zur Verfügung stellen und in die neue Informationen in vorhandene Muster übersetzt und ein-ordnet werden. Wir erkennen nicht die „wirkliche Welt", sondern interpretieren und struktu-rieren Wahrgenommenes auf Grundlage unserer „inneren Systemik" Diese basiert – soziali-sationstheoretisch – in hohem Maße auch auf Erfahrungen der frühsten Kindheit und des weiteren Enkulturationsprozesses, der Verinnerlichung kollektiver, gesellschaftlicher Muster. Wir sehen die Welt durch die Brille unserer Erfahrungen (innere Systemik, z. B. Erfahrungen mit Autorität) und bringen äußere Umwelt (äußere Systemik, z. B. Anerkennung von Autori-tät) gleichzeitig durch unsere hieraus resultierenden Handlungsmuster wieder hervor. Macht, in diesem Sinne entsteht auch dadurch, dass wir sie *anerkennen* und als legitim *betrachten*. Unterstellen wir diesen „Konstruktcharakter der gesellschaftlichen Realitäten" auch für unser Gegenüber, so wird die Bedeutung deutlich, die die Beachtung von äußerer und innerer Systemik im organisationstheoretischen Zusammenhang z. B. aus einer Führungs-/ Manage-mentperspektive mit sich bringt.

Organisationsprozesse, Handlungen und Kommunikationen der Beteiligten vollziehen sich immer in Bezug auf die inneren Systemik der Beteiligten und verweisen dabei immer auch auf Vergangenes: Welche Erfahrungen haben die jeweiligen Kommunikations- und Interak-tionspartner mit Organisationen, die sie durchlaufen haben, z. B. mit Strukturen, die hierar-chisch gegliedert sind, mit Autorität, Über- und Unterordnung, mit Schule, Arbeitsorganisa-tionen, aber auch mit Organisationsrollen, welche Erwartungen an diese Rollen gibt es usw. Organisationale Schwierigkeiten, Konflikte, Widerstände sind zumeist – so der hier vertrete-ne Zugang – keine primären Reaktionen auf aktuelle Geschehnisse, sondern liegen in erlern-ten und verinnerlichten Typisierungen begründet und zeigen sich überall dort, wo es z. B. in Organisationszusammenhängen oder pädagogischen Situationen zu *überwertigen* Reaktionen kommt, wo also z. B. ein unerwartetes Maß an Widerständen, Abwehr- oder Unterordnungs-reaktionen etc. auftritt. So können Schwierigkeiten und Probleme in Organisationen bzw. Organisationsprozessen durch spezifische Typisierungen zustande kommen, z. B. der Erwar-tung an Führungskräfte, dass sie eine klare Richtung vorgeben, für Ruhe sorgen usw. Umge-kehrt kann die Erwartung bestehen, dass Mitarbeiter sich kreativ einbringen, selbstverant-wortlich für Ruhe sorgen.

Organisationsführung, Gestaltung und Veränderung setzt systemisch genau hier an: In der Bewusstmachung und Arbeit an inneren Bildern, der Veränderung von Typisierungen und dem Ausstieg aus gewohnten Mustern. Methodisch geschieht dies durch Reflexion von Typi-sierung (keine Festlegung des Selbst und des Gegenüber), Metaperspektiven (Beobachtung der eigenen und Systemik des Gegenüber), Beobachten der Routinen und ggf. Ausstieg aus festen Mustern, Infragestellen eigenen Verhaltens und Perspektivwechsel. Der Ausstieg aus Typisierungen durch Perspektivwechsel und Neudefinition der Perspektive kann neue Ver-haltensmöglichkeiten eröffnen. Organisationsentwicklung geschieht so auch durch das Er-zeugen neuer Bilder, wie es in dem bekannten Titel „Schule neu denken" von Hartmut v. Hentig zum Ausdruck kommt. Organisationsentwicklung in diesem Sinne heißt, die innere Systemik durch neue Erfahrungen variantenreicher zu machen und durch überraschendes, neues organisationales Handeln das System in eine innere Bewegung zu bringen, durch die Entwicklungsmöglichkeiten entstehen. Fundamentale Änderungen entstehen durch funda-mental neue Fragen, die nicht von außen an ein System herangetragen werden, sondern dort ansetzen, wo die jeweilig Beteiligten sinnvoll anknüpfen können. Dieser Versuch zu ergrün-den, was Menschen (mit denen man es im Sozialen und so auch immer im Organisationalen zu tun hat) innerlich bewegt, was sie fühlen, womit sie etwas anfangen können, erfordert Achtsamkeit und Selbstreflexivität.

Das systemtheoretische Fazit lautet: Man kann ein System nicht gegen seine eigene Logik führen, sondern man muss die innere Systemik/Logik eines Systems verstehen. Organisation in diesem Sinne muss die Logik des Gegenüber und somit das Wechselspiel zweier Systeme berücksichtigen. Systemische Organisationszugänge fädeln in die Logik des Anderen ein, indem sie die Energie des anderen finden und bedienen. Nur so hat man die Chance, langfris-tig angenommen zu werden und wirksam zu sein (Arnold 2007).

Diese Erkenntnisse sind längst und in viel stärkerem Maße in ökonomische Managementthe-orien als in die Pädagogik eingeflossen. Systemische Organisationssteuerung, Gestaltung und Veränderung erörtern die Perspektive des Anderen und fragen, was diese Perspektive, die Art und Weise, wie der Andere die Situation sieht und fühlt, bei ihm bewirkt. Nicht die eige-ne Erfahrung wird zum Gradmesser, sondern die Fähigkeit, die Welt anders denken zu kön-nen, als man es gelernt hat. Leben bedeutet permanente Veränderung. Mit diesen Verände-rungen zurecht zu kommen, z. B. als Organisation in sich wandelnden gesellschaftlichen Verhältnissen zu bestehen, kann nur funktionieren, wenn man lernt, sich selbst zu verändern. Innovation, Erneuerung und Veränderung beginnt dort, wo nicht lediglich an Erfahrun-gen/Routinen angeknüpft wird. Spätestens, wenn bisherige Erfahrungen in eine Sackgasse geführt haben, gilt es die gelernten Muster, Typisierungen und Routinen zu verlassen. In diesem Sinne werden z. B. in poststrukturalistischen Organisationsansätzen (z. B. Schreyögg 1999) hierarchische Organisationsmuster durch heterarchische, dezentrale Modelle abgelöst, es wird nicht mehr von einem festen Wesenskern von Organisation (der sich z. B. in der Einheit der Leitung manifestiert) ausgegangen, vielmehr werden Wandel, Dynamik und Veränderung als Normalzustand angesehen.

Diese permanente Bewegung, durch die auch die Gefüge, die Beziehungen, die Relationen in ständiger Transformation sind, erfordern permanenten Perspektivwechsel, fortlaufende Reinterpretation, die Fähigkeit neu zu denken, Stereotypisierungen zu reflektieren, Verbindungen herzustellen. Diese Prozessperspektive findet sich z. B. in netzwerk-orientierten Organisationskonzepten. Hier ist nicht mehr Ordnung das primäre organisatorische Ziel, sondern das Ungeplante, Ungeordnete, die Mehrdeutigkeiten werden zur gewünschten Normalität, zum kreativen Potential für Entscheidungen. Und in diesem Sinne ist auch der organisationstheoretische Ratschlag von Karl E. Weick aufzufassen: *„Geraten Sie angesichts von Unordnung nicht in Panik!"*

3.9   Vertiefungsaufgaben und -fragen

1. Benennen Sie auf Grundlage theoretischer Modelle unterschiedliche Zugänge zur Frage: Was ist eine Organisation?

2. Benennen Sie am Beispiel einer konkreten Organisation deren „innere Systemik" (z. B. Personal), deren „äußere Systemik" (z. B. Struktur) und deren Umwelt. Skizzieren Sie dieses Dreiecksverhältnis und überlegen Sie, wie sich dieses Verhältnis auf das Organisationsziel der von Ihnen gewählten Einrichtung auswirkt.

3. Benennen Sie Organisationsspezifika pädagogischer Einrichtungen und finden Sie hierauf bezogen Beispiele aus der Fachpraxis.

3.10   Literatur

Arnold, R. (2007): Einführung in die systemische Pädagogik. Vorlesung an der TU Kaiserslautern. Mühlheim Baden.

Auernheimer, G. (2007): Einführung in die Interkulturelle Pädagogik. WBG, Darmstadt.

Bauman, Z. (2002): Dialektik der Ordnung. Die Moderne und der Holocaust. Europäische Verlagsanstalt, Hamburg.

Brüsemeister, T. (2008): Bildungssoziologie. Einführung in Perspektiven und Probleme. VS, Wiesbaden.

Greving, H. (2008): Management in der Sozialen Arbeit. UTB, Bad Heilbrunn.

Jones, G. & R. Bouncken (2008): Organisation. Theorie, Design und Wandel. Addison-Wesley, München.

Kieser, A. & H. Kubicek (1978): Organisationstheorien. Kohlhammer, Stuttgart.

Kuper, H. (2001): Organisationen im Erziehungssystem. Zeitschrift für Erziehungswissenschaften, 1/2001.

Luhmann, N. (2006): Organisation und Entscheidung. 2. Aufl., VS, Wiesbaden.

March, J. G. [Hrsg.] (1990): Entscheidungen und Organisation: kritische und konstruktive Beiträge, Entwicklung und Perspektiven. Dr. Th. Gabler, Wiesbaden.

Milgram, S. (2009): Das Milgram-Experiment. Zur Gehorsamsbereitschaft gegenüber Autoritäten. Rororo, Reinbek b. Hamburg.

Sanders, K. & A. Kianty (2006): Organisationstheorien. Eine Einführung. VS, Wiesbaden.

Schreyögg, G. [Hrsg.] (1999): Organisation und Postmoderne. Grundfragen-Analysen-Perspektiven. Dr. Th. Gabler, Wiesbaden.

Stark, C. & C. Lahusen (2002): Theorien der Gesellschaft. Einführung in zentrale Paradigmen der soziologischen Gegenwartsanalyse. Oldenbourg, München Wien.

Terhart, E. (2001): Die Veränderung pädagogischer Organisationen. In: Liebau, E., D. Schuhmacher-Chilla & C. Wulf [Hrsg.]: Anthropologie pädagogischer Institutionen. Deutscher Studienverlag, Weinheim.

Thomas, A. (1993): Kulturvergleichende Psychologie. Eine Einführung. Hogrefe, Göttingen.

Weick, K. (1985): Der Prozess des Organisierens. Suhrkamp, Frankfurt a. Main.

Weber, M. (1976): Wirtschaft und Gesellschaft. Grundriss der Verstehenden Soziologie. J. C. B. Mohr, Tübingen.

4   Management

Dodo zu Knyphausen-Aufseß

4.1   Einleitung

„Management" ist ein Begriff mit einem stark betriebswirtschaftlichen Bezug. Überraschenderweise bemühen sich nur relativ wenige deutschsprachige Lehrbücher der Betriebswirtschaftslehre um eine explizite Definition (Staehle 1999, Steinmann, Schreyögg 2000, Schreyögg, Koch 2007). Auch in diversen Handwörterbüchern und Fachlexika wird der Begriff nicht als Stichwort behandelt. Erkennbar ist natürlich, dass es sich um einen angelsächsischen Begriff handelt, der offenbar schwer zu übersetzen ist und daher direkt in das deutschsprachige Schrifttum übernommen wird.

Aufgetaucht zuerst im Zuge der industriellen Revolution in England, scheint der Begriff heute in besonderer Weise US-amerikanische Denkweisen zu reflektieren. Geert Hofstede, ein niederländischer Organisationsanthropologe, bringt das in der folgenden Weise zum Ausdruck (1993, 92):

„The core element of a work organization around the world is the people who do the work. All the rest is superstructure [...]. In the U.S. literature on work organization, however, the core element, if not explicitly then implicitly, is considered the manager. This may well be the result of the combination of extreme individualism with fairly strong masculinity, which has turned the manager into a culture hero of almost mythical proportions. For example, he – not really she – is supposed to make decisions all the time ... ".

Vermutlich ist es die Kombination von betriebswirtschaftlichem bzw. ökonomischem Bezug und der in diesem Zitat zum Ausdruck kommenden, mit dem US-amerikanischen Managementverständnis häufig einhergehenden „Command-and-Control-Mentality" (Hayes 1985, 117), die den Managementbegriff für Fachfremde bisweilen etwas verdächtig macht. So wird in der aktuellen Diskussion um das „Bildungsmanagement" häufig befürchtet, dass Schulen und Universitäten mit der Einführung managementspezifischer Methoden zu funktionalistischen Ausbildungsanstalten verkommen und klassische Bildungsideale damit über den Haufen geworfen werden (siehe zur Diskussion über die Universität schon früh Jaspers, Assmann 1961).

Für eine Versachlichung dieser Diskussion ist es nun allerdings notwendig, genauer zu verstehen, was Management bedeuten kann. Dazu werden im Folgenden zunächst eine Professionalisierungsperspektive (Abschnitt 2), eine institutionelle (Abschnitt 3) und eine funktione-norientierte Sichtweise (Abschnitt 4) unterschieden, bevor kurz auf die Problematik Mana-ger-geführter Unternehmen eingegangen wird (Abschnitt 5). Der Beitrag schließt mit Hin-weisen zur Bedeutung von Bildungsmanagement auch innerhalb von Unternehmen (Ab-schnitt 6).

4.2 Management als professionelle Abarbeitung von Aufgaben in Organisationen

„Management" bezeichnet den Anspruch, Aufgaben, die in Unternehmen bzw. Organisatio-nen[16] auftauchen, in professioneller Weise abzuarbeiten. Der Aufgabenbegriff steht im Mit-telpunkt der (betriebswirtschaftlichen) Organisationslehre. Kosiol (1976) kennzeichnet die Tätigkeit des Organisierens durch die Aufgabenanalyse und Aufgabensynthese. Jede Unter-nehmung hat eine komplexe Gesamtaufgabe zu erfüllen, die es zunächst zu analysieren gilt. Das bedeutet, dass man nach einer Reihe von Gesichtspunkten die Gesamtaufgabe in immer kleinere Teilaufgaben zerlegt. In der anschließenden Aufgabensynthese werden dann die auf diese Weise gewonnenen Teilaufgaben nach verschiedenen Gesichtspunkten wieder zu Stel-lenaufgaben, Stellenaufgaben zu Abteilungsaufgaben, Abteilungsaufgaben zu Hauptabtei-lungsaufgaben usw. zusammengefasst. In der Soziologie wird statt von Aufgaben eher von „Rollen" gesprochen, von Erwartungen also, die an Positionsinhaber gestellt werden, gege-benenfalls aber auch von diesen selbst geprägt werden können (Role-taking versus Role-making, Mead 1973). Etwas differenzierter betrachtet könnte man Rollen als das kognitive Pendant von Aufgaben bezeichnen (Biddle 1964). Umgekehrt könnte man sagen, dass „Auf-gaben" dann vorliegen, wenn soziale Rollen, die oftmals unbewusst übernommen und einso-zialisiert werden, explizit reflektiert, also zum Gegenstand sprachlich vermittelter Interaktio-nen gemacht werden (Kirsch, zu Knyphausen-Aufseß 1992). Nehmen wir etwa das Thema „Personal". In der Regel hat alles, was im Unternehmen gemacht wird, etwas mit Menschen zu tun; personalbezogene Fragestellungen tauchen also letztlich „überall" auf. Eine personal-bezogene „Aufgabe" entsteht erst dann, wenn der gemeinsame Kern dieser Fragestellungen reflektiert wird und ein Bewusstsein dafür entsteht, dass diese Fragestellungen gezielter angegangen werden müssen, als dies in der Vergangenheit der Fall gewesen sein mag.

Eine *professionelle* Abarbeitung von Aufgaben impliziert, sich an den Standards der mit einzelnen Aufgaben assoziierten Fachdisziplinen zu orientieren. Das heißt, dass die in der Berufsausbildung vermittelten Kenntnisse und Praktiken auch – in der erlernten, aber mögli-cherweise auch in modifizierter Form – angewendet werden. Weitergehend könnte man sagen, dass der Anspruch besteht, bei der Abarbeitung von Aufgaben die „Ökologie des

---

[16] Unternehmen sind ein spezifischer Typus von Organisationen. In den nachfolgenden Ausführungen wird der Organisationsbegriff immer wieder eingestreut, um daran zu erinnern, dass die vorgestellten Überlegungen und Instrumente auch auf nicht-betriebswirtschaftliche Organisationen – beispielsweise Bildungsinstitutionen – an-gewendet werden können.

Wissens" (Kirsch 2009) nutzbar machen zu wollen, die den aktuellen Stand der jeweiligen Disziplinen repräsentiert. Sofern diese Disziplinen einen akademischen Charakter haben, ist damit das angesprochen, was Frederick Taylor (1911) als Idee einer *wissenschaftlichen Unternehmensführung* beschrieben hat. Taylor hatte (im Vorgriff auf die oben angesprochene „Aufgabenanalyse") dabei vor allem die immer feingliederigere Strukturierung von Arbeitsabläufen im Auge, die eine konsequente Anwendung arbeitswissenschaftlicher Erkenntnisse und damit eine Rationalisierung von Betriebsabläufen ermöglichen sollte. Dieser „Taylorismus" wird heute eher kritisch betrachtet, weil die fortgesetzte Spezialisierung mit Arbeitsmonotonie und Entfremdung verbunden sein kann. Im vorliegenden Zusammenhang ist aber die Idee entscheidend, dass *alle* relevanten wissenschaftlichen Erkenntnisse – eben der „Stand der Wissenschaften" – bei der Abarbeitung von Aufgaben genutzt werden sollen – auch solche, die andere Erkenntnisse zu überwinden helfen. Von „Personalmanagement" würden wir also dann sprechen, wenn bei der Abarbeitung personalwirtschaftlicher Aufgaben der (realiter natürlich nicht immer eingelöste) Anspruch besteht, im Einklang mit dem Wissensstand einer Teildisziplin der Betriebswirtschaftslehre, der *Personalwirtschaftslehre*, zu handeln. Für „Finanzmanagement", „Beschaffungsmanagement", „Forschungs- und Entwicklungsmanagement" gilt Analoges.

Der Bezug zum Stand des disziplinären oder, weiter gehend, akademischen Wissens bringt den intendiert-*rationalen* Charakter von Management zum Ausdruck. Management ist, entgegen einem Buchtitel von Peter Drucker (2000), keine „Kunst", sondern mit einer lehr- und lernbaren Qualifikation verbunden. Natürlich erfordert erfolgreiche Unternehmensführung auch Kreativität und Unternehmertum; beides lässt sich aber eben nur eingeschränkt „managen" (Gutenberg 1958). Darüber hinaus ist wichtig, dass Management immer einen *wirtschaftlichen Bezug* aufweist. Die Orientierung am Stand der Technik und der naturwissenschaftlichen Erkenntnisse nimmt ja auch ein Ingenieur für sich in Anspruch. Im Zusammenhang mit Management geht es aber letztlich immer um die Relationierung von Zwecken und Mitteln, um die bestmögliche Erreichung von Effektivität und Effizienz. Daher ist auch klar, dass die professionellen Praktiken und die disziplinären Erkenntnisse, auf die sich das Management bezieht, vornehmlich aus den Wirtschaftswissenschaften, in besonderem Maße natürlich aus der Betriebswirtschaftslehre oder eben den „Managementwissenschaften", stammen (Staehle 1999).

4.3   Die institutionelle Sichtweise des Managements

Bisher war immer von „Management" die Rede; nur einmal wurde, ein wenig unvermittelt, auch von „Managern" gesprochen. Mit den Managern ist eine Gruppe von Personen angesprochen, die innerhalb einer Organisation Weisungsrechte besitzen und eine Leitungsfunktion ausüben. Schreyögg und Koch (2007, 7) weisen darauf hin, dass diese „institutionelle" Sichtweise im angelsächsischen Sprachraum sehr breit gefasst wird, also auch Personen auf niedrigen Hierarchieebenen umfasst, sofern sie eben eine solche Leitungsfunktion ausüben. In Deutschland bezeichnet man als Manager nur die Personen in den oberen Führungsebenen, also etwa die Mitglieder des Vorstands einer Aktiengesellschaft sowie die Mitarbeiter und Mitarbeiterinnen auf den nächsten beiden Führungsebenen. In diesen Kontext passt die Legaldefinition des „leitenden Angestellten" im Betriebsverfassungsgesetz (§ 5, Absatz 3): *„Leitender Angestellter ist, wer nach Arbeitsvertrag und Stellung im Unternehmen oder im Betrieb 1. zur selbständigen Einstellung und Entlassung von im Betrieb oder in der Betriebs- abteilung beschäftigten Arbeitnehmern berechtigt ist oder 2. Generalvollmacht oder Prokura hat und die Prokura auch im Verhältnis zum Arbeitgeber nicht unbedeutend ist oder 3. re- gelmäßig sonstige Aufgaben wahrnimmt, die für den Bestand und die Entwicklung des Un- ternehmens oder eines Betriebs von Bedeutung sind und deren Erfüllung besondere Erfah- rungen und Kenntnisse voraussetzt, wenn er dabei entweder die Entscheidungen im wesentli- chen frei von Weisungen trifft oder sie maßgeblich beeinflusst; dies kann auch bei Vorgaben insbesondere auf Grund von Rechtsvorschriften, Plänen oder Richtlinien sowie bei Zusam- menarbeit mit anderen leitenden Angestellten gegeben sein."* Wer leitender Angestellter ist, ist wohl auch „Manager".

Die Hinweise auf Leitungsfunktionen und Weisungsbefugnisse machen deutlich, dass Mana- ger auch Macht besitzen, dass es innerhalb der Organisation ein Machtgefälle gibt, das sich in der Regel – aber nicht immer – an hierarchischen Positionen festmachen lässt. So kann man dann etwa zwischen dem Top-Management, dem mittleren Management und dem unte- ren Management unterscheiden und davon ausgehen, dass auf den oberen Entscheidungs- bzw. Hierarchieebenen mehr Handlungsspielräume bestehen als auf den unteren (Kirsch 1981). Folgt man dieser Unterstellung und geht man zusätzlich davon aus, dass das Top- Management auch den Erfolg des Unternehmens maßgeblich beeinflusst (Finkelstein u. a. 2009), dann wird man sich besonders dafür interessieren müssen, wie diese Top- Management-Teams organisiert sind, wie sie also ihre Aufgaben aufteilen und Entschei- dungsbefugnisse regeln. Eine aktuelle Untersuchung von Roland Berger Strategy Consul- tants (Zimmermann 2008) hat für deutsche Vorstände in DAX 30-Unternehmen zutage ge- bracht, dass (1) trotz zunehmend divisionaler Strukturen das primäre Organisationskriterium in den Vorständen die Funktion (F & E, Produktion, Vertrieb, …) ist, (2) in jedem zweiten Unternehmen der Vorstand zudem Geschäftsbereiche verantwortet und (3) die Betreuung von Regionen im Vorstand nur eine nachrangige Rolle spielt. Zudem wurde festgestellt, dass sich die Größe der Vorstände im Zeitablauf reduziert hat (aktuelle Durchschnittsgröße in den DAX 30-Unternehmen: 6,4) und Vorstandsvorsitzende sich zunehmend auf Strategie und Wirtschaftspolitik fokussieren, während die eher operativen Aufgaben *Chief Operating Of- ficern* überlassen werden (vgl. für amerikanische Unternehmen ähnlich Hambrick & Cannel- la 2004). Entscheidungen werden mehrheitlich kollektiv getroffen, wie es auch dem im Akti- engesetz (§ 77 Abs. 1) festgelegten Kollegialprinzip entspricht.

Abgesehen von diesen Ressortverteilungen und Entscheidungsbefugnissen und anknüpfend an den oben eingeführten Hinweisen zum Konzept der sozialen Rolle kann man versuchen, typische Rollen von Managern im organisatorischen Alltag zu bestimmen. Die bekannteste Rollentypologie stammt von H. Mintzberg (1973), der in einer empirischen Studie den Ar- beitsalltag von Personen in Leitungsfunktionen beobachtet hat. Demnach haben Manager zunächst *interpersonelle Rollen* wahrzunehmen: Sie sind *Galionsfigur* (Figurehead), indem sie das Unternehmen oder den Arbeitsbereich (Bereich, Abteilung, …) nach innen oder au- ßen vertreten, wo die Anwesenheit dieser Person auch und vor allem mit einer Symbolfunk- tion verbunden ist; sie sind *Vorgesetzte* (Leader) und führen eine Gruppe von Mitarbeitern;

und sie sind *Vernetzer* (Liaison), indem sie sich am Aufbau und an der Pflege von Kontakten innerhalb des Unternehmens, aber auch zu anderen, externen Schlüsselpersonen beteiligen. Dann gibt es *Informationsrollen*: Sie dienen als *Radarschirm* (Monitor) und nehmen Informationen aus der Umwelt auf, die für das Unternehmen bedeutsam sein könnten; sie sind *Sender* (Dissiminator), indem sie Informationen und relevante Wertvorstellungen an andere Organisationsmitglieder weiterleiten; und sie sind *Sprecher* (Spokesperson), wenn sie stellvertretend für das Unternehmen nach außen hin Stellung beziehen.

Schließlich nehmen sie auch *Entscheidungsrollen* wahr: Als *Unternehmer* (Entrepreneur) werden neue Aktivitäten gestartet, die das Unternehmen oder den Arbeitsbereich auch zukünftig wirtschaftlich vorteilhaft positionieren sollen; als *Problemlöser* (Disturbance Handler) werden Konfliktsituationen aufgelöst und Hilfestellungen für die Beseitigung unerwarteter Störungen des betrieblichen Ablaufes gegeben; in der Rolle als *Ressourcenzuteiler* (Resource Allocator) werden Handlungsspielräume für Mitarbeiter oder Organisationseinheiten geschaffen oder begrenzt; und als *Verhandlungsführer* (Negotiator) werden Kontrakte und Vereinbarungen mit Einheiten innerhalb der eigenen Organisation oder mit anderen Organisationen bzw. externen Personen vorbereitet und gegebenenfalls auch verbindlich gemacht.

Bereich	Interpersonelle Beziehungen		Informationen		Entscheidung
Rollen	•Galionsfigur •Vorgesetzter •Vernetzer		•Radarschirm •Sender •Sprecher		•Unternehmer / Innovator •Problemlöser •Ressourcenzuteiler •Verhandlungsführer

Abb. 4.1: Managerrollen (nach Mintzberg, entnommen aus: Schreyögg & Koch 2007, 16)

Prinzipiell können die genannten Rollenzuschreibungen über die verschiedenen Managementebenen (Top-Management, mittleres Management, unteres Management) hinweg in gleicher Weise vorgenommen werden. Gleichzeitig ist klar, dass in der Realität die Gewichtungen unterschiedlich sein werden. Entsprechend werden sich auch die benötigten Fähigkeiten von Managern unterscheiden, je nachdem, auf welcher Ebene sie tätig sind. Katz (1974) differenziert zwischen konzeptionellen, interpersonellen und technischen Fähigkeiten und postuliert, dass interpersonelle Fähigkeiten auf allen drei Ebenen in gleicher Weise gefragt sind, während die Notwendigkeit konzeptioneller Fähigkeiten nach oben hin und die Notwendigkeit technischer Fähigkeiten nach unten hin zunehmen. Diese Fähigkeitszuschreibungen mögen allerdings auch eine kulturelle Komponente beinhalten – deutsche Vorstände scheinen tendenziell eher einen technischen, amerikanische *Chief Executives* einen Business School-Hintergrund zu besitzen, mit entsprechenden Implikationen für die Fähigkeitsprofile.

In umgekehrter Richtung muss aber natürlich auch berücksichtigt werden, dass die Ausbildungssysteme sich grundsätzlich stark unterscheiden: In den USA folgt eine Managementausbildung häufig (mit mehreren Jahren Abstand) auf eine technisch ausgerichtete Bachelorausbildung, während in Deutschland bislang eher fachlich homogen ausgerichtete Ausbildungswege üblich sind. Kurzum: Hypothesen über die Konsequenzen von Ausbildungshintergründen von Mitgliedern des Top-Management-Teams – und analog auch von Mitgliedern der anderen Managementebenen – müssen sicherlich mit besonderer Vorsicht formuliert werden; es kann an dieser Stelle nur auf die einschlägigen Bemühungen im Zusammenhang mit der Entwicklung einer „Upper Echelon-Theorie" hingewiesen werden, die auch schon viele empirische Forschungsergebnisse hervorgebracht hat (siehe zusammenfassend Carpenter u. a. 2004, Finkelstein u. a. 2009).

4.4   Die funktionenorientierte Sichtweise des Managements

Im vorhergehenden Abschnitt wurden schon knappe Hinweise auf die inhaltlichen Arbeitsfelder von Managern – namentlich deutschen Vorständen – gegeben. Diese Hinweise passten zu der Unterscheidung von Managementfeldern, wie sie in Abschnitt 2 beispielhaft angesprochen wurden – Personalmanagement, Finanzmanagement, Beschaffungsmanagement usw. Querliegend dazu ist die klassische funktionenorientierte Sichtweise, die den gemeinsamen Kern all dieser Felder zu identifizieren versucht und dabei unterstellt, dass diese Funktionen sich in das Schema eines integrierten Prozesses einordnen lassen. Bekannt geworden ist vor allem der POSDCORB von Gulick (1937); das Akronym steht für **P**lanning, **O**rganizing, **S**taffing, **CO**ordinating, **R**eporting und **B**udgeting. Dieser Katalog ist später verkürzt worden (Koontz, O'Donnell 1955); der Managementprozess setzt sich demnach aus fünf Funktionen zusammen: Planung, Organisation, Personaleinsatz, Führung und Kontrolle.

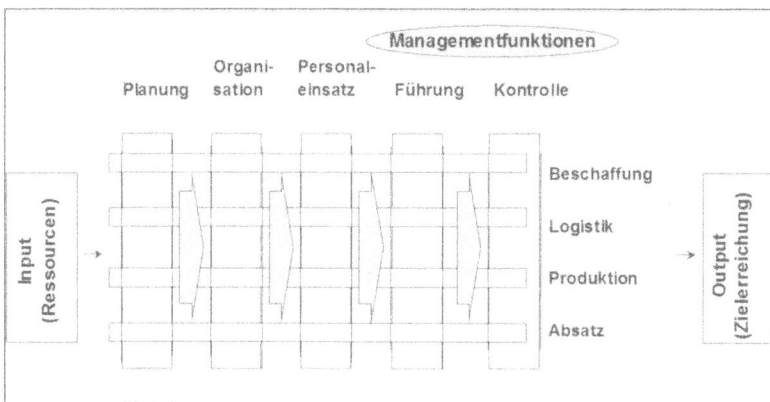

Abb. 4.2: *Managementprozess und -funktionen (stark modifiziert nach Schreyögg & Koch 2007, 8)*

Planung. Planung bedeutet den Versuch, Entwicklungen in der Umwelt des Unternehmens zu antizipieren und auf dieser Basis auch die Entwicklung des eigenen Unternehmens zu prognostizieren, sowie Vorgaben zu machen, welche Ziele – gegebenenfalls auch mit welchen Maßnahmen – erreicht werden sollen. Sofern Ziele vorgegeben werden und diese Vorgaben ernst genommen werden sollen, ist Planung notwendig auch mit Kontrolle verbunden; das macht den integrativen Charakter des Managementprozesses noch einmal deutlich. Beides wird häufig auch in Planungs- und Kontroll*systemen* zusammengeführt, und auch das betriebswirtschaftliche *Controlling* ist in der Regel mit dem Anspruch verbunden, Planung und Kontrolle in einem Regelkreislauf zu verknüpfen (Weber 1993, Horváth 2003).

Denkmodelle von Planungs- (und Kontroll-)Systemen gehen zumeist davon aus, dass „von oben nach unten" geplant wird (Kirsch, Maaßen 1989). So mag es in der *Unternehmenspolitischen Rahmenplanung* vor allem darum gehen, allgemeine Grundsätze der Unternehmenspolitik, d. h. die Mission des Unternehmens, das Verhältnis zu den Beteiligungsgesellschaften, Grundsätze der Mitarbeiterführung usw. festzulegen. Die *Strategische Planung* bezieht sich auf den Aufbau von Erfolgspotenzialen, die das langfristige Überleben bzw. den Fortschritt des Unternehmens sichern. Die *Operative Planung* ist schließlich auf das Ausschöpfen vorhandener Erfolgspotenziale ausgerichtet (statt „doing the right things" nunmehr „Doing the things right"). Insbesondere die operative Planung – die in der Regel sehr viel quantitativer ausgerichtet ist als die unternehmenspolitische Rahmen- und die strategische Planung – ist häufig noch in diverse Subsysteme untergliedert, z. B. die Personalplanung, die Finanz- und Liquiditätsplanung, die Absatzplanung usw. Am Ende stehen Feinsteuerungssysteme wie etwa die Plankostenrechnung mit diversen Abweichungsanalysen. Zwischen strategischer und operativer Planung mag es eine Projektplanung geben, die langfristig ausgerichtet ist (man denke etwa an den Bau eines neuen Atomkraftwerkes), aber doch auch für einzelne Projektphasen sehr konkrete Budgets und Vorgehensweisen vorgibt. Das *Projektmanagement* hat in den letzten Jahren zweifellos sehr an Bedeutung gewonnen und es sind diverse Tools entwickelt worden, mit denen eine Projektplanung unterstützt werden kann (zum Überblick Bea u. a. 2008).

Wie ausdifferenziert in der betrieblichen Praxis die Planungssysteme sind, ist eine empirische Frage. Es ist in Betriebsmodellen wohl auch nicht so, dass die Rahmen- und die strategische Planung immer die „Leitsysteme" darstellen, auf die die operativen Planungssysteme aufbauen. Seitz (1993) dokumentiert einen – sicherlich gar nicht so seltenen – Fall, in dem eine operativ ausgerichtete *Wirtschaftsplanung* als Kern der Planungsaktivitäten dient und die strategische Planung eher für Sonderaufgaben und -analysen genutzt wird. Tatsächlich ist in vielen Unternehmen gerade die strategische Planung ob ihres mechanistischen Charakters in die Kritik geraten, auch wenn sie unter anderen Begriffen (z. B. „Business Development") dann doch wieder auftauchen mag, idealerweise in einer deutlich flexibilisierten Form. Zudem stellt sich die Frage, ob angesichts der Unterschiedlichkeit der verwendeten Kategorien (z. B. „Marktanteile" in der strategischen Planung versus „Personalkosten" in der operativen Planung) tatsächlich die angestrebte Integration der Planungen realisiert werden kann. Kirsch und Maaßen (1989) sprechen deshalb auf der obersten Denkebene lieber von Planungs- und Kontroll*architekturen* als von -systemen. Gleichzeitig muss allerdings auch berücksichtigt werden, dass das Angebot von komplexen Softwaretools eine Integration von Teilplanungen unterstützt („Structure follows software").

Organisation. Neben der Kontrolle (auf die ja noch zurückzukommen sein wird) kann auch die Organisation als ein natürliches Gegenstück von Planung verstanden werden – das eine (Planung) ist der „Entwurf", das andere (Organisation) der „Vollzug einer Ordnung" (Gutenberg 1958). Organisieren bedeutet, Strukturen zu schaffen und Abläufe festzulegen. Es werden, anders formuliert, Regeln für die Zusammenarbeit festgelegt und Einzelaktivitäten, die sich auf Teilaufgaben beziehen (Aufgabenanalyse), koordiniert. Die organisatorischen Einheiten sollen so gebildet werden (Aufgabensynthese), dass die Aufgabenträger wissen, was sie tun sollen, und auch in die Lage versetzt werden (z. B. durch eine adäquate Ausstattung des Arbeitsplatzes mit Werkzeugen), die jeweilige (Teil-)Aufgabe mit den geforderten Leistungsspezifikationen effizient zu erfüllen. Planung und Organisation tragen so dazu bei, dass das Problem des *Nicht-Wissens* gelöst wird. Das etwaige Problem des *Nicht-Wollens* (Motivation) wird durch die nachfolgend noch beschriebenen Phasen des Personaleinsatzes und der Führung (und teilweise auch durch die Kontrolle) adressiert (Picot u. a. 2008).

Organisation ist mit dem Schaffen *genereller* Regelungen verbunden – gleiche (Teil-)Aufgaben sollen auch gleich behandelt werden. Gutenberg (1958) unterscheidet von den generellen die *fallweisen* Regelungen, um deutlich zu machen, dass es natürlich auch Improvisationsspielräume geben muss, um abweichende Aufgabenkonstellationen adäquat bearbeiten zu können.[17] Eine Überorganisation ist zu vermeiden; sie würde als bürokratisch und darum kreativitätshemmend empfunden werden. Eine ähnliche Wirkung können zu viele *formelle* Regeln haben. Tatsächlich spielen in vielen Unternehmen auch *informelle* Regeln eine große Rolle, solche also, die nicht organisiert festgelegt worden sind, sondern sich „naturwüchsig" herausgebildet und bewährt haben. Selbstverständlich können auch diese informellen Regeln erheblichen Druck auf die Mitarbeitenden ausüben, sich also dysfunktional auf deren Arbeitsleistungen auswirken. Das Wechselspiel zwischen formellen und informellen Regeln (sowie ähnlich zwischen „Selbstorganisation" und „Fremdorganisation") und deren funktionale sowie dysfunktionale Wirkungen sind wichtige Themen der aktuellen Organisationsforschung (Schreyögg, von Werder 2004, 971).

Im Rahmen der *Aufbauorganisation* werden zumeist einige grundlegende Strukturalternativen genannt, insbesondere die funktionale Organisation (Beschaffung, Produktion, Absatz ...), die Spartenorganisation (nach Produktbereichen) und die regionale Organisation. Entscheidet man sich auf der obersten Hierarchiestufe unterhalb von Vorstand oder Geschäftsführung für die eine Strukturalternative, kommen auf den nächsten Hierarchiestufen häufig die anderen Strukturalternativen zum Einsatz. Auch ein Nebeneinander ist denkbar; dann hat man es mit einer Matrix- oder gar Tensororganisation zu tun. Gerade dann benötigt man aber zusätzliche Regeln, wie Konfliktfälle aufgelöst werden können. Im Übrigen spielen Team- und (wie oben schon angedeutet) Projektorganisation zunehmend eine große Rolle; sie können die klassischen Organisationsformen ersetzen, aber auch überlagern. Ebenso kann die Abgrenzung von „Geschäftsfeldern" die traditionelle Aufbauorganisation unterstützen.

Im Rahmen der *Ablauforganisation* wird dann die Reihenfolge der Teilprozesse einer Aufgabe in zeitlicher und räumlicher Hinsicht festgelegt; dabei helfen beispielsweise Methoden

---

[17] Ob das Begriffspaar generelle/fallweise Regelungen glücklich gewählt ist, darf man bezweifeln – Regelungen haben immer generellen Charakter, sonst wären es keine Regeln. Es gibt nur „Ausnahmen von der Regel".

der linearen Programmierung. Die Idee des „Business Process Reengineering" bringt zum Ausdruck, dass auch in den nicht technisch dominierten Bereichen ein Überdenken der grundlegenden Abläufe von Zeit zu Zeit zu Produktivitätssprüngen führen kann (Osterloh, Frost 2003).

Die bisherigen Überlegungen bauten auf der Idee auf, dass das Unternehmen eine Organisation *hat*. Schon zu Beginn von Abschnitt 2 wurde aber angedeutet, dass Unternehmen auch Organisationen *sind*. Eine Implikation dieser Einsicht ist, dass die Grenzen des Unternehmens – der Organisation – immer wieder zu überdenken sind. Unternehmen sollten sich auf das konzentrieren, was sie besser können als Konkurrenten; alles andere kann ausgelagert werden (Outsourcing). Diese Grundregel bezieht sich auch auf die internen Wertschöpfungsaktivitäten; die Buchhaltung, aber auch die Weiterbildung der Mitarbeiterinnen und Mitarbeiter und das Recruiting von Führungskräften kann möglicherweise effizienter durch externe Dienstleister bewerkstelligt werden (Picot 1991).

Personaleinsatz. Jack Welch, der legendäre frühere CEO von General Electric, hat einmal gesagt, dass er ungefähr die Hälfte seiner Zeit mit Personalfragen verbringt (Die Wirtschaftswoche vom 30.09.1999, 95). Das belegt, wie wichtig personalbezogene Fragestellungen für den Unternehmenserfolg sind. Überraschend ist aber, dass in einem Sample amerikanischer Unternehmen deutlich weniger als die Hälfte überhaupt Chief Human Resource Officers besaßen. In Deutschland liegt dieser Prozentsatz aufgrund der mitbestimmungsrechtlichen Regelung, dass Unternehmen mit mehr als 2.000 Mitarbeitenden einen Arbeitsdirektor im Vorstand bzw. in der Geschäftsführung haben müssen, sicherlich höher; es kann aber angenommen werden, dass Macht und Einfluss dieser Vorstände eher gering sind (verglichen z. B. mit dem Finanzvorstand).

„Personaleinsatz" i. e. S. bezeichnet die Zuordnung von Mitarbeitern auf den Arbeitsplatz und Maßnahmen zur Bestgestaltung von Arbeitsplatz und Arbeitsabläufen. Im weiteren Sinne gehören dazu aber auch alle anderen Elemente der personalwirtschaftlichen Wertkette: Personalbestands- und Personalbedarfsanalyse, Personalauswahl, Personalführung (siehe unten), Personalbeurteilung, Personalentlohnung und Karrierepolitik, Personalentwicklung (siehe unten, Abschnitt 6), Personalfreisetzung und schließlich auch die Gestaltung der Arbeitsbeziehungen. In jüngerer Zeit standen vor allem die Personalbeschaffung Michaels u. a. 2001) und die Personal-, genauer: die Führungskräfte-(Manager-)entlohnung im Mittelpunkt der Diskussion.

Um im „War for Talent" erfolgreich abzuschneiden, muss – als Gegenstück zur „Unique Selling Proposition"[18] (USP) auf der Absatzmarktseite – eine *Employee Value Proposition* (EVP) entwickelt werden. Die leitende Frage lautet: Welchen komparativen Mehrwert schafft das Unternehmen für Personen, die es beschäftigen will? Daran schließen sich weitere Fragen an: Welche Zielgruppen genau sollen durch das Unternehmen angesprochen werden? Wie sieht der Wettbewerb auf dem Personalbeschaffungsmarkt aus und wer verfügt über welche EVPs? Über welche gemeinsamen Präferenzen verfügen die (potenziellen) Mitarbeiterinnen und Mitarbeiter der Zielgruppe? Worin bestehen die Alleinstellungsmerkmale,

---

[18] Bei den folgenden Überlegungen bin ich Matthias Tomann zu Dank verpflichtet.

aufgrund derer Kandidatinnen und Kandidaten aus der Zielgruppe attrahiert werden können? Professionelles Personalbeschaffungsmanagement setzt dann voraus, dass man die Zielgruppen über geeignete Kanäle und mit den richtigen Inhalten anspricht. Am Ende gilt es, die gewünschten Personen gezielt zu überzeugen – eine Aufgabe, die nicht nur der Personalabteilung zufällt, sondern auch den Einsatz der Managementebene erfordert. Dabei können natürlich eine auf die Zielgruppen angepasste Anreizpolitik, aber auch Aspekte unterstützend wirken, die mit dem Thema „Personalentwicklung" zusammenhängen, z. B. die Herausforderung im Job (Stretch Assignment), das offene und kritische Feedback, Mentoring und Trainingsmaßnahmen.

Beim Thema „Managerentlohnung" haben die Entwicklungen im Zusammenhang mit der Finanzkrise der Jahre 2008 und 2009 gezeigt, wie schwierig es ist, das herzustellen, worum es geht: eine Verknüpfung zwischen dem Unternehmenserfolg und der Entlohnung der Führungskräfte (und evtl. auch der sonstigen Beschäftigten). Etwas differenzierter betrachtet zielt Entlohnungspolitik auf die Erreichung von vier Gerechtigkeiten (Kupsch, Marr 1983). Die *Anforderungsgerechtigkeit* bezieht sich auf die Ausgewogenheit der Entlohnung mit dem Anspruchsniveau der zu bewältigenden Aufgaben – wer anspruchsvollere Aufgaben hat, soll auch besser bezahlt werden. *Leistungsgerechtigkeit* heißt, diejenigen höher zu bezahlen, die bei der Realisierung der Tätigkeit mehr leisten. *Verhaltensgerechtigkeit* soll zu einer Belohnung derjenigen führen, die sich für das Unternehmen einsetzen und vorgegebene Richtlinien und Erwartungen einhalten. Schließlich die *Sozialgerechtigkeit*: Die Führungskräfte sollen nicht schlechter, möglicherweise aber auch nicht besser als ihre „Peers" in anderen Unternehmen bezahlt werden. Hier kann auch die vertikale Dimension eine Rolle spielen: Wie groß darf die Gehaltsschere werden zwischen den Managern und den sonstigen Beschäftigten des Unternehmens?

Der Königsweg der Neuausrichtung von Gehaltsstrukturen wurde in den letzten Jahren, den Empfehlungen der Prinzipal-Agenten-Theorie (siehe unten, Abschnitt 5) folgend, in der Erhöhung flexibler Gehaltsbestandteile gesehen. Dabei wird oft übersehen, dass Motivation nicht nur durch extrinsische, sondern auch und gerade durch intrinsische Anreize entsteht. Einige Studien weisen sogar darauf hin, dass unter bestimmten Bedingungen die extrinsische die intrinsische Motivation *verdrängen* kann (Osterloh, Frey 2000). Die Berücksichtigung solcher Effekte ist einem professionellen Personalmanagement sehr zu empfehlen.

Führung. Mitarbeitende bedürfen in vielen Fällen der Führung, damit sie ihre Aufgaben bestmöglich erledigen können. Als „Führung" bezeichnet man die Ausrichtung des Handelns von Individuen und Gruppen auf die Realisation vorgegebener Ziele.[19] Dabei geht es um sachliche Hilfestellungen, aber auch um die Schaffung eines Arbeitsumfeldes, in dem die Geführten sich wohl fühlen und in dem sie entsprechend zu einer Abgabe der erwarteten Leistungen *motiviert* sind. Führung ist eine Konsequenz der Vorgesetztenfunktion, die oben als eine der Rollen eines Managers dargestellt wurde.

---

[19] Im vorliegenden Zusammenhang geht es um *Mitarbeiter*führung, nicht um *Unternehmens*führung. Der Begriff der Unternehmensführung hat natürlich eine sehr viel breitere Bedeutung.

Was können Unternehmen tun, um den Führungserfolg derjenigen, die in einer Vorgesetztenposition sind, zu unterstützen, auf welche Erkenntnisse der Führungsforschung kann hier zurückgegriffen werden? Bretz (1988) unterscheidet zwei Dimensionen, nach denen relevante Beiträge geordnet werden können: Zum einen gehe es um die Frage, ob die theoretischen Ansätze *universalistisch* oder *situationsbezogen* angelegt sind, und zum anderen darum, ob die *Eigenschaften* oder das *Verhalten* von Führenden – und gegebenenfalls auch von Geführten – im Vordergrund stehen. Universalistisch angelegte, auf die Eigenschaften abzielende Ansätze werden als *Eigenschaftstheorien* bezeichnet. Es sind bestimmte Persönlichkeitsmerkmale, die eine gute Führungsperson ausmachen, und diese Merkmale sind angeboren – sie sind vorhanden oder auch nicht. Entsprechend sollte das Unternehmen im Rahmen des Recruitings alles tun, damit zur Führung geeignete Personen ausgewählt werden. Voraussetzung wäre allerdings, dass es Verfahren gibt, die den zukünftigen Führungserfolg hinreichend valide prognostizieren können. Solche Verfahren sind aber nicht vorhanden; der Eigenschaftsansatz kommt deshalb schnell an seine Grenzen. *Verhaltenstheorien* bauen auf der Annahme auf, dass es besser und weniger gut geeignete *Führungsstile* gibt, und dass das eigene Führungsverhalten verbessert werden kann. Konsequenterweise sollten deshalb Trainingsmaßnahmen für Führungskräfte durchgeführt werden, das Unternehmen sollte in die Personalentwicklung investieren (exemplarisch: Blake, Mouton 1967). *Kontingenztheorien vom Typ 1* (z. B. Fiedler 1967) postulieren, dass bestimmte Führereigenschaften und Führungsstile für unterschiedliche Situationen unterschiedlich geeignet sein können; das Unternehmen muss deshalb zu einer Personaleinsatzstrategie finden, die es erlaubt, die kritischen Positionen mit den jeweils „richtigen" Personen zu besetzen. Schließlich die *Kontingenztheorien vom Typ 2*: Hier wird angenommen, dass die Führungspersonen je nach Situation mal den einen, mal den anderen Führungsstil wählen können; dafür erforderlich ist ein Analyseinstrumentarium, mit dem man die Führungssituationen angemessen diagnostizieren kann. Auch diese Diagnostik könnte prinzipiell im Rahmen der Führungskräfteentwicklung vermittelt werden.

Ohne Zweifel wirken all die hier genannten Ansätze reichlich mechanistisch und zu wenig bezogen auf die Interaktionen, die zwischen Führenden und Geführten stattfinden können. Insofern ist es nicht so überraschend, dass in jüngerer Zeit das Konzept der *transformationalen Führung* (Rathgeber, Jonas 2003) viel Aufmerksamkeit gefunden hat. Im Mittelpunkt transformationaler Führung steht die *wechselseitige Weiterentwicklung* von Führungsperson und Mitarbeitenden. Diese gegenseitige „Transformation" beruht auf einer innovations- und entwicklungsförderlichen Gestaltung von Arbeitsbeziehungen, welche eine Führungskraft über verschiedene Wege initiieren kann, den sogenannten vier I's: (1) *Idealized influence* (Charismatische Führung: modellhafte Vorbildwirkung; persönliche Ausstrahlung über authentische und glaubwürdige Selbstdarstellung); (2) *Inspirational motivation* (Visionär-inspirierende Führung: Kommunikation und Vermittlung von Visionen; Begeisterung durch optimistische Zukunftsorientierung); (3) *Intellectual stimulation* (Fordernde Führung: Infrage stellen herkömmlicher Annahmen; Anregung zu innovativ-kreativem Denken); und (4) *Individualized consideration* (Fördernde Führung: Individuelle Berücksichtigung jedes Mitarbeiters; Orientierung an individuell vorhandenen Potenzialen).

Die Realisierung einer solchen Führungskonzeption ist allerdings wohl nur möglich, wenn die entsprechenden Werte vermittelt werden und die Unternehmenskultur insgesamt daran angepasst ist. Dabei kann die Frage, ob man auch Unternehmenskulturen „managen" kann, natürlich sehr kontrovers diskutiert werden (z. B. Ebers 1986).

Kontrolle. Kontrolle ist, das wurde oben festgestellt, der logische Abschluss des Managementprozesses und das Gegenstück zur Planung. Ein differenzierteres Bild erhält man, wenn man zwischen strategischer und operativer Kontrolle unterscheidet (Steinmann & Schreyögg 2000, 243–250, 368–80). Die klassische Form der *Strategischen Kontrolle* ist die *Durchführungskontrolle*: Es wird verglichen, ob das, was vorher geplant worden ist, auch erreicht wurde. Nur wenn es eine solche Form der Kontrolle gibt, haben die Planungsadressaten Anlass, Vorgaben ernst zu nehmen und alles zu tun, um die Ziele zu erreichen. Je länger der Planungshorizont aber ist, desto wahrscheinlicher ist es, dass sich die Planungsprämissen verändert haben; das aber würde bedeuten, dass die Mitarbeiter „die falschen Dinge tun". Deshalb ist es notwendig, auch die Beständigkeit der Planungsprämissen zu kontrollieren (*Prämissenkontrolle*). Dabei kann eine systematische Frühaufklärung helfen, möglicherweise unter Zuhilfenahme von Szenarioanalysen. Das Dilemma ist aber offensichtlich: Wenn die Planungsadressaten antizipieren, dass sich die Prämissen ohnehin ändern werden, könnte ihr Commitment für die gesetzten Planungsziele abnehmen. Eine Auflösung dieses Dilemmas ist vermutlich nur zu erreichen, wenn das Commitment der Mitarbeiter eben nicht nur auf Planvorgaben, sondern auch auf intrinsischen Anreizen beruht (siehe oben). Neben Durchführungs- und Prämissenkontrolle sollte es auch noch eine *Strategische Überwachung* geben. Sie zeichnet sich durch ein eher ungerichtetes Suchverhalten aus; nur so kann sichergestellt werden, dass die festgelegten Planungs- und Kontrollkategorien nicht „blind" machen für völlig neue Entwicklungen. Organisatorisch ist eine solche strategische Überwachung schwer festzumachen; abermals ist entscheidend, dass die Mitarbeiter genügend Motivation und auch die Fähigkeiten besitzen, um „schwache Signale" (Ansoff 1975) aus der Umwelt aufzunehmen. Ein Vertrautsein mit den grundlegenden Unternehmens- und Wettbewerbsstrategien ist dabei unabdingbar.

Die *Operative Kontrolle* ist nicht grundsätzlich etwas anderes als die strategische Kontrolle; nur liegt hier die Gewichtung eindeutig auf der Durchführungskontrolle am Ende der Planperiode (*Feed back-Kontrolle*). Wenn Abweichungen auftreten, ist im Rahmen einer Abweichungsanalyse herauszufinden, worauf die Abweichungen zurückzuführen sind und welche Verantwortung die jeweilige Organisationseinheit bzw. deren Leitungspersonal dafür zu tragen hat. Denkbar wäre ja auch, dass bei der Planung Fehler gemacht worden sind oder es Störungen gegeben hat, die der adressierte Stelleninhaber nicht zu verantworten hat. Im Rahmen des Internationalen Managements besteht eine interessante Problematik darin zu bestimmen, inwieweit erwarteten Wechselkursschwankungen durch spezifische Vorkehrungen und Maßnahmen in der Auslandseinheit begegnet werden konnte, welche Verantwortung also auch hier durch die Planungsadressaten zu übernehmen ist (Hoffjan 2009, 63–78). Das Gegenstück zur Feedback-Kontrolle ist die *Feed forward-Kontrolle*; dabei geht es darum, vor Ende der Planungsperiode zu prognostizieren, welche Planabweichungen auftreten werden, um so früh wie möglich gegensteuern zu können.

Insgesamt besteht ein zentrales Problem der Kontrolle natürlich darin, geeignete Zielgrößen zu finden, die die Entwicklung des Unternehmens in relevanter Weise abbilden und die hinreichend genau und nachvollziehbar gemessen werden können. Aus der Ökologie der Ideen ist hier vor allem die *Balanced Scorecard* in den letzten Jahren von vielen Unternehmen aufgegriffen worden (Kaplan, Norton 1997).

4.5 Manager-geführte Unternehmen

In modernen Großunternehmen herrscht in der Regel eine Trennung von Eigentum und Kontrolle. Die Eigentümer verfügen zumeist nicht über das Fachwissen und auch nicht über die Motivation, um ihre Unternehmen selbst zu führen; deshalb beauftragen sie professionelle Manager, diese Aufgabe für sie zu übernehmen. Üblicherweise wird diese Situation im Rahmen der Prinzipal-Agenten-Theorie modelliert (Eisenhardt 1989). Der Eigentümer ist der Auftraggeber (Prinzipal); er beauftragt Manager (Agenten) mit der Leitung des Unternehmens unter der Prämisse, den langfristigen Gewinn des Unternehmens zu maximieren. Die Manager können dann natürlich ihrerseits als Prinzipale fungieren und andere Personen (Agenten) damit beauftragen, bestimmte Aufgaben zu übernehmen. Prinzipale und Agenten verfügen in der Regel über unterschiedliche Risikoneigungen; für den vorliegenden Zusammenhang wichtiger ist aber das Problem der Informationsasymmetrien. Der Agent wird aufgrund der Vertrautheit mit seinem Arbeitsbereich meist bessere Informationen besitzen als der Prinzipal; dieser Vorteil aber kann genutzt werden, um nicht den Interessen des Prinzipals, sondern eigenen Interessen zu dienen. Das klassische Beispiel sind Unternehmensübernahmen (Mergers & Acquisitions): Manager haben (sofern sie auf der Bieter- und nicht auf der Seite des Zielunternehmens sind) meist ein Interesse an solchen Übernahmen, weil sie einen Macht- und Prestigezuwachs versprechen und weil die leitenden Manager großer Unternehmen in der Regel mehr Geld als in kleineren Unternehmen verdienen. Empirisch ist aber längst erwiesen – hier seien nur die Beispiele Daimler/Chrysler und BMW/Rover angeführt –, dass solche Unternehmensübernahmen meist nachteilig für die Eigentümer der Bieterunternehmen sind, sei es, weil einfach zu hohe Preise gezahlt werden oder weil die Intergation beider Unternehmen mit zu vielen Problemen belastet ist.

Wie können Prinzipale sich der Übervorteilung durch Agenten erwehren? Die Antwort lautet: durch *Corporate Governance* (CG)! Im Einzelnen werden dabei drei Aspekte ("Säulen") der CG unterschieden: Bei der *internen CG* geht es um die Verfahren, mit deren Hilfe die Aktionäre die Firmenleitung kontrollieren können, bei der *externen CG* dagegen um den kontrollierenden Einfluss durch die Finanzmärkte (Primärmärkte, Sekundärmärkte, Finanzintermediäre).

Regeln zur Transparenz und Offenlegung stellen schließlich das Bindeglied zwischen interner und externer CG dar; hier geht es primär um Rechnungslegungsgrundsätze und Regelungen für die Abschlussprüfung. Alle drei Aspekte finden sich wieder in dem sogenannten „Corporate Governance Kodex", der von einer von der deutschen Justizministerin eingesetzten Regierungskommission zuerst im Jahre 2002 verabschiedet wurde und seither jährlich fortgeschrieben wird, um aktuelle Entwicklungen aufzunehmen (www.corporategovernance-code.de). Beispielhaft seien hier nur einige aktuelle (2009) Regelungen (nicht im Originalwortlaut) wiedergegeben, die Punkte betreffen, die in den vorstehenden Ausführungen berührt worden sind:

- Bei einem *Übernahmeangebot* müssen Vorstand und Aufsichtsrat der Zielgesellschaft eine begründete Stellungnahme zu dem Angebot abgeben, damit die Aktionäre in Kenntnis der Sachlage über das Angebot entscheiden können.
- Das *Aufsichtsratsplenum* soll auf Vorschlag des Gremiums, das die Vorstandsverträge behandelt, die Vergütung der einzelnen Vorstandsmitglieder und das Vergütungssystem für den Vorstand beschließen und regelmäßig überprüfen.
- Die *Vergütung der Vorstandsmitglieder* wird vom Aufsichtsrat unter Einbeziehung von etwaigen Konzernbezügen in angemessener Höhe auf der Grundlage einer Leistungsbeurteilung festgelegt. Kriterien für die Angemessenheit der Vergütung bilden insbesondere die Aufgaben des jeweiligen Vorstandsmitglieds, seine persönliche Leistung, die Leistung des Vorstands sowie die wirtschaftliche Lage, der Erfolg und die Zukunftsaussichten des Unternehmens unter Berücksichtigung seines Vergleichsumfelds.
- Die *Vergütungsstruktur* ist auf eine nachhaltige Unternehmensentwicklung auszurichten. Die monetären Vergütungsteile sollen fixe und variable Bestandteile umfassen. Der Aufsichtsrat hat dafür zu sorgen, dass variable Vergütungsteile grundsätzlich eine mehrjährige Bemessungsgrundlage haben. Sowohl positiven als auch negativen Entwicklungen soll bei der Ausgestaltung der variablen Vergütungsteile Rechnung getragen werden. Sämtliche Vergütungsteile müssen für sich und insgesamt angemessen sein und dürfen insbesondere nicht zum Eingehen unangemessener Risiken verleiten.

Die Vergütung der Vorstandsmitglieder soll im Anhang des Konzernabschlusses aufgeteilt nach Fixum, erfolgsbezogenen Komponenten und Komponenten mit langfristiger Anreizwirkung ausgewiesen werden. Die Angaben sollen individualisiert erfolgen.

Im Zusammenhang mit den Überlegungen zur Professionalisierungsperspektive ist bemerkenswert, dass es sich bei dem Corporate Governance Kodex um „international und national anerkannte Standards guter und verantwortungsvoller Unternehmensführung" handeln soll. Oben hieß es: „,Management' bezeichnet den Anspruch, Aufgaben, die in Unternehmen bzw. Organisationen auftauchen, in professioneller Weise abzuarbeiten. (…) Eine *professionelle* Abarbeitung von Aufgaben impliziert, sich an den Standards der mit den einzelnen Aufgaben assoziierten Fachdisziplinen zu orientieren." Mit dem Corporate Governance Kodex wird dieser Anspruch noch einmal verstärkt, zumal durch die Gesetzgebung festgelegt wurde, dass mittels von *Entsprechenserklärungen* die Unternehmen explizit angeben müssen, inwieweit sie dem Kodex Folge leisten oder nicht (§ 161 AktG). Aktionäre können auf dieser Grundlage dann qualifizierter entscheiden, ob sie in dem Unternehmen tatsächlich weiterhin investiert bleiben möchten.

Ausblick: Bildungsmanagement in Unternehmen

Wenn es zutrifft – wie oft behauptet wird –, dass die Mitarbeiter wichtigste Ressource im Unternehmen sind, liegt es nahe, diese nicht nur mit Bedacht auszuwählen, sondern auch in ihre Kompetenzentwicklung zu investieren. Genau das tun viele Unternehmen. Es gibt Schätzungen, dass allein in den USA im Jahre 2006 US$ 71 Milliarden für Trainingsmaßnahmen und damit verbundene Produkte und Dienstleistungen ausgegeben wurden, 7 % mehr als im Jahre 2005 (Dolezalak 2006), und vergleichbare Steigerungsraten sind auch in anderen Ländern beobachtet worden (Valeda u. a. 2007). Allerdings sind solche Investitionen aus Unternehmenssicht nur sinnvoll, wenn die Trainingsmaßnahmen sich auch im beruflichen Alltag niederschlagen. Hier wird geschätzt, dass nur ca. 10 % der Maßnahmen einen erkennbaren Nutzen haben (Fitzpatrick 2001). Daraus folgt, dass Weiterbildung im Unternehmen sorgfältig geplant und überwacht werden, dass es so etwas wie ein *Bildungsmanagement* geben sollte. Die folgende Abbildung zeigt beispielhaft, wie man sich einen Managementprozess für die Personalentwicklung (PE) vorstellen kann.

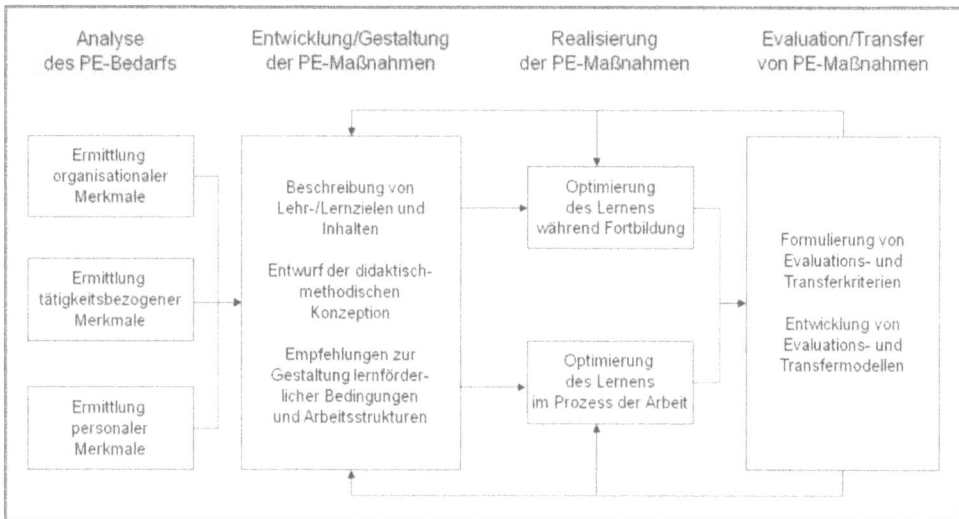

Abb. 4.3: Managementprozess für die Personalentwicklung: ein Bezugsrahmen (Sonntag 1999, 21)

Die Formulierung von Evaluations- und Transferkriterien und die Entwicklung von Evaluations- und Transfermodellen stellen zweifellos die anspruchsvollsten Bausteine dieses Bezugsrahmens dar. Die Formulierung von Kriterien zur Messung des Transfererfolges ist Gegenstand von diversen Beiträgen zum „Bildungs- und Prozesscontrolling im Unternehmen" (Hasebrook 2005). Eine ausreichende Entscheidungsgrundlage, ob Trainingsmaßnahmen überhaupt durchgeführt werden sollten, kann durch diese Beiträge bislang allerdings noch nicht zur Verfügung gestellt werden. Die Entwicklung von Evaluations- und Transfermodellen ist demgegenüber schon weiter fortgeschritten.

Trainingsbezogene Inputs   Motivationale Faktoren   Trainingsergebnisse

Eigenschaften der Trainierten

Faktoren der Trainingsgestaltung

Arbeitsumfeld

Transfermotivation

Lernmotivation

Trainingstransfer

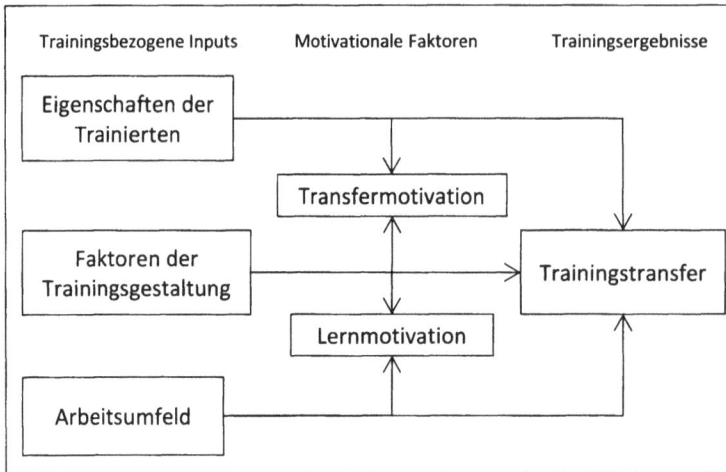

Abb. 4.4: Bezugsrahmen zur Modellierung des Trainingtransfers (Baldwin, Ford 1988, 65)

Die obige Abbildung zeigt ein in der Trainingsliteratur bewährtes Modell, an das viele empirische Untersuchungen angeschlossen werden können (zu Knyphausen-Aufseß u. a. 2009). Deutlich wird, dass das Design und die konkrete Durchführung der Trainingsmaßnahmen nur einen Teilaspekt der Erklärung des Transfererfolges darstellen; dazu kommen diverse Persönlichkeitsmerkmale des trainierten Personals sowie Aspekte des Arbeitsumfeldes einschließlich der Unterstützung durch die Vorgesetzten. Mit anderen Worten: Alle Elemente des Managementprozesses, wie sie in Abschnitt 4 angesprochen worden sind, besitzen auch im vorliegenden Zusammenhang ihre Relevanz.

Zusammenfassend kann festgestellt werden, dass gerade im Bereich des betrieblichen Bildungsmanagements allzu weitgehende Kontrollansprüche zurückgewiesen werden müssen, dass die in der Einleitung (oben) erwähnte „Command-and-Control Mentality" in vielen Situationen unangebracht ist. Vernünftigerweise sollte Management wohl mit der Sichtweise eines „gemäßigten Voluntarismus" verknüpft werden – es gilt, dem „Unternehmen eine Richtung zu geben", aber dabei eben auch zu akzeptieren, dass nicht alles sich dem Willen des Managements fügt (Kirsch u. a. 2009).

Das bedeutet wohl auch, dass die maskuline Tendenz, die dem Management innewohnen mag, überwunden werden muss (Peace 2001). Da ist auch in Deutschland noch viel zu tun. Frauen sind in deutschen Vorständen nach wie vor extrem unterrepräsentiert – so befinden sich lediglich 2,5 % in den 200 größten und 0,9 % in den 100 größten deutschen Unternehmen (ohne Finanzsektor) (Holst, Wiemer 2010). Deshalb wurde bei den vorstehenden Ausführungen auch vorwiegend die männliche Form benutzt („Manager" statt „Managerinnen"). Immerhin hat die Deutsche Telekom AG nun beschlossen, den Anteil der Frauen in den oberen und mittleren Führungspositionen bis zum Jahr 2015 auf 30 % zu erhöhen – gegenwärtig sind es ca. 13 % (FAZ vom 16. März 2010, 11). Es bleibt abzuwarten, welche Implikationen das für die Managementpraxis in Unternehmen hat.

4.6 Vertiefungsaufgaben und -fragen

1. Mintzberg ordnet Managern auch eine Unternehmerrolle zu. Diskutieren Sie diese Zuordnung. Worin bestehen Unterschiede zwischen Managern und Unternehmern? Wer hat die Unternehmerrolle, wenn Eigentum und Kontrolle getrennt sind?

2. Wie lassen sich die Phasen des Managementprozesses (Planung, ..., Kontrolle) auf Bildungsinstitutionen übertragen?

3. Sind Frauen die besseren Manager? Was könnte man unter einem „Soft Management" verstehen?

4. Ist Management kulturabhängig? Worin unterscheiden sich „amerikanisches" und „deutsches" (französisches, skandinavisches, japanisches, chinesisches, ...) Management?

4.7 Literatur

Ansoff, I. (1975): Managing strategic surprise by response to weak signals. California Management Review 18, 21–33.

Bass, B. M. & B. Avolio (1994): Improving Organizational Effectiveness Through Transformational Leadership. Sage Publications, Thousand Oaks.

Bea, F. X., S. Scheurer & S. Hesselmann (2008): Projektmanagement. Lucius & Lucius, Stuttgart.

Biddle, B. [Hrsg.] (1964): Roles, goals, and value structures in organizations. In: Cooper, W., H. Leavitt & M. Shelly II: New Perspectives in Organization Research. Wiley, New York. 150–172.

Bretz, H. (1988): Unternehmertum und Fortschrittsfähige Organisation. Wege zu einer betriebswirtschaftlichen Avantgarde. Barbara Kirsch, München.

Carpenter, M. A., M. A. Geletkanycz & W. G. Sanders (2004): Upper echelons research revisited: Antecedents, elements, and consequences of top management team composition. Journal of Management, (30), 749–778.

Dolezalek, H. (2006): 2006 Industry report. Training 43 (12), 20–32.

Ebers, M. (1986): Organisationskultur: Ein neues Forschungsprogramm? Gabler, Wiesbaden.

Eisenhardt, K. (1989): Agency theory: an assessment and overview. Academy of Management Review, (14), 57–74.

Fiedler, F. E. (1967): The Theory of Leadership Effectiveness. McGraw-Hill, New York.

Finkelstein, S., D. C. Hambrick & A. A. Cannella (2009): Strategic Leadership: Theory and Research on Executives, Top Management Teams, and Boards. Oxford University, Oxford.

Gulick, L. H. (1937): Notes on the theory of organization. In: Gulick, L. H. & L. Urwick [Hrsg.]: Papers on the Science of Administration. Institute of Public Administration, New York. 1–46.

Gutenberg, E. (1958): Grundlagen der Betriebswirtschaftslehre, Band 1: Die Produktion. 21. Aufl., Gabler, Wiesbaden.

Hambrick, D. C. & A. A. Cannella (2004): CEOs who have COOs: Contingency analysis of an unexplored structural form. Strategic Management Journal, (25), 959–979.

Hasebrook, J. (2005):Bildungs- und Prozesscontrolling im Unternehmen. In: Ehlers, U.-D. [Hrsg.]: Bildungscontrolling im E-Learning: erfolgreiche Strategien und Erfahrungen jenseits des ROI. Springer, Berlin. 17–33.

Hayes, R. (1985): Strategic planning – forward in reverse? Harvard Business Review 63 (6), 111–119.

Hoffjan, A. (2009): Internationales Controlling. Schäffer-Poeschel, Stuttgart.

Holst, E. & A. Wiemer (2010): Frauen in Spitzengremien großer Unternehmen weiterhin massiv unterrepräsentiert. Wochenbericht des DIW Berlin (4/2010), 2–10.

Horváth, P. (2003): Controlling. 9. Aufl., Vahlen, München.

Jaspers, K. & K. Assmann (1961): Die Idee der Universität. Springer, Heidelberg.

Kaplan, R. S. & D. P. Norton (1997): Balanced Scorecard: Strategien erfolgreich umsetzen. Schäffer-Poeschel, Stuttgart.

Katz, R. L. (1974): Skills of an effective administrator. Harvard Business Review 52 (5), 90–102.

Kirsch, W. (1981): Politik in der Unternehmung: Autoritative Beeinflussung der Allokation von Anreizen und Belastungen. In: Kirsch, W.: Unternehmenspolitik: Von der Zielforschung zum strategischen Management. Planungs- und Organisationswissenschaftliche Schriften, München. 397–440.

Kirsch, W. & H. Maaßen (1989): Managementsysteme. Planung und Kontrolle. Barbara Kirsch, München.

Kirsch, W., D. Seidl & D. van Aaken (2009): Unternehmensführung. Eine evolutionäre Perspektive. Schäffer-Poeschel, Stuttgart.

Kirsch, W. & D. zu Knyphausen-Aufseß (1992): Führung und Management. Begriffsstrategische Überlegungen am Beispiel des Personalmanagements. Zeitschrift für Personalforschung, (6), 217–237.

Koontz, H. & C. O'Donnell (1955): Principles of Management. An Analysis of Management Functions. McGraw-Hill, New York.

Kosiol, E. (1976): Grundlagen der Organisation. 2. Aufl., Gabler, Wiesbaden.

Kupsch, P. & R. Marr (1983): Personalwirtschaft. In: Heinen, E. [Hrsg.]: Industriebetriebslehre. Entscheidungen im Industriebetrieb. 7., vollst. Überarb. und erw. Aufl., Gabler, Wiesbaden. 623–767.

Mead, G. (1973): Geist, Identität und Gesellschaft. Suhrkamp, Frankfurt a. Main.

Mintzberg, H. (1973): The Nature of Managerial Work. Harper & Row, New York.

Osterloh, M. & B. S. Frey (2000): Motivation, knowledge transfer, and organizational forms. Organization Science 11, 538–550.

Osterloh, M. & J. Frost (2003): Prozeßmanagement als Kernkompetenz. Wie Sie Business Reengineering strategisch nutzen können. 4. Aufl., Gabler, Wiesbaden.

Peace, W. (2001): The hard work of being a soft manager. Harvard Business Review 79 (11), 99–105.

Picot, A. (1991): Ein neuer Ansatz zur Gestaltung der Leistungstiefe. Zeitschrift für betriebswirtschaftliche Forschung, (43), 336–357.

Picot, A., E. Franck & H. Dietl (2008): Organisation. Eine ökonomische Perspektive. 5., akt. und überarb. Aufl., Schäffer-Poeschel, Stuttgart.

Rathgeber, K., & K. Jonas (2003). Transformationale Führung: Mehr Leistung, weniger Stress? In: Creutzfeldt, P. [Hrsg.] (2003): Die gesunde Organisation. Grundlagen, Konzepte. VDM Dr. Müller, Düsseldorf. 55–75.

Schreyögg, G. & H. Koch (2007): Grundlagen des Managements. Basiswissen für Studium und Praxis. Gabler, Wiesbaden.

Schreyögg, G. & A. von Werder (2004): Organisation. In: Schreyögg, G. & A. v. Werder [Hrsg.] (2004): Handwörterbuch Unternehmensführung und Organisation. 4., völlig neu bearb. Aufl., Schäffer-Poeschel, Stuttgart. 966–977.

Seitz, P. (1993): Strategische Managementsysteme im internationalen Unternehmen. Barbara Kirsch, München.

Staehle, W. (1999): Management. Eine verhaltenswissenschaftliche Perspektive. Vahlen, München.

Steinmann, H. & G. Schreyögg (2000): Management. Grundlagen der Unternehmensführung. Konzepte – Funktionen – Fallstudien. 5. Aufl., Gabler, Wiesbaden.

Taylor, F. (1911): Principles of Scientific Management. Haper, New York.

Velada, R., A. Caetano, J. W. Michel, B. D. Lyons & M. J. Kavanagh (2007): The effects of training design, individual characteristics and work environment on transfer of training. International Journal of Training & Development, (11), 282–294.

Weber, J. (1993): Einführung in das Controlling. 4. Aufl., Schäffer-Poeschel, Stuttgart.

Zimmermann, T. (2008): Moderne Vorstandsstrukturen. Präsentationsunterlage, Roland Berger Strategy Consultants.

Zu Knyphausen-Aufseß, D., M. Smukalla & M. Abt (2009): Towards a new training transfer portfolio: A review of training-related studies in the last decade. Zeitschrift für Personalforschung, (23), 288–311.

Managementfunktionen
im Bildungssektor

5 Bildungsfinanzierung

Susanne Vaudt

5.1 Einleitung

Unter Finanzierung wird landläufig die Bereitstellung finanzieller Mittel für investive Zwecke verstanden. Daher sind (Bildungs-)Investitions- und Finanzierungsentscheidungen zwei Seiten ein und derselben Medaille (Wöhe 2005, 584). Jemand, der in Bildung investiert, muss sich zugleich auch Gedanken über die Bereitstellung der notwendigen Geld- und Sachmittel machen.

Die Höhe der Mittel spiegeln die Ausgaben für Bildungsleistungen wider. Da Bildungsausgaben zu den „grundlegenden Parametern der Entwicklung des Bildungswesens" zählen, liegt in der bildungspolitischen Diskussion ein zentrales Augenmerk auf der Mittelausstattung und Finanzierungsstruktur des Bildungswesens (Konsortium Bildungsberichterstattung 2006, 21).

Nach einem Blick auf die Bildungsausgaben werden in Abschnitt 3 die Anbieter der unterschiedlichen Bildungsleistungen vorgestellt. Abschnitt 4 beschreibt, dass die Mehrheit der Bildungsanbieter sich *nicht* ausschließlich über direkte Zahlungen ihrer Schüler, Studierenden bzw. Kursteilnehmer finanziert. Eine ausschließliche Finanzierung über Leistungsentgelte ist – abgesehen von kommerziellen Trägern im Bereich der beruflichen Weiterbildung – sogar eher die Ausnahme als die Regel.

Dieser Finanzierungsmix, bestehend aus unterschiedlichen Formen von Zuschüssen der öffentlichen Hand, akquirierten zusätzlichen Eigenmittel in Form von Spenden, Sponsoring etc. wird am Beispiel Kindergarten-Finanzierung näher verdeutlicht.

5.2   Übersicht über die Bildungsausgaben

Datengestützte Informationen zu den Rahmenbedingungen, Verlaufsmerkmalen, Ergebnissen und Erträgen, aber auch zu den *Ausgaben* von Bildungsprozessen finden sich in unterschiedlichen Dokumentationen und Analyseberichten.

Wo finden Sie Informationen zur Höhe von Bildungsausgaben?

Am umfassendsten über den Zustand des deutschen Bildungswesens informiert dabei der von Bund und Ländern in Auftrag gegebene nationale Bildungsbericht „Bildung in Deutschland". Beschrieben werden hier Daten zu allen Bildungsbereichen des Lebenslaufs, d. h. von der frühkindlichen Bildung bis hin zur Weiterbildung im Erwachsenenalter. Der erstmalig in 2006 erschienene und im 2-Jahres-Abstand veröffentlichte Bildungsbericht ist ein wichtiger Baustein des sogenannten Bildungsmonitoring.

Das im Bildungsbericht verwendete Zahlenmaterial stammt u. a. aus den Quellen der amtlichen Statistik. Das Statistische Bundesamt hat im Auftrag des Bundesministeriums für Bildung und Forschung sowie der Kultusministerkonferenz im Dezember 2008 erstmalig einen Bundesbildungsfinanzbericht herausgegeben. Dieser Bericht vergleicht detailliert die Höhe der öffentlichen Ausgaben in den unterschiedlichen Bildungsbereichen nach Bundesländern. Der im April 2009 publizierte Datenreport zum Berufsbildungsbericht (zu finden unter www.bibb.de/datenreport) stellt dagegen schwerpunktmäßig Zahlen und Informationen für den Bereich der beruflichen (Aus- und Weiter-)Bildung bereit.

Wie viel wird für Bildung ausgegeben?

Das statistische Bundesamt ermittelte für 2006 (2005) ein Bildungsbudget in Höhe von 142,9 (141,6) Mrd. € (Schmidt u. a. 2008, 8). Das Konzept des Bildungsbudgets grenzt dabei bestimmte Bildungsausgaben so ab, dass sie international vergleichbar werden. Die folgende Abbildung spiegelt den überwiegenden Anteil öffentlich finanzierter Ausgaben durch Bund, Länder und Gemeinden: 2005 wurden mehr als 75 % der gesamten Bildungsausgaben von der öffentlichen Hand und weniger als 20 % von Unternehmen und privaten Haushalten finanziert[20]. Allerdings zeichnen sich inzwischen Veränderungen ab: Der Verzicht auf Gebühren für den Kindergarten-Besuch vor Schuleintritt, die Einführung von Studiengebühren im Hochschulbereich, die Kürzung der Zuschüsse von Volkshochschulen, die Verringerung des Etats für Arbeitslose sowie die öffentliche Förderung von Ausbildungsplätzen in den Unternehmen kennzeichnen einen Wandel (Konsortium Bildungsberichterstattung 2006, 22).

---

[20] Da von den betrieblichen Bildungsausgaben ein erheblicher Teil in der Gewinn- und Verlustrechnung des Jahresabschlusses steuermindernd eingesetzt werden kann, fällt bei Berücksichtigung der steuerlichen Effekte der tatsächliche Finanzierungsanteil von Unternehmen und privaten Haushalten geringer aus (Konsortium Bildungsberichterstattung 2006, 22).

Ausland 0,3 %

Bund
8,4 %

Privater Bereich
23,5 %

141,6
Mrd. €

Gemeinde
16,7 %

Länder
51,1 %

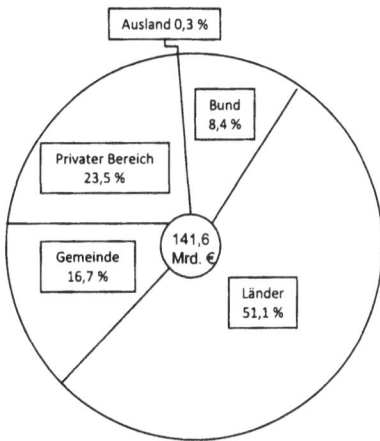

Abb. 5.1: Bildungsausgaben nach finanzierenden Sektoren im Jahr 2005 in % (Bildungsfinanzbericht 2008, 21)

Im Bildungsbudget enthalten ist auch ein Anteil sogenannter „bildungsrelevanter Ausgaben
In dieser Position steckt neben den Ausgaben für Kita-Betreuung, Volkshochschulen, Ein
richtungen der Lehrerfortbildung, Jugendarbeit, Förderung von Teilnehmenden an Weiter
bildungsmaßnahmen auch die *betriebliche* Weiterbildung (Statistisches Bundesamt 2008)
Speziell der Anteil der betrieblichen Weiterbildung am Gesamtbudget sank dabei von 199
bis 2005 von 8,9 Mill. € (6,9 %) auf 7,9 Mill. € (5,6 %) wie die folgende Abbildung verdeut
licht.

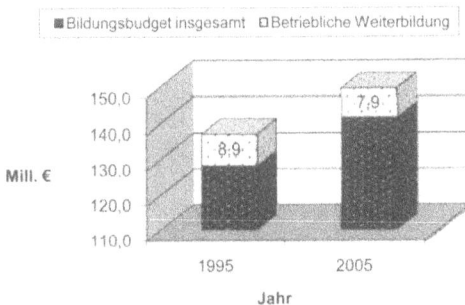

■ Bildungsbudget insgesamt   □ Betriebliche Weiterbildung

Mill. €

150,0
140,0
130.0
120,0
110,0

7,9

8,9

1995   2005

Jahr

Abb. 5.2: Anteil der betrieblichen Weiterbildung 1995–2005 am Bildungsbudget in Mill. € (Autorengruppe Bil-
dungsbericht 2006, 31 und eigene Berechnungen)

Auch wenn sich im Zeitraum von 1995 bis 2005 das Ausgabevolumen für Kitas, Schulen un
Hochschulen gesteigert hat, sanken die Ausgaben für Weiterbildung. Vom Schrumpfen be
troffen ist nicht nur die betriebliche Weiterbildung (vgl. Abb. oben), sondern auch der vor
der öffentlichen Hand und von der Bundesagentur finanzierte Weiterbildungsbereich: Al

Folge der Arbeitsmarktreformen („Hartz-Reformen") sanken die Ausgaben der Bundesagentur für Arbeit zwischen 1999 und 2005 um 70 % und die der öffentlichen Hand (inklusive
Volkshochschulen) im gleichen Zeitraum um 20 % (Autorengruppe Bildungsbericht 2008,
30ff.). Die folgende Abbildung zeigt diese Ausgabenentwicklung:

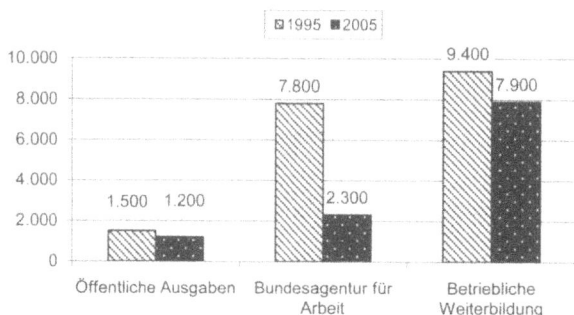

Abb. 5.3: *Weiterbildungsausgaben 1999 und 2005 im Vergleich in Mill. € (Bildungsbericht 2008, 32)*

Bei der Bundesagentur für Arbeit hat sich nach den starken Rückgängen der Vergangenheit
zwischenzeitlich die Zahl der Eintritte in Maßnahmen zur Förderung der beruflichen Weiterbildung nach SGB II (Grundsicherung für Arbeitssuchende) und SGB III (Arbeitsförderung)
wieder positiv entwickelt. Die Teilnehmerzahlen liegen allerdings aufgrund von Veränderungen in der Förderpolitik noch weit unter den Zahlen der 1990er Jahre.

5.3   Strukturen der Bildungsanbieter

Bildungsangebote lassen sich typischerweise den folgenden vier Bereichen zuordnen:

Bildungsbereich	Institution (Bildungsanbieter)
1. Elementarbereich	Kinderkrippen und Kitas
2. Primär- und Sekundarbereich	allgemein- und berufsbildende Schulen einschl. Sekundarbereich II sowie ausbildende Unternehmen
3. Tertiärbereich	(Fach-) Hochschulen, Berufsakademien, Abendschulen, Kollegs
4. (Erwachsenen-) Weiterbildung	Anbieter betrieblicher, allgemeiner und politischer Bildung

Abb. 5.4: *Kategorisierung der Bildungsbereiche mit ihren Bildungsanbietern*

Die oben genannten Bildungsanbieter des Primar- und Sekundarbereichs sind geprägt durch ein sehr großes öffentlich finanziertes und deshalb (für Nachfrager sehr häufig) gebührenfreies Bildungsangebot. Die anderen Bereiche, darunter der Weiterbildungsbereich, finanzieren sich dagegen stärker mit privaten Mitteln. Hier finanzieren Einzelpersonen und Unternehmen über Gebühren oder Beiträge einen Teil bzw. sogar alle mit der Bildungsleistung verbundenen Kosten.

Die Angebotsvielfalt in der Erwachsenen-Weiterbildung

Auch wenn die Struktur der Träger sowie Anzahl und Angebotsinhalte von Bildungseinrichtungen des Elementar- bis Tertiärbereichs in der Öffentlichkeit relativ bekannt sind, fehlte für den Weiterbildungsbereich bisher eine Gesamtstatistik. Hier existiert in Deutschland eine institutionelle Vielfalt von Anbietern sehr unterschiedlicher Größenordnung und Struktur. Es engagieren sich neben den öffentlichen Trägern (Bund, Länder und Kommunen) auch gesellschaftliche Großgruppen (Freie Wohlfahrtspflege, Kirchen, Gewerkschaften, Parteien, Berufsverbände, Arbeitgeberverbände) und in den letzten Jahren verstärkt private Anbieter (Gnahs 2001, 312, Dietrich, Schade, Behrensdorf 2008, 3). Zu vermuten ist, dass einer unbekannten Anzahl an Weiterbildungseinrichtungen im fünfstelligen Bereich eine ebenfalls unbekannte Anzahl von Kursen im sechsstelligen Bereich gegenüber steht (Baumann 2008, 998). Aufgabe des Kooperationsprojektes wbmonitor[21] war es, Licht in das Dunkel der ‚zerklüftet‘ wirkenden Weiterbildungsstatistik zu bringen. Die Studie kommt zum Schluss, dass in Deutschland mehr als 17.000 Weiterbildungseinrichtungen ihre Leistungen am Markt anbieten (BIBB 2009, 264).

Der Bereich umfasst dabei alle organisierten Bildungsangebote, die sich an ausgebildete und beruflich erfahrene Erwachsene richten. Insgesamt ist die Weiterbildungslandschaft von einer unübersichtlichen und uneinheitlichen Träger- und Einrichtungsstruktur gekennzeichnet. „Größte Einzelanbieter sind dabei die rund 1.000 Volkshochschulen in Deutschland" (Baumann 2008, 998).

Die Weiterbildungsanbieter lassen sich in solche mit beruflichen und solche mit allgemeinen Angeboten splitten. Dabei zählen Fortbildungen, die beruflich verwertbar sind, wie z. B. Meister-, Techniker- und Fachwirt-Ausbildungen, Umschulungen, die berufliche Rehabilitation sowie wissenschaftliche Weiterbildung zur beruflichen Kategorie. Die allgemeine Weiterbildung schließt dagegen auch die politische und kulturelle Erwachsenenbildung mit ein (Dietrich, Schade, Behrensdorf 2008, 20). Die gemeinsame Untersuchung des BIBB und DIE[22] ergibt in 2008, dass 56% der Weiterbildungs-Anbieter im Bereich berufliche Weiter-

---

[21] Das Kooperationsprojekt hat die Projektpartner BIBB (Bundesinstitut für Berufsbildung, Bonn) und DIE (Deutsches Institut für Erwachsenenbildung, Bonn) in Zusammenarbeit mit dem IES (Institut für Entwicklungsplanung und Strukturforschung an der Universität Hannover).

[22] Ausgeschlossen sind hier Anbieter, die ausschließlich in einem/mehreren der folgenden Felder tätig sind wie Sport- und Hobbykurse, Berufsvorbereitung/-ausbildung, Angebote für Kinder und Jugendliche (Hausaufgabenhilfe) und Tätigkeit als Trainer/Dozent/Honorarkraft für Weiterbildungseinrichtungen ohne eigenständiges Marktangebot (Dietrich, Schade, Behrensdorf 2008, 20).

bildung tätig sind, 6 % ausschließlich in der allgemeinen Weiterbildung (darunter ein großer Anteil mit dem Schwerpunkt Gesundheit/Wellness, Sprachen/interkulturelle Kompetenz und IT-Grundwissen) und 36 % in beiden Feldern (Feller, Ambos 2007). Der Weiterbildungsbereich weist insgesamt eine unübersichtliche, uneinheitliche Finanzierungsstruktur und ein intransparentes Mischfinanzierungssystem auf. Allerdings stechen hier die Volkshochschulen (VHS) heraus: Sie sind statistisch am eindeutigsten, systematischsten und kontinuierlichsten erfasst (Baumann 2008).

In 2007 beliefen sich die der VHS zur Verfügung stehenden Geldmittel auf ca. 953 Mill. €. Das sind 2,2 % bzw. 20,7 Mill. € mehr als im Vorjahr (2006: 932 Mill. €). Zu den Finanzierungsmitteln zählen öffentliche Zuschüsse (ca. 40 %) und leistungsbezogene Einnahmen (ca. 60 %). Zwei Drittel der öffentlichen Zuschüsse werden von den Kommunen und ein Drittel von den Bundesländern aufgebracht. Auf der Einnahmenseite der VHS stammen die Mittel überwiegend aus Teilnahmegebühren. Weitere Erlöse erhält die VHS für ihr Angebot an Qualifizierungs-, Beschäftigungs- und Eingliederungsmaßnahmen, die von der Bundesagentur für Arbeit finanziert werden (SGB II und III-Maßnahmen) und Kurse für Bildungsprojekte des Bundes und der EU.

Kreislauf der Bildungsfinanzierung

Die folgende Abbildung zeigt den Kreislauf aus Bildungsinvestition und -finanzierung: Private Haushalte, hier als privater Sektor bezeichnet, investieren in die eigene Bildung. Die öffentliche Hand (der Staat) tätigt gleiche Investitionen auf gesellschaftlicher Ebene. Die Bildungsinvestitionen fließen dabei direkt in Lernende in ihrer Rolle als *Bildungsnachfrager* (Subjektförderung). Bildungsinvestitionen unterstützen aber auch die *Bildungsanbieter* institutionell (Objektförderung). Auf der Angebotsseite differenziert die Abbildung zwischen drei Typen von Bildungsanbietern. Zum ersten Typ zählen die rein öffentlichen Bildungsanbieter, wie z. B. Kitas in ausschließlich kommunaler Trägerschaft und staatlichen (Hoch-)Schulen. Der zweite Typ besteht aus privaten Bildungsinstitutionen, unabhängig davon, ob es sich um gemeinnützige Anbieter der Freien Wohlfahrtspflege oder kommerzielle private Träger handelt. Zum dritten Typ zählen die ausbildenden Unternehmen im Kontext der dualen beruflichen Ausbildung.

Bildungsnachfrager und -anbieter investieren wiederum in bildungsrelevante Güter und Dienstleistungen. Sie investieren sowohl in Lehr- und Lernmittel als auch in das Lehr- und Erziehungspersonal. Lehr- und Lernmittel werden dann wiederum von Unternehmen produziert, während Menschen in Lehr- und Erziehungsberufen als Teil der privaten Haushalte ihre Arbeitsleistung auf dem Arbeitsmarkt anbieten. Am Markt für Bildungsleistungen nehmen beide, d. h. Unternehmen und private Haushalte, die Rolle von potentiellen oder tatsächlichen Bildungsnachfragern ein. Und so schließt sich der Kreislauf:

Finanzmittel für Bildung

Privat | Staatlich

Subjektförderung

Institutionenförderung

Der Lernende

Öffentliche Bildungsinstitutionen

Private Bildungsinstitutionen

Ausbildende Unternehmen

= Bildungsanbieter

Profitieren von Bildung

Investieren in

Haushalte

Unternehmen

Bildungs-relevante Güter

Bildungs-relevante Dienste

= Lehrpersonal

= Lehr- und Lernmittel

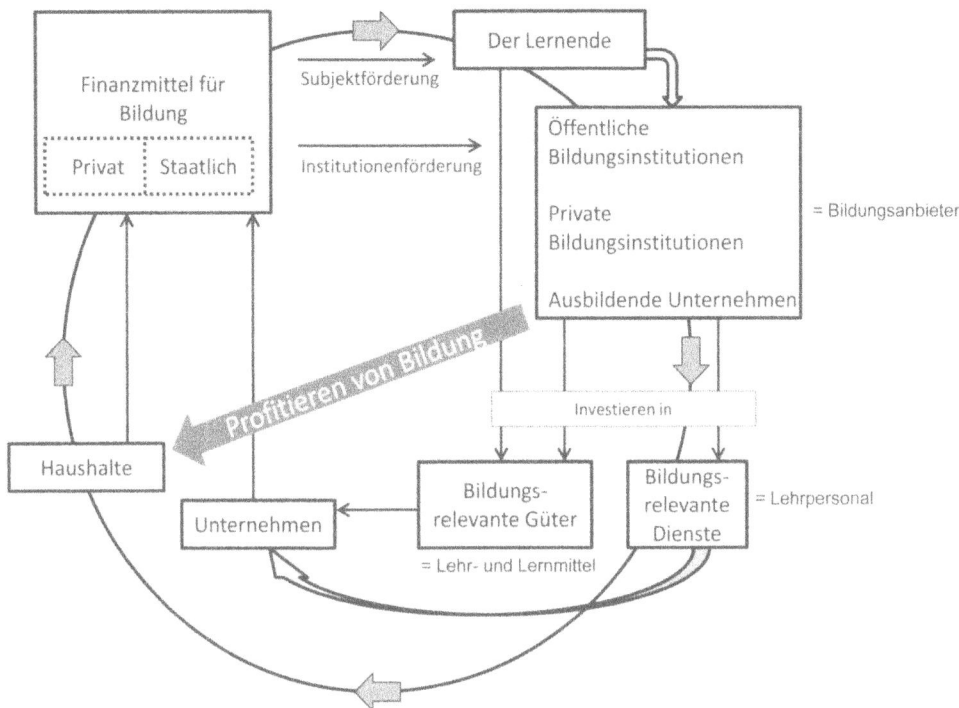

Abb. 5.5: Kreislauf der Bildungsfinanzierung (ABFD 2009 und eigene Ergänzungen)

Die Abbildung vermittelt einen Einblick in die Makrostruktur der Bildungsfinanzierung. Offen bleiben jedoch die Finanzierungsfragen der Mikrostruktur, d. h.:

• Wie finanzieren sich die einzelnen Bildungsbereiche, z. B. die betriebliche Weiterbildung?
• Wie finanzieren sich einzelne Bildungsanbieter[23] eines Bildungsbereichs, z. B. eine Kita in kirchlicher Trägerschaft?

Wichtig dabei: Die in der Abbildung als „privat" bezeichneten Bildungsinstitutionen sind nicht zwingend kommerziell bzw. „auf Profit" ausgerichtet: Als „privat" gilt jede Organisation, die sich nicht zu 100% in öffentlicher Trägerschaft befindet. Private Organisationen umfassen auch gemeinnützige Unternehmen der Wohlfahrtpflege wie die Diakonie, Caritas, AWO etc. Auch wenn in der Praxis zahlreiche Finanzierungsquellen an die Vorgabe eines gemeinnützigen Trägers gekoppelt sind, sind nicht alle Bildungsinstitutionen Nonprofit-Organisationen: Vom Elementarbereich bis zur Erwachsenen-Weiterbildung finden sich in der Praxis auch Beispiele für profitorientierte bzw. kommerzielle Anbieter.

---

[23] Die Begriffe Bildungsanbieter, Bildungsinstitution, Bildungsträger, Bildungsorganisation werden in diesem Aufsatz synonym benutzt.

Vilain stellt dabei Strukturmerkmale der Finanzierung von gemeinnützigen und kommerziellen Unternehmen gegenüber. Typisch für gemeinnützige Nonprofit-Organisationen ist dabei ein „Finanzierungsmix", der auch als „Finanzierungsportfolio" bezeichnet wird. Dabei erzeugen die verschiedenen Finanzierungsquellen und deren Eigenarten *„eine komplexe Struktur, die auch als mehrdimensionale Mischfinanzierung bezeichnet werden kann"* (Vilain 2006, 32):

erwerbswirtschaftlich bzw. kommerziell ausgerichtete Unternehmen	gemeinnützige Unternehmen
<ul><li>Leistungsentgelte</li><li>Kapitaleinlagen</li><li>teilweise: Subventionen</li></ul>	<ul><li>öffentliche Zuwendungen</li><li>Leistungsentgelte</li><li>Geld-Spenden[24], Sponsoring-Einnahmen</li><li>Mitgliedsbeiträge</li><li>Gebühren</li><li>Steuervergünstigungen</li><li>Kirchensteuern</li></ul>**= Finanzierungsmix**

Abb. 5.6: Finanzmittel[25] bei kommerziell ausgerichteten und gemeinnützigen Unternehmen (Vilain 2006, 29)

Je nach Art des Finanzmittels bewegen sich gemeinnützige Unternehmen in unterschiedlichen Tausch- oder Verhandlungsbeziehungen bzw. Settings mit jeweils anderen Rahmenbedingungen:

- Mit der öffentlichen Verwaltung verhandeln sie auf Grundlage rechtlicher Vorgaben.
- Im marktlichen Umfeld treten sie auf der Grundlage von Angebot und Nachfrage als Anbieter von Dienstleistungen (Gütermarkt) und/oder Nachfrager von Finanzdienstleistungen am Kapitalmarkt auf.
- In einem altruistischen und von Vilain (2006, 33) als philanthropisch bezeichneten Setting geht es um Fundraising als Einwerbung von Spendenmitteln. Typisch für die Tauschbeziehung beim Spenden ist, dass das gemeinnützige Unternehmen dem Spendengeber keine marktfähige Gegenleistung bietet. Stattdessen geht es um Hilfe durch private Personen und Unternehmen bei der Erfüllung der eigenen Mission.

Die einzelnen Quellen im Finanzierungsmix eines Unternehmens werden in der Literatur überwiegend isoliert voneinander betrachtet. Empirische Studien belegen dagegen wechselseitige Verknüpfungen: Steigende Gewinne können zu sinkendem Spendenaufkommen führen nach dem Motto „Ihr verdient doch genug". Genauso ist ein wechselseitiges *Crowding Out* bzw. ein Verdrängungseffekt zwischen staatlichen Zuwendungen und Spenden zu beobachten. Öffentliche Mittel werden bei der Akquise zusätzlicher Eigenmittel gekürzt. An-

---

[24] Aber auch Zeit-Spenden in Form dauerhafter ehrenamtlicher Mitarbeiter haben eine fundamentale Finanzierungsbedeutung für eine gemeinnützige Organisation. Diese nicht-monetären Ressourcen werden auch als Finanzmittelsurrogate bezeichnet (Vilain 2006, 34f.).

[25] Synonym: Finanzierungsmittel, Finanzierungsquellen.

ders herum produzieren finanziell in Not geratene gemeinnützige Organisationen mit dem Argument der Dringlichkeit regelmäßig höhere Zuwendungen, Mitgliedsbeiträge und Spendenergebnisse und kompensieren somit einen Teil der entfallenen Ressourcen (a. a. O. 37).

Quellen der Mischfinanzierung

Im Folgenden werden die wichtigsten Finanzquellen von Bildungsleistungen näher erläutert.

Finanzierung über öffentliche Zuwendungen

Nach den §§ 23 und 44 Bundeshaushaltsordnung (BHO)/Landeshaushaltsordnung (LHO) können Bund oder Länder zur Erfüllung von bestimmten Zwecken im öffentlichen Interesse eine Zuwendung gewähren. Eine Zuwendung ist ein sogenannter Vermögensvorteil, der Unternehmen eingeräumt wird, um damit einen bestimmten Zweck zu erfüllen. Die Bereiche Bildung und Forschung sind neben Kultur und Umwelt Förderschwerpunkte von Bund und Ländern. Die Förderlandschaft gestaltet sich allerdings mehr als unübersichtlich.

Jedes Bundesland hat seine eigene Struktur, eigene Modellprojekte und Forschungsprogramme: „Bei 16 Bundesländern lassen sich daher die damit verbundenen Förderstrukturen kaum noch abbilden" (a. a. O. 2006, 173). Neben Bund, Ländern und anderen öffentlichrechtlichen Körperschaften wie z. B. der Bundesagentur für Arbeit stellt auch die Europäische Union (EU) in großem Umfang Geldmittel zur Verfügung. Der Europäische Sozialfonds (ESF) zielt mit einer Vielzahl von Initiativen auf die Verbesserung der allgemeinen beruflichen Bildung, die Beschäftigungsförderung und Unterstützung bei Anpassung auf Prozesse strukturellen Wandels.

Zuwendungen sind von Leistungsentgelten scharf abzugrenzen: Ein Eigeninteresse der öffentlichen Hand an der geförderten Leistung ist erforderlich. Auch darf die Zuwendung *keine* Gegenleistungen für eine erbrachte Leistung des Zuschussempfängers sein. Zu den Zuwendungen zählen in der Regel zweckgebundene *Zuschüsse*, aber auch zweckgebundene *Darlehen* oder sogenannte *Schuldendiensthilfen*[26].

Zuwendungen sind im jeweiligen öffentlichen Haushaltsplan ausgewiesen (Köchling 2004, 236). Häufig sind öffentliche Zuwendungen z. B. als Zuschüsse an Einrichtungen an eine kommunale oder gemeinnützige Trägerschaft gebunden. Ob auch kommerzielle Unternehmen als Träger die Zuwendungsvoraussetzungen erfüllen und einen entsprechenden Antrag stellen können, hängt stets von den Vorgaben des Zuwendungsgebers ab. Die Erteilung des Bescheides stellt einen förmlichen Verwaltungsakt dar. Die Organisation erhält entsprechend einen Zuwendungsbescheid (Vilain 2006, 174).

---

[26] Eine Schuldendiensthilfe ist z. B. ein Teilerlass bei der Kreditrückzahlung oder besonders günstige Zinsen für die Kreditaufnahme (Vilain 2006, 174).

Zuwendungsfinanzierung

institutionell

projektbezogen

voll finanziert

teil finanziert

voll finanziert

teil finanziert

Anteil-finanzierung

Fehlbedarfs-finanzierung

Festbetrags-finanzierung

Anteil-finanzierung

Fehlbedarfs-finanzierung

Festbetrags-finanzierung

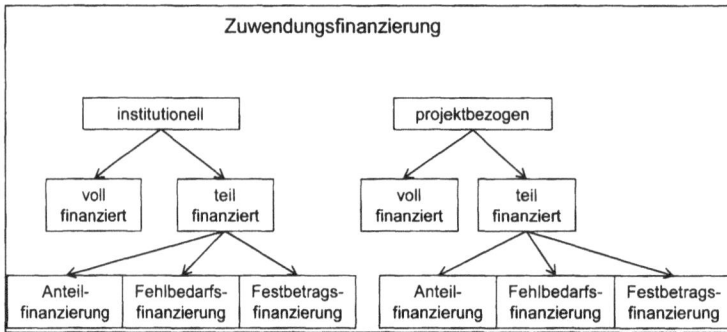

Abb. 5.7: *Übersicht über die unterschiedlichen Zuwendungsarten (Halfar 200, 374)*

Zu unterscheiden sind institutionelle von projektbezogenen Zuwendungen: Bei der institutionellen Förderung erhält der Träger, der die institutionelle Aufgabe übernimmt, eine pauschale Fördersumme. Bei der Projektförderung dagegen wird ein einzelnes fachlich, zeitlich oder kostenmäßig abgegrenztes Projekt des Trägers gefördert (Halfar 2003, 375, Köchling 2004, 236ff.). Beide Varianten sind sowohl voll- als auch teilfinanziert denkbar.

Die *Vollfinanzierung* durch Zuwendungen stellt eine Ausnahme dar. Gerechtfertigt ist sie dort, wo staatliches Interesse nicht oder nur sehr begrenzt auf ein (wirtschaftliches) Träger-Interesse stößt, die institutionellen Aufgaben oder das Projekt zu übernehmen (Halfar 2003, 376). Dort, wo Zuwendungen dagegen nur einen *Teil* der entstandenen Ausgaben abdecken, muss die Organisation bzw. der Träger auf andere Finanzmittel des Finanzierungsmix zurück greifen. Sie muss in dem Fall Geld-Spenden, Mitgliedsbeiträge, Kirchensteuern oder Zeitspenden seiner ehrenamtlichen Mitarbeiterinnen und Mitarbeiter sowie anderer akquirieren.

Dort, wo Zuwendungen nur anteilig die projekt- oder institutionell bezogenen Ausgaben decken, werden drei Finanzierungsarten unterschieden: Im Rahmen der (1) *Anteilfinanzierung* wird häufig ein konkreter Prozentsatz der zuwendungsfähigen Gesamtausgaben erstattet. So erhält eine Bildungseinrichtung von Seiten der öffentlichen Verwaltung die Zusage, dass 90 % der Ausgaben bis zu einer definierten Höchstgrenze übernommen werden. Neben der prozentualen Anteilfinanzierung gibt es noch eine andere Variante, die sich auf bestimmte Kostenarten bezieht (Vilain 2006, 181, Halfar 2003, 376).

Dagegen erhalten die Empfänger bei der nach Halfar einfachsten Zuwendungsvariante, der (2) *Festbetragsfinanzierung,* eine im Umfang starre, d. h. nach oben und unten begrenzte, Förderung. Eine Ausgabenverringerung muss nicht zwingend zu einer Minderung des Förderbetrages führen. Die nach Vilain (2006, 181) häufigste Variante der Zuwendungsfinanzierung ist die Fehlbedarfsfinanzierung. Die Zuwendung schließt die Lücke zwischen Eigenmitteln und tatsächlich entstandenen Kosten.

Je größer die Lücke, desto höher die öffentlichen Zuwendungen. Zuvor festgelegte Höchstgrenzen dürfen dabei nicht überschritten werden. Eine umfassende Finanzplanung ist unverzichtbar (a. a. O. 2006, 183). Diese ist umso mehr erforderlich, da langwierige Antrags- und Bearbeitungsverfahren in der Praxis dazu führen, dass die Zuwendungsempfänger mit größeren Geldbeträgen in Vorleistung gehen müssen. Verspätungen bei der Auszahlung belasten zudem die Liquidität der Organisation. Insgesamt sind sowohl die Antragstellung als auch Nachweispflicht der Mittelverwendung und Dokumentation des Projektergebnisses ein arbeitsintensiver und aufwändiger Prozess: „Unübersichtliche und extrem aufwändige Antragsverfahren führen zu einer erheblichen Arbeitsbelastung und einem Anstieg der Personal -und Verwaltungskosten" (Vilain 2006, 324).

Finanzierung durch Leistungsentgelte und Beiträge

Leistungsentgelte. Eine nahezu ausschließliche Finanzierung über das „alte" Zuwendungsmodell wird als verwaltungsintensiv und unflexibel eingestuft. Zuwendungen sind per definitionem nicht leistungsorientiert und lassen daher keine Informationen über eine effiziente Mittelverwendung und Wirksamkeit zu (Halfar 2003, 388, Halfar 2005, 1). Verwaltungsmodernisierung, Neue Steuerungsmodelle und die Forderung nach einem „schlanken" Staat haben in der Vergangenheit bereits zu einem Abbau der Zuwendung als klassischer Finanzierungsart geführt.

Alternativ zur Finanzierung über *nicht leistungsorientierte* Zuwendungen haben sich Leistungsentgelte etabliert. Leistungsentgelte unterscheiden sich von Spenden und Zuwendungen dadurch, dass ihre Auszahlung an eine Gegenleistung gekoppelt ist (Vilain 2006, 250). Im Unterschied zur „inputorientierten Zuwendungspraxis" sind Leistungsentgelte damit wirkungsorientiert: Der Geldgeber prüft bei Leistungsverträgen nicht mehr aufwändig und hochbürokratisch die hoheitlich erlassenen Verwendungsnachweise, sondern die erbrachte Leistungsmenge und Leistungsqualität. (Halfar 2003, 389, Halfar 2005, 1, Köchling 2004, 238f.).

Mit anderen Worten: Statt einer Input-Dokumentation in Form verbrauchter Personal- und Sachmittel-Ressourcen ist jetzt eine Dokumentation des erzielten Outputs, d. h. der erbrachten Leistungen, erforderlich. Übertragen auf das Beispiel einer Grundschule in privater Trägerschaft würde demzufolge nicht mehr der Input an Lehrern, Lehr- und Lernmitteln im Mittelpunkt der Entgeltbemessung stehen, sondern ein messbarer Output auf Schülerseite.

Dies kann quantitativ ein bestimmter Betreuungsumfang in Stunden sein und/oder qualitativ eine bestimmte Qualität des erworbenen Wissens, z. B. in Gestalt besserer Durchschnittsnoten in Lernstandsvergleichen mit anderen Grundschulen oder Anzahl der Gymnasialempfehlungen pro Jahrgang etc.

Eine outputorientierte Leistungsfinanzierung setzt einige Aspekte voraus (Vilain 2006, 483):

1. In den Leistungsverträgen bzw. -vereinbarungen werden die zu erbringenden Leistungen hinsichtlich Inhalt, Umfang und Qualität möglichst präzise beschrieben.
2. Es gibt für unterschiedliche Leistungsangebote und betriebsnotwendige Investitionen eine differenzierte Vereinbarung über Leistungsentgelte.
3. Eine Qualitätsvereinbarung gewährleistet die Grundsätze und Maßstäbe zur Bewertung und Gewährleistung der Leistungsqualität.

Gerade der dritte Punkt verdeutlicht, dass die Output-Dokumentation, d. h. der Leistungsbericht Aussagen zur *Wirkung* der Leistung resp. Nutzen des Ressourceneinsatzes einbezieht (Sadowski 2005, 285). Aber an welche Indikatoren soll die Leistungsqualität gebunden werden? Eine Wirkungsmessung, die Leistungsqualität an Leistungs*erfolg* koppelt, ist bei Bildungsleistungen schwierig zu operationalisieren. Dieser Zusammenhang und das Problem der Messung des (Transfer-)Erfolgs von Bildungsleistungen wird im Aufsatz *Bildungscontrolling* in diesem Lehrbuch genauer beschrieben.

Dort, wo Leistungsentgelte prospektiv, d. h. vor Erbringung der Bildungsleistung vereinbart werden, geht das wirtschaftliche Risiko auf den Bildungsanbieter über. Dies Risiko ist umso größer, je unkalkulierbarer die Erträge sind, d. h. bei schwankender Nachfrage oder Koppelung an einen stark umweltabhängigen Qualitätserfolg.

Das weiter unten nachfolgende Beispiel zur Kita-Finanzierung in NRW zeigt, dass Leistungsentgelte und Zuwendungen in der Praxis häufig zusammen fließen: Je nach Gruppentyp und Anzahl der Betreuungsstunden pro Woche erhält die Kita vom zuständigen Jugendamt eine Leistungspauschale. Die Gesamtsumme der gezahlten Leistungspauschalen pro Jahr wird dabei als gesetzlicher Betriebskostenzuschuss bezeichnet und je nach Kommune um weitere freiwillige Zuwendungen aufgestockt.

Vereinsbeiträge. Handelt es sich beim Bildungsanbieter um einen Verein, besteht die Möglichkeit, von den Mitgliedern Vereinsbeiträge zu erheben. In der Praxis organisieren sich u. a. im Kita-Bereich viele Eltern-Kind-Initiativen als Verein. Neben den Elternbeiträgen für die Betreuung fallen dann je nach Vereinssatzung zusätzliche Mitgliedsbeiträge in bestimmter Höhe an. Die Mitgliedsbeiträge sind in der Regel gering, aber langfristig sowohl in ihrer Höhe wie auch im Zahlungseingang kontrollierbar (Vilain 2006, 603).

Fundraising, Spenden und Sponsoring

Fundraising. Auch wenn sich in der Literatur bisher keine einheitliche begriffliche Definition durchgesetzt hat, kann „fund" (engl.) mit „Bestand" oder „Ressourcenausstattung" übersetzt werden. Beschrieben werden in diesem Fundraising-Verständnis *alle* Aktivitäten, die dazu dienen, die Ressourcenausstattung einer sozialwirtschaftlichen Organisation zu sichern. Darunter fällt auch die Sicherstellung des Zuflusses *aller* für die betriebliche Funktionsfähigkeit und Existenzerhaltung notwendigen Finanzmittel wie die Förderung durch öffentliche Zuwendung und Leistungsentgelte (Arnold 2003, 335).

Fundraising deshalb lediglich als *einen* Unterpunkt von Finanzierungsmöglichkeiten anzuführen, scheint daher irreführend. In Literatur und Praxis wird der Begriff jedoch häufig synonym mit Spendenakquise (jeweils in Kombination mit und ohne Stiftungsförderung bzw. Sponsoring) benutzt.

Fundraising

Staatliche Förderung — Stiftungs-förderung — Leistungs-entgelte — Spenden — Kooperation — Mitglieds-beiträge

Entgelte für Leistungen, die unmittelbar der Verwirklichung gemeinnütziger Organisationszwecke dienen

Entgelte für Leistungen, die mittelbar der Verwirklichung des gemeinnützigen Organisationszwecks dienen

z. B.
▪Pflegesätze
▪Beratung gegen Honorar
▪Verkauf von Informationsmaterialien

Werbe-leistungen

Sonstige

Verkauf von Anzeigenraum (Werbeleistungen i. e. S.)

Sponsoring, Verkauf von Rechten

▪Selbstorganisierte Benefizveranstaltungen
▪Verkauf von Vermögensgegenständen

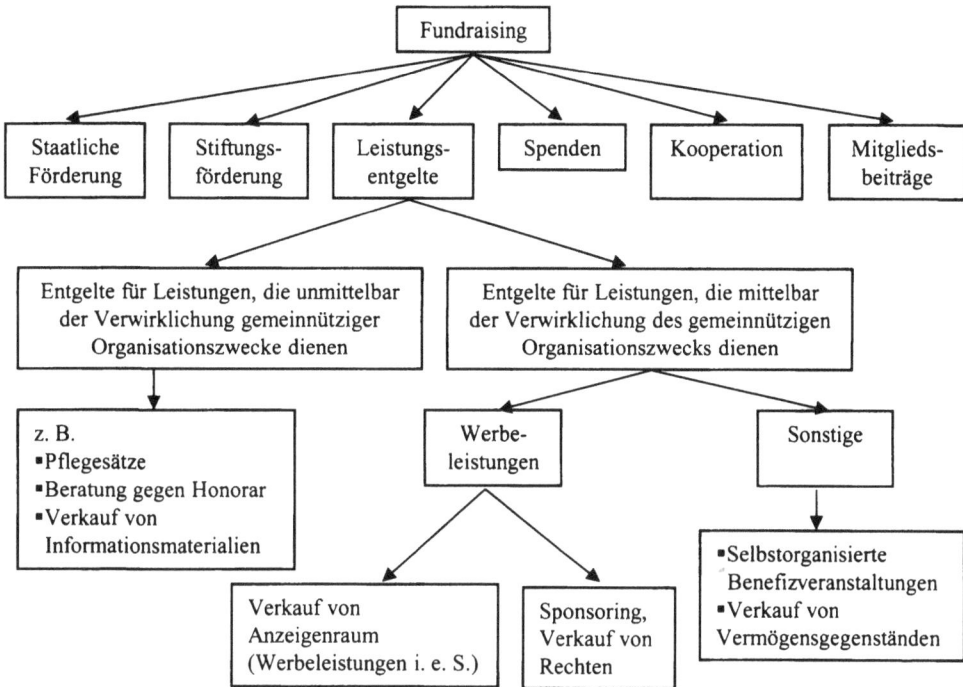

Abb. 5.8: Fundraising-Kategorien (Arnold 2003, 336)

Ohne die Frage der begrifflichen Über- oder Gleichordnung abschließend zu klären, haben die Fundraising-Kategorien Spenden, Stiftungsmittel und Sponsoring in den letzten Jahren eine zunehmende Bedeutung erlangt und werden im Folgenden näher vorgestellt:

Spenden und Akquise von Stiftungsmitteln. Spenden sind „freiwillige Leistungen ohne markt-adäquate materielle Gegenleistung" (Vilain 2006, 192). Dort, wo öffentliche Zuwendungen nur eine Teilfinanzierung ermöglichen, werden Spenden häufig zur wesentlichen Quelle für Eigenmittel. Erst mit ihrer Hilfe gelingt es, Projekte zum Laufen zu bringen. Wegen der für Spender attraktiven steuerlichen Abzugsfähigkeit ist ein professionelles Spenden-Management nur für gemeinnützige Bildungsanbieter bedeutsam. Insgesamt lässt sich zwischen

• Geldspenden,
• Sachspenden, z. B. Computer, Büromöbel oder Autos,
• Leistungsspenden, z. B. kostenlose Nutzung von Gegenständen oder kostenlose Erbringung von Arbeitsleistung unterscheiden (Vilain 2006, 202).

Gespendet wird sowohl von Privatpersonen als auch von öffentlichen und privaten Stiftungen. Steuerrechtlich handelt es sich in beiden Fällen um Zuwendungen. Diese sind jedoch von oben beschriebenen öffentlichen Zuwendungen abzugrenzen. Für Bildungsanbieter sind Stiftungen interessant, wenn diese den passenden Förderschwerpunkt im Bildungsbereich als

Stiftungszweck verfolgen. Viele private und öffentliche Hochschulen haben inzwischen z. B. in Deutschland Stiftungsprofessuren für spezielle Fachgebiete eingerichtet. Für diese hat die Hochschule entweder keine eigenen Mittel und/oder es besteht ein spezielles Interesse der Stifter (Banken, Pharma- und Gesundheitsindustrie, Großindustrielle und Konzerne wie Volkswagen, Hertie, Allianz, t-mobile etc.). Andere private und auch öffentliche Hochschulen verfügen dank großzügiger Zuwendungen über große Stiftungsvermögen: Die TU Freiberg in Thüringen z. B. hat ca. 150 Stifter gewinnen können, darunter eine zeitlich nicht begrenzte Zuwendung von jährlich 20 Mio. € der „Dr. Erich Krüger Stiftung". Klar zu beobachtender Trend ist dennoch eine Konzentration auf Leistungsentgelte. Negative Folgen für Spendenakquise sind, wie bereits dargestellt, zu erwarten: Mit dem Wandel zu einem (sozialen) Dienstleister wird „die Unterscheidung zu gewerblichen Anbietern verschüttet" (Halfar 2003, 391).

Sponsoring. Im Gegensatz zur Spende passiert beim (Sozio-)Sponsoring die Förderung nicht selbstlos. Stattdessen verspricht sich der Sponsor dadurch Vorteile für den Absatz seiner eigenen Produkte. Im Gegensatz zum Spendenmarketing knüpft Sponsoring daher nicht an sozialen Motiven des Spenders an, sondern an der Faszinationskraft, dem Aufmerksamkeitswert und positiven Imagetransfer des (Bildungs-)Projektes und seiner Organisation. Sponsoring eignet sich vor allem als Finanzierungsquelle für Großereignisse. Beim Sponsoring schwingt die Chance mit, durch einen bzw. einige wenige Geldgeber große Summen einnehmen zu können. Die Förderbereiche Sport und Kultur laufen hier dem Sozial- und Bildungsbereich jedoch den Rang ab (Köchling 2005, 239f., Halfar 2003, 394ff.).

5.4   Finanzierung in der Praxis: Wie finanzieren sich Kindertagesstätten?

Öffentliche bzw. öffentlich geförderte Kitas stellen in Deutschland die wichtigste Form externer Kinderbetreuung dar[27]. Etwa 50% der Plätze werden von Einrichtungen der Freien Wohlfahrtspflege bereit gestellt. Dazu zählen neben den konfessionellen Trägern Diakonie und Caritas auch die AWO sowie Elterninitiativen unter dem Dach des Deutschen Paritätischen Wohlfahrtsverbandes (Bock, Timmermann 2000, 134; Naßmacher, Naßmacher 2007, 141). Privatgewerblichen Betreuungseinrichtungen kommt derzeit nur eine untergeordnete Rolle zu. Gem. § 90, Abs. 1 KJHG orientiert sich die Kita-Finanzierung an Beiträgen, die nach dem Einkommen der Eltern gestaffelt sind. Wie viel die Eltern tatsächlich zahlen müssen, ist allerdings stark abhängig vom Wohnort bzw. der Kommune: Rheinland-Pfalz bietet seit dem 01.09.2009 als erstes Bundesland allen Eltern von 3 bis 6-jährigen Kindern einen beitragsfreien Kindergartenplatz. Auch die Stadt Düsseldorf befreit mit gleichem Datum alle Eltern von der Beitragspflicht für die Kinderbetreuung. In vielen Bundesländern, wie z. B.

---

[27] Grundsätzliche Voraussetzung für die finanzielle Unterstützung einer Kita mit öffentlichen Mitteln ist eine gültige Betriebserlaubnis gem. § 45 SGB VIII und eine Bedarfsfeststellung auf Grundlage der örtlichen Jugendhilfeplanung (siehe z. B. für NRW in § 18 KiBiz „Allgemeine Voraussetzungen").

im Saarland, Schleswig-Holstein, Hamburg, Niedersachsen und Berlin sichern Landeszuschüsse den Eltern zumindest eine kostenlose Betreuung im letzten Kindergartenjahr vor der Schulpflicht. Aber auch dort, wo Elternbeiträge erhoben werden, decken diese die Betreuungskosten nicht bzw. häufig noch nicht einmal 50%. Die Finanzierung benötigt daher Zuschüsse aus den Landeshaushalten und Kommunen (Naßmacher, Naßmacher 2007, 139ff.).

Die Finanzierung über Kindpauschalen am Beispiel NRW

Insgesamt hat jedes Bundesland seine eigene Finanzierungsregelung: NRW führte im August 2008 die sogenannte fallbezogene Abrechnung in Kitas ein. Durch den Wechsel zu einer „Pauschale pro Kind" wird nur noch der tatsächliche Betreuungsbedarf bezuschusst, der von einer Familie für ein Jahr im Voraus gebucht wird. Zur Wahl stehen 25, 35 oder 45 Wochenstunden.

Jedoch: Selbst wenn eine Kita bezüglich sogenannter 45er-Verträge stark nachgefragt wird, bedeutet dies nicht automatisch, dass sie 45er-Plätze anbieten kann. Wie viele Plätze mit welchen Wochenstunden in welcher Kita angeboten werden, entscheidet die Kita nicht selbst, sondern weiterhin das Jugendamt.

Auch wenn das Kinderbildungsgesetz (KiBiz) auf den ersten Blick starke marktliche (Nachfrage-)Elemente vermuten lässt, zeigt sich im Hintergrund eine (weiterhin) stark ausgeprägte administrative Regulierung: Das Jugendamt trifft gem. § 19 Abs. 3 KiBiz nicht nur die Entscheidung, welche Kita wie viel 45er-Plätze anbietet, sondern auch, wie aus den für eine Kita vorliegenden Anmeldungen Gruppen zusammen gestellt werden. Mit der Festlegung des Gruppentyps verknüpft ist jedoch stets eine bestimmte Kindpauschale und ein konkreter Personalbedarf. Für die Betreuung von Kindern mit Behinderung erhält die Kita im Regelfall die 3,5-fache Gruppenpauschale vom Typ III[28]. Die Kindpauschalen erhält die Kita vom Jugendamt.

Die mit dem KiBiz eingeführte Kindpauschale wird auch ein Jahr nach ihrer Einführung politisch kontrovers beurteilt. Bemängelt wird z. B. von Seiten der Landtagsfraktion Bündnis 90/ Die Grünen, dass sich der Anspruch auf „(...) ein neues Gesetz, mit dem die Träger weniger Bürokratie zu bewältigen hätten, mit dem die örtliche Jugendhilfeplanung besser zurechtkomme" nicht erfüllt (NRW Landtag 2009, 15551). Stattdessen gibt es „aufwändigste Abstimmungen zwischen der örtlichen Kinder- und Jugendhilfeplanung, um die Architektur der Gruppen gemeinsam mit Trägern hinzubekommen, um Entscheidungen zu treffen, wohin das zweijährige Kind kommt: in die Gruppenform 1 oder in die Gruppenform 2. Oder behalten wir die Gruppenform 3 bei? Was ist günstiger? In welcher Form können wir unsere Einrichtung refinanzieren" (NRW Landtag 2009, 155551)

---

[28] I = Kindergartengruppe > 2 Jahre bis Schuleintritt, II = Krippengruppe > 0,4 Jahre bis 3 Jahre, III = Kindergartengruppe für Kinder > 3 Jahre bis Schuleintritt.

Wie funktioniert die Zuschussfinanzierung nach dem KiBiz?

Das Jugendamt ist gemäß KiBiz in NRW gesetzlich *nicht* verpflichtet, der Kita pro Kind die volle Pauschale auszuzahlen: (Landes-)gesetzlich muss das Jugendamt lediglich einen Betriebskostenzuschuss in Höhe von 88 % der Kindpauschale an Einrichtungen mit kirchlichem bzw. konfessionellem Träger zahlen. Kitas finanzschwacher Träger, zu denen z. B. die Arbeiterwohlfahrt oder das Deutsche Rote Kreuz zählen, erhalten einen gesetzlichen Betriebskostenzuschuss in Höhe von 91 % und Elterninitiativen sogar in Höhe von 96 %. Kitas in kommunaler Trägerschaft erhalten mit 79 % den niedrigsten Zuschuss[29].

Alle nicht via Zuschuss refinanzierbare Betriebskosten sind somit Sache des Trägers: Dieser muss für eine vollständige Refinanzierung bzw. Kostendeckung sorgen.

Falls also von Kommune, Land oder Bund keine *weiteren* zusätzlichen, öffentlichen Mittel in Form *freiwilliger* Zuschüsse bereit gestellt werden, hat ein Kita-Träger diese Differenz selbst als Eigenleistung zu tragen. Dies passiert in konfessionellen Kitas mit Hilfe von Kirchensteuermitteln. Andere Kitas erwirtschaften ihren Eigen- bzw. Trägeranteil durch (Vereins-) Mitgliedsbeiträge, aber auch durch Geld- und Sachspenden, Sponsoring, Arbeitseinsätze der Eltern etc.

Neben den gesetzlichen Zuschüssen gibt es nicht nur in NRW weitere Finanzierungserleichterungen für Kitas: Zusätzliche (landes-)gesetzliche Zuschüsse werden sehr kleinen Einrichtungen sowie solchen in sozialen Brennpunkten und Kitas gewährt, die bereits als „Familienzentrum" zertifiziert sind. Außerdem wird je nach den kommunalen Möglichkeiten der gesetzliche Zuschuss durch *freiwillig-zusätzliche*, kommunale Zuschüsse weiter aufgestockt[30]. Kommunale Prioritäten und finanzielle Möglichkeiten prägen daher die lokale Betreuungsinfrastruktur. Wo diesbezüglich gute kommunale Bedingungen vorliegen, steigt für Eltern die Wahrscheinlichkeit, auf Kitas mit 50-stündigen Öffnungszeiten (z. B. Mo–Fr 7:00–17:00 Uhr), einem hohen Angebot an 45-Stunden Plätzen, einer nicht auf eine Gruppe beschränkten Mittagsbetreuung und vielen Krippenplätze zu treffen. Unterschiedlich hohe kommunale Zuschüsse sorgen nicht nur in NRW, sondern mit Bezug auf die dort geltenden landesrechtlichen Regelungen sogar bundesweit für Unterschiede zwischen Städten und Landkreisen, Ost- und Westdeutschland (Seime 2009, 6).

In NRW muss eine Kita mit der gezahlten Pauschale alle anfallenden Kosten begleichen können: Dazu zählen neben Spielmaterial und Heizkosten auch die Kosten für Personal[31]. Seit Einführung des Gesetzes wird in der Öffentlichkeit sehr kritisch diskutiert, ob die im KiBiz festgelegten Kindpauschalen tatsächlich alle anfallenden Kita-Kosten decken: Der

---

[29] Die Höhe der gesetzlichen Zuschüsse regelt in NRW § 20 KiBiz (Zuschuss des Jugendamtes).

[30] §§ 19 und 20 KiBiz (Kinderbildungsgesetz) regelt die Finanzierung. Der Rheinisch-Bergische Kreis stockt in seinen Richtlinien vom 01.08.2008 für Kitas mit zusätzlichen Zuschüssen die (landes-) gesetzlichen Zuschüsse auf 99 % auf – mit Ausnahme der kirchlichen Einrichtungen, die direkt am Kirchensteueraufkommen partizipieren (Rheinisch-Bergischer Kreis 2008, 8).

[31] Die Übernahme der Investitionskosten ist nicht in der Pauschale enthalten, sondern separat geregelt. Laut § 24 KiBiz (Investitionskostenförderung) gilt: „Das Land gewährt dem Jugendamt nach Maßgabe des Haushaltsgesetzes Zuwendungen zu den Investitionskosten der Kindertageseinrichtungen".

Kalkulation der Kindpauschalen liegen im Bereich Personalkosten teilweise veraltete Durchschnittswerte von Fachkräften ohne Berufserfahrung aus dem Jahr 2005 zugrunde. „Für manche Träger, die vorwiegend langjähriges Personal beschäftigt haben, ist es nahezu unmöglich, mit den Pauschalen den Betrieb aufrecht zu erhalten" (a. a. O., 7)[32]. In der Folge ist zu beobachten, dass sich kleine Träger zu größeren Verbünden zusammen schließen. Nach dem Angebotsprinzip „größere Mengen zum günstigeren Preis" ist die einzelne Einrichtung auf diese Weise gezwungen, wirtschaftlicher und flexibler zu arbeiten.

5.5   Fazit

Auch wenn in diesem Aufsatz der Begriff *Finanzierung* alltagsüblich mit der Beschaffung von Geld gleichgesetzt wird, greift dieses Verständnis zu kurz. Gerade beim (lebenslangen) Lernen geht es nicht nur um die Ressource Geld. Es geht auch um die Bereitstellung von anderen Ressourcen wie Lernbereitschaft und -fähigkeit (psychische Ressourcen), Zeit und Rahmenbedingungen, die sowohl Lernen als auch die Umsetzung des Gelernten erlauben (Timmermann 2005, 12).

Die hier im Aufsatz beschriebenen Beispiele spiegeln, wie heterogen sich die Finanzierungslandschaft für Bildungseinrichtungen darstellt. Selbst im gleichen Bildungsbereich existieren regionale oder trägerspezifische (Finanzierungs-)Besonderheiten, die Verallgemeinerungen erschweren und insgesamt einen sehr unübersichtlichen Eindruck hinterlassen. Gemeinnützige Bildungsanbieter befinden sich zudem im latenten Spannungsfeld, ihre sachzielorientierte, steuerbegünstigte Mission mit ökonomischen Notwendigkeiten in Einklang zu bringen. Das Ziel einer ausgeglichenen Finanzierung, die nicht nur kurzfristig alle entstandenen Kosten deckt, bleibt hier gerade angesichts der vielen, miteinander in Einklang zu bringenden Finanzierungsquellen ein Akt stetiger Balance.

5.6   Vertiefungsaufgaben und -fragen

1. In welchen Quellen finden Sie Angaben zu Bildungsausgaben in Deutschland?

2. Wie unterscheidet sich die Finanzierung von gemeinnützigen und kommerziell ausgerichteten Unternehmen?

3. Welche Formen von öffentlichen Zuwendungen lassen sich unterscheiden?

4. Überlegen Sie, wie sich die Finanzierung einer privaten von einer öffentlichen Kita grundsätzlich unterscheidet!

---

[32] Dieses Problem verschärft sich z. B. durch aktuelle BAT-Tariflohnsteigerungen um 4,3 %.

5.7   Literatur

Arbeitsgemeinschaft Bildung für Deutschland (ABFD) (2009): Wie wird Bildung finanziert? Online in Internet: <http://www.bildung-fuer-deutschland.de/kreislauf-bildungsfinanzierung.html> [Stand: 08.09.2009].

Arnold, U. (2003): Marktorientiertes Fundraising, in: Arnold, U. & B. Maelicke [Hrsg.] (2003): Lehrbuch der Sozialwirtschaft. 2. Aufl., Nomos, Baden-Baden, 334–361.

Autorengruppe Bildungsberichterstattung (2008): Bildung in Deutschland 2008. Ein indikatorengestützter Bericht mit einer Analyse zu den Übergängen im Anschluss an den Sekundarbereich I. Bertelsmann, Bielefeld. Online in Internet: <www.bildungsbericht.de> [Stand: 08.09.2009].

Baumann, T. (2008): Bildungsausgaben in Deutschland. Ziele, Konzepte und Ergebnisse des nationalen Bildungsbudgets im Vergleich zur internationalen Bildungsberichterstattung. In: Wirtschaft und Statistik, (11), 993–1000. Online in Internet: <http://www.destatis.de/jetbvspeed/portal/cms/Sites/destatis/Internet/DE/Content/Publikationen/Querschnittsveroeffentlichungen/WirtschaftStatistik/BildungForschungKultur/BildungsausgabenDeutschland,property=file.pdf> [Stand: 07.09.09].

Bock, K. & D. Timmermann (2000): Wie teuer sind unsere Kindergärten? Eine Untersuchung zu Kosten, Ausstattung und Finanzierung von Kindertageseinrichtungen. Luchterhand, Neuwied Berlin.

Dietrich, S. & H.-J. Schade (2008): Weiterbildungsanbieter im Fokus und der Beitrag des wbmonitors. Fachtagung des Projektes „Anbieterforschung" am 26.02.2008, Bonn. Online in Internet: <www.anbieterforschung.de> [Stand: 08.09.09].

Feller, G. & I. Ambos (2007): Die Landschaft der Weiterbildung 2007: reichliches Angebot in mildem Klima mit kleinen Tiefs. Online in Internet: <www.anbieterforschung.de> [Stand: 08.09.2009].

Gnahs, D. (2001): Träger. In: Arnold, R., S. Nolda & E. Nuissl [Hrsg.]: Wörterbuch Erwachsenenpädagogik. Bad Heilbrunn, 312–313.

Halfar, B. (2003): Finanzierungsmanagement. In: Arnold, U. & B. Maelicke [Hrsg.] (2003): Lehrbuch der Sozialwirtschaft. 2. Aufl., Nomos, Baden-Baden, 362–400.

Halfar, B. (2005): Wirkungsorientierte Finanzierung in der Jugend(verbands)arbeit. In: Nachrichten des Deutschen Vereins (NDV), (September), 1–7.

Köchling, E. (2004): Finanzierung und Recht sozialer Einrichtungen. Grundlagen für die Praxis. Vincentz, Hannover.

Konsortium Bildungsberichterstattung (2005): Gesamtkonzeption der Bildungsberichterstattung vom 31.08.05, Frankfurt. Online in Internet: <www.bildungsbericht.de> [Stand: 08.09.2009].

Konsortium Bildungsberichterstattung (2006): Bildung in Deutschland. Ein indikatorgestütz-ter Bericht mit einer Analyse zu Bildung und Migration. Bertelsmann, Bielefeld. Online in Internet: <www.bmbf.de/pub/gutachten_zur_bildung_in_deutschland.pdf> [Stand: 07.09.2009].

Naßmacher, H. & K.-H. Naßmacher (2007): Kommunalpolitik in Deutschland. 2. Aufl., VS, Wiesbaden.

NRW-Landtag (Landtag Nordrhein-Westfalen): Plenarprotokoll Nr. 14/134 vom 04.11.2009, Düsseldorf: 15441–15575. Online in Internet: <http://www.landtag.nrw.de/www/www.landtag.nrw.de/portal/WWW/dokumentenarchiv/Dokument/MMP14-134.pdf> [Stand: 20.01.2010].

Reichart, E. & H. Huntemann (2007): Volkshochschul-Statistik 2007, 46. Folge, Arbeitsjahr 2007, hrsg. vom Deutsches Institut für Erwachsenenbildung (DIE). Online in Internet: <http://www.die-bonn.de/doks/reichart0802.pdf> [Stand: 08.09.2009].

Rheinisch-Bergischer-Kreis, Amt für Jugend und Soziales (2008): Richtlinien zur Förderung der Kindertagesstätten in Burscheid, Kürten und Odenthal. Online in Internet: <http://www.rbk-direkt.de/downloads/6553/6559/6971/7137/8033/0417Anlage.pdf> [Stand: 17.10.2009].

Sadowski, G. (2005): Finanzierung in der sozialen Arbeit. In: Schubert, H. [Hrsg.] (2005): Sozialmanagement zwischen Wirtschaftlichkeit und fachlichen Zielen. 2. Aufl., VS, Wiesba-den, 281–296.

Seime, G. (2009): Kindertragesstätten im Spagat zwischen Pädagogik und Betriebswirt-schaft. In: Forum Supervision, 17. Jg., (33), 6–8.

Statistisches Bundesamt (2008): Bildungsfinanzbericht 2008. Im Auftrag des Bundesministe-riums für Bildung und Forschung und der Ständigen Konferenz der Kultusminister der Län-der der BRD, Wiesbaden. Online in Internet: <www.destatis.de> [Stand: 08.09.2009].

Süssmuth, R. & R. Sprink: Volkshochschule. In: Tippelt, R. & A. v. Hippel [Hrsg.]: Hand-buch Erwachsenenbildung/ Weiterbildung. 3. Aufl., VS, Wiesbaden. 473–490.

Timmermann, D. (2005): Finanzierung Lebenslangen Lernens. Neue Ansätze für die berufli-che Weiterbildung. In: Friedrich-Ebert-Stiftung [Hrsg.]: Finanzierung der beruflichen Wei-terbildung. Gesprächskreis Arbeit und Soziales, (103), Bonn, 11–33.

Vilain, M. (2006): Finanzierungslehre von Nonprofit-Organisationen. Zwischen Auftrag und ökonomischer Notwendigkeit. VS, Wiesbaden.

Wöhe, G. (2005): Einführung in die allgemeine Betriebswirtschaftslehre. Vahlen, München.

6 Bildungsmarketing

Tim Hagemann und Susanne Vaudt

6.1 Problemstellung und Kernkategorien

Um welche Produkte geht es beim Bildungsmarketing?

Bildungsmarketing, verstanden als Marketing für Bildungsleistungen *aller* Bildungsanbieter, findet sich in der Literatur thematisch sehr häufig eingegrenzt auf den Sektor der betrieblichen Weiterbildung (u. a. bei Bernecker 2007, Meier 2005, Stahl, Stölz 1994, Geißler 1993). Der Grund dafür ist, dass sich Anbieter in diesem Bildungssegment schon länger relativ aufgeschlossen gegenüber der Frage zeigen, wie sich ihre Leistungen am (Bildungs-)Markt professionell vermarkten lassen. In der Weiterbildung verschärfte sich bereits in den 1990er Jahren der Wettbewerb: Auch etablierte Weiterbildungsträger wie z. B. Volkshochschulen (VHS) mussten Rückgänge in der öffentlichen Förderung verzeichnen und spürten zugleich die steigende Zahl auf den Markt drängender kommerzieller Mitbewerber (Nuissl, von Rein 1994, 165). „Waren bis spät in die 80er Jahre die Weiterbildungsangebote quasi ‚Selbstläufer', müssen sich in den letzten Jahren Weiterbildungsträger zunehmend Gedanken machen, wie sie Adressaten und potentielle Zielgruppen für ihre Weiterbildungsangebote gewinnen und an die eigene Institution binden können" (Tippelt 1997, 187). Das Bildungsmarketing zielte hier nicht nur kommerziell auf die Akquise neuer Nachfrager wie z. B. der Bundesagentur für Arbeit (damals noch: Bundesanstalt für Arbeit). Ein weiteres Ziel liegt in einer Verbesserung der Qualität des Weiterbildungsangebotes und dessen überfällige methodische Differenzierung (Paulsen 1994, 9).

Neben der (Erwachsenen-)Weiterbildung umfasst der Bildungsbereich zugleich Kitas und (Hoch-)Schulen. Ist ein explizites Kita- oder Schulmarketing in der Literatur nahezu unbekannt, findet das Hochschulmarketing nach ersten Veröffentlichungen von Alewell (1977) und Kotler/Fox (1995) inzwischen in der Literatur ein breites Echo (Müller-Böling 2007, 262): In Folge des zunehmenden Wettbewerbs um Finanzmittel und Studierende ist Marketing hier längst selbstverständlich. Zuerst kümmerten sich die Hochschulen dabei um eine Verbesserung ihrer Public Relations (PR) bzw. Kommunikationspolitik. Inzwischen gehen ganzheitliche Marketing-Konzepte an Universitäten und Fachhochschulen weiter. Gefordert werden sogenannte „integrierte Marketing-Konzepte". Diese berücksichtigen bereits in der konzeptionellen Gestaltung der angebotenen Bildungs-*Produkte* in Lehre und Forschung eine stärkere Nachfrageorientierung an ihrer Zielgruppe und damit eine stärkere marktliche Ausrichtung an ihre Kunden (Müller-Böling 2007, 264f.).

Bei allen Bildungsprodukten ist auffällig, dass es sich bei der Mehrzahl um Dienstleistungen handelt. Dazu zählen die typischen Bildungsdienstleistungen wie Unterrichten, Betreuen, Entwickeln und Beraten. Daneben bestehen weitere Bildungsleistungen in der Vermittlung bestimmter Werte, Interessen oder Ideen, z. B. bezüglich einer bestimmten bildungspolitischen oder humanistischen Ausprägung. Diese haben analog der beschriebenen Dienstleistungen gleichfalls einen immateriellen Charakter. Bildungsmarketing für den dritten Typ fokussiert materielle Bildungsgüter wie Lehr- und Lernmittel, z. B. Lehrbücher oder Lernsoftware.

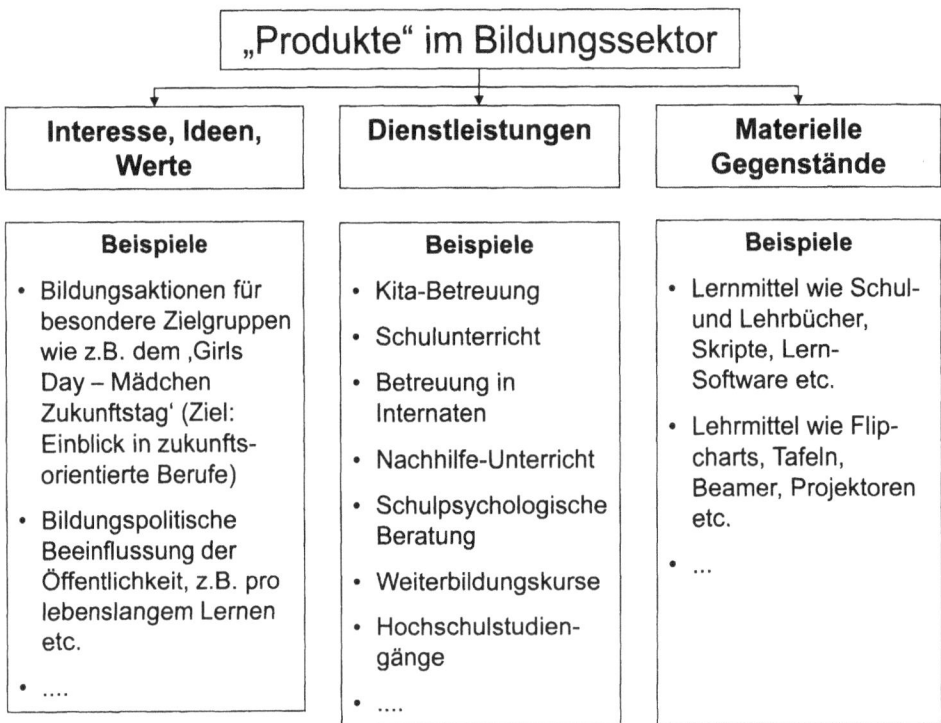

„Produkte" im Bildungssektor

Interesse, Ideen, Werte	Dienstleistungen	Materielle Gegenstände
Beispiele	**Beispiele**	**Beispiele**
• Bildungsaktionen für besondere Zielgruppen wie z.B. dem ‚Girls Day – Mädchen Zukunftstag' (Ziel: Einblick in zukunftsorientierte Berufe) • Bildungspolitische Beeinflussung der Öffentlichkeit, z.B. pro lebenslangem Lernen etc. •	• Kita-Betreuung • Schulunterricht • Betreuung in Internaten • Nachhilfe-Unterricht • Schulpsychologische Beratung • Weiterbildungskurse • Hochschulstudiengänge •	• Lernmittel wie Schul- und Lehrbücher, Skripte, Lern-Software etc. • Lehrmittel wie Flipcharts, Tafeln, Beamer, Projektoren etc. • ...

Abb. 6.1: *Produkttypologie im Bildungssektor (in Anlehnung an Bruhn 2005, 43)*

Abgesehen von den explizit für bestimmte Bildungsbereiche ausgewiesenen Veröffentlichungen (Erwachsenenbildung, Hochschule etc.) weist das Bildungsmarketing insgesamt eine große Schnittstelle zum *Dienstleistungsmarketing* auf. Des Weiteren arbeiten viele Bildungsanbieter *nicht* profitorientiert. In der Praxis bieten öffentliche und Nonprofit-Unternehmen Bildungsleistungen an. Neben der Parallele zum Dienstleistungsmarketing enthält das Bildungsmarketing daher zugleich Schnittstellen zum *Sozialmarketing*.

Abb. 6.2: *Schnittstellen des Bildungsmarketings*

Zunächst werden im folgenden Kapitel die besonderen Kennzeichen im Vermarkten von Bildungsgütern vorgestellt. Direkt im Anschluss erfolgt eine Annäherung an den komplexen Marketing-Begriff: Was bedeutet eigentlich Marketing? Es werden die großen Aufgabenschritte vorgestellt. Dazu zählt die Planung einer Marketingstrategie, Analyse möglicher Marketinginstrumente und die vielfältigen Möglichkeiten für unternehmensinterne und -externe Kommunikation, zu der auch die Öffentlichkeitsarbeit bzw. PR zählt.

Was sind die besonderen Kennzeichen von Bildungsprodukten?

Die produkttypologische Betrachtung hat gezeigt: Bildungsprodukte können sowohl Güter und Dienstleistungen sein. Bildungsleistungen tragen wie alle anderen Dienstleistungen auch die entsprechenden Merkmale:

1. Sie sind nicht lager- und transportfähig.

2. Sie versetzen den Nutzer (Konsumenten, Nachfrager etc.) zugleich in die Rolle des Co-Produzenten: Dieser muss *mitmachen*, damit sich ein Erfolg einstellt. Wenn ein Schüler oder Weiterbildungsteilnehmer nicht lernen will oder kann (Krankheit, Lernstörung etc.), wird sich der Bildungsanbieter (Lehrer, Seminarleiter etc.) vergeblich anstrengen.

Bildungsleistungen unterscheiden sich aber nicht nur entsprechend ihrer Produkttypologie. Sie unterscheiden sich auch im Hinblick auf den Grad der Informationsasymmetrien zwischen Bildungsanbietern und Nachfragern. Ein Anbieter (Verkäufer) weiß über die Qualität seines Produktes wesentlich besser Bescheid als der Nachfrager (Kunde). Je größer das wahrgenommene Informationsdefizit zur Produktqualität auf Kundenseite ist, desto größer wird auch seine Verhaltensunsicherheit sein. Der sogenannte informationsökonomische Ansatz differenziert dabei je nach Intensität der Unsicherheit zwischen Gütern (inklusive Dienstleistungen) mit Such-, Erfahrungs- und Vertrauenseigenschaften (Adler 1994, Weiber, Adler 1995, 74).

**Anteil an Vertrauens-
eigenschaften**

Reine
Vertrauenskäufe   100 %

● Rechtsberatung
● Arztbesuch
● Wohnungsmakler

○ Medikamente
                           ● Frisör

                                        Reine
                                        Erfahrungskäufe

● PC
                                            100 %
      ● Fernseher   ● Restaurantbesuch
Reine Suchkäufe   ● Theater / Kino

100 %
                                        **Anteil an
Anteil an Such-   Erfahrungs-
eigenschaften   eigenschaften**

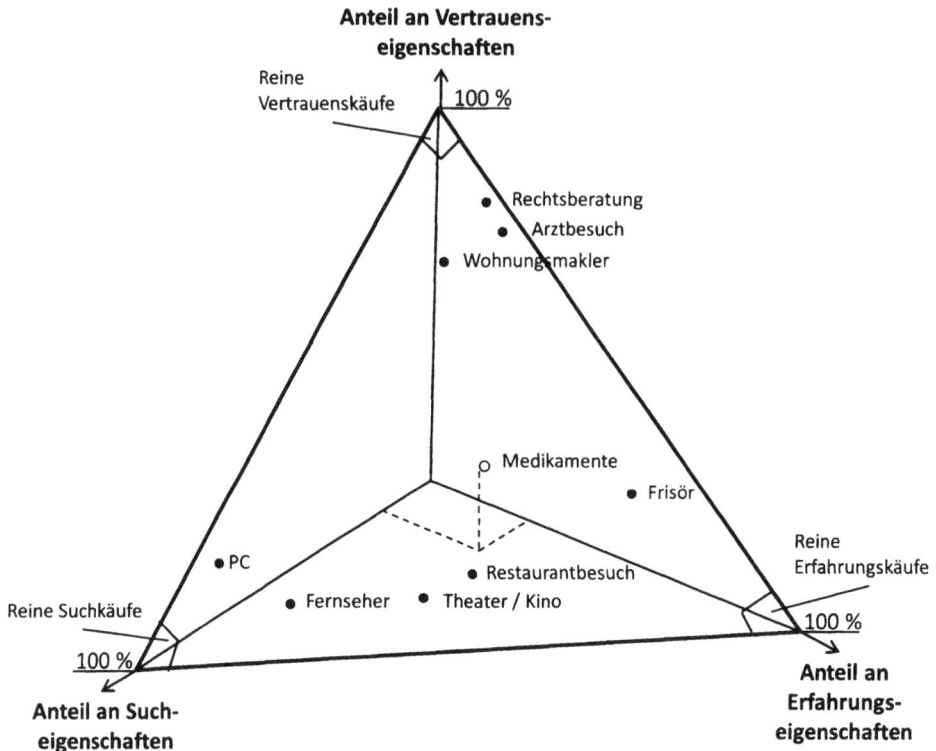

Abb. 6.3: Informationsökonomische Unterscheidung von Produkten (= Gütern und Leistungen) (Meffert, Burmann, Kirchgeorg 2008, 40 in Anlehnung an Weiber, Adler 1995, 74, Gabler Grafik)

Güter mit einem hohen Anteil an Sucheigenschaften sind dadurch gekennzeichnet, dass sich der Kunde bereits vor dem Kauf informieren und die Qualität beurteilen kann. Die Wahrscheinlichkeit nach getätigtem Kauf enttäuscht und unzufrieden zu sein, ist relativ gering – bzw. umso geringer, je mehr vorab nach Mängeln *gesucht* wurde. Ein Beispiel für ein solches Gut ist eine Software, die bereits vor dem Kauf (vollständig) als Demoversion angeboten wird, oder ein Buch, das bereits in der Buchhandlung oder Online (komplett) durchgelesen wird.

Dagegen wissen Käufer von Gütern mit hohen Erfahrungsguteigenschaften erst nach dem Kauf „richtig" über die Qualität des Gutes Bescheid. Vorher ist dies entweder unmöglich oder für den Käufer mit unzumutbar hohen Kosten verbunden. Dies heißt, auf Bildungsleistungen übertragen, dass Teilnehmer die Qualität einer Weiterbildungsveranstaltung erst nach dem Besuch vollständig beurteilen können. Erst dann haben sie *erfahren*, ob ihnen dort tatsächlich neues Wissen und Ideen vermittelt wurden, ob sich neue persönliche Kontakte ergeben haben, ob die Verpflegung gut war etc. Geeignete Marketingmaßnahmen wie die Gewährung von Garantien, ein Unterricht auf Probe etc. helfen, Info-Asymmetrien zwischen Anbietern und Kunden abzubauen bzw. vermitteln den Kunden Qualitätssicherheit (Meffert, Burmann, Kirchgeorg 2008, 41).

Bei Gütern mit einem hohen Anteil von Vertrauenseigenschaften muss der Kunde *glauben* (deshalb engl. auch *credence goods*), dass das gekaufte Produkt eine bestimmte Eigenschaft oder Qualität aufweist. Sie ist weder vor noch nach dem Kauf eindeutig messbar. Beispiele dafür sind Biogemüse, eine Lebensversicherung, Rechtsberatung oder ein Arztbesuch. Bei vielen Bildungsleistungen ist der Anteil von Vertrauenseigenschaften groß: Z. B. versprechen MBA[33]-Studiengänge häufig bessere Chancen auf Führungspositionen.

Aber Absolventen, die sich dennoch beruflich nicht verbessern, bekommen nie eindeutige Gewissheit, ob dies an der Umwelt (d. h. an einer allgemeinen bzw. branchenspezifischen Arbeitsmarktverschlechterung sowie sonstigen schicksalhaften Umständen) oder doch an den Spezifika der Hochschulausbildung liegt: Vielleicht hätte sich mit dem Abschluss an einer anderen Hochschule ein sofortiger beruflicher Erfolg eingestellt? Der Kunde selbst kann Eigenschaften und Qualität weder vor noch nach dem Kauf überprüfen. Die strategische Aufgabe des Anbieters bzw. Verkäufers ist es daher, ihm ein überzeugendes (Qualitäts-)Signal zu senden.

Dies reduziert die zum Kaufzeitpunkt bestehende Unsicherheit bzw. das Risikoempfinden: Anerkannte Zertifikate bzw. Akkreditierungen, Gütesiegel, Referenzen von zufriedenen Kunden und Ergebnisse von Testinstituten helfen, Qualitätsunsicherheit auf Kundenseite abzubauen (a. a. O. 2008, 41)[34].

Aber auch einem guten Image auf Anbieterseite kommt als psychologische Wirkungsgröße große Bedeutung zu. Der Begriff „Image" (Reputation) beschreibt die „aggregierte und subjektive Form sämtlicher Einstellungen des Kunden" gegenüber seinem Anbieter (Meffert, Bruhn 2009, 93). Es ist *ein* wesentlicher Indikator zur Beurteilung der Qualität einer Dienstleistung. Ähnlich den genannten Garantien und Zertifikaten reduziert es das Risikoempfinden bei Nachfragern (Meffert, Bruhn 2009, 93f.). Ein Imageverlust bedeutet immer auch einen Vertrauensverlust.

Anbieter von Gütern mit hohen Vertrauenseigenschaften *und* einem schlechten Image befinden sich damit in einer prekären Situation: Wie lassen sich Qualitätsunsicherheit und wahrgenommene Kaufrisiken auf Kundenseite für *credence goods* kompensieren, wenn den Anbietern das Image als Brücke zum Vertrauen (*credence*) nicht mehr zur Verfügung steht? Dies verdeutlicht die zentrale Bedeutung der Image*pflege* in der professionellen Öffentlichkeitsarbeit. Öffentlichkeitsarbeit ist jedoch kein geeignetes Instrument, mit dem ein Unternehmen ein bestimmtes Image entwickeln kann. Der Prozess der Imagebildung fällt in den Bereich der noch zu behandelnden strategischen Positionierung.

---

[33] MBA: Master of Business Administration.

[34] Die Einordnung eines Produktes in das Dreieck zeigt zugleich dynamische Effekte: Mit der Dauer einer bestehenden Kundenbeziehung verändert sich die Einordnung einer Leistung oder eines Gutes: Überwiegen bei Neukunden vielfach die Erfahrungs- und Vertrauensguteigenschaften, so steigt mit wachsender Vertrautheit zwischen Kunde und Anbieter der Anteil der Sucheigenschaften (Bruhn 2005, 60).

Zum Marketingbegriff

Marketing bedeutet *mehr* als Öffentlichkeitsarbeit und Werbung: Die American Marketing Association (AMA) gab in 2003 die folgende erweiterte Marketing-Definition heraus: *„Marketing is an organizational function and a set of processes for creating, communicating and delivering values to customers and for managing customer relationship in ways that benefit the organization and its stakeholders"* [35]. Die einzelnen Elemente dieser Definition werden im Folgenden genauer analysiert:

1.   Marketing is an organizational function and a set of processes...
Nach dieser Auffassung verankert sich Marketing in einem Unternehmen organisatorisch als Funktionsbereich, z. B. durch die Bildung einer Marketing-Abteilung. Darüber hinaus zielt Marketing aber ablauf- bzw. prozessorientiert auf eine stärker marktorientierte Koordination *aller* betrieblichen Funktionsbereiche. Letzteres impliziert, dass sich das gesamte Unternehmen komplett mit *allen* Mitarbeitern auf die Bedürfnisse aktueller und zukünftiger Kunden ausrichtet. Solch eine Marketing-Führungsphilosophie ist jedoch in der Unternehmenspraxis (anders als in der Marketing-Wissenschaft) noch längst nicht überall angekommen. Viele Unternehmen beschränken Marketing nach einer empirischen Studie auf die operative Beeinflussung des Kunden: *„Die Beschränkung des Marketing auf ein verkaufsunterstützendes Instrument (...) birgt die Gefahr in sich, dass die Marketingorientierung nur operativ, aber nicht strategisch im Unternehmen und der Unternehmenskultur verankert ist"* (Meffert, Burmann, Kirchgeorg 2008, 14).

2.   ...for creating, communicating and delivering values to customers...
Aktuelle und potentielle Kunden kaufen nur dann Güter oder Dienstleistungen, wenn sie dabei einen Nutzen („value") erzielen. Eine zentrale Marketing-Aufgabe ist daher, dem Kunden zu kommunizieren, dass der mit dem Kauf verknüpfte Nutzen größer ist als die damit verbundenen Kosten. Um Kunden gegenüber nützlich zu sein, d. h. ihre Bedürfnisse befriedigen zu können („delivering values"), muss ein Unternehmen diese Bedürfnisse auch entsprechend kennen und sein Angebot daran ausrichten. Marktforschung und Angebotsentwicklung sind die zentralen Marketing-Elemente, mit denen dies gelingt.

Entsprechend der Nachfragesituation ist dann eine systematische Bedarfs- und Verhaltensbeeinflussung („creating") von Bedürfnissen wichtig. In der Praxis passiert dies durch die beschriebenen Kommunikationsinstrumente wie Werbung, Öffentlichkeitsarbeit, Verkaufsgespräche etc. (a. a. O., 2008, 15). Die folgenden Nachfragesituationen stellen dabei an das Marketing unterschiedliche Aufgaben bzw. Herausforderungen (Kotler, Bliemel 1995, 18, Kotler u. a. 2007, 40ff.):

---

[35]   In 2007 hat die AMA diese Marketing-Definition überarbeitet (AMA 2010). Die alte Begriffsdefinition kann jedoch nachgelesen werden u. a. bei Meffert, Burmann, Kirchgeorg 2008, 11.

Nachfragesituation	Marketingaufgabe
Negative Nachfrage liegt vor, wenn ein Großteil der Marktteilnehmer das Produkt *meidet* und sogar bereit ist, dafür Nachteile in Kauf zu nehmen (Schmerzen, Lebenszeitverkürzung, berufliche Einschränkungen etc.) Bsp: Zahnarztbesuche, Schutzimpfungen, Krebs-Vorsorge, Anti-Rauch- oder Alkoholentwöhnungskurse, Alphabetisierungskurse, etc.	**Konvertierungsmarketing** analysiert dabei die Gründe für die Abneigung und prüft, ob ein spezifisches Marketingprogramm die Überzeugung und Einstellung des Marktes nicht ändern kann, damit potentielle Nachfrager „konvertiert" werden können.
Fehlende Nachfrage liegt vor, wenn die Zielgruppe gleichgültig oder desinteressiert am Produkt ist, z. B. weil sie das Produkt (noch) gar nicht kennt bzw. wahrgenommen hat. Bsp: tastaturlose PCs, neue unbekannte Studiengänge oder Lernformen.	**Stimulationsmarketing** ist verknüpft mit der Marketingaufgabe, „Mittel und Wege zu finden, um die Vorzüge des Produkts mit den ureigenen Bedürfnissen und Interessen der Menschen zu verknüpfen".
Latente Nachfrage besteht, wenn eine große Zahl an Verbrauchern ein ausgeprägtes Bedürfnis hat, dies aber bis dato von keinem am Markt existierenden Produkt befriedigt wird. Dazu zählten z. B. nicht gesundheitsschädliche Zigaretten, Diätpillen, das 1-Liter-Auto aber auch „Turbo-Lernkurse", die in kurzer Zeit eine mühelose und 100%ige Lernerfolgsgarantie versprechen, wie z. B. eine Fremdsprache fließend zu sprechen.	**Entwicklungsmarketing** zielt darauf, den Umfang dieser potentiellen Kunden zu ermitteln und für sie leistungsstarke Produkte oder Dienstleistungen zu entwickeln.
Sinkende Nachfrage begegnet jeder Organisation früher oder später, wenn die Auslastung nicht mehr gewährleistet ist. Bsp: Sinkende Mitgliederzahlen in der Kirche, sinkende Bewerberzahlen in einer privaten Kita oder Schule.	**Kreatives Auffrischungsmarketing** ermittelt die Gründe der Schrumpfung. Zugleich wird festgestellt, ob sich die Nachfrage durch die Erschließung neuer Märkte, veränderter Produkte oder verbesserter Kommunikation auffrischen lässt.
Schwankende Nachfrage kennzeichnet eine saisonale, tägliche oder auch stündliche Nachfragesituation. Davon betroffen sind z. B. Museen und Theater mit unter der Woche/ an heißen Sommertagen nur bescheidenem Besucheraufkommen.	**Synchromarketing** verändert die „Zeitmuster der Nachfrage" durch eine flexible Preisgestaltung, Promotion- bzw. Verkaufsförderungsaktionen und andere Anreize.

Ausgeglichene Nachfrage liegt vor, wenn die Organisation mit dem Geschäftsvolumen zufrieden ist.	Erhaltungsmarketing dient dazu, ein erreichtes Nachfrageniveau trotz wechselnder Präferenzen und stärker werdender Konkurrenz zu erhalten.
Übersteigerte Nachfrage ist dann gegeben, wenn der Nachfragepegel höher liegt, als man ihn haben will. Davon betroffen ist z. B. die Nachfrage nach Schülernachhilfe nach Zeugnisterminen oder nach Studienplätzen bei gesetzlicher Schulzeitverkürzung und dem zeitlichen Zusammenfallen von zwei Abiturjahrgängen pro Schule.	Allgemeine oder selektive Dämpfungsprogramme sorgen dafür, die Gesamtnachfrage zu dämpfen oder auf bestimmte Teilmärkte einzudämmen. Dies gelingt z. B. durch Preiserhöhungen oder Herunterfahren von Werbeaktivitäten etc.

Abb. 6.4: Unterschiedliche Nachfragsituationen und die dazu gehörigen Marketingaufgaben (Kotler, Bliemel 1995, 18f., Kotler u. a. 2007, 40ff. mit Ergänzungen)

3.   *... and for managing customer relationship in ways that benefit the organization and its stakeholders.*
Dieser Teil der Marketing-Definition verdeutlicht bereits den typischen Kundenbeziehungsaspekt: Gerade im Dienstleistungsbereich zielt modernes Marketing statt auf einzelne Kauftransaktionen auf längerfristige Beziehungen zwischen Unternehmen und ihren Kunden. Die Kundenbeziehung steht im Mittelpunkt: Je nach Art der Kundenbeziehung unterscheidet das sogenannte *Relationship Marketing* (Beziehungsmarketing) drei Phasen:

• Die (Neu-)Kundenakquise,
• die Kundenbindung bestehender Kunden,
• und die Kundenrückgewinnung.

In jeder Phase unterscheiden sich die Marketingziele, -strategien und -maßnahmen erheblich (Bruhn 2009). Professionelles Marketing wendet sich jedoch nicht nur an Kaufinteressierte, als tatsächliche „Endkäufer" oder *Kunden im engeren Sinn*. Es geht um die „konsequente Ausrichtung sämtlicher Aktivitäten (...) an den Erwartungen der verschiedenen internen und externen Beziehungspartner" (Bruhn 2005, 45) einer Organisation bzw. eines Unternehmens, die den unternehmerischen Erfolg mit beeinflussen.

Diese Anspruchsgruppen bzw. (engl.) Stakeholder verstanden als *Kunden im weiteren Sinne* sind die Mitarbeiter des Unternehmens, die Öffentlichkeit bestehend aus Nachbarn und Medien, aber auch staatliche Institutionen etc. Das Marketing-Paradigma der Anspruchsgruppenorientierung (Bruhn 2005, 44) ist eng verknüpft mit dem Konzept des o. g. Relationship Marketings. Eine umfassende Anspruchsgruppenorientierung beschreibt die konsequente Ausrichtung sämtlicher Aktivitäten des Bildungsanbieters an seinen internen (Mitarbeiter) und externen Beziehungspartnern. Dies visualisiert die folgende Abbildung am Beispiel einer Grundschule in öffentlicher Trägerschaft. Diese steht einer Vielzahl an Anspruchsgruppen gegenüber. Dazu zählen z. B. die hier als „Endkäufer" bezeichneten Kunden im engeren Sinn wie (Vor-)Schulkinder, ihre Eltern und die Kommune als zuständiger Schulträger. Zu den Stakeholdern zählen aber auch alle Mitarbeiter der Grundschule und der benachbarten Vorschulinstitutionen (Kitas). Zu den Stakeholdern der Öffentlichkeit zählen u. a. die Verwandten, Bekannten und Nachbarn von Eltern und Kindern.

Eine weitere wichtige Anspruchsgruppe sind die Lieferanten. Dazu zählen z. B. Catering-Unternehmen, die in der Schule eine Mittagsverpflegung anbieten oder externe Anbieter wie z. B. Volkshochschulen (VHS), die in der Schule eine Hausaufgabenbetreuung übernehmen. Gerade in öffentlichen und gemeinnützigen Einrichtungen gibt es aber zusätzlich noch viele unentgeltliche Lieferanten wie Sponsoren, Ehrenamtliche und sonstige (Geld- und Sach-) Spender.

Diese Bedürfnisse der Stakeholder sind häufig nicht identisch und können sich sogar widersprechen.

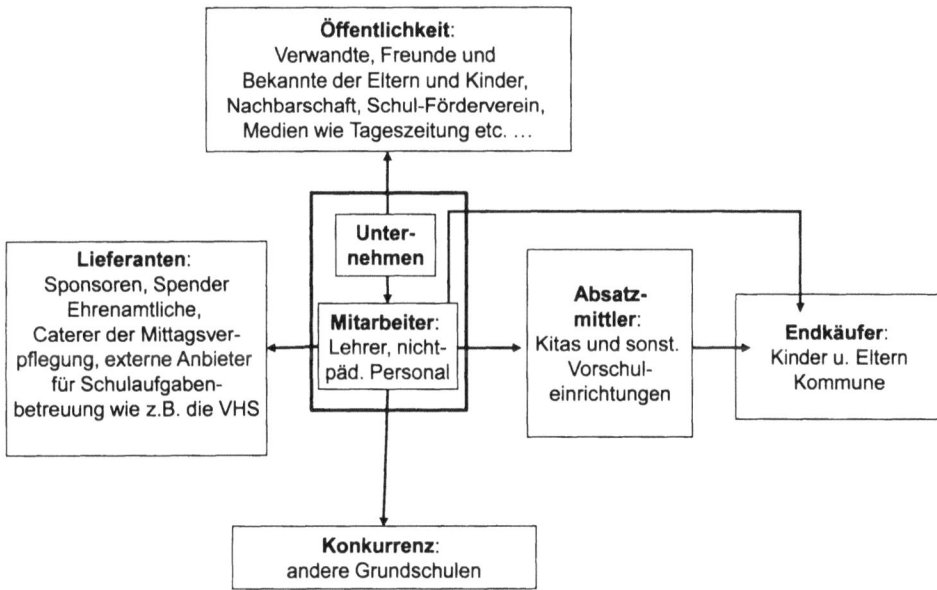

Abb. 6.5: Anspruchsgruppen des Marketing am Beispiel Grundschule: Wer sind meine Kunden? (in Anlehnung an Bruhn 2009 und Meffert 2000, 27)

Marketingmanagement als Prozess

Marketing ist eine Daueraufgabe und damit für das Management eines Unternehmen ein nie abgeschlossener Prozess: Sind alle Schritte durchlaufen, findet eine Rückkopplung zum ersten Schritt statt. Nach dem Ansatz von Meffert (1982, 60 sowie Meffert, Burmann, Kirchgeorg 2008, 19) lassen sich alle betrieblichen Marketing-Aufgaben in einen sogenannten *Marketingmanagement-Prozess* zusammen fassen.

Marketing-Management als Prozess umfasst die folgenden Aufgabenschritte: (1) Situations-analyse inklusive (2) Prognose, (3) Definition der Marketingziele, (4) zielorientierte Ablei-tung der Marketingstrategie, (5) Festlegung des strategieadäquaten Marketing Mix, (6) Ges-taltung der Marketingorganisation zur Implementierung des Marketing Mix und (7) ein Mar-keting-Controlling zur Erfassung der Erfolgswirkung und Initiierung eines Rückkopplungs-prozesses mit allen Planungsstufen und Verantwortlichen.

Marketing-Controlling als Feststellung der Effizienz und Effektivität entlang des gesamten Marketing-Prozess ist dabei aufwändig zu messen: Abgesehen von den Ausgaben für Wer-bung und Öffentlichkeitsarbeit fällt es schwer, alle internen Marketing-Maßnahmen mit Kosten zu hinterlegen. Auch die Ertragsseite ist schwer zu operationalisieren. Dies gilt umso mehr, wenn statt quantitativer Marketingziele (Umsatz, Gewinn) qualitative Marketingziele angestrebt werden (Image, Bekanntheitsgrad etc.). Hinsichtlich der Messmethoden weisen Marketing-Controlling und Bildungscontrolling eine ähnliche Komplexität auf.

6.2   Situationsanalyse und Prognose

Die Situationsanalyse mit einer daraus abgeleiteten Prognose als Schritt (1) und (2) des Mar-ketingmanagement-Prozesses antwortet einem Unternehmen auf die Frage: Wo stehen wir und wohin geht die Entwicklung? Sie ist eine strategische Bestandsaufnahme und Bewertung und mündet in die Formulierung von Markt- und Absatzprognosen.

Situationsanalyse der Marktteilnehmer

Ein Element der Situationsanalyse haben Sie bereits im vorangegangenen Kapitel kennen gelernt: Es ist die Analyse der Stakeholder (Bruhn 2005, 133). Wenn hier wiederum beson-ders die Wettbewerber untersucht werden, dann handelt es sich um eine Konkurrenzanalyse: Dazu ist eine Definition des relevanten Marktes[36] notwendig. Dieser liefert die Basis für die Identifizierung der jeweiligen Wettbewerber. Marktabgrenzungen können sich am Produkt *oder* am Nutzer orientieren (Bruhn 2005, 135).

Eine produktorientierte Abgrenzung für eine Hochschule kann z. B. der „Markt für berufsbe-gleitende Bachelor-Studiengänge" sein. Konkurrenten sind hier alle privaten und öffentli-chen Hochschulen mit einem entsprechenden Studienangebot. Eine nutzerorientierte Markt-abgrenzung entspricht dem „Markt für fachqualifizierende Bildungsangebote für Berufstäti-

---

[36]   Die Frage ist, was zählt zu einem relevanten Markt? Sinnvoll ist dabei eine Definition aus Kundensicht: „Hier umfasst der relevante Markt sämtliche Leistungen von Unternehmen, die aus Sicht der Kunden als subjektiv austauschbar empfunden werden" (Meffert, Bruhn 2006, 148).

ge". Die Konkurrenzanalyse beschränkt sich hier nicht nur auf Studiengänge von Hochschulen, sondern bezieht auch mehrmonatige Angebote der Erwachsenenweiterbildung mit ein.

Analyse der Marktsituation

Im Folgenden wird die Situationsanalyse als Analyse der Marktsituation beschrieben. Dazu werden die wesentlichen Umfeldbedingungen eines Unternehmens hinsichtlich seiner Stärken (Strength), Schwächen (Weakness), Chancen (Opportunities) und Risiken (Threats) in der sogenannten SWOT-Analyse untersucht.

Wichtig ist dabei zu betonen, dass für eine Situationsanalyse sehr viele unterschiedliche unternehmensinterne und -externe Faktoren für die vier Bewertungsdimensionen herangezogen werden können und auch müssen (Bruhn 2005, 36). Die Chancen und Risiken beschreiben dabei Komponenten, die für ein Unternehmen durch seine Umwelt *extern* vorgegeben sind. Zur Umwelt zählen neben politisch-rechtlichen Rahmenbedingungen auch der technologische Fortschritt sowie ökonomische und soziokulturelle Einflüsse.

Politisch-rechtliche (political) Faktoren	Soziokulturelle (social) Faktoren
Arbeitsmarktpolitik, (Hoch-)Schulpolitik bzgl. Regelungen zum BAFöG-Bezug und Studiengebühren, Familienpolitik ...	Demografie, Einkommensverteilung, Konsum- und Freizeitverhalten, Veränderung der Frauen- und Müttererwerbstätigkeit, Bildungsniveau und Aufgeschlossenheit gegenüber lebenslangem Lernen, berufliche Mobilität...
Ökonomische (economical) Faktoren	Technologische (technological) Faktoren
Konjunktur, Arbeitslosigkeit, Finanzmittel öffentlicher Haushalte ...	Produktinnovationen im Bereich des Blended bzw. Online-Learnings, Software zur Lernunterstützung...

Abb. 6.6: PEST-Analyse (PEST = engl. Abkürzungen der vier Faktoren) zum Umfeld eines Bildungsanbieters (Bruhn 2005, 40)

Die *intern* diagnostizierten Stärken und Schwächen im Vergleich zum wichtigsten Konkurrenten begründen dagegen Wettbewerbsvor- und -nachteile eines Unternehmens. Sowohl Stärken als auch Schwächen werden als unternehmens*interne* und damit als vom Unternehmen beeinflussbare Faktoren angesehen.

Die SWOT-Analyse als klassisches Instrument zur Auswertung der vier Bewertungsdimensionen versucht, die identifizierten Chancen/Risiken mit damit korrespondierenden Stärken/Schwächen in Verbindung zu bringen (Bruhn 2005, 47 und 126ff., Macharzina, Wolf 2008, 342, Meffert, Burmann, Kirchgeorg 2008, 21, Steinmann, Schreyögg 2005, 173ff.).

6.3   Festlegung der Marketingziele und Ableitung von Marketingstrategien

Die Festlegung von (3) Marketingzielen und (4) Ableitung einer geeigneten Strategie werden als strategische Marketingplanung bezeichnet.

Festlegung der strategischen Ziele

Damit die strategische Planung nicht reaktiv zu einer stetigen Anpassung an Umweltverände-rungen „degeneriert", benötigt das Unternehmen ein klares und zugleich langfristig angeleg-tes Zielsystem. Ein solches Zielsystem verknüpft einzelne betriebliche Ziele zu einem großen Ganzen und bindet alle betrieblichen Funktionsbereiche (Abteilungen) ein. Dies gelingt z. B. Top-down durch eine hierarchische Zielanordnung in Pyramidenform Die strategischen und operativen Ziele für das Marketing leiten sich auf diese Weise direkt aus übergeordneten Unternehmenszielen ab.

Bewährt hat sich in Unternehmen, die mehrere verschiedene Produkte am Markt anbieten, eine Differenzierung der Marketing-Ziele nach *strategischen Geschäftsfeldern (SGF)*. Für jedes SGF werden nun strategische Marketingziele formuliert. Diese Zielformulierung gilt es, sowohl auf unternehmens-, kunden- als auch auf mitarbeitergerichtete Ziele herunter zu brechen wie in folgender Abbildung dargestellt:

Unternehmensgerichtete Ziele	Dazu zählen Ziele zur Steigerung
spiegeln den wirtschaftlichen Erfolg des Unternehmens wider.	• des wirtschaftlichen Erfolgs durch Anzahl ver-kaufter Produkte (Absatz), Verkaufserlöse (Um-satz), Gewinn oder Deckungsbeitrag (Umsatz ab-züglich variabler Kosten), • der Liquidität (Zahlungsfähigkeit), • des Marktanteils.
Kundengerichtete Ziele	Dazu zählen
sind sowohl auf bestehende als auch zukünftige Kunden ausgerichtet.	• psychologische Ziele wie z. B. zum Bekanntheits-grad und Image, zur wahrgenommenen Qualität und Kundenzufriedenheit , • verhaltensbezogene Ziele, z. B. das Verhalten bzgl. Wiederkauf, Weiterempfehlung und Cross-Selling (d. h. Verkauf von Produkten unterschied-licher SGF) und Up-Selling (Verkauf höherwerti-ger Produkte), • kundenbezogene ökonomische Ziele wie der Kun-denlebenszeitwert.

Mitarbeitergerichtete Ziele	Dazu zählen
zielen darauf, die Motivation unter den Mitarbeiter zu erhöhen, die positiv mit der Produktivität und Arbeitsqualität korreliert und zugleich Fehlzeiten sowie Fluktuation senkt.	• Mitarbeiterzufriedenheit, • Produktivität (negative Produktivität: Reklamationsquote), • Mitarbeiterbindung, Betriebszugehörigkeitsdauer.

Abb. 6.7: Differenzierung von strategischen Marketingzielen (Meffert, Bruhn 2009, 141ff.)

Die Formulierung von *kundengerichteten* Marketing-Zielen ist auf allen Käufermärkten[37] und damit auch im Dienstleistungsbereich nichts Neues. Die in der Abbildung oben genannten Kennzahlen zur Kundenzufriedenheit und Weiterempfehlung setzen jedoch stets eine intensive und professionelle Kunden- und Serviceorientierung voraus. Diese gilt als zentraler Wettbewerbsvorteil und Garant für eine hohe bzw. überragende Leistungsqualität. Auch viele Bildungsanbieter haben dies u. a. im Zuge der Einführung eines Qualitätsmanagement-Systems inzwischen bereits verinnerlicht. Auf Kunden ausgerichtete Qualitätsziele und eine stärkere Kundenorientierung implizieren für Lehrende dabei einen Rollenwechsel (Schäffner 1993, 260).

Ableitung von Marketingstrategien

Zur Erreichung der Ziele werden nun im nächsten Schritt für jedes einzelne SGF des Unternehmens passende Strategien abgeleitet. Vorgestellt werden die vier klassischen Marktfeldstrategien, die Möglichkeiten der Produktdifferenzierung und der Positionierung für Unternehmen.

Angebotsentwicklung: Ableitung der Marktfeldstrategie

Die Produkt-Markt-Matrix, die nach ihrem Entwickler auch unter dem Namen Ansoff-Matrix bekannt ist, bietet Unternehmen mittel- und langfristig vier strategische Stoßrichtungen an. Diese Festlegung auf eine Stoßrichtung wird als *Marktfeldstrategie* bezeichnet. Die Matrix unterscheidet einerseits zwischen aktuellen und Neukunden und andererseits zwischen aktuellen und neuen Märkten.

---

[37] Den Begriff *Käufermarkt* kennzeichnet eine Marktsituation, in der nicht die betriebliche Produktion das „Nadelöhr" darstellt. Eine größere Herausforderung ist es für ein Unternehmen am Markt stattdessen, für seine Produkte und Dienstleistungen auch Käufer in ausreichender Zahl zu finden.

Produkte \ Märkte	Gegenwärtig	Neu
Gegenwärtig	Marktdurchdringung	Marktentwicklung
Neu	Produktentwicklung	Diversifikation

Abb. 6.8: Die Ansoff-Matrix zur Produkt-Markt-Entwicklung (Ansoff 1957, 114 nach Meffert, Bruhn & Kirchgeorg 2008, 261, Gabler Grafik)

- Die Strategie der *Marktdurchdringung* ist Ausgangspunkt für alle anderen strategischen Stoßrichtungen. Dazu werden Instrumente des Marketing Mix verstärkt angewendet, um den Absatz bei den bereits bestehenden Kunden zu intensivieren bzw. Kunden bei der Konkurrenz abzuwerben. Beispiel: Eine auf Sozial- und Gesundheitsberufe spezialisierte Fachhochschule bietet ausschließlich berufsbegleitende Bachelor (BA)-Studiengänge an. Mit einer verstärkten Öffentlichkeitsarbeit soll der Bekanntheitsgrad in der Zielgruppe regional kurzfristig erhöht werden. Damit sollen auch Bewerber gewonnen werden, die den gleichen Studiengang sonst berufsbegleitend an einer anderen Fachhochschule studieren würden.

- Die *Produktentwicklungsstrategie* zielt darauf, der bereits bestehenden Zielgruppe Innovationen bzw. Marktneuheiten anzubieten. Beispiel: Die beispielhaft genannte Fachhochschule, bietet fertigen BA-Absolventen aus dem Sozial- und Gesundheitsbereich ab sofort auch die Möglichkeit, ein konsekutives Master-Studium anzuschließen.

- Die *Marktentwicklungsstrategie* dehnt den Absatzmarkt regional, national oder international aus. Beispiel: Die Fachhochschule wirbt nicht mehr nur regional, sondern bundesweit. Außerdem werden Kooperationsverträge mit berufsbildenden Schulen (Ergotherapie, Heilerziehungspflege etc.) abgeschlossen, die das Studium für Schulabsolventen attraktiv machen.

- Die *Diversifikation* kennzeichnet die Erweiterung des bestehenden Produktprogramms sowohl um neue Produkte als auch um neue Märkte und bisherige Nicht-Kunden zu gewinnen. Beispiel: Die FH bereichert ihr Programm um neue Master-Studiengänge, die nicht konsekutiv auf die bestehenden BA-Studiengänge aufbauen, und um Angebote der betrieblichen Weiterbildung.

- Die Strategieauswahl hängt dabei auch von der Möglichkeit eines Unternehmens ab, Synergien zu nutzen: Mehr Studierende (bei gleichen Betriebskosten) versprechen bei den Strategien Marktdurchdringung und Marktentwicklung betriebliche Kostenvorteile. Einer bereits bekannten Zielgruppe bzw. bestehenden Kunden dagegen ein (neues) weiteres Produkt zu verkaufen, bedeutet die Nutzung von Synergien im Absatzbereich. Hier eröffnet der Bekanntheitsgrad viele Absatzvorteile (Macharzina, Wolf 2008, 341).

Differenzierung als Wettbewerbsvorteil

Die mit Hilfe der Ansoff-Matrix getroffene Entscheidung zur Angebotsentwicklung ist zugleich auch abhängig vom Konkurrenzangebot der jeweiligen Mitwettbewerber. Je besser es einem Anbieter gelingt, sich von seinen Mitwettbewerbern abzusetzen, desto größer ist sein Wettbewerbsvorteil. Echte Wettbewerbsvorteile sind sowohl wahrnehmbar, als auch bedeutsam und dauerhaft (Bruhn 2005, 204). Der Preis ist dabei nur *eine* Möglichkeit, sich vom Mitwettbewerber zu differenzieren. Kotler und Bliemel (1995, 467) unterscheiden insgesamt vier Kategorien zur Angebots*differenzierung*: Ein Unternehmen kann seinen Kunden ein Mehr an Nutzen bieten, indem sein Angebot besser (Qualität), neuer (Innovationen), schneller (Zeit) und preisgünstiger (Kosten) ist. Allerdings: Wie viele Möglichkeiten einem Unternehmen tatsächlich offen stehen, sich von seinen Mitwettbewerbern zu differenzieren, um Wettbewerbsvorteile zu erlangen, ist je nach Branche unterschiedlich. Manche Unternehmen entdecken zahlreiche, aber nur kleine Vorteile, die leicht imitierbar und daher sehr kurzlebig sind.

Gerade für Anbieter, die mit einem „dauernden Neutralisieren ihrer Wettbewerbsvorteile" (Kotler u. a. 2007, 501) leben müssen, ist die Frage der qualitativen Differenzierung wichtig: Wie werde ich „besser" als meine Mitwettbewerber? Kotler und Bliemel (1995, 470 ff.) nennen vier qualitative Differenzierungsansätze (Produkt, Service, Mitarbeiter, Image). Durch den direkten Kundenkontakt steckt in den Mitarbeitern von Dienstleistungsunternehmen, zu denen auch viele Bildungsanbieter zählen, ein besonderes Differenzierungspotential. Selbst wenn sich die Kernleistung ansonsten nicht von Wettbewerberprodukten unterscheidet, bekommt das Produkt je nach Differenzierung für den Käufer eine andere Bedeutung (Kotler, Bliemel 1995, 485).

Positionierung

Der Begriff der *Positionierung* wurde von Ries/Trout (1982) geprägt. Die provokante Ausgangsfrage dazu lautet: Kann ein Unternehmen dauerhaft erfolgreich sein, wenn sein Image (Reputation) ein eher *zufälliges* Ergebnis des unternehmerischen Handelns ist? Inzwischen sind Positionierungsmodelle in der Marketingpraxis sehr populär geworden: Dahinter steckt die Auffassung, Unternehmen müssen ihr Image sowohl bei der Entwicklung neuer Produkte als auch bei einem sogenannten Produkt-Relaunch[38] aktiv „positionieren". Positionierung beschreibt die zielgerichtete und planmäßige Steuerung des Images dahingehend, dass ein Unternehmen so gesehen wird, wie es auch gesehen werden will. Wenn es gelingt, in den Köpfen der Nachfrager eine positive, relevante und unverwechselbare Vorstellung (Image) für ein Produkt aufzubauen und fest zu verankern, dann handelt es sich bei diesem Produkt um eine *Marke*. Der Markenbegriff geht dabei über die rein physischen Kennzeichen der Produktherkunft wie Logo bzw. Farbe und Form der Verpackung hinaus. (Esch, Hermann, Sattler 2008, 194, Bruhn 2005, 343). Es lassen sich sowohl Waren, Dienstleistungen aber

---

[38] Der Relaunch eines Produktes entspricht einer Produktmodifikation, also der Veränderung von einer oder mehrerer Eigenschaften eines bereits im Markt eingeführten Produktes. Dabei ist eine eindeutige Differenzierung zwischen Relaunch und Innovation kaum möglich (Meffert, Burmann, Kirchgeorg 2008, 457f.).

auch Institutionen, Unternehmen, Personen, Städte und Länder als Marke positionieren (Köhler 2001, 45, Meffert, Burmann, Kirchgeorg 2008, 371ff.). Eine erfolgreiche Positionierung als Versuch, eine Marke mit einem einzigartigen Eindruck unverwechselbar zu machen, dient daher zugleich der *Profilierung* (Trommsdorff 2004, 175).

6.4   Marketing Mix

Nach Festlegung der Marketingziele und Strategien sind nun konkrete Marketinginstrumente auszuwählen, die dazu beitragen, die Ziele und Strategien operativ umzusetzen. Diese lassen sich nach McCarthy (1960) als „4 P's" kategorisieren:

- Kommunikationspolitik (promotion policy),
- Produktpolitik (product policy),
- Preispolitik (price policy),
- Distributionspolitik (place policy).

Kommunikationspolitik

Kommunikationspolitik umfasst alle Kommunikationsinstrumente und -maßnahmen eines Bildungsanbieters, um mit seinen Stakeholdern in Interaktion zu treten (Bruhn 2005, 284). Da der Einfluss von unternehmensgerichteten Kommunikationszielen (wie Umatz und Gewinn) schwer zurechenbar ist, sollte sich Kommunikationspolitik an psychografischen Zielen orientieren: Dazu zählt neben der Steigerung des Bekanntheitsgrades eines Produktes, die Differenzierung gegenüber anderen Wettbewerbern am Markt sowie die Erzielung eines bestimmten Images bzw. einer bestimmen Einstellung auf Kundenseite, die sich dann in Form einer gestiegenen Kaufabsicht, Loyalität oder Weiterempfehlung offenbart (Meffert, Brumann, Kirchgeorg 2008, 634).

Kommunikationspolitik bezieht sich dabei nicht nur *extern* auf Kunden, Öffentlichkeit und sonstige externe Stakeholder. Sie wendet sich *intern* an die Mitarbeiter z. B. über (Mitarbeiter-)Zeitung und Intranet: Z. B. gibt die Volkshochschule Hamburg bereits seit den 1990er Jahren eine zweimal jährlich erscheinende Mitarbeiterzeitung heraus. Außerdem werden dort sämtliche festangestellten Mitarbeiter zu regelmäßigen „Orientierungstagen" eingeladen. Die Themen orientieren sich an Programminhalten, der Organisationsentwicklung und Unternehmenskultur (Camerer 1997, 256). Neben der Mitarbeitermotivation bietet eine gute interne Kommunikation weitere Vorteile für das Management: Funktioniert Kommunikation nicht einseitig, erhalten Mitarbeiter Informationen zu Beschlüssen bzw. zukünftigen Projekten und das Management erfährt auf diese Weise Missstände, Unzufriedenheit und Verbesserungsvorschläge. Dies hilft, Krisen früh zu erkennen und Gerüchte zu verhindern. Je intensiver die Kommunikation ist, umso stärker kann daraus auf Mitarbeiterseite eine bessere Identifikation und ein besseres Verständnis für die Unternehmensziele entstehen. Nach außen ergibt das Mitarbeiterverhalten ein abgerundetes, geschlossenes Bild: die Corporate Behaviour wird verbessert (Brömmling 2010, 109).

Zu den wichtigsten Kommunikationsinstrumenten zählt neben Werbung, Verkaufsförderung, persönlicher und Direktkommunikation, die Öffentlichkeitsarbeit.

(Media-)Werbung durch vielfältige Werbeträger	• Werbeanzeigen in Printmedien, • Werbeanzeigen in Funk und Fernsehen, • Außenwerbung (Plakate, Aufschriften auf Fahrzeugen, Pappaufsteller etc.) und Kinoleinwände, • Vitrine, Schaukästen an exponierter Stelle u. a.
Online-Kommunikation und Werbung pull-Variante = Initiative geht vom Nutzer aus push-Variante = Initiative geht vom Anbieter aus	• Unternehmenshomepage (pull-Variante), • Bannerwerbung im Internet z. B. auf vielfrequentierten Seiten, u. a. Hyperlink zur Internetseite des werbenden Unternehmens, Suchmaschinenwerbung, Pop-up-Fenster, • Web 2.0-Angebote, in denen die Nutzer in sämtliche Aktivitäten integriert sind wie z. B. themenspezifische Foren und individuelle Meinungsäußerung in Blogs.
Öffentlichkeitsarbeit (Public Relations) Der überwiegende Teil dieser Dokumente findet sich auf der Unternehmenshomepage wieder (Online-Kommunikation).	• Geschäftsberichte, Jahresberichte, Jahrbücher, • Pressemitteilungen zu aktuellen Anlässen, • regelmäßige Newsletter (Infobrief, Rundbrief), • persönliche Stellungnahmen von Führungskräften, • Reden, Vorträge, • Publikationen (Faltblatt, Flyer, Imagebroschüre), Merkblätter, Themenbroschüren, Imagefilme, Tagungsbände.
Verkaufsförderung	• Preisausschreiben und Gewinnspiele, • Werbegeschenke („give aways"), Merchandising, • Verteilen von Gutscheinen z. B. für Probeunterricht, • (Unterrichts-)Demonstrationen, Schau-Unterricht.
Persönliche Kommunikation	• Telefonische und persönliche Info- und Beratungsgespräche.
Direktkommunikation	• Mailing-Aktionen, Brief (Postwurfsendungen) oder Email, • Kataloge bzw. Programmübersichten und Handzettel, • Kundenclubs bzw. Kundenkarten.
Messen und Ausstellungen	• Messen, auf denen die Zielgruppen vertreten sind, z. B. für Weiterbildung, (Hoch-)Schulabsolventen, Fachmessen, • Stand auf dem Stadtteilfest, Weihnachtsmarkt.
Sponsoring	• Förderung von sportlichen oder kulturellen Ereignissen oder solchen im sozialen oder ökologischen Bereich durch Geld, Dienstleistung, Knowhow und Sachmittel.
Event Marketing	• Tag der offenen Tür bzw. „Lange Nacht der Wissenschaften" (analog Museen), • Feste zu einem besonderen Unternehmensanlass.

Abb. 6.9: Kommunikationsinstrumente und ihre Elemente (Meffert, Bruhn 2009, 288ff., Meffert, Burmann, Kirchgeorg 2008, 649, Kotler, Bliemel 1995, 909, Brömmling 2010, 115)

Jedes Instrument hat seine eigenen Besonderheiten und ist in sich zu komplex, um allumfassende Aussagen zu den Eigenschaften zu treffen (Kotler, Bliemel 1995, 939).

Produktpolitik

Die Produktpolitik kann als „Herz des Marketings" bezeichnet werden (Meffert, Burmann & Kirchgeorg 2008, 397). Produkte sind, wie bereits erläutert, immaterielle Werte, Dienstleistungen oder Güter. Produktpolitisches Ziel ist es, alle Angebote an den Bedürfnissen der Nachfrager auszurichten, um daraus einen Wettbewerbsvorteil zu ziehen (a. a. O. 2008, 401). Analog der Kommunikationspolitik kennt auch die Produktpolitik unterschiedliche Instrumente: Das bestehende Angebot wird durch *Innovation* (Neuentwicklungen) und *Variationen* (Veränderungen) differenziert, um die zur Zielgruppe zählenden Kunden noch besser anzusprechen. Zur Variation zählen u. a. die *zeitliche* Differenzierung (z. B. wenn Angebote statt tagsüber nun auch abends oder am Wochenende stattfinden), die *räumliche* Differenzierung (Angebote jetzt zusätzlich in anderen Regionen und Ländern). Besonders interessant ist auch das Angebot von kostenlosen *Zusatzleistungen*, die dem Nachfrager einen zusätzlichen Nutzen versprechen. Kern- und Zusatzleistungen bilden zusammen das sogenannte Leistungsprogramm (Meffert, Bruhn 2006, 392f.).

Abb. 6.10: Leistungsprogramm eines Sprachkursanbieters (In Anlehnung an Palmer 2001, 129 und Meffert, Bruhn 2006, Gabler Grafik)

Das Profilierungspotential, das einem Anbieter hilft, sein Leistungsprogramm gegenüber der Konkurrenz zu differenzieren, bestimmt sich durch zwei Faktoren: Entscheidend ist, (1) was der Kunde erwartet. *Muss*-Leistungen werden von allen Anbietern standardmäßig angeboten und daher vom Nachfrager auch erwartet. *Soll*-Leistungen sind noch nicht bei allen Anbietern im Angebot und *Kann*-Leistungen werden wegen ihres innovativen Charakters (noch) von keinem anderen angeboten. Das Profilierungspotential bestimmt sich (2) aber auch darüber, wie eng der Nutzen der Zusatzleistung inhaltlich an die Kernleistung gekoppelt ist (Stichwort: Affinität). Dabei gilt: Je weniger der Kunde die Zusatzleistung erwartet und je weniger die Zusatzleistung inhaltlich mit der Kernleistung zu tun hat (geringe Affinität), umso stärker ist ihr Profilierungspotential.

Preispolitik

Während allgemein in den letzten Jahren die Bedeutung der Preispolitik deutlich zugenommen hat, wird sie im Nonprofit-Bildungsbereich kaum genutzt.

Für Private Hochschulen oder Weiterbildungsanbieter kann der Preis bzw. die Höhe der Studien- oder Kursgebühren dagegen durchaus ein wirksames Instrument sein, um ein stärkeres „Kaufverhalten" auszulösen bzw. langfristig die eigene Auslastung zu sichern: Preispolitik umfasst dabei alle Vereinbarungen zur Höhe des zu zahlenden Entgeltes sowie darüber hinausgehende Zahlungs- bzw. Finanzierungsbedingungen. Dazu zählen auch die Möglichkeiten der Preisdifferenzierung: Je nach Region (räumlich), Zeitpunkt (zeitlich)[39], Abnehmertyp und Menge, zahlen die Nachfrager einen unterschiedlich hohen Preis (Meffert, Burmann, Kirchgeorg 2008, 478ff.).

Dabei haben empirische Studien zum Preisverhalten von Kunden nachgewiesen: Preissenkungen beeinflussen das Kaufverhalten sogar stärker als Erhöhungen im Werbebudget. *„Kein anderes Instrument im Marketing hat solch direkte und schnelle Auswirkungen auf Umsatz und Gewinn"* (a. a. O. 551). Wettbewerber (und die Konkurrenz) reagieren auf Preisänderungen häufig unverzüglich. Dagegen tritt die Reaktion auf andere Marketinginstrumente erst verzögert ein. Neben der *Wirkungsstärke* und *-geschwindigkeit* gilt die schwere Revidierbarkeit von Preissenkungen als weiteres preispolitisches Kennzeichen: Sollte sich ein Preis später wieder erhöhen, führt dies häufig zum Aufschub der Kaufentscheidung. Im Kopf der Kunden hat sich dieser niedrigere (Referenz-)Preis verankert und es wird eine Wiederholung der Preissenkung erwartet bzw. darauf spekuliert. *„Neben den kurzfristigen Wirkungen müssen bei preispolitischen Entscheidungen allerdings auch langfristige Effekte berücksichtigt werden, z. B. der Aufbau eines attraktiven Preisimages oder die Etablierung zielführender Referenzpreise"* (a. a. O.).

---

[39] Klassisches Beispiel sind hier Frühbucherrabatte und Last-minute-Angebote.

6.5   Fazit

Die Entwicklung und Implementierung einer stärkeren Marketing-Orientierung hängt bei Bildungsanbietern von vielen Faktoren ab. Ausgangspunkt ist jedoch stets ein steigender Wettbewerb. Nicht alle Bildungsleistungen sind davon gleich stark betroffen: In der Weiterbildung befinden sich private Bildungsanbieter häufig schon viele Jahre in einer Konkurrenzsituation. Hier hat sich ein professionelles Marketing-Management bereits viel weiter entwickelt als in den „marktgeschützten" Bildungsbereichen in überwiegend öffentlicher Trägerschaft wie Kindergärten und (Hoch-)Schulen.

Knapper werdende öffentliche Mittel und Rückgänge in Kinder-, Schüler- und Studierendenzahlen machen zukünftig mehr Wettbewerb um Anmeldezahlen und in der Folge auch Marketing-Maßnahmen wahrscheinlich. Gleichzeitig wird deutlich: Der Prozess des Marketing-Managements umfasst mehr als Öffentlichkeitsarbeit und Werbung. Er beginnt bereits mit der Erfassung der Kundenwünsche und Bedürfnisse. Gelingt es einem Bildungsanbieter nicht, sich mit seinem Angebot differenziert bei Schülern, Teilnehmern oder Studierenden zu profilieren, wird er diese absehbar als Kunden verlieren. Insbesondere die pädagogischen Mitarbeiter, d. h. Lehrer, Dozenten, Erzieher sind dabei eine wichtige Anspruchsgruppe:

Durch Besonderheiten in der (Dienst-)Leistungserstellung kommt ihnen im Hinblick auf Kundenzufriedenheit und Kundenbindung eine zentrale Rolle zu. Das spiegelt sich im Marketing operativ in der Produktpolitik: Diese pädagogischen Mitarbeiter wirken sowohl bei der Erstellung der Kernleistung als auch bei den für die Profilierung wichtigen Zusatzleistungen mit. Öffentlichkeitsarbeit richtet sich daher nicht nur nach „draußen", sondern erfüllt auch im Unternehmen eine Schlüsselfunktion.

Ob betriebliche Marketing-Aktivitäten tatsächlich ihre strategische und operative Zielsetzung erfüllen, lässt sich in der Praxis dabei schwer erfassen: *„Weshalb ein Produkt oder eine Dienstleistung gekauft wird, ist nämlich in der Regel nicht allein auf eine einzelne Marketing-Maßnahme zurück zu führen"* (Rese, Herter 2005, 1010). Häufig sind „wahre" Kaufgründe unbewusste Entscheidungen und nicht einmal dem Kunden selbst bekannt. Aber auch sogenannte Verbundeffekte verzerren die verursachungsgerechte Zurechnung von Erlösen zu einzelnen Marketing-Maßnahmen.

(Mehr) Werbung für die *eine* Leistung beeinflusst immer auch den Verkaufserfolg der *anderen*. Die Zurechnung erschwert sich weiterhin dadurch, dass oft der Verkaufserfolg erst zeitlich verzögert eintritt (und dann gar nicht mehr mit der Marketing-Maßnahme in Zusammenhang gebracht wird). Auch ist der Absatzerfolg sehr häufig parallel von externen Einflüssen abhängig: Neue gesetzliche (Förder-)Regeln und konjunkturelle Verbesserungen etc. vermögen eine Nachfrage mitunter stärker zu steigern, als parallel dazu statt findende Marketing-Maßnahmen.

6.6 Vertiefungsaufgaben und -fragen

1. Ein Unternehmen bietet langjährig allen neuen Mitarbeitern eine Schulung für die hausintern genutzte Software an. Diese Firmenschulungen werden von externen Bildungsanbietern durchgeführt. Überlegen Sie unter informationsökonomischen Aspekten, welche Such-, Erfahrungs- und Vertrauensguteigenschaften diese Firmenschulung aufweisen sollte?

2. Ein Kindergarten hatte in der Vergangenheit mehrere Leitungs- und Mitarbeiterwechsel. Darunter hat der Ruf der Einrichtung sehr gelitten. Nun sind die Anmeldezahlen rückläufig. Geben Sie der Kita eine Marketing-Empfehlung das informations-ökonomische Dreieck.

3. Eine gute interne Kommunikation ist in der Praxis häufig durch nebenberufliche Kursleiter oder Kursleiterinnen erschwert. Warum?

6.7 Literatur

Adler, J. (1994): Informationsökonomische Fundierung von Austauschprozessen im Marketing. Arbeitspapier zur Marketingtheorie Nr. 3. Universität Trier.

Alewell, K. (1977): Marketing – Management für Universitäten. Umweltbezogene Führung von Universitäten. In: Zeitschrift für Organisation, 46. Jg., Heft 5, 263–274.

AMA – American Marketing Association (2010): Definition of Marketing. Online in Internet: http://www.marketingpower.com/AboutAMA/Pages/DefinitionofMarketing.aspx (Stand: 15.03.2010).

Ansoff, H. I. (1957): Strategies for Diversification. In: Harvard Business Review, 35. Jg., Heft 5, 113–124.

Baumgarth, C. (2008): Markenpolitik. Markenwirkungen – Markenführung – Markencontrolling, 3. Aufl., Gabler, Wiesbaden.

Bernecker, M. (2007): Bildungsmarketing, 3. Aufl., Johanna, Köln.

Brömmling, Ulrich (2010). Nonprofit-PR, 2. Aufl., UVK, Konstanz.

Camerer, R. (1997): VHS vermarkten? oder: Wie die Hamburger Volkshochschule das Bildungsmarketing lernt. In: Geißler, H. [Hrsg.]: Weiterbildungsmarketing, Luchterhand, Neuwied, 244–264.

Bruhn, M. (2005): Marketing für Nonprofit-Organisationen. Grundlagen – Konzepte – Instrumente, Kohlhammer, Stuttgart.

Bruhn, M. (2009): Relationship Marketing. Das Management von Kundenbeziehungen, 2. Aufl., Vahlen, München.

Esch, F.-R., Andreas H. & H. Sattler (2008): Marketing. Eine managementorientierte Einführung, 2. Aufl., Vahlen, München.

Geißler, H. (1993) [Hrsg.]: Bildungsmarketing, Lang, Frankfurt.

Köhler, R. (2001): Erfolgreiche Markenpositionierung angesichts zunehmender Zersplitterung von Zielgruppen. In: Köhler, R., Majer, W. & H. Wiezorek [Hrsg.]: Erfolgsfaktor Marke. Neue Strategien des Markenmanagements, Vahlen, München. 45–61.

Kotler, P., et al (2007): Grundlagen des Marketing, 4. Aufl., Pearson, München.

Kotler, P. & F. Bliemel (1995): Marketing-Management, 8. Auflage, Schäffer-Poeschel, Stuttgart.

Kotler, P. & K. F. A. Fox (1985): Strategic Marketing for Educational Institutions, Prentice Hall, Englewood Cliffs/ New York.

Macharzina, K. & J. Wolf (2008): Unternehmensführung, 6. Aufl., Gabler, Wiesbaden.

McCarthy, J. (1960): Basic Marketing: A managerial approach. R. D. Irwin, New York.

Meier, R. (2005): Praxis Weiterbildung, Gabal, Offenbach.

Meffert, H. (1982): Marketing. Einführung in die Absatzpolitik, 6. Aufl., Gabler, Wiesbaden.

Meffert, H. & M. Bruhn (2006): Dienstleistungsmarketing, 5. Aufl., Gabler, Wiesbaden.

Meffert, H. & M. Bruhn (2009): Dienstleistungsmarketing, 6. Aufl., Gabler, Wiesbaden.

Meffert, H. et al. (2008): Marketing. Grundlagen marktorientierter Führung, 10. Aufl., Gabler, Wiesbaden.

Müller-Böling, D. (2007): Marketing von Hochschulen – Ein Rück- und Ausblick. In: Bruhn, M. et al. [Hrsg.]: Marktorientierte Führung im wirtschaftlichen und gesellschaftlichen Wandel. Prof. Dr. Dr. h.c. mult. Heribert Meffert zum 70. Geburtstag, Gabler, Wiesbaden, 261–281.

Nuissl, E. &; A. von Rein (1994): Öffentlichkeitsarbeit und Werbung. In: Meisel, Klaus et al (Hrsg.): Marketing für die Erwachsenenbildung? Klinkhard, Bad Heilbrunn, 165–180.

Palmer, A. (2001): Principles of Services Marketing. McGraw-Hill, London.

Paulsen, B. (1994): Innovatives und strategisches Weiterbildungsmanagement. Ein Konzept zur Entwicklung neuer Weiterbildungsangebote für Betriebe. In: Stahl, T. & M. Stölzl [Hrsg.[: Bildungsmarketing im Spannungsfeld von Organisationsentwicklung und Personalentwicklung, Bertelsmann, Bielefeld, 7–24.

Rese, M.; Valerie Herter (2005): Erfolgsbeurteilung und –kontrolle im Marketing. In: Wisu (das Wirtschaftsstudium), Heft 8/9, 1010–1011.

Ries, A. & J. Trout (1982): Positioning. The battle for your mind. How to be seen and heard in the overcrowded market place, Mc Graw Hill, New York.

Schäffner, L. (1993): Betriebliche Weiterbildung als Profit-Center. In: Geißler, H. [Hrsg.]: Bildungsmarketing, Lang, Frankfurt, 259–262.

Stahl, T. & M. Stölzl (1994) [Hrsg.]: Bildungsmarketing im Spannungsfeld von Organisationsentwicklung und Personalentwicklung. Bertelsmann, Bielefeld.

Steinmann, H. & G. Schreyögg (2005): Management. Grundlagen der Unternehmensführung, 6. Aufl., Gabler, Wiesbaden.

Tippelt, R. (1997): Soziale Milieus und Marketing in der Weiterbildung. In: Geißler, H. [Hrsg.]: Weiterbildungsmarketing, Luchthand, Neuwied, 187–209.

Trommsdorff, V. (2004): Konsumentenverhalten, 6. Aufl., Kohlhammer, Stuttgart.

Weiber, R. & J. Adler (1995): Informationsökonomisch begründete Typologisierung von Kaufprozessen. In: Zeitschrift für betriebswirtschaftliche Forschung (ZfbF), 47. Jg., Heft 1, 43–65.

7   Psychologische Kernaufgaben des Personalmanagements

Anne Levin und Kristin Pataki

Zu den Kernaufgaben *psychologischen* Personalmanagements zählen Prozesse der *Personalauswahl, -entwicklung* und *-führung*, die unter dem Begriff Personalpsychologie zusammengefasst werden können. Dieser Bereich bildet einen Teilaspekt der Arbeits- und Organisationspsychologie ab, die sich als wissenschaftliche Disziplin auf *„die Betrachtung des Individuums in seinen Verhaltens-, Befindens-, Leistungs- und Entwicklungszusammenhängen als Mitarbeiter einer Organisation"* konzentriert (Schuler 2005a, 11) und in diesem Zusammenhang Methoden, Ansätze, Verfahren und Erkenntnisse bereitstellt, auf deren Grundlage die Auswahl, Entwicklung und das Führen von Mitarbeitern möglich wird. Die fokussierten Maßnahmen der *Personalauswahl, -entwicklung* und *-führung* setzen stets am Individuum an und sollten immer in Verbindung zu organisationsumfassenden Veränderungsprozessen stehen.

Der folgende Beitrag gibt einen Überblick über diese Prozesse, die sich als Kernaufgaben des psychologischen Personalmanagements verstehen. Es sollen wesentliche Ansätze, Vorgehensweisen und theoretischen Hintergründe zur Auswahl und Entwicklung sowie der Führung von Mitarbeitern in Organisationen aufgezeigt werden, wobei sich die nachfolgenden Ausführungen an den Bedürfnissen zukünftiger Bildungsmanagerinnen und Bildungsmanager orientieren und auf die erforderlichen Grundkompetenzen im adressierten Feld abheben.

7.1   Personalauswahl

Prozesse der *Personalauswahl* knüpfen eng an betriebswirtschaftlich orientierte Maßnahmen der Personalbeschaffung an (z. B. Personalbedarfsermittlung, interne und externe Stellenausschreibung). In der Feststellung der Eignung potentieller Bewerberinnen und Bewerber besteht das Ziel eines sich anschließenden psychodiagnostisch ausgerichteten Ausleseprozesses. Unter Zuhilfenahme personalpsychologischer Instrumente soll dabei das Eignungspotential von Bewerberinnen und Bewerbern bedarfsgerecht ermittelt werden, um auf dieser Grundlage valide prognostizieren zu können, welcher der Aspiranten sich im zukünftigen Tätigkeitsfeld erfolgreich verhalten wird. Für eine derartige Verhaltensprognose gilt es, zunächst die Zielposition genau zu bestimmen. Denn nur, wenn bekannt ist, wofür sich potentielle Bewerber als geeignet erweisen müssen, lassen sich die interessierenden Eignungsmerkmale bedarfsgerecht erfassen. In der Folge kann dann zuverlässig derjenige Aspirant ausgewählt werden, der die Anforderungen, die aus der Tätigkeit erwachsen, bestmöglich erfüllt (Rosenstiel, Molt, Rüttinger 1995). Eine solche Ausleseentscheidung gründet sich auf einen *komplexen* Urteilsfindungsprozess, der sich jedoch als hochgradig störanfällig erweist, da das menschliche Informationsverarbeitungssystem in seinen Ressourcen begrenzt ist. Damit außerdem nicht, wie so häufig, der subjektive Evidenzeindruck den Prozess der psychologischen Personenbeurteilung dominiert, gilt es, den Auswahlprozess gezielt auf *eignungsrelevante* Informationen auszurichten.

Das gelingt, indem psychodiagnostische und psychometrische Prinzipien ihre Berücksichtigung finden (Jäger, Petermann 1999). So scheinen vor allem grundlegende Prozesskenntnisse wichtig, um Informationsverarbeitungsprozesse angemessen steuern und letztlich die gewünschte Ausleseentscheidung *zuverlässig* treffen zu können. Die deutsche Norm *DIN 33430* (u. a. Westhoff, Hellfritzsch, Hornke 2004) repräsentiert in diesem Zusammenhang ein wichtiges Hilfsmittel. Da sie es ermöglicht, Prozesse der Auswahl zukünftiger Mitarbeiterinnen und Mitarbeiter an psychodiagnostischen Standards auszurichten, gewinnt sie im Zuge von Zertifizierungs- und Akkreditierungsprozessen von Organisationen immer mehr an Bedeutung. Auch im Bildungsbereich wird dieser Trend spürbar. Die *DIN 33430* (ebd.) hebt zum einen auf die *Prozessqualität* ab, indem sie Subprozesse der berufsbezogenen Eignungsbeurteilung spezifiziert. Zum anderen weist sie aber auch *Qualifikationsmerkmale* aus, über die Personen verfügen sollten, die in einen psychologischen Auswahlprozess involviert sind. Da nur etwa zehn Prozent der Personalauswahlprozesse in deutschen Organisationen psychodiagnostischen Standards genügen, gilt es, die in der Norm dargestellten Aspekte, die sich auch in der einschlägigen wissenschaftlichen Literatur zur Arbeits- und Organisationspsychologie wiederfinden, zu berücksichtigen. Die weiteren Ausführungen greifen zwei dieser Aspekte auf. Zunächst sollen *Anforderungsanalysen* skizziert und im Anschluss personalpsychologische Ansätze der *Berufseignungsdiagnostik* beschrieben werden.

Das Erstellen von Fähigkeitsprofilen

Aus einer Tätigkeit erwachsen Anforderungen an den zukünftigen Inhaber. Zu Beginn jedes Personalauswahlprozesses sollte daher mittels Tätigkeits- bzw. Anforderungsanalysen spezifiziert werden, wofür sich ein Bewerber als geeignet erweisen soll. Eignung impliziert stets „*wessen wofür*". Denn nur, wenn bekannt ist, welche Anforderungen eine Tätigkeit kennzeichnen, lassen sich auch diejenigen Verhaltens- und Personenmerkmale ableiten, über die potentielle Bewerberinnen und Bewerber verfügen müssen, um im adressierten Aufgabenfeld beruflich erfolgreich agieren zu können. In diesem Zusammenhang stellen Anforderungsanalysen essentielle Parameter dar, um den Prozess der Eignungsfeststellung an den Bedürfnissen der Organisation ausrichten und letztlich Eignungsvoraussetzungen bedarfsgerecht erfassen zu können. Mittels standardisierter Fragebögen oder teilstandardisierter Expertenbefragungen wird dabei der Aufgabenkomplex, der die Tätigkeit auszeichnet, betrachtet. Basierend auf handlungsregulationstheoretischen Überlegungen wird die Tätigkeit in Unteraufgaben zerlegt (Hacker 1998) und deren Bewältigungsmöglichkeiten skizziert (u. a. Frieling,

Sonntag 1999). Auf Basis dieser Analyse lassen sich vor allem Verhaltensanforderungen ableiten und in ein Fähigkeitsprofil überführen (Schuler 2005b).

Fähigkeitsprofile sollten zunächst einmal tätigkeitsspezifische Anforderungen beinhalten, d. h. auf Kompetenzen Bezug nehmen, die sich für einen aktuell erfolgreichen Tätigkeitsvollzug als zentral erweisen.

Arbeitsbedingungen ändern sich aufgrund eines gesellschaftlichen und ökonomischen Wandels, der sich auch im Bildungsbereich mehr denn je rasch vollzieht und spürbar neue Anforderungsdimensionen für Mitarbeiterinnen und Mitarbeiter schafft. Um sich aber im Aufgabenfeld erfolgreich verhalten zu können, müssen Mitarbeiter diesen Veränderungen von Arbeitsplatzmerkmalen gewachsen sein. Eine Anforderungsanalyse sollte daher neben allgemein erfolgreichen Personenmerkmalen auch Anforderungen beschreiben, die sich auf das Potential von Mitarbeitern beziehen, ihre fachlichen und sozialen Kompetenzen an die Arbeitsbedingungen adaptieren zu können (und zu wollen). Im Rahmen einer Anforderungsanalyse sollte folglich betrachtet werden, wie bedeutsam sich das Gestaltungspotential zukünftiger Mitarbeiterinnen und Mitarbeiter für einen erfolgreichen Aufgabenvollzug darstellt.

Ein weiterer Aspekt sollte in die Analyse von Anforderungen einfließen. Da Tätigkeiten in ihrem arbeitspsychologischen Verständnis nicht nur der Schaffung materieller oder immaterieller Werte dienen, sondern sich auch auf die Erfüllung gesellschaftlicher und vor allem individueller Bedürfnisse ausrichten (z. B. Ulich, 2005), sollte eine Anforderungsanalyse auch das Wohlbefinden und die Arbeitszufriedenheit des Bewerbers adressieren (Schuler 2002, 2005b). Es gilt, die Anreize der Tätigkeit zu analysieren (z. B. Verdienst- und Karrieremöglichkeiten, Arbeitszeiten) und auf Bedürfnis- und Interessenstrukturen zu beziehen (z. B. Leistungs-, Macht- und Anschlussstreben, Karriereentwicklung, Bedürfnis nach Wertschätzung, Selbstbestimmtheit). Korrespondierende Eigenschaftsanforderungen sind im Fähigkeitsprofil entsprechend festzuhalten.

Eine bedarfsgerechte Erfassung des Eignungspotentials impliziert folglich eine Operationalisierung von Anforderungen. Das kann u. a. mittels Situationsanalysen geschehen. Prozesse der Personalauswahl und sich anschließende Maßnahmen der Personalentwicklung und Personalführung lassen sich auf diese Weise zielführend etablieren.

Personalpsychologische Ansätze der Berufseignungsdiagnostik

Kompetenzen, die sich aus dem Fähigkeitsprofil ergeben, lassen sich mittels personalpsychologischer Instrumente aus konstrukt-, verhaltens- und ergebnisorientierten Ansätzen der Berufseignungsdiagnostik erheben (Schuler 2002, Schuler, Höft 2005). Die bereitgestellten Messinstrumente unterscheiden sich in ihrem Aufwand, ihrer Akzeptanz und vor allem in Bezug auf ihren Standardisierungsgrad. So stellt sich das Merkmal der Validität (*Erhebt das Instrument das Merkmal, das es messen soll?*) als das wohl wichtigste Gütekriterium personaldiagnostischer Instrumente dar, um beurteilen zu können, inwiefern die erzeugten Daten genutzt werden können, um die angestrebte Verhaltensprognose (*Wird der Bewerber im zukünftigen Tätigkeitsfeld erfolgreich sein?*) zuverlässig treffen zu können (u. a. Amelang, Smitz-Atzert 2006, Fisseni 2004).

Konstruktorientierter Ansatz der Berufseignungsdiagnostik

Psychologische Tests sind dem *konstruktorientierten* Ansatz der Berufseignungsdiagnostik zuzuordnen. Sie erfassen theoretisch begründete Eigenschaftsdimensionen (z. B. Intelligenz) als stabile Konstrukte. Sie unterliegen in ihrer testtheoretischen Konstruktion der Konstruktvalidierung und erzeugen eignungsrelevante Daten, die einer mittleren bis hohen Validität entsprechen (Kanning 2009, Rheinberg 2005, Kanning, Holling 2002). Psychologische Tests sollten ausgebildetem Personal vorbehalten bleiben, um die Testergebnisse einer angemessenen Interpretation zuzuführen. Im Rahmen der Auswahl von Management-Funktionen im Bildungsbereich spielen sie mit großer Wahrscheinlichkeit eine untergeordnete Rolle, so dass auf eine detaillierte Beschreibung verzichtet wird.

Simulationsorientierter Ansatz der Berufseignungsdiagnostik

Verfahren, die dem *simulationsorientierten* Ansatz der Berufseignungsdiagnostik zuzuordnen sind, erfassen Verhalten, das Elemente der beruflichen Tätigkeit repräsentiert (Schuler, Höft 2005). Sie unterliegen der schwächeren Kontentvalidierung, d. h. eine resultierende Verhaltensprognose stützt sich nicht auf eine theoriegeleitete und präzise Operationalisierung von Eigenschaftsmodellen, sondern ergibt sich aus der Beobachtung und Bewertung von individuellem oder interaktivem Verhalten, das potentielle Bewerberinnen und Bewerber situationsgebunden simulieren.

Urteile, die aus derartigen Verhaltensbeobachtungen folgen, stellen sich nur dann als prognostisch valide dar, wenn sich die Interpretationen auch *eng* an den Verhaltensweisen orientieren, die Bewerber in Arbeitsproben, Präsentationen, Gruppendiskussionen und Rollenspielen zeigen. So kann beispielsweise aus den kommunikativen Kompetenzen eines Bewerbers (z. B. Mitarbeitergespräch) nicht geschlossen werden, dass er sich generell als Führungskraft erfolgreich zeigen wird. Eine derartige Interpretation muss auf zusätzlichen Verhaltensbeobachtungen basieren, die nicht nur kommunikative Fähigkeiten einschließen, sondern sich auch auf die Simulation von Tätigkeitselementen beziehen, die sich darüber hinaus für das erfolgreiche Handeln als Führungskraft als zentral erweisen.

Das *Assessment-Center* (AC) stellt den wohl populärsten Vertreter des simulationsorientierten Ansatzes der Berufseignungsdiagnostik dar. Als Testbatterie fasst dieses Verfahren eine Vielzahl von Methoden zusammen. Das nachfolgende Kapitel *Personalentwicklung* skizziert diese Methode, da sie häufiger für die Ermittlung des Entwicklungsbedarfs von Mitarbeiterinnen und Mitarbeitern eingesetzt wird.

Ergebnisorientierter Ansatz der Berufseignungsdiagnostik

Der *ergebnisorientierte Ansatz* der Berufseignungsdiagnostik stellt Instrumente bereit, die die Exploration vergangener Ereignisse (Fähigkeiten, Kenntnisse, Qualifikationen) fokussieren, um auf zukünftiges berufliches Handeln schließen zu können (u. v. a. Schuler 2002). Diese Verfahren unterliegen der pragmatisch ausgerichteten prädiktiven Validierungslogik, so dass sich eine Verhaltensprognose nur dann als prognostisch valide erweist, wenn zu

Grunde liegende personalpsychologische Instrumente einem hohen Standardisierungsgrad entsprechen. Das Einstellungsinterview bzw. Vorstellungsgespräch bildet einen repräsentativen Vertreter dieses Ansatzes ab.

Häufig wird in Einstellungsinterviews eine freie Gesprächsführung praktiziert, die schnell Gefahr läuft, sich auf eignungsirrelevante Informationen zu orientieren. Der Interviewer nimmt während des Einstellungsgesprächs Stellungnahmen und Schilderungen des Bewerbers auf und gewinnt Eindrücke, die er stetig verarbeitet und schließlich zu einem Gesamturteil integriert. Erwartungen und Absichten überlagern diesen Prozess der Urteilsbildung. Effekte der Überstrahlung und Bestätigung eignungsrelevanter und eignungsirrelevanter Informationen, der Übergewichtung negativer Informationen sowie des Maßstabs führen schnell zu einer Wahrnehmungsverzerrung und in der Folge zu Urteilsfehlern, wie folgende Abbildung zeigt (siehe auch Schuler 2002).

Reduzierung komplexer Sachverhalte anhand von...	
Überstrahlung	Der Interviewer orientiert sich an einem Gesamteindruck oder einem *hervorstechenden* Merkmal (z. B. Attraktivität) und schließt auf die Präsenz anderer Merkmale (z. B. Intelligenz).
Bestätigung und Übergewichtung	Entsprechend der Tendenz, kognitive Dissonanzen zu reduzieren, zeigt der Interviewer die Neigung, eintreffende Informationen *hypothesenkonform* zu verarbeiten. Insbesondere frühe Eindrücke werden überbewertet und schnell zu einem Gesamteindruck verdichtet. Dieser *subjektive Evidenzeindruck* fungiert dann als *Wahrnehmungsfilter*, der den weiteren Gesprächsverlauf bestimmt.
Maßstab	Interviewer neigen dazu, Bewerber im Vergleich zu anderen Bewerbern zu beurteilen. Wahrnehmbares Verhalten wird nicht an objektiven Kriterien, sondern an *Ankern* ausgerichtet, zu denen *Leistungen vorauslaufender Bewerber* oder das *eigene Selbstbild* zählen.

Abb. 7.1: *Urteilsfehler in Folge kognitiver Verzerrungen*

Um die Gefahr der Wahrnehmungsverzerrung und resultierender Urteilsfehler zu bannen, sollten sich Einstellungsinterviews stets einer Struktur bedienen (Schuler 2002). Das *Multimodale Interview* hat sich in diesem Zusammenhang bewährt (a. a. O.). Es verbindet den *ergebnisorientierten* mit dem *simulationsorientierten* Ansatz der Berufseignungsdiagnostik und stellt daher eine „echte" Alternative zu anderen Verfahren wie etwa einem *Assessment-Center* dar.

7.2   Personalentwicklung

Prozesse der Personalentwicklung sind historisch gesehen aus der Berufsausbildung in Unternehmen gewachsen. Sie beziehen sich auf die *berufliche Qualifizierung* von Mitarbeiterinnen und Mitarbeitern. Der bereits angesprochene gesellschaftliche und ökonomische Wandel erwirkt, dass Prämissen wie *lebenslanges Lernen* (Arnold, Benikowski, Griese, Lost 2008) oder die *lernende Organisation (*Agyris 1997) auch im Bildungsbereich zunehmend an Bedeutung gewinnen. Um sich, wie zuvor skizziert, auf sich verändernde Arbeitssituationen einstellen und die Markstellung der Organisation sichern zu können, müssen die Kompetenzen von Mitarbeiterinnen und Mitarbeitern stetig weiterentwickelt werden. Reformen, die in den vergangenen Jahren im Bildungssektor Einzug gehalten haben (z. B. Studienreform in Folge des Bologna-Prozesses), adressieren auch die internationale Wettbewerbsfähigkeit bildungsnaher Organisation, so dass es hier einer systematischen Entwicklung von Mitarbeitern in Bezug auf relevante Schlüsselkompetenzen bedarf (z. B. *Fachkompetenz, soziale und kommunikative Kompetenz*).

Der *Initiativkreis für Bildung* weist bereits seit mehr als zehn Jahren darauf hin, dass der Faktor *Lernfähigkeit* in seiner Bedeutung für den betrachteten Sektor immanent wird. Fertigkeiten, die im Rahmen von Schul-, Berufs- und vor allem auch Universitätsausbildungen erlangt werden, reichen bei weitem nicht mehr aus, um die Tätigkeitsanforderungen zukünftiger Arbeitsplätze langfristig bewältigen zu können. Um wettbewerbsfähig zu bleiben (oder zu werden), muss den gesellschaftlich und ökonomisch erwachsenen Bedürfnissen nach einer bedarfsgerechten Entwicklung von Personal Rechnung getragen werden. Zudem zeigt der Forschungsstand zur Personalentwicklung, dass zwischen dem Wissensstand von Mitarbeitern und dem Wachstum von Organisationen ein enger Zusammenhang besteht. Die Qualifikation von Mitarbeitern hat sich als entscheidender Wettbewerbsfaktor erwiesen. Wird der Entwicklung von Personal keine Aufmerksamkeit zuteil, kommt es zur Schwächung der Organisation, wie die Organisationsbilanz in Krisenzeiten etwa zeigt. Die Förderung von Mitarbeiterpotential erweist sich insbesondere hier als eine überlebenswichtige Investition.

Mittels Personalentwicklungsmaßnahmen (PE-Maßnahmen) lassen sich interne Ressourcen angemessen ausschöpfen und vor allem die Handlungsfähigkeit von Mitarbeitern optimieren, Qualifikationsdefizite beheben, darüber hinaus die Identifikation mit der Organisation steigern (*Corporate Identity*), die allgemeine Persönlichkeitsbildung fördern oder aber den beruflichen Aufstieg vorbereiten (Neuberger 1991). Die Entwicklung von Kompetenzen stellt sich jedoch nur als effektiv dar, wenn sie sich bedarfsgerecht und laufbahnorientiert gestaltet. Das Eignungspotential wird auf diese Weise um Aspekte erweitert, die es dem Mitarbeiter erlauben, auch *zukünftig* Arbeitsaufgaben erfolgreich bewältigen zu können und so zur Erreichung von Organisationszielen beizutragen. Qualifizierungsmaßnahmen sollten sich dabei stets in ein personalpolitisches Konzept einfügen.

Maßnahmen der Personalentwicklung (PE) nach Conradi (1983)	
PE-into-the-Job	Qualifizierungsmaßnahmen, die auf die berufliche Tätigkeit vorbereiten (z. B. Berufsausbildung, Traineeprogramme).
PE-on-the-Job	Direktes Lernen in der realen Arbeitssituation unter Anleitung eines Vorgesetzten (Learning-by-Doing, Training-on-the-Job). Der Vorteil dieser Qualifizierungsmaßnahme liegt im Erwerb tätigkeitsrelevanter Techniken und der Entwicklung eigener effizienter Arbeitsmethoden. Eine fehlende Systematik erschwert jedoch das Erlernen grundlegender Bewältigungsstrategien und führt zu Überforderungssituationen.
PE-along-the-Job	Laufbahnbezogene Qualifizierungsmaßnahmen beziehen sich auf zukünftige Positionen von Mitarbeitern (Wechsel von Arbeitsaufgaben) und schließen eine individuelle Laufbahnentwicklung oder eine allgemeine Standardlaufbahn ein. Die Förderung von Nachwuchsführungskräften stellt ein populäres Einsatzfeld dar (z. B. Training sozialer Kompetenzen, Vermittlung von Kenntnissen in Kommunikation und Gesprächsführung, Rhetorikkurse).
PE-near-the-Job	Lernwerkstatt, Entwicklungsarbeitsplatz. Mitglieder aus demselben Arbeitsbereich bilden Lerngruppen, in denen selbst gesteuert unter Einsatz von Moderations- und Visualisierungstechniken sachbezogene Probleme und soziale Fragen diskutiert werden. Der Erfolg dieser Maßnahmen ist empirisch nicht nachgewiesen. Die Mitglieder qualifizieren sich jedoch in ihrer sozialen Kompetenz und identifizieren sich im Zuge der Zusammenarbeit stärker mit der Arbeit (vgl. Kapitel Personalführung).
PE-off-the-Job	Qualifizierungsmaßnahmen, die unter Weiter- und Fortbildung zusammengefasst werden können und Kenntnisse im Basisberuf aktualisieren oder Fähigkeiten vertiefen, die durch Weiterbildungen erworben wurden.
PE-out-off-the-Job	Qualifizierungsmaßnahmen, die auf den beruflichen Ruhestand vorbereiten. PE-out-off-the-Job stellt ein Anwendungsfeld dar, das in der Regel vernachlässigt wird, jedoch das gesundheitliche Wohlbefinden von Mitarbeiterinnen und Mitarbeitern nach dem Ausscheiden aus einer Organisation sichert.

Abb. 7.2: Maßnahmen der Personalentwicklung nach Conradi (1983)

Bildungsbedarfsanalyse

Auf der Basis einer Bildungsbedarfanalyse lässt sich die für die Entwicklung von Mitarbeiterpotential erforderliche *Ist-Soll*-Analyse durchführen. Zwischen den vorhandenen Qualifikationen des Mitarbeiters (*Welche Qualifikationen sind vorhanden?*) und denen, die für eine erfolgreiche Aufgabenbewältigung notwendig sind (*Welche Qualifikationen sind für die Arbeitsrolle erforderlich?*), wird abgeglichen. Da die Optimierung der Handlungskompetenz von Mitarbeitern zur Erreichung von Organisationszielen beitragen soll, stellt die Erfassung des realistischen Bildungsbedarfs eine unabdingbare Voraussetzung dar. Nur auf diese Weise lässt sich eine bedarfsgerechte Weiterbildungspraxis realisieren.

Um den Bildungsbedarf zu analysieren, stehen eine Vielzahl von *psychologischen* (und betriebswirtschaftlichen) *Methoden* zur Verfügung. Neben *Mitarbeiterbefragungen*, *Mitarbeitergesprächen*, *Beobachtungen*, *Dokumenten-* und *Innovationsanalysen* hat sich das *Assessment-Center* als Verfahren etabliert, um vor allem das Potential von Mitarbeitern zu analysieren, die *zukünftige* Führungspositionen anstreben.

Die zu ermittelnden Eignungsmerkmale stellen sich im Vergleich zur Anwendung der Methode im Rahmen der Personalauswahl als weniger spezifisch dar. Mitarbeiter werden in Bezug auf allgemeine Führungsmerkmale beurteilt und der individuelle Entwicklungsbedarf analysiert, um erforderliche Qualifizierungsmaßnahmen ab- und einleiten zu können. Jedoch ist auch hier anzuraten, Fähigkeitsprofile, die zur Beurteilung von Verhaltensleistungen herangezogen werden können, auf ihre Aktualität zu prüfen und zu justieren, d. h. nicht „fortlaufend", also von *Assessment-Center* zu *Assessment-Center* „blind" zu übernehmen.

Eine Entscheidung, *Assessment-Center* in Prozesse der Personalentwicklung (aber auch Personalauswahl) zu integrieren, bedingt, Beobachter regelmäßig in Bezug auf Aspekte der psychologischen Personenbeurteilung zu trainieren. Ziele von *Beobachtertrainings* liegen beispielsweise in der sicheren Kenntnis der eingesetzten Materialien (Übungen, Anforderungskategorien und deren Bedeutung), in der Einübung von Beobachtungs- und Beurteilungsprozessen, in der Kenntnis von Parametern, die die Wahrnehmung und Verarbeitung von Informationen stören und im Einüben von Feedbackgesprächen, die ein besonderes „Fingerspitzengefühl" erfordern. Da das *Assessment-Center* als Möglichkeit eingeführt wurde, den Bildungsbedarf zu erheben, muss den angehenden Führungskräften möglicher Bedarf auch zurückgemeldet werden. Jede Form der psychologischen Personenbeurteilung sollte mit einem Feedback abgeschlossen werden. Bewerber sollten stets angemessen über Defizite im Fähigkeitsprofil informiert werden. Denn nur auf diese Weise erhalten sie die Möglichkeit, eigene Kompetenzen auch realistisch beurteilen und entsprechend entwickeln zu können. Ein Gesichtspunkt, der in der Realität in der Regel (vor allem bei Einstellungsinterviews) unberücksichtigt bleibt.

Eine Taxonomie von Qualifizierungsmaßnahmen

Auf der Grundlage des ermittelten Bildungsbedarfs wird eine Ist-Soll-Analyse durchgeführt. Im weiteren Verlauf ist zu spezifizieren, mit welchen Qualifizierungsmaßnahmen eine errechnete Diskrepanz behoben werden kann. Dabei sind vor allem Lernziele zu definieren, um nach der abgeschlossenen Qualifizierungsmaßnahme beschreiben zu können, welches Verhalten Mitarbeiter zeigen sollen. Es gilt, Kriterien für die Beurteilung des Lernfortschritts festzulegen, um zwischen angestrebten und „tatsächlich erreichten" Lernergebnissen vergleichen zu können. Diese *Lernerfolgskontrolle* liefert in der Regel auch Anhaltspunkte für die Verbesserung von Qualifizierungsmaßnahmen und erhöht die Motivation der Mitarbeiter, an ihnen teilzunehmen. Vor allem komplexere Lernziele lassen sich nicht immer operationalisieren (z. B. *selbständiges Handeln*, *kreatives Denken*) und werden daher häufig außer Acht gelassen. Sie sollten jedoch Berücksichtigung finden, wobei folgende Leitfragen der Beschreibung von Lernzielen dienen können (Sonntag, Schaper 2006):

- Was muss der Lernende tun, um zu zeigen, dass er ein Lernziel erreicht hat?
- Unter welchen Bedingungen muss der Lernende das Endverhalten zeigen?
- Nach welchen Kriterien wird das Endverhalten beurteilt?

Qualifizierungsmaßnahmen lassen sich wie folgt klassifizieren:

Wissensorientierte Methoden
Mit Kognitiven Trainingsverfahren, Kooperativen arbeitsplatzbezogenen Lernformen, Computergestützten Mediale Lernprogrammen und Komplexen Lern- und Lernarrangements werden arbeitsplatzbezogene Kenntnisse vermittelt und vertieft, um Prozesswissen zu generieren oder den Aufbau mentaler Modelle zu ermöglichen. Die Qualifizierungsmaßnahmen fußen auf lerntheoretischen Ansätzen, die kognitionspsychologische, konstruktivistische und handlungstheoretische Überlegungen beinhalten.

Prozessorientierte Methoden
Qualifizierungsmaßnahmen, die unter diesem Ansatz zusammengefasst sind, zielen darauf ab, Interaktionsverhalten zu modifizieren und die allgemeine Persönlichkeit zu entwickeln. Die *Verbesserung von Kommunikationsprozessen*, das *Verständnis von Gruppenprozessen*, das *Erlernen von Konfliktbewältigungsstrategien* sowie die *Stärkung des Selbstkonzeptes* stellen Gegenstandsbereiche dar, die mit Methoden der *Verhaltensmodifikation, Beratungs- und betreuungsorientierte Verfahren (z. B. Mentoring, Coaching, Simulationsansätzen (z. B. Rollenspiele, Planspiele), Erlebnisorientierten Verfahren (z. B. Outdoor-Traning)* und *Aufgabenstrukturalen (z. B. Job Assignment, Arbeitsimmanente Qualifizierung)* forciert werden können.

7.3   Personalführung

Die *Personalführung* beschäftigt sich mit der *Verbesserung der Leistungsfähigkeit* von Mitarbeiterinnen und Mitarbeitern in Organisationen. In diesem Zusammenhang ist es zunächst wichtig wahrzunehmen, dass sich individuelle Ziele der Mitarbeiter deutlich von den Zielsetzungen der Organisation unterscheiden und in Konkurrenz zu diesen stehen können. In drei Abschnitten werden relevante Themen der Personalführung wie folgt diskutiert: Eine Beschäftigung mit *sinnvoller* Personalführung beinhaltet immer auch die Frage nach den notwendigen Kompetenzen der Führenden. Dementsprechend sollen zunächst relevante Merkmale und Schlüsselkompetenzen in der Personalführung thematisiert werden.

In Zusammenhang mit einer gelingenden Personalführung ist es einerseits wichtig, *individuelle Merkmale* der Mitarbeiter zu berücksichtigen aber auch die Arbeitsbedingungen so zu gestalten, dass günstige *Rahmenbedingungen* geschaffen werden können, um das Leistungspotential der Mitarbeiter auszuschöpfen und deren Zufriedenheit zu maximieren. Der zweite

Teil des Kapitels beschäftigt sich sodann mit dem Thema der *Arbeitsmotivation* und im Folgenden mit dem damit eng zusammenhängenden Bereich der *Arbeitszufriedenheit*. Im dritten Teil werden schließlich zwei wesentliche Methoden der Personalführung dargestellt, nämlich das *Mitarbeitergespräch*, die *Zielvereinbarung* und das *Feedback*.

Bedeutung von Persönlichkeitsmerkmalen für den Führungserfolg

Personalistische Führungstheorien wie das *Konzept der charismatischen Führungsperson* gehen davon aus, dass das „Charisma" einer Führungsperson entscheidend für deren Führungserfolg ist. Dieses Modell ist allerdings nicht durch empirische Daten abgesichert und vor allem Gegenstand ideologischer Auseinandersetzungen.

Etwas anders gelagert sind sogenannte *Trait*-Theorien, die davon ausgehen, dass bestimmte Persönlichkeitsmerkmale einen Führungserfolg wahrscheinlicher machen (u. a. Weinert 2004). In diesem Zusammenhang werden relevante relativ stabile Persönlichkeitsmerkmale wie eine *hohe Leistungsorientierung*, aber auch weniger stabile, eher erlernbare Fähigkeiten wie *soziale Kompetenzen* diskutiert.

Tatsächlich lässt sich zeigen, dass eine hohe Leistungsmotivstärke mit der Auswahl von herausfordernden Aufgaben und einer erhöhten intrinsischen Motivation bei der Bewältigung solcher Aufgaben einhergeht (McClelland 1987). Eine hohe Ausprägung des Merkmals *Problemorientierung* scheint ebenfalls günstig, da sie zu einer erfolgsmotivierten Sichtweise auch auf schwierige Probleme beiträgt (Pinchot 1985). Besonders wesentlich in Bezug auf die Führung von Mitarbeitern ist eine hohe internale Kontrollüberzeugung: Personen mit hoher internaler Kontrollüberzeugung erleben sich als selbstwirksamer und schreiben sich Erfolge persönlich zu, was wiederum zu einer günstigen Motivationslage für zukünftige Aufgaben führt (McClelland 1987).

Kritiker der personalistischen Führungstheorien und der *Trait*-Theorien merken an, dass diese sowohl die Umgebungsbedingungen (situative Merkmale) als auch die individuellen Merkmale und Bedürfnisse der Mitarbeiter sowie deren Erwartungen und Motive unberücksichtigt lassen (Weinert 2004). So zeigt Neuberger (2002), dass die Erwartung von Gruppenmitgliedern in bedeutsamer Weise den Führungserfolg der leitenden Person beeinflusst.

Trainingsprogramme, die sich die Kompetenzentwicklung von Führungskräften zum Ziel setzen, versuchen dementsprechend an den konkreten Führungsaufgaben ihrer Teilnehmer anzuknüpfen und die dafür relevanten Fähigkeiten zunächst zu identifizieren und dann systematisch zu entwickeln. Typische Beispiele sind in diesem Zusammenhang das Wissen um die motivationale Ausgangslage der Mitarbeiter und die Verbesserung der Mitarbeitermotivation durch Gabe von angemessenem Feedback und Ausrichtung auf realistische Zielsetzungen. Auch kommunikative Kompetenzen werden üblicherweise durch Führungskräftetrainings verbessert.

Bedeutung der Arbeitsmotivation für eine gelingende Personalführung

Die Motivationsforschung unterscheidet zunächst die Begriffe *Motiv* und *Motivation*. *Motivation* beschreibt einen inneren Zustand, der das Verhalten initiiert, ausrichtet und aufrechterhält, um ein spezifisches Ziel zu erreichen. *Motive* werden dagegen als Verhaltensdispositionen gefasst, d. h. sie stellen relativ stabile Persönlichkeitseigenschaften dar, die durch eine Vorliebe für bestimmte Arten von Zielen zum Ausdruck kommen und situativ angeregt werden. Beispiele sind das *Leistungsmotiv*, das *Anschlussmotiv* und das *Machtmotiv*.

Eine hohe *Arbeitsmotivation* sollte dementsprechend individuelle Arbeitshandlungen fördern und zu einer hohen Produktivität beitragen (Kals 2006). Kleinbeck (1996) beschreibt in Abhängigkeit der Ausprägung der Arbeitsmotivation individuelle Emotionen und Handlungsfolgen, die dann zu niedriger oder hoher Produktivität führen. Eine geringe Arbeitsmotivation geht demnach mit häufiger Abwesenheit, Krankmeldung, Arbeitsunzufriedenheit, geringem Leistungsniveau, Desinteresse oder Ärger und Fluktuation einher. Eine hohe Arbeitsmotivation ist dagegen von Arbeitszufriedenheit, regelmäßiger Anwesenheit, hohem Leistungsniveau, dem Gefühl von Stolz und der Identifikation mit der Organisation gekennzeichnet (Kleinbeck 1996). Es gibt eine Vielzahl theoretischer Ansätze, die sich mit der Erklärung unterschiedlicher motivationaler Ausgangslagen und Zustände beschäftigen. Grob lassen sie sich in *Bedürfnis-* und *Prozesstheorien* unterscheiden.

Bedürfnistheorien wie die Bedürfnispyramide nach Maslow (1970) orientieren sich an Inhalten, die zur Arbeit motivieren. So unterscheidet Maslow fünf Stufen von Bedürfnissen, die aufeinander aufbauen. Dementsprechend können höhere Bedürfnisse (z. B. *Selbstverwirklichung*, Stufe 1) erst dann entwickelt werden, wenn die auf den unteren Stufen liegenden Bedürfnisse (z. B. Bedürfnis nach *Sicherheit* und *Freiheit*, Stufe 4) erfüllt sind. Das Modell kann allerdings empirischen Überprüfungen nicht standhalten. Ein wesentliches Problem ist die Vereinfachung und Nichtbeachtung situativer Gegebenheiten. Auch die postulierte Abhängigkeit der Stufen voneinander lässt sich nicht nachweisen.

Das *Job-Characteristics-Modell* von Hackman und Oldman (1975) ist ebenfalls den Bedürfnistheorien zuzuordnen. Es versucht, Kernmerkmale der Arbeit zu identifizieren. Diese Merkmale wiederum führen zu sogenannten kritischen Erlebniszuständen (Kulik und Oldham 1988):

- Anforderungswechsel (*skill variety*),
- Identifikation mit der Aufgabe (*task identity*),
- Wichtigkeit der Aufgabe (*task significance*),
- Autonomie (autonomy),
- Rückmeldung (feedback from the job).

Die genannten Kernmerkmale wirken dann auf die vier abhängigen Variablen intrinsische Arbeitsmotivation (*internal work motivation*), Zufriedenheit mit den Entfaltungsmöglichkeiten (*growth satisfaction*), die allgemeine Arbeitszufriedenheit (*general job satisfaction*) und die Qualität der Arbeitsleistung (*work effectiviness*). Die sich daraus für Führungskräfte ergebenden Fragen sind dementsprechend vielfältig:

- Welche Auswirkung hat die Vergütung von Arbeit bzw. spezifische Belohnungsanreize auf die Arbeitsmotivation bzw. lässt sich diese durch extrinsische Belohnungsanreize steigern?
- Wie erlebt der Mitarbeiter die von ihm bearbeiteten Aufgaben (Fragen nach der Passung bezogen auf Schwierigkeit, persönliche Interessen und Fähigkeiten)?
- Erhält der Mitarbeiter genügend Rückmeldung bezogen auf seine Arbeitsergebnisse?
- Ist die Arbeit abwechslungsreich genug?

Probleme treten vor allem dann auf, wenn die Befriedigung individueller Bedürfnisse wie das Bestreben nach *Autonomie* und *Anerkennung* nicht durch die jeweilige Arbeitstätigkeit gelingt bzw. in Widerspruch zur Arbeitstätigkeit steht.

Prozesstheorien versuchen zu klären, welche kognitiven Prozesse zwischen dem Motiv und dem tatsächlichen Handeln ablaufen. Bekannte Theorien sind die von Vroom, die Motivation als ein Produkt aus Instrumentalisierungs- und Ergebniserwartung und Bewertung beschreibt (Vroom 1964) sowie die Zieltheorie von Locke (Locke, Latham 2002), welche davon ausgeht, dass Ziele und Intentionen das Arbeitsverhalten von Mitarbeitern determinieren. Unter der Voraussetzung, dass das Ziel von den Mitarbeitern akzeptiert wird, dass das Ziel als solches klar formuliert ist und Feedbackschleifen eingebaut werden, führt die Formulierung derartiger Ziele zu einer Aufmerksamkeitssteigerung sowie zu einer erhöhten Anstrengung und Leistung zur Zielerreichung. Führungskräfte sollten dies bei der Erarbeitung von Zielvereinbarungen berücksichtigen.

Auch *Attributionstheorien* können einen bedeutsamen Beitrag zur Aufklärung mangelnder Mitarbeitermotivation leisten. Sie erklären, welche Ursachen Personen Erfolgen und Misserfolgen zuschreiben. Es gibt günstige und ungünstige Attributionsmuster. Diese können jedoch auch verändert werden (Weiner 1986).

Die *Selbstbestimmungstheorie* von Deci und Ryan (2002) knüpft zunächst an die Theorie Maslows an, indem sie das Streben nach der Verwirklichung der drei psychischen Grundbedürfnisse nach Autonomie, Kompetenz und sozialer Eingebundenheit als Voraussetzung für die Entwicklung von intrinsischer Motivation ansieht. Im Gegensatz zur klassischen Unterscheidung von *intrinsischer* und *extrinsischer Motivation,* nehmen Deci und Ryan an, dass sich extrinsische und intrinsische Motivation auf einem Kontinuum bewegen. Sie unterscheiden im Folgenden vier Formen der extrinsischen Motivation, die sich im Grad der Selbstbestimmtheit einer Handlung und in der Wahrnehmung der externen Kontrolle unterscheiden.

Auf der ersten Stufe befindet sich die *Externale Verhaltensregulation.* Hier ist keine Autonomie des Handelnden erkennbar, Handlungen werden ausgeführt, um Bestrafung zu vermeiden oder Belohnungen zu erhalten. Auf der zweiten Stufe der *Introjizierten Verhaltensregulation* ist nach wie vor die externale Verhaltenskontrolle ausgeprägt, die Autonomie des Handelnden ist stark eingeschränkt. Allerdings werden jetzt Handlungen ausgeführt, um Schuld- und Schamgefühlen zu entgehen. Auf der dritten Stufe der *Identifizierten Verhaltensregulation* ist nunmehr die externe Verhaltenskontrolle gering, die Autonomie des Handelnden ist klar ersichtlich. Es erfolgte eine Akzeptanz und eine Identifikation mit der Handlung. Zugrunde liegende Ziele werden, wenn sie persönlich bedeutsam sind, bewusst übernommen. Auf der vierten Stufe der *Integrierten Verhaltensregulation* findet keine externale Verhaltenskontrolle statt. Die Autonomie ist entsprechend hoch, die der Handlung zugrunde-liegenden Ziele und Werte sind im Selbstkonzept verankert.

Der Unterschied zwischen *Integrierter Verhaltensregulation* und *Intrinsischer Motivation* liegt letztendlich im Ziel der Handlung selbst: Während bei der intrinsischen Motivation die Tätigkeit um ihrer selbst Willen ausgeübt wird, verfolgt das Verhalten, das der integrierten Verhaltensregulation zu Grunde liegt nach wie vor ein instrumentelles Ziel. Relevant ist diese Theorie für die Personalführung deshalb, weil sie Möglichkeiten der Verhaltensände-rungen aufzeigt. So können zunächst durch Verstärkung und Kontrolle gesteuerte Lernpro-zesse sukzessive in autonomes und selbstverantwortliches Handeln überführt werden. Dies gelingt dann, wenn die zugrundeliegenden Ziele für die Mitarbeiter bedeutsam sind, bzw. Prozesse und Erfahrungen initiiert werden können, die zu der Einsicht führen, dass diese Ziele verfolgt werden sollten und dementsprechend von den Handelnden bewusst übernom-men werden können.

Arbeitszufriedenheit und *Arbeitsmotivation* hängen zusammen und bedingen sich gegensei-tig. Arbeitszufriedenheit zeigt sich sowohl im Verhalten (z. B. durch geringe Krankenstände und geringe Fluktuation), in der Bewertung der Arbeit sowie dem emotionalen Wohlbefin-den.

Herzbergs *Zwei-Faktoren-Theorie* (Herzberg u. a., 1959) unterscheidet zwischen Faktoren, die zur *Arbeitsunzufriedenheit* führen, und Faktoren, die *Arbeitszufriedenheit* bedingen. So-ziale Beziehungen, Führungsstil, Rahmenbedingungen und Unternehmenspolitik sind Fakto-ren, die sich primär auf die *Arbeitsunzufriedenheit* auswirken. Die Ausgestaltung der Ar-beitsinhalte (Verantwortung, Anerkennung, Leistungsergebnis, Inhalte der Arbeitstätigkeit, Aufstieg) dagegen wirkt sich auf die tatsächliche *Arbeitszufriedenheit* aus. Orientiert man sich an den vorgestellten theoretischen Modellen, so lassen sich aus den empirischen Befun-den zumindest einige konkrete Empfehlungen ableiten (Kals 2006).

Arbeitsunzufriedenheit lässt sich vor allem dadurch abbauen, dass störende Einflüsse mini-miert und schlechte Arbeitsbedingungen verbessert werden. Beispiele dafür sind räumliche Enge, Hitze, Kälte, Lärm oder gesundheitsgefährdende Arbeitsbedingungen. Auch die Isola-tion von Mitarbeitern, Rollenkonflikte und emotionale Belastungen stellen gesundheitsschäd-liche Stressfaktoren dar, die zu einer erhöhten Arbeitsunzufriedenheit führen und darüber hinaus Risikofaktoren für die Gesundheit der Mitarbeiter darstellen. Die Erhöhung von Ar-beitszufriedenheit dagegen wird vor allem über eine Verbesserung der Passung der Aufgaben (weder Über- noch Unterforderung), der Förderung von Eigenverantwortung zur Stärkung der Autonomie, der Anerkennung von Leistungen, klarer Zielvereinbarungen sowie ange-messener Rückmeldungen über den Grad der Zielerreichung bewirkt.

Methoden der Personalführung

Mitarbeitergespräche und damit verbunden die *Entwicklung von Zielvereinbarungen* stellen die bedeutsamsten Instrumente der Personalführung dar. Mitarbeitergespräche dienen nicht nur der Problem- und Potentialanalyse, sie sollen auch einen diagnostischen Beitrag leisten, indem sie Wünsche und Motivationslage der Mitarbeiterinnen und Mitarbeiter sowie mögliche Ursachen für aufgetretene Konflikte zu ergründen helfen. Weiter sind sie der angemessene Rahmen, um individuelles Feedback an die Mitarbeiter zu geben.

Das Mitarbeitergespräch

Während zunächst vor allem in den 1970er Jahren formalisierte Beurteilungen in schriftlicher Form eine übliche Feedbackmethode darstellten, setzte sich in den 1990er Jahren zunehmend das strukturierte Mitarbeitergespräch in Unternehmen durch, da es dem Mitarbeiter unmittelbar eine Reaktion auf das Feedback einräumt, persönlicher ist und Rahmenbedingungen einbeziehen kann. Wesentliche Ziele des Mitarbeitergesprächs sind (Leonhardt, 1991):

* der Aufbau eines Dialogs zwischen Führungskraft und Mitarbeiter,
* eine Verbesserung der Zusammenarbeit zwischen Führungskraft und Mitarbeiter durch gemeinsame Reflexion und Prüfung der Arbeitsbeziehung,
* die Erhöhung der Mitarbeitermotivation und damit verbunden eine Stärkung der Eigenverantwortung.

Zunächst erfolgt eine Standortbestimmung, die dazu dient, den Mitarbeiter über die an ihn gestellten Erwartungen aufzuklären. Im nächsten Schritt wird geprüft, inwieweit die geforderten Ziele tatsächlich erreicht werden konnten. Zeigt sich eine Abweichung von den formulierten Anforderungen (sowohl im positiven wie im negativen Sinn), erfolgt eine Analyse der Stärken und Schwächen des Mitarbeiters. Dies kann tatsächlich auch in eine sogenannte differenzierte Potentialanalyse münden. Diese kann dann weiter Anlass für gezielte Personalentwicklungsmaßnahmen wie z. B. Trainings sein. Im Folgenden vereinbaren Führungskraft und Mitarbeiter Ziele, die in einem festgelegten Zeitraum (in der Regel ein Jahr) zu erreichen sind. Wichtig ist, dass diese schriftlich fixiert werden. Um diese Ziele zu erreichen, kann es notwendig sein, den Mitarbeiter an schwierigen Punkten gezielt zu unterstützen (z. B. durch Schulung, Coaching etc.).

Zielvereinbarungen

Wie zuvor dargestellt, ist ein wesentlicher Bestandteil des Mitarbeitergesprächs die Entwicklung von Zielvereinbarungen und die Analyse der notwendigen Voraussetzungen und Mittel. Wesentlich ist, dass die vereinbarten Ziele tatsächlich vom Mitarbeiter erreicht werden können, d. h., die Zielerreichung muss in dessen Macht stehen. Dementsprechend müssen die formulierten Ziele einerseits seinem Fachgebiet zuzuordnen sein, andererseits muss die Erreichbarkeit der Ziele von ihm gesteuert werden können. Werden Ziele festgelegt, die von der Kooperation anderer abhängen oder von äußeren Umständen wie der Entwicklung wirtschaftlicher und anderer Beziehungen, wird der Mitarbeiter sich nicht als autonom und selbstwirksam erleben können: Vielmehr wird er ein Gelingen den günstigen Umständen („Glück") zuordnen und somit ungünstige Attributionsmuster entwickeln, die seine Entwicklung langfristig hemmen. Ziele sollen daher in Anlehnung an Hager (2003) wie folgt formuliert werden:

- **S**   spezifisch, eindeutig und verständlich.
- **M**   messbar, d. h., das Ergebnis soll quantifizierbar sein.
- **A**   anspruchsvoll, aber
- **R**   realistisch, d. h., Ziele sollen den Mitarbeiter fordern, aber dennoch für ihn realistisch, also erreichbar sein.
- **T**   terminiert, d. h. über einen festgelegten Zeitraum zu erreichen sein, dabei sind Zwischenevaluationen zu berücksichtigen und es ist auch ein gegenseitiges Feedback am Ende mit einzuplanen.

In Anlehnung an die Selbstbestimmungstheorie von Deci und Ryan (2002) sollte besonders darauf geachtet werden, dass Ziele gemeinsam entwickelt werden und Zielvereinbarungen einvernehmlich getroffen werden. Die Mitarbeiter müssen die getroffenen Vereinbarungen bejahen können. Stehen diese im Widerspruch zu ihren Bedürfnissen und Werten, ist eine Zielerreichung fraglich, außerdem wird die Beziehung zwischen Führungskraft und Mitarbeiter durch eine derartige fremdbestimmte bzw. von der Führungskraft dominierte Zielvereinbarung belastet.

Feedback

Das im Rahmen des Mitarbeitergespräches zu gebende Feedback stellt besondere Ansprüche an die Führungskraft. Wichtig ist es, sich streng an Feedbackregeln zu halten, da sonst die Gefahr besteht, entweder zu wenig konkret und unehrlich Feedback zu geben oder aber verletzend zu sein. Beide Varianten sind weder für die Arbeitsbeziehung noch für die zukünftige Entwicklung förderlich. Zunächst hängt das Gelingen eines Feedbacks von der eingehenden Vorbereitung ab. Das Feedback muss gut begründet sein, dementsprechend bedarf es einer möglichst vorurteilsfreien Analyse des Mitarbeiterverhaltens, welches Stärken und Schwächen betrachtet. Ziele des Feedbacks müssen abgeklärt werden (*Warum jetzt dieses Thema? Was erhoffe ich mir von dem Feedback?*). Das Feedback sollte zudem geschützt gegeben werden, also in einem persönlichen Gespräch, das zuvor angekündigt wurde, damit der Mitarbeiter sich auf das zu erwartende Feedback einstellen kann. Das Feedback selbst sollte sodann möglichst konkret und am tatsächlichen Verhalten orientiert beschreiben, was positiv oder negativ beobachtet wurde. Bewertung und Beschreibung von Verhalten muss *strikt* voneinander getrennt werden. Die Führungskraft sollte in der Ich-Form sprechen und auch den persönlichen Eindruck von Situationen vermitteln. Das Gespräch sollte in einer möglichst entspannten Atmosphäre stattfinden, z. B. sollte es nicht unter Termindruck geführt werden.

Das Feedback sollte auch Reaktionen des Gegenübers zulassen, also dialogisch geführt werden. Dem Mitarbeiter kann unter Umständen auch die Möglichkeit gegeben werden, zunächst über das Feedback nachzudenken, bevor in einem weiteren Gespräch eine Konsensfindung über das weitere Vorgehen erreicht wird. Letzteres führt dazu, dass ein Mitarbeiter vor allem nach schwierigen Gesprächen durch ein derartiges Time-out nicht in die Ecke gedrängt wird und auch bewusst die Möglichkeit der differenzierten Stellungnahme erhält. Abschließend sollte der Mitarbeiter auch am Ende eines solchen Gesprächs immer noch wissen, warum er in der Organisation erwünscht ist und welche Perspektiven es für ihn gibt. Selbst Kündigungsgespräche sollten nicht „vernichtend" geführt werden.

Die hier beschriebenen Anforderungen sind sicherlich hoch und erfordern von Führungskräften hohe kommunikative Kompetenzen, zumal sie sich in den Gesprächen auf möglicherweise sehr unterschiedliche Mitarbeiterinnen und Mitarbeiter sowie dementsprechend vielfältige Bedürfnisse einstellen müssen. In diesem Zusammenhang gilt es auch, sich mit gesellschaftlichen Herausforderungen wie beispielsweise dem demografischen Wandel (Roth, Wegge, Schmidt 2007) oder der zunehmenden Migration zu beschäftigen. Nur eine Berücksichtigung dieser gesellschaftlichen Veränderungen erlaubt eine langfristig sinnvolle Personalführung.

7.4   Vertiefungsaufgaben und -fragen

1. Was bedeutet eine bedarfsgerechte Ermittlung von Eignungsmerkmalen und wie tragen *Situationsanalysen* zur Umsetzung bei?

2. Skizzieren Sie die wesentlichen Annahmen der *Selbstbestimmungstheorie von Deci & Ryan* und finden Sie ein Beispiel, an dem die vier Stufen der *Verhaltensregulation* deutlich werden? Worin besteht der Unterschied zwischen *Integrierter Verhaltensregulation* und *Intrinsischer Motivation*?

3. Wie würden Sie einer „angehenden" Führungskraft nach einer Potentialfeststellung Defizite in angestrebten Merkmalen zurückmelden, d. h. ein *Feedbackgespräch* gestalten? Hierzu sollen Ihnen folgende Anmerkungen helfen: Die Potentialanalyse hat hierbei vor allem starke Mängel im Führen von Mitarbeitergesprächen gezeigt. Der Aspirant hat im *Assessment-Center* vor allem das mangelhafte Leistungsverhalten nicht angemessen zurückmeldet, sich in Ausreden geflüchtet und dabei umschweifende Ausführungen genutzt. Im *Assessment-Center* hat der Aspirant gute Fähigkeiten in der Planung und Organisation von Aufgaben gezeigt. (Sie können das Feedbackgespräch in Ihren Lerngruppen üben).

7.5   Literatur

Amelang, M. & L. Schmidt-Azert (2006): Psychologische Diagnostik und Intervention. Springer, Berlin.

Agyris, C. (1997): Wissen in Aktion – eine Fallstudie zur lernenden Organisation. Klett-Cotta, Stuttgart.

Arnold, R., u. a. (2008): Lernen lebenslang – Ansichten und Einsichten. Schneider Hohengehren, Baltmannsweiler.

Conradi, W. (1983): Personalentwicklung. Enke, Stuttgart.

Deci, E.L. & R. M. Ryan (Eds.) (2002): Handbook of Self-Determination Research. University of Rochester, Rochester.

Dougherty, T.W., u. a. (1994): Confirming First Impression in the Employment Interview: A Field Study of Interview Behavior. Journal of Applied Psychology, (79), 659–665.

Festinger, L. (1957): A Theory of Cognitive Dissonance. Stanford University Press, Stanford.

Fisseni, H-J. (2004): Lehrbuch der psychologischen Diagnostik: Mit Hinweisen zur Intervention. Hogrefe, Göttingen.

Frieling, E. & Sonntag, K. (1999): Lehrbuch Arbeitspsychologie. Bern: Huber.

Hacker, W. (1998): Allgemeine Arbeitspsychologie. Psychische Regulation von Arbeitstätigkeiten. Huber, Bern.

Hackman, J. & G. Oldham (1975): Development of the Job Diagnostic Survey. Journal of Applied Psychology, (60), 159 – 170.

Hager, B. (2003): Führen durch Zielvereinbarung. In: W. Vogelauer & M.E. Risak [Hrsg.]: Management-Handbuch für Führungskräfte. Mainz, Wien. 23–48.

Herzberg, F., B. Mausner & B. B. Snyderman (1959): The Motivation to Work. Wiley, N. Y.

Kals, E. (2006): Arbeits- und Organisationspsychologie. Beltz, Weinheim.

Kanning, U. P. (2002): Grundlagen psychologischer Diagnostik. In: Kanning, U. P. & H. Holling. Handbuch personaldiagnostischer Instrumente. Hogrefe, Göttingen. 47–92.

Kanning, U. (2009): Diagnostik Sozialer Kompetenzen. Hogrefe, Göttingen.

Kleinbeck, U. (1996): Arbeitsmotivation. Entstehung, Wirkung und Förderung. Juventa, Weinheim. Management-Diagnostik. Hogrefe, Göttingen.

Kulik, C. T. & G. R. Oldham (1988): Job Diagnostic Survey. In: Gael, S. [Hrsg.]: The Job Analysis Handbook for Business, Industry, and Government, Volume II. Wiley, New York. 938–959.

Leonhardt, W. (1991): Das „Mitarbeitergespräch" als Alternative zu formalisierten Beurteilungssystemen. In: H. Schuler [Hrsg.]: Beurteilung und Förderung beruflicher Leistung. Verlag für Angewandte Psychologie, Stuttgart. 91–105.

Locke, E.A. & Latham, G.P. (2002). Building a practically useful Theory of Goal Setting and Task Motivation: A 35-year odyssey. American Psychologist, 57, 705–717.

Maslow, A. H. (1970): Motivation and personality. Harper and Row, New York.

McClelland, D. C. (1987): Characteristics of successful Entrepreneurs. Journal of Creative Behavior, (3,) 219–233.

Neuberger, O. (2002): Führen und führen lassen. Lucius & Lucius, Stuttgart.

Pinchot, G.III. (1985): Intrapreneurship. Harper & Row, New York.

Rheinberg, F. (2004): Motivationsdiagnostik. Hogrefe, Göttingen.

Rosenstiel, L.v., u. a. (1995): Organisationspsychologie. Kohlhammer, Stuttgart.

Roth, C., u. a. (2007): Konsequenzen des demographischen Wandels für das Management von Humanressourcen. Zeitschrift für Personalpsychologie, 6 (3), 99–116.

Sarges, W. & H. Wottawa (2004): Handbuch wirtschaftspsychologischer Testverfahren. Pabst, Wien.

Schuler, H. (2002): Das Einstellungsinterview. Hogrefe, Göttingen.

Schuler, H. (2005a): Gegenstandsbereich und Aufgaben der Personalpsychologie. In: Schuler, H. [Hrsg.]: Lehrbuch der Personalpsychologie. Hogrefe, Göttingen. 3–41.

Schuler, H. (2005b): Arbeits- und Anforderungsanalyse. In: Schuler, H. [Hrsg.]: Lehrbuch der Personalpsychologie. Hogrefe, Göttingen. 43–64.

Schuler, H. & S. Höft (2005): Simulationsorientierte Verfahren der Personalauswahl. In: Schuler, H. [Hrsg.]: Lehrbuch der Personalpsychologie, Hogrefe, Göttingen. 135–174.

Sonntag, K. H., & N. Schaper (2006): Wissensorientierte Verfahren der Personalentwicklung. In: H. Schuler (Hrsg.): Lehrbuch der Personalpsychologie. 2. Auflage, Hogrefe, Göttingen. 255–280.

Ulich, E. (2005): Arbeitspsychologie. Schäffer-Poeschel, Stuttgart.

Vroom, V. (1964). Work and motivation. Wiley, New York.

Westhoff, K., u. a. (2005): Grundwissen für die berufsbezogene Eignungsbeurteilung nach DIN 33430. Dustri, Oberhaching-München.

Weinert, A. B. (2004): Organisations- und Personalpsychologie. Beltz PVU, Weinheim.

8 Bildungscontrolling

Susanne Vaudt

8.1 Was ist Bildungscontrolling?

Bildungscontrolling befasst sich mit dem Nachweis und der Bewertung von betrieblichen Bildungsmaßnahmen nach Effektivitäts- und Effizienzkriterien. Die Effektivität von Bildungsmaßnahmen bestimmt sich im Hinblick auf ihre Wirksamkeit oder ihren Nutzen. Ihre Effizienz drückt sich dagegen durch das Verhältnis des Nutzens zum entstandenen Aufwand aus (Kosten-Nutzen-Relation):

„Und genau da liegt der Hase im Pfeffer, denn wer weiß schon genau, wie der höchste (...) Nutzen in der Bildung erreicht und außerdem noch in detaillierten Kosten-Nutzen-Rechnungen dokumentiert werden kann? Wenn Führungskraft X ein 3tägiges Rhetorik-seminar besucht, und anschließend einen entbehrlichen Mitarbeiter dazu bewegen kann, freiwillig den Hut zu nehmen – wurde die entsprechende Kommunikationskompetenz auf dem Seminar erworben? Wenn ja, wieviel Prozent der Seminarkosten haben sich damit bereits rentiert? Führt ein Automobilhersteller Gruppenarbeit ein, räumt jeder Gruppe eine bezahlte Wochenstunde zur Gruppendiskussion ein und hält interne Moderations-schulungen für die Gruppensprecher ab – woran wird sichtbar, dass durch diese Investition die Produktivität gesteigert worden ist?" (Hoch, 1996, 4)

Bildungscontrolling ist das Instrument, mit dem die im Zitat deutlich gewordenen Probleme in den Griff bekommen werden sollen und hat in der Fachliteratur verschiedene Bezeichnungen[40]. Mit den Worten von Becker/Korsmeier (1996, 334) handelt es sich sogar um eine „babylonische Sprachverwirrung in diesem Aufgabenbereich der betrieblichen Bildung (...)". Dabei umfasst die betriebliche Bildung – als Teilbereich der betrieblichen Personalentwicklung – sowohl die berufliche Ausbildung aber auch die Fort- und Weiterbildung von Mitarbeitern:

---

[40] So existiert eine Vielzahl von Begrifflichkeiten, die sich teilweise bis vollständig unter den Begriff Bildungscontrolling subsummieren lassen: Lernerfolgscontrolling, Personal(entwicklungs)controlling, kennzahlengestütztes Weiterbildungscontrolling, Bildungsqualitätscontrolling, Lerntransfercontrolling, Bildungskosten-Nutzen-Analyse usw. (Seeber 2000, 26).

Personalentwicklung

Laufbahnplanung | Entwicklungs-beurteilung | Berufliche Bildung | Qualitätszirkel

Berufsausbildung | Weiterbildung

Berufliche Grundbildung § 26 (2) BBiG | Berufliche Weiterbildung | Allgemeine Weiterbildung | Politische Weiterbildung

Allg. berufliche Fachbildung § (3) BBiG

Nichtberufliche Weiterbildung = Erwachsenenbildung

Besondere berufliche Fachbildung § (4) BBiG | Fortbildung § 1 (3) BBiG | Umschulung § 3 (4) BBiG | Einarbeitung

Anpassungs-fortbildung | Anerkannter Beruf | Informelles Lernen

Aufstiegs-fortbildung | Erwerbsberuf/ berufl. Tätigkeit | Organisiertes Lernen

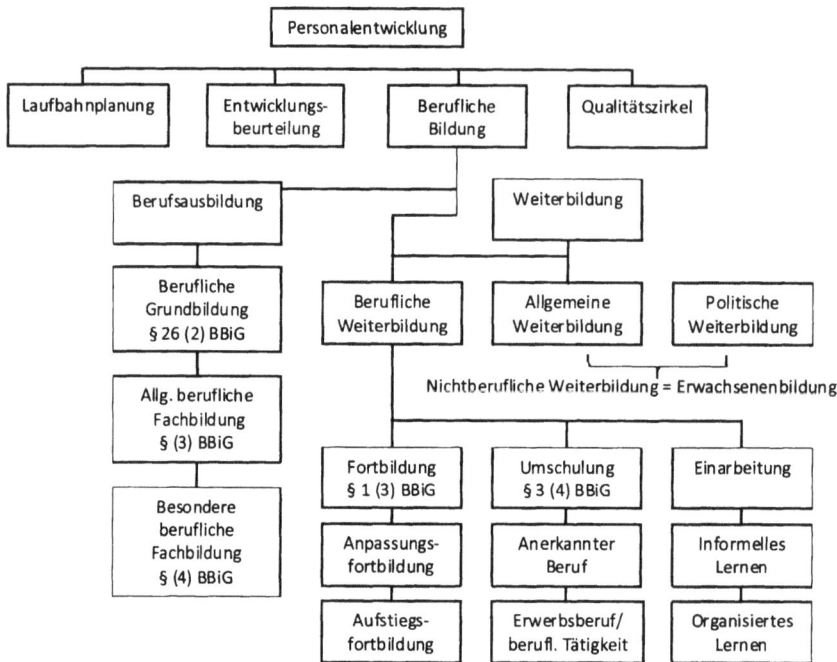

Abb. 8.1: Betriebliche Bildungsmaßnahmen als Gegenstand des Bildungscontrollings (Immenroth 2000, 8)

In den 1970er Jahren entwickelte sich aus der „Erfolgskontrolle" von Bildungsaktivitäten das Instrument „Evaluation", da dieser Begriff weniger stark den Aspekt der Kontrolle im engeren Wortsinn betont (Will, H. u. a. 1987). Evaluation als Synonym zur Lernerfolgskontrolle ist jedoch noch nicht mit Bildungscontrolling im Sinne einer aktiven *Steuerung* (von engl.: „to *control"*) des betrieblichen Bildungserfolgs gleichzusetzen. Während Evaluation vergangenheitsbezogen während bzw. am Ende einer Bildungsmaßnahme stattfindet, geht Bildungscontrolling darüber hinaus und prüft zukunftsorientiert, ob bzw. inwiefern sich das *mehr* an Bildung auch in die Praxis transferieren lässt[41]. Analog dem Controlling-Regelkreis zur Unternehmenssteuerung aus dem Dreischritt (1) Planung – (2) Durchführung – (3) Kontrolle fließen die Ergebnisse der Auswertung idealerweise im Anschluss in die zukünftige Bildungsplanung mit ein. Bildungscontrolling ist ein systematisches und ganzheitliches Instrument zur Optimierung der Planung, Durchführung und Kontrolle von Bildungsmaßnahmen. Im Rahmen der Koordination und Steuerung aller bildungsbezogenen Prozesse einer Organisation/eines Unternehmens erfasst das Bildungscontrolling in Abstimmung mit den Organisations-/Unternehmenszielen die Effizienz und Effektivität der Bildungsmaßnahmen und stellt sie dar (in Anlehnung an Ehlers, Schenkel 2005, 3).

---

[41] Arnold (1996, 225) äußert sich sehr kritisch zu dieser anspruchsvollen Aufgabestellung des Bildungscontrollings. Seiner Auffassung nach wird es deshalb so „begeistert" aufgegriffen, weil es die technokratische Illusion einer Plan- und Messbarkeit betrieblicher Qualifizierungspolitik „schürt". Aber dort, wo eine professionelle betriebliche Weiterbildung betrieben wird, hielte man es in der Praxis kaum für möglich.

8.2 Bildungscontrolling nur in (Wirtschafts-)Unternehmen?

In Theorie und Praxis beschäftigen sich also vor allem (Wirtschafts-)Unternehmen mit diesem Thema. *„Dem Controlling des wirtschaftlichen Erfolges entspricht das Controlling des Bildungserfolgs"* (Arnold 1996, 221). Dort wo betriebliche Bildungsmaßnahmen (angeblich) keinen messbaren Beitrag zum Unternehmenserfolg liefern, werden Bildungsbudgets zusammen geschnürt oder ganz in Frage gestellt. In wirtschaftlich angespannten Zeiten müssen z. B. *„Ausbildungsverantwortliche in Unternehmen den Mitteleinsatz rechtfertigen, den Nutzen ihrer Tätigkeit belegen und – bei Kürzungen – über Entscheidungshilfen verfügen, um die knappen Gelder sinnvoll zu investieren. Unter diesen Bedingungen scheint das aufkeimende Interesse für (Aus-)Bildungscontrolling nur natürlich"* (Wattenhofer 1996, 97).

Sich verschärfende Finanzierungsprobleme, knapper werdende Ressourcen für Bildung, die Diskussion um eine höhere Bildungsqualität und die Forderung nach Informationen zu den Erträgen von Bildungsinvestitionen haben das Interesse an Bildungscontrolling vergrößert. Ansätze und Konzepte begrenzen sich dabei längst nicht mehr auf das Anwendungsfeld der betrieblichen Bildung. Inzwischen werden ökonomische Kosten-Nutzen-Betrachtungen sowohl für betriebliche als auch öffentlich finanzierte Bildungsleistungen aufgestellt (Seeber 2000, 8).

Zu letzteren zählen z. B. der Hochschulbereich und sonstige Formen der öffentlich finanzierten Erwachsenenbildung. Spätestens seit TIMSS und PISA spielt die Evaluation als Vorstufe des Bildungscontrollings auch in Kitas und Schulen eine größere Rolle (Weiß 2008). Auch für Sozialversicherungsträger wie die Deutsche Rentenversicherung und die Bundesagentur für Arbeit ist es inzwischen üblich, Bildungsmaßnahmen der beruflichen Rehabilitation und Arbeitsförderung auszuschreiben sowie während und nach Durchführung Prozess bzw. Erfolg der Maßnahme zu evaluieren. Auch wenn im Folgenden der Fokus auf der betrieblichen Bildung liegt, ist ein konzeptioneller Transfer auf den Bereich öffentlich-finanzierte Bildung ableitbar. Bildungscontrolling ist für alle Anbieter von Bildungsleistungen wichtig, um ihren Kunden aufzeigen zu können, welchen Nutzen diese von der Bildungsleistung haben. Dort, wo der Nutzen nachweislich über den Kosten liegt, legitimiert dies den zu zahlenden Aufwand. Kosten und Nutzen sind daher die beiden zentralen Begriffe des Bildungscontrollings.

8.3 Dimensionen des Bildungsnutzens

„Eine Nutzenbewertung unterstellt einen Vergleichsmaßstab für eine Vorher-Nachher-Betrachtung. Sie müssen festlegen, welche Art von Nutzen Sie bewerten wollen. Der Teilnehmer eines Seminars wird es nützlich finden, sein Know-how zu erweitern, um seine Aufgabe besser und mit größerem Erfolg erledigen zu können. Für operative Einheiten kann Nutzen bedeuten: Die Mitarbeiter in der Abteilung sind motivierter, ihre Produktivität steigt, sie sind innovativer" (Jetter u. a. 2005, 53).

Bildung als Investition in Humankapital

Die arbeitgeberseitige Entscheidung, die Kosten einer betrieblichen Bildungsmaßnahme zu übernehmen, ist an einen erkennbaren Nutzen gekoppelt. Eine bildungsökonomische[42] Antwort auf die Frage, wann Arbeitgeber bzw. Unternehmen einen Nutzen sehen, betriebliche Bildungsaktivitäten zu fördern und finanziell zu unterstützen, gibt der spätere Nobelpreisträger Gary S. Becker mit seiner Human-Kapital-Theorie[43]: Bildung wird als eine individuelle, betriebliche oder gesellschaftliche Investition in „Humankapital" angesehen, die analog zu betrieblichen Sachanlageinvestitionen, z. B. in neue Maschinen und Werkzeuge, Geld kostet und sich deshalb in einem bestimmten Nutzungszeitraum für den Investor amortisieren, d. h. auszahlen soll. Dazu weist er betrieblichen Bildungsmaßnahmen den Charakter von (Sach-) Kapitalinvestitionen zu. Investitionen in die betriebliche Bildung sind als betriebliche Investitionen in das Humankapital der Mitarbeiter zu verstehen.

Bezüglich des Humankapitals differenziert Becker zwischen zwei Typen von Bildung: Einerseits gibt es eine allgemeine Bildung, die von mehr als einem Arbeitgeber – im Extremfall sogar von vielen anderen Unternehmen – geschätzt wird. Andererseits gibt es eine spezifische Bildung, die lediglich *ein* Arbeitgeber schätzt. Der Grund dafür ist, dass sich im Fall spezifischer Bildung die Arbeitsproduktivität nur bei diesem und keinem anderen Arbeitgeber erhöht[44]. Arbeitsproduktivität beschreibt dabei das Verhältnis von Ressourceneinsatz zu Leistungsergebnis.

Durch mathematische Ableitung zeigt sich im mikroökonomischen Modell: Je größer der spezifische Humankapitalanteil ist, desto größer ist auch die Bereitschaft des Arbeitgebers, die kompletten Bildungskosten zu tragen. Der Grund liegt in der geringeren Abwanderungsgefahr dieses Mitarbeiters zu einem anderen Arbeitgeber, der bereit ist, das erworbene Humankapital in Form einer höheren Vergütung zu honorieren. Das Risiko, dass sich eine getätigte spezifische Humankapital-Investition nicht rentiert, ist damit für den Arbeitgeber deutlich geringer als bei einer Investition mit hohem Anteil allgemeinen Humankapitals – und erklärt zugleich, warum sich Arbeitgeber bei Investitionen in allgemeines Humankapital gerne zurück halten (Becker 1964, Sadowski 2002, 53ff.).

Die Berechnung von Rendite-Erwartungen ist typisch für Investoren jeder Art. Den unterschiedlichen Ansätzen des Bildungscontrollings ist die Frage gemein, Aussagen zur Bildungsrendite[45] zu treffen (Seeber 2000, 34). Aber können Bildungsinvestitionen und -erfolge

---

[42] Die „Bildungsökonomie" analysiert mit ökonomischen Instrumenten „die Gesamtheit aller formalen, nichtformalen und informellen Bildungsvorgänge einer Gesellschaft" (Hummelsheim, Timmermann 2009, 94). Dazu zählen alle Fragen, die sowohl aus individueller oder betrieblicher Sicht (als Mikroperspektive) als auch aus gesellschaftlicher (Makro-) Perspektive bei der Steuerung, Produktion und Verteilung von Bildungsleistungen auftreten können.

[43] Synonym: Humankapital

[44] Dazu zählt z. B. das Wissen von (unternehmensinternen) Patenten, Prozessen, Netzwerken etc.

[45] Die Bildungsrendite steht hier synonym für den Begriff Bildungsnutzen. Die betriebswirtschaftliche Kennzahl Rentabilität bzw. abgekürzt Rendite definiert sich dabei grundsätzlich als Quotient aus einer Erfolgsgröße (z. B. Gewinn, Cash Flow oder Umsatz) und der vermuteten Einflussgröße für den Erfolg (in diesem Fall den Kosten

überhaupt in Euro und Cent ausgedrückt bilanziert werden oder entzieht sich die Bildungs"wirkung" herkömmlichen Messmethoden? Wenn z. B. eine ausgebildete Erzieherin einen vom Arbeitgeber bezahlten Fortbildungskurs in „konstruktiver Konfliktbewältigung in der Frühpädagogik" (Kosten: 450 €) absolviert, ist es in der Praxis sehr schwer, hier einen konkreten betrieblichen Nutzen „gegen zu rechnen".

Wie bestimmt sich Bildungsqualität?

Im humankapitaltheoretischen Modell von Becker entspricht der Nutzen der Summe aus laufenden und zukünftigen Produktivitätssteigerungen. Eine Steigerung der Produktivität entspricht einer Verbesserung der Leistungsfähigkeit (Effizienz)[46].

Abgesehen vom Messproblem, *wie* einzelnen Bildungsmaßnahmen nachweisbare Produktivitätssteigerungen zugeschrieben werden sollen, führt in der Praxis nicht jede Bildungsmaßnahme automatisch zum Erfolg in Gestalt einer Effizienzsteigerung: Ob eine Bildungsmaßnahme einen betrieblichen Nutzen entfaltet, ist zum einen abhängig von der Mitwirkung der „Kunden" als Seminarteilnehmer, Schüler oder Studierender.

Durch diese Mitwirkungsrolle wird der Kunde als Konsument zum Co-Produzenten, der die Qualität des (Bildungs-)Ergebnisses mit steuert[47]. Auf der anderen Seite ist der Nutzen einer Bildungsleistung auch abhängig von ihrer Struktur- und Prozessqualität: Je nach Bildungsauftrag sind Bildungsprozesse aus inhaltlichen und didaktischen Gründen sehr unterschiedlich gestaltet und in besonderer Art und Weise Produktionsprozesse. Aber woran erkennt der Teilnehmer einer betrieblichen Fortbildung, sein Vorgesetzter bzw. das finanzierende Unternehmen den qualitativen Wert einer konkreten Bildungsmaßnahme?

Die Feststellung der Qualität ist das Ziel aller (Bildungs-)Evaluationen. Die (Weiter-) Entwicklung von Qualitätsstandards und dauerhafte Sicherung der Qualität von Bildungsmaßnahmen ist daher für Bildungsanbieter als Nachweis des Nutzens ihrer Angebote ein zentrales Thema: Neben Gütesiegeln, Zertifizierungen nach DIN ISO 9000 ff, EFQM und anderen Qualitätsmanagement-Systemen sind in der Praxis auch Benchmarking-Konzepte bei Anbietern von Bildungsangeboten, die nach dem Prinzip „Lernen am Klassenbesten" funktionieren, weit verbreitet.

---

bzw. betrieblichen Aufwendungen für Bildungsmaßnahmen). Die Bildungsrendite lässt sich demnach nach der Formel berechnen: Bildungsrendite = Umsatz pro Jahr : Bildungsaufwand pro Jahr.

[46] In diesem Aufsatz wird im Folgenden nicht weiter zwischen den betriebswirtschaftlichen Kennziffern Produktivität und Wirtschaftlichkeit differenziert. Allerdings gibt es Unterschiede: Produktivität drückt die technische Effizienz aus, indem sie das Verhältnis vom Output (z. B. Anzahl erfolgreicher Absolventen einer Bildungsmaßnahme) zum Input (z. B. 100 Std. Unterricht) beschreibt. Im Gegensatz zur mengenbezogenen Produktivität ist die Wirtschaftlichkeit dagegen wertebezogen: Auch sie definiert sich durch Output : Input. Jedoch werden hier die (durch die erfolgreiche Fortbildung zusätzlich erwirtschafteten) Umsatzerlöse in € durch die Kosten der Bildungsmaßnahme in € dividiert.

[47] Der Lehrende kann die Lehr-Lernprozesse nur begrenzt erzeugen und steuern: Bildungsprozesse sind damit prinzipiell unsicher und unbestimmt und Bildungssituationen einzigartig bzw. nicht-wiederholbar. Diese Unsicherheit hängt auch mit dem grundsätzlichen Charakter von Dienstleistungen zusammen und lässt sich vom Bildungsbereich auf sozial-pädagogische und medizinisch-pflegerische Dienstleistungen übertragen.

Mit Hilfe der Qualitätsgarantien in Form von Zertifikaten oder Akkreditierungen sollen Kunden *Vertrauen* zum Bildungsanbieter gewinnen: Bildungsleistungen lassen sich daher auch als Güter mit hohem Vertrauensguteigenschaften (engl. ‚credence goods') beschreiben. Dem Nachfrager bleibt hier nur noch der *Glaube* an die Qualität – aber er kann es nicht *wissen*. Glaube und Vertrauen kompensieren in diesem Fall fehlende Gewissheit über die Anbieterqualität und reduzieren Unsicherheit auf Nachfragerseite. Unter Marketing-Aspekten sind daher vertrauensstiftende Maßnahmen wie z. B. Qualitätsgarantien und sonstige Formen von Imagepflege für Bildungsanbieter sehr wichtig.

In der Praxis bleibt bei Bildungsleistungen aus vielen Gründen häufig unklar, ob sich ein Bildungserfolg im Nachgang am Arbeitsplatz tatsächlich einstellt. „Keiner weiß zur Zeit mit wissenschaftlicher Sicherheit zu sagen, ob Bemühungen um eine Absicherung der Qualität von Bildungsmaßnahmen durch systematisches Qualitätsmanagement tatsächlich einen messbaren Erfolg hat"[48] (Sauer 2008). Bildungsabteilungen und -träger stehen unter dem Druck, neben den Kosten auch das unmittelbare Bildungsergebnis (Output) und seine Verwertungsperspektiven (Outcome bzw. Transfer an den Arbeitsplatz) nachweislich zu steigern (Seeber 2000, 19). Aufgabe des Bildungscontrolling ist es insbesondere die Verwertungsperspektive aufzuschlüsseln: Wie lässt sich ein erfolgreicher Transfer an den Arbeitsplatz (neutral: Funktionsfeld) oder Outcome als Wirkung im weiteren Sinne messen?

8.4 Bildungscontrolling: Ansätze für ein theoretisches Konzept

In Anlehnung an die bereits verwendete Definition gilt verkürzt: Bildungscontrolling als ganzheitliches Konzept einer Organisation soll im Rahmen einer zielgerichteten Planung, Durchführung und Kontrolle aller Bildungsmaßnahmen die Effizienz und Effektivität erfassen und steuern. Es gilt daher, die bereits genannten Begriffe Output, Transfer und Outcome mit Hilfe von geeigneten Kennzahlen zu bestimmen. Dabei vermischen sich interdisziplinär Kennzahlen mit einem Fokus auf den ökonomischen Verwertungsanspruch versus solchen mit einem Fokus auf den fachlich-pädagogischen (individuellen) Entwicklungsanspruch.

Seeber beobachtete bereits 2000 einen Wandel: *„Bildungscontrolling wird zunehmend als ein Ansatz aufgefasst, der der Optimierung der Bildungsarbeit gleichermaßen unter ökonomischer als auch pädagogischer Perspektive dient bzw. dienen kann"* (2000, 9).

---

[48] Die bunte und wenig überschaubare Qualitätslandschaft lässt nach Sauer (2008) vermuten, dass der "Bildungsdschungel" um ein „Qualitätschaos" ergänzt wurde. Für kritische Bildungsnachfrager werden Durchblick und Auswahl von Bildungsangeboten damit immer schwieriger.

Ökonomische Perspektive quantitative (harte) Kennzahl misst die betriebliche Verwertbarkeit der Bildungsleistung[49]	Jährliche Weiterbildungszeit[50] Fachkraftquote Ausfallkostensatz je Stunde[51] Grenzproduktivität[52] Krankenstand und Fluktuation
Fachlich-pädagogische Perspektive qualitative (weiche) Kennzahl misst bzw. erfasst die individuelle Entwicklung	Zufriedenheit mit der Bildungsleistung Verbesserungen im Arbeitsablauf Arbeitsmotivation und -zufriedenheit

Abb. 8.2: Ökonomische vs. fachlich-pädagogische Kennzahlen im Vergleich

Der Erfolg einer Bildungsmaßnahme kann damit aus doppelter Sicht betrachtet werden: Sowohl die ökonomischen Kosten- und Ertragsstrukturen spielen eine Rolle als auch, aus fachlich-pädagogischer Perspektive, die individuellen Ressourcen und Kompetenzentwicklung (Seeber 2000, 10). Dabei lassen sich die betriebswirtschaftlichen Kosten und Erträge mit Hilfe von „harten" quantitativen Kennzahlen erfassen, während für die fachlich-pädagogische Perspektive „weiche" qualitative Kennzahlen zu entwickeln sind.

Ein für den betrieblichen Bereich entwickeltes Bildungscontrolling hat nicht die individuelle Entwicklung eines Mitarbeiters als zentrale Zielgröße, sondern zielt eher auf die maximale Verwertbarkeit der getätigten Bildungsinvestitionen in das Humankapital seiner Mitarbeiter. Bei Übertragung des Bildungscontrollings auf öffentlich-finanzierte Bildungsleistungen (Kita, Schule, Berufsschule) liegen die Schwerpunkte dagegen anders und im Extrem spiegelverkehrt. Daher sind hier andere Kennzahlen bzw. Steuerungsgrößen erforderlich (Seeber 2000, 34).

Das Bildungscontrolling-Modell nach Seeber

Seeber (2000) hat in ihrem Bildungscontrolling-Modell interdisziplinär verschiedene Ansätze zur Analyse von Bildungsprozessen kombiniert: U. a. flossen aus den Bereichen der pädagogischen Erwachsenenbildung, der Qualitätssicherung, betrieblichen Ausbildung, Schulbildung und der Organisationsentwicklung unterschiedliche Elemente mit ein. In ihrem Modell werden die Bildungsprozesse analog den Phasen der Wertschöpfungskette betrieblicher Produktion (Planung – Durchführung – Kontrolle) systematisch dargestellt. Die einzelnen Komponenten folgen chronologisch aufeinander und können jeweils mit passenden Indikatoren

---

[49] Das Ausmaß der betrieblichen Verwertbarkeit drückt in diesem Fall dasselbe aus wie „Effizienz und Effektivität".

[50] Jährliche Weiterbildungszeit = Gesamtzahl der Mitarbeiter / Gesamtzahl der Weiterbildungstage

[51] Ausfallkostensatz je Std. = $\dfrac{\text{Jahresbrutto + Arbeitgeber-Beitrag zu den Sozialversicherungen}}{\text{durchschnittliche Jahresarbeitstage x tägliche Arbeitszeit}}$

[52] Die Grenzproduktivität setzt die Produktivität des Mitarbeiters **vor** der Weiterbildung mit der (durch die Weiterbildung gestiegenen) Produktivität nachher ins Verhältnis. Die Produktivität selbst ist der Quotient aus Output und Input.

gemessen werden. Ein Bedarfs- und Zielcontrolling setzt dabei bereits ein, *bevor* die Bildungsmaßnahme überhaupt durchgeführt wird. *Während* der Durchführung schließen sich dann Komponenten des Input-, Prozess- und Output-Controllings an. Im Funktionsfeld, d. h. im Beispiel betrieblicher Bildung direkt am Arbeitsplatz, wird dann mit Hilfe des Transfer- und Outcome-Controllings geprüft, ob und welches Wissen bzw. welche Kompetenzen von der Bildungsmaßnahme in den beruflichen Alltag mitgenommen werden können.

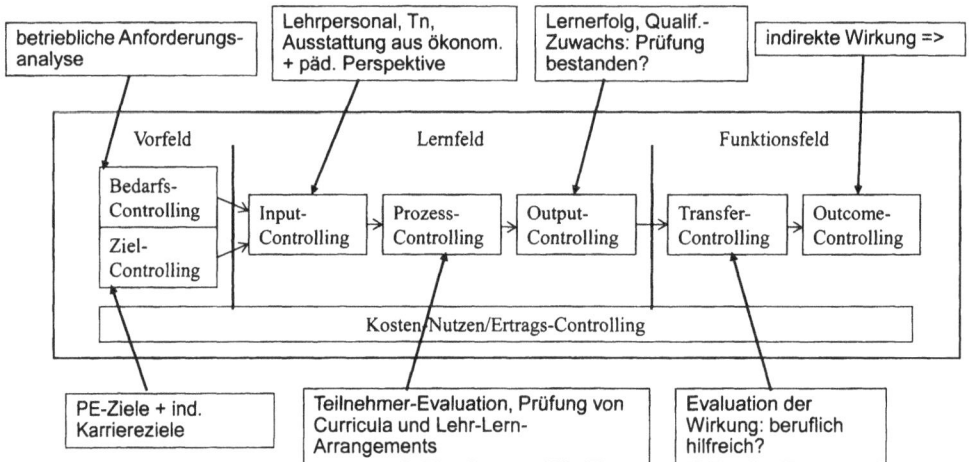

Abb. 8.3: *Bildungscontrolling-Modell nach Seeber (2000) mit einzelnen Komponenten (Modell von Seeber 2000, 37 mit eigenen Ergänzungen)*

Grundsätzlich lässt sich jede Komponente losgelöst von den anderen für sich betrachten und analytisch zerlegen (Seeber 2000, 36). Aber auch wenn sie sich separiert betrachten lassen, sind die Beziehungen der einzelnen Komponenten untereinander vielfältig miteinander verknüpft. Der Bildungserfolg, den es zu bestimmen gilt, wird dabei von jeder Komponente mit beeinflusst – von der wiederum Wechselwirkungen auf andere Komponenten ausgehen.

Aber gerade der Wunsch nach erfolgreichem *Transfer* der erlernten Kompetenzen in ein spezifisches Berufs- oder Funktionsfeld setzt ein entsprechendes Controlling der „vorgelagerten" Komponenten im Vorfeld und Lernfeld voraus. Für einen gelungenen Transfer-Erfolg von Bildungsmaßnahmen sind im Rahmen eines systematischen Bildungscontrollings für jede Komponente Erfolgsindikatoren mit entsprechenden Kennzahlen zu entwickeln, die – jede für sich und alle zusammen – einen erfolgreichen Transferprozess gewährleisten.

Bedarfs- und Zielcontrolling

Aufgabe des Bedarfs- und Zielcontrolling ist es, zu ermitteln, *welche Person welche* Qualifikation erhalten soll. Betriebliche Bedarfsanalysen vergleichen die gegenwärtigen und zukünftigen Aufgaben des Unternehmens mit den verfügbaren Mitarbeiterprofilen und ermitteln auf diese Weise den Bildungs- und Entwicklungsbedarf. Zielcontrolling prüft dann im Anschluss z. B. im Rahmen von individuellen Zielvereinbarungsgesprächen als Instrument der Personalentwicklung, ob das vereinbarte Qualifizierungsziel mit anderen Unternehmenszielen harmoniert (Zielbildung und -revision) und später vom Mitarbeiter auch erreicht wird (Zielerreichung).

Input-Controlling

Ziel des Input-Controllings ist die Überprüfung der Eignung der vorgesehenen Maßnahmen im Blick auf den zu erreichenden Zweck und die Planung, Steuerung und Kontrolle des Ressourcenverbrauchs, der mit Erwerb der Bildungsleistung einher geht. Bei den Ressourcen lassen sich analog den Kennzahlen *pädagogische* (qualitativ-fachliche) von *ökonomischen* (quantitativ-monetären) unterscheiden.

Bei den *ökonomischen* Inputs spielen neben Menge und Dauer vor allem die Kosten eine große Rolle: Die direkten Ausgaben der Unternehmen, privaten Organisationen ohne Erwerbszweck und der Gebietskörperschaften für betriebliche Weiterbildung beliefen sich deutschlandweit im Jahr 2005 auf 7,9 Mrd. €[53]. Das Engagement ist dabei sowohl abhängig von der Unternehmensgröße als auch von der Branche (Bundesbildungsbericht 2008, 32)[54]. Je höher die Kosten einer Bildungsmaßnahme sind und je bedeutsamer sie für die Unternehmensstrategie ist, desto sinnvoller ist es, sie zu bewerten (Jetter u. a. 2005, 53).

Neben den direkten Kosten der Weiterbildung in Form von Dozentenhonoraren bzw. Teilnehmergebühren sowie ggf. Raum-, Reise-, Unterkunfts- und Verpflegungs- sowie weiterer Sachkosten fallen auch indirekte Kosten an. Indirekte Kosten entstehen durch die Abwesenheit der betreffenden Mitarbeiter am Arbeitsplatz während der Bildungsmaßnahme (sofern die Weiterbildung nicht als Freizeit-Aktivität des Mitarbeiters verstanden wird). Sie umfassen die Weiterzahlung seiner Vergütung bzw. die Kosten einer Arbeitsplatzvertretung.

Kritisch gegen eine „input-dominierte" Steuerung von Bildungsprozessen einzuwenden, ist der Vorwurf des fehlenden Kausalzusammenhangs zwischen Input (Ressourcen) und Output (Lernerfolg): Weder führt in der Praxis mehr Input zwingend zu mehr Output, noch ist die monokausale Rückführung eines konkreten Outputs auf einen gezielten Input-Einsatz wie z. B. den Einsatz von Multimedia-Instrumenten oder besondere didaktische Lehrkompetenzen empirisch haltbar. Darüber hinaus besteht bei Bildungsprozessen grundsätzlich das Problem der Zurechenbarkeit.

Trotz der aufgezeigten Schwächen konstatierten Jetter u. a. (2005, 43) in der betrieblichen Praxis: „*Das Controlling von Personalentwicklungs-Maßnahmen orientiert sich noch über-*

---

[53] Zugleich ist ein Senkung der Ausgaben der Bildungsausgaben um −16 % zu verzeichnen: In 1999 betrugen die Ausgaben noch 9,4 Mrd. €.

[54] Größere Unternehmen engagieren sich dabei in der Weiterbildung stärker als kleine. Die Weiterbildungs-Investitionen sind in der Nachrichtenübermittlung und im Kredit- und Versicherungsgewerbe am höchsten und im Gast-, Leder- und Baugewerbe am niedrigsten.

wiegend am Input, bezieht also primär Aufwand- und Effizienzkriterien mit ein, zum Beispiel die Bildungsausgaben der Mitarbeiter".

Prozess-Controlling

Die Ausführungen zum Input-Controlling zeigen, dass der Einsatz bestimmter Inputgrößen wie Lernvoraussetzungen, Lehrpersonal und Ausstattung allein noch nicht automatisch zum Bildungserfolg führt. Es kommt vielmehr darauf an, *wie* diese Ressourcen tatsächlich genutzt werden. Teilnehmer-Evaluationen, Prüfung der Lerninhalte (Curriculum) und der Qualität der Lehr-Lern-Beziehung sind Elemente des (Lern-) Prozesscontrollings. Bzgl. der betrieblichen Bildung sind sich Experten einig, dass Mitarbeiter erfolgreicher sein könnten, wenn die Lehre didaktisch professioneller wäre. Bildungsanbieter, die eine bestimmte Prozessqualität gewährleisten wollen, haben bereits häufig ein Qualitätsmanagement-System implementiert. Eine gute (Bildungs-) Prozessqualität gilt als wichtiger Indikator für den Erfolg der Bildungsmaßnahme.

Wie bereits ausgeführt, ist die Vielfalt didaktischer Konzepte, Modelle und Theorien allein im Bereich der betrieblichen Bildung nicht mehr zu überblicken. Dennoch vermisst van Buer bei der Mehrheit der (fach-) didaktischen Konstruktionen eine darauf bezogene Prozessevaluation zur Bestimmung der Prozessqualität (2000, 100).

Output-Controlling

Das Output-Controlling misst, ob Teilnehmer das – am Anfang der Bildungsmaßnahme – versprochene (Lern-)Ziel auch erreicht haben und den Lernstoff tatsächlich beherrschen. Dies kann der auf vielen Weiterbildungszertifikaten notierte Zusatz „mit Erfolg teilgenommen" sein oder eine (Schul-)Note. Output-Controlling wird synonym daher auch als „Erfolgs-Controlling" bezeichnet. In der Regel vollzieht sich Output-Controlling in Form eines Soll-Ist-Vergleiches zwischen dem erzielten (Teil-)Ergebnis als Ist-Größe und dem im Rahmen des (weiter oben bereits vorgestellten) Zielcontrollings als Soll-Größe. Je nach Komplexität der Bildungsleistung ist eine Menge an Kennzahlen zu bilden, um die maßgeblichen Inhalte der angestrebte Zielsituation vollständig und repräsentativ widerzuspiegeln (Ebbinghaus 2000, 121).

(Hoch-)Schulen und Fachweiterbildungen nehmen umfangreiche Prüfungen ab. Damit wird sicher gestellt, dass nur solchen Absolventen ein Zertifikat über die erworbene Bildungsleistung ausgestellt wird, die auch entsprechende Mindestanforderungen erfüllen. Output-Controlling spiegelt sich auch in der Notenvergabe. Unterschiedliche Noten verdeutlichen voneinander abweichende Leistungsniveaus der Absolventen.

Transfer-Controlling

„Attraktive Lehrer oder Mitlerner, ausgedehnte Kaffeepausen und gutes Essen im mondänen Schulungszentrum, der ersehnte Tapetenwechsel mit Klassenfahrtcharakter – es kann viele Gründe haben, wenn auf den Evaluierungsbögen von Seminarveranstaltern gute Noten prangen. ‚Happy Sheets‘ heißen sie im Jargon. Die Unzufriedenheit stellt sich wie ein Kater oft erst später ein, mit Blick auf unveränderte Verkaufszahlen oder ungelöste Probleme in der Gesprächsführung" (Balzter 2008, C4).

Um dieses Risiko auszuschließen, misst das Transfer-Controlling den tatsächlichen Nutzen der Qualifizierung im eigentlichen Funktionsfeld, d. h. am Arbeitsplatz. Damit geht es über die bisher vorgestellten Komponenten des Bildungs-Controllings deutlich hinaus und prüft direkt im Berufsfeld, ob und inwiefern ein tatsächlicher Anwendungsbezug getätigter Bildungsmaßnahmen gegeben ist.

Theoretisch Sinnvolles erscheint in der beruflichen Praxis nicht immer praktikabel: Viele Kompetenzen, die vermittelt, gelernt und erfolgreich abgeprüft werden, finden im beruflichen Alltag gar keine Anwendung. Ziel des Transfer-Controllings ist es zu ermitteln ob, und inwiefern Gelerntes Anwendung im beruflichen Alltag findet. Allerdings gelingt in der betrieblichen Bildung der Nachweis eines erfolgreichen Transfers nicht immer eindeutig. Je komplexer das Qualifizierungsziel ist, desto schwieriger wird es, geeignete Indikatoren zu finden und diese anhand von Kennzahlen zu messen. Bei vielen Bildungsmaßnahmen besteht im nachhinein Unsicherheit, ob und inwiefern sich das, was an Wirkung gemessen wird, tatsächlich auf die Maßnahme zurück führen lässt oder ggf. auch andere Ursachen haben kann. Dies gilt insbesondere dort, wo sich Indikatoren nicht mit „harten" monetären Kennzahlen zu Ertrag und Kosten messen lassen. Erfolgsindikatoren wie Kommunikation, betriebliches Engagement, Teamfähigkeit oder Führungsverhalten, Leistungsniveau oder unternehmerisches Handeln, Qualität des Kundenkontaktes, Empathie u. ä. bestimmen sich vor allem mit Hilfe „weicher" also qualitativer Kennzahlen.

Die Messung mit qualitativen Kennzahlen ist aufwändiger und setzt vielfach im Bereich betrieblicher Bildung ein persönliches Gespräch zwischen (weiter)gebildetem Mitarbeiter und Vorgesetzten voraus. Die dazu erforderliche Organisation und Struktur wird unten anhand eines vorgestellten Best-Practice Beispiels näher beschrieben.

Outcome-Controlling

Im Gegensatz zum Output als unmittelbares Bildungsergebnis beschreibt der Begriff Outcome die *Wirkung* einer Bildungsmaßnahme. Sowohl beim Outcome- als auch beim Transfer-Controlling geht es um die Erfassung der Verwertungsperspektiven einer Bildungsmaßnahme. Aber wo genau liegt der Unterschied zwischen Transfer und Outcome? Zielen Transfer-Indikatoren auf die *direkt* im Berufsfeld zu beobachtende Wirkung einer Bildungsleistung, so messen Kennzahlen zum Outcome die *indirekte* Wirkung. Die Erfassung einer indirekten Outcome-Wirkung kann dabei aus unterschiedliche Perspektive erfolgen und sowohl auf den individuellen aber auch betrieblichen bzw. gesellschaftlich/volkswirtschaftlichen Nutzen zielen. Der Outcome einer Maßnahme der betrieblichen Bildung beschreibt z. B. eine über den unmittelbaren Anwendungsnutzen (Transfer) hinausgehende gestiegene betriebliche „vertikale und horizontale Mobilität des Mitarbeiters" (Seeber 2000, 43).

Aus individueller Perspektive zeigt sich der Outcome einer Bildungsmaßnahme in Form einer verbesserten Karriereoption, einem höheren individuellen Einkommen oder einem gestiegenen Autonomie- und Kompetenz-Erleben am Arbeitsplatz bzw. in der sonstigen Lebenswelt. Zu den gesellschaftlichen oder volkswirtschaftlichen Outcome-Komponenten zählen eine verbesserte volkswirtschaftliche Wettbewerbsfähigkeit, gestiegene Arbeitnehmermobilität und sinkende Arbeitslosigkeit etc.

Den Outcome einer Bildungsmaßnahme durch passende Indikatoren auszudrücken und anschließend mit Hilfe von Kennzahlen zu messen, ist wegen der komplexen Zielsetzung methodisch schwierig. „Typischerweise wird Versuchen einer Ermittlung des Outcomes entgegen gehalten, es gäbe keine geeigneten Daten, ursächliche Zusammenhänge seien nicht nachweisbar, es fehle an Kontrollgruppen, Ertrag und Aufwand stünden in keinem Verhältnis usw." (Witthaus 2000, 156.). Damit besteht ein Messproblem (mit welcher Kennzahl soll eine „Outcome-Wirkung" gemessen werden), ein Bewertungsproblem (wie lassen sich auch non-monetäre, qualitative bzw. subjektive Wirkungen bewerten) sowie ein Zurechnungsproblem (welche Wirkung kann der Bildungsmaßnahme zugerechnet werden und welche Wirkung geht auf sonstige Änderungen der Umwelt zurück).

Witthaus sieht Outcome-Controlling in der Praxis daher vor allem als Reflexionsstrategie. Es soll den am Bildungsprozess beteiligten Akteuren helfen, Voraussetzungen, Ziele und Folgen von Bildungsaktivitäten unter Berücksichtigung der Wechselwirkungen zwischen Technik, Arbeitsorganisation und Qualifikation zu reflektieren.

Transfererfolg und -widerstand

Wann ist Bildungscontrolling also tatsächlich im strategischen Sinn (...die „richtigen" Dinge tun) effektiv? Von allen oben dargestellten Controlling-Dimensionen ist der Transfer in das berufliche bzw. Arbeitsfeld die entscheidende Schlüsselgröße: Hagen ermittelt bereits 1993, dass 50% der von ihm befragten deutschen Großunternehmen einen Transfer-Erfolg im Rahmen eines Mitarbeiter-Gespräches klären: „Doch inwieweit und ob diese Ergebnisse für weitere Planungen von Seminaren auch Konsequenzen haben, dürfte fraglich sein. (Hagen 1996, 34).

Solange die Zahlen des Bildungscontrolling für sie unzugänglich oder unzulänglich sind, stellen sie aus ihrer Sicht lediglich ein weiteres Beispiel für exakte Irrelevanz dar und bleiben zweifelhafte Antworten auf ungeklärte Fragen" (2005, 200). Ulbrich (1999, 59) führt hier unterschiedliche Umstände auf, die einen erfolgreichen Transfer und Outcome-Erfolg in der betrieblichen Bildung verhindern. Als wichtigste Widerstände führt er u. a. an:

- Intransparenz im Qualifikationsbedarfsermittlungsprozess und ein oftmals unsystematisch erhobener Qualifikationsbedarf,
- eine negative Lernkultur[55] und Personalentwicklungskultur[56],
- fehlende Seminarvor- und Nachbereitungsgespräche.

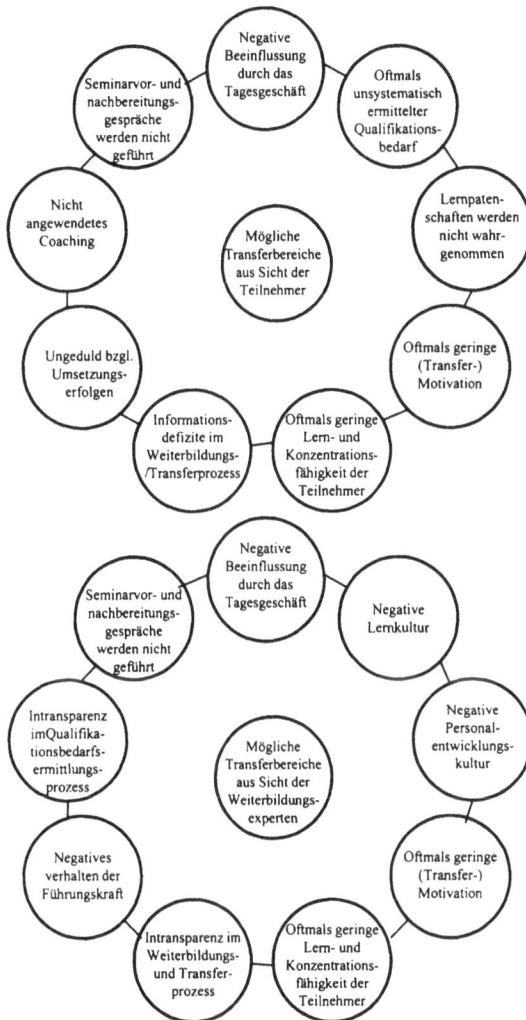

Abb. 8.4: *Transferwiderstände aus Sicht von Weiterbildungsexperten und Teilnehmern (Ulbrich 1999, 59, 61)*

---

[55] Lernen wird in diesem Fall weder unterstützt noch gefördert. Eine nicht-existente Lernkultur spiegelt sich auch darin, keine Fehler machen zu dürfen.

[56] In dem Fall wird der Stellenwert der Personalentwicklung und Weiterbildung in Frage gestellt bzw. als „Modeerscheinung" wahrgenommen.

Ziel des Bildungscontrollings ist es dabei nicht (!), alle potentiellen Widerstände gegen die Umsetzung und Anwendung des erlernten Wissens und der Kompetenzen zu beseitigen. Stattdessen ist der Erfolg des betrieblichen Bildungssystems nach der Untersuchung von Ulbrich (1999, 78f.) von bestimmten Schlüsselfaktoren abhängig: Dazu zählen klar definierte Weiterbildungsziele. Außerdem ist eine intensivere Betreuung und Kontrolle der Vor- und Nachbereitung von den direkt am Weiterbildungsprozess Beteiligten wichtig. Empfohlen wird zudem mehr Zeit in die „Transferoptimierung" im Anschluss an die Weiterbildung zu investieren. Diese Optimierung gelingt, wenn sowohl positive als auch negative Weiterbildungserfahrungen im Unternehmen transparent gemacht werden. Gesucht wird also ein *ganzheitliches* Konzept. Wie ein solches Best Practice Modell aussehen kann, wird im folgenden Kapitel vorgestellt.

8.5   Entwicklung von Best-Practice

In Anlehnung an das mehrstufige Modell zum Bildungscontrolling von Seeber (Kap 2.2) können sich in jeder Komponente der Bildungsproduktion Widerstände bzgl. Transfer- und Outcome-Erfolg verbergen. Ein erfolgreiches Bildungscontrolling muss daher den ganzen (Bildungs-) Produktions-Prozess beobachten und messen. Dies bedingt, auch die nicht-ökonomische Perspektive der individuellen Entwicklung mit Hilfe qualitativer Kennzahlen einzufangen. Im Gegensatz zu quantitativen Kosten und Erträgen stehen diese in der Finanz- oder Personalbuchhaltung jedoch nicht auf Knopfdruck zur Verfügung. Qualitative Kennzahlen des Bildungscontrollings können in persönlichen und ggf. standardisiert-strukturierten Gesprächen zwischen Mitarbeitern und Vorgesetzten festgestellt werden.

Theoretisch denkbar, aber nicht praktikabel, ist, Gespräche zu jeder Controlling-Komponente der Bildungsproduktion zu führen: Solch ein Vorgehen erscheint nicht nur ressourcenzehrend, sondern auch unnötig: Lassen sich doch im Vorfeld einer Bildungsmaßnahme Bedarf und Ziele in *einem* Gespräch miteinander koppeln. In diesem ersten Gespräch werden vorab die Erwartungen und Ziele geklärt, die durch Bildung verändert werden sollen und/oder an deren Veränderung Bildung mitwirken soll.

Für das Lernfeld-Controlling der drei Komponenten Input, Prozess und Output bietet sich ein weiteres Gespräch zwischen Mitarbeiter und Vorgesetztem im Anschluss der Bildungsmaßnahme an. Es ist zu besprechen, welche Inhalte umgesetzt bzw. neuen Kompetenzen im beruflichen Alltag angewendet werden können und sollen. Außerdem ist zu klären, welche Unterstützung für eine erfolgreiche Anwendung und Umsetzung seitens des Vorgesetzten erforderlich ist.

Einige Zeit im Anschluss an die Bildungsmaßnahme folgt schließlich ein drittes Gespräch. Mit diesem wird im Funktionsfeld, also im beruflichen Alltag, geprüft, ob ein Umsetzungserfolg bereits eingetreten ist. Oder falls nicht: Welche Umsetzungshindernissen ihm (noch) entgegen stehen (Witthaus 2000, 164). Subjektive Einschätzungen der Teilnehmer der Bildungsmaßnahme sind bei der Outcome-Erfassung besonders zu berücksichtigen. Im Bereich der betrieblichen Bildung sind daher Reflexions-Gespräche mit (weitergebildeten) Mitarbeitern darüber, welche neuen Kompetenzen nach einer Weiterbildung warum angewendet werden können, zu führen. Außerdem können hier bereits parallel die zukünftige Weiterbildungsziele festgelegt werden, die dann zyklisch bereits zu „Vorfeld-Gesprächen" der nächsten Bedarfs- und Zielplanung werden.

Dabei sind für den Transfer-Erfolg einer Bildungsmaßnahme stets die Mitarbeiterin bzw. der Mitarbeiter und die oder der Vorgesetzte in gleicher Weise und gemeinsam verantwortlich. Dazu bietet sich die in der folgenden Abbildung beschriebene, zeitlich aufwändige, aber systematische 6-Schritt-Methode an, die aus drei kurzen, strukturierten Gesprächen besteht, die kurz vor der Maßnahme, kurz nach der Maßnahme und dann noch einmal ca. 3 Monate später zwischen Mitarbeiter und Vorgesetztem geführt wird (Sauer 2008, 17f.):

Schritt 1	Zielformulierung: Anlass, Grund und Ziel einer Bildungsmaßnahme formulieren
Schritt 2	(*Gespräch Nr. 1*) Vorbereitungsgespräch vor Beginn der Maßnahme: Klären der Erwartungen von Führungskraft und Mitarbeiter
Schritt 3	Durchführung der Maßnahme
Schritt 4	(*Gespräch Nr. 2*) Auswertungsgespräch unmittelbar nach Abschluss der Maßnahme: Klären der Konsquenzen für Führungskraft, Mitarbeiter und Team + gemeinsame Transferplanung
Schritt 5	Alltagspraxis: Anwendung/Umsetzung durch den/die Mitarbeiter/in, Unterstützung durch die Führungskraft
Schritt 6	(*Gespräch Nr. 3*) Transfer-Kontrollgespräch (nach 2 bis 6 Monaten): Kontrolle der Umsetzung

Abb. 8.5: *Transfersicherung bei Bildungsmaßnahmen (Hensen u. a. o. J., 21)*

8.6 Fazit

Die vorgestellten Ansätze untersuchen betriebliche Bildungsmaßnahmen unter Effektivitäts- und Effizienzaspekten mit der Controlling-Brille. Definiertes Ziel ist, den Nutzen betrieblicher Bildung zu messen und in Relation zu Kosten und Aufwand zu setzen. Wie schwer die Nutzen-Messung ist, spiegeln allein die unterschiedlichen Ergebnis-Komponenten: Output, Transfer und Outcome.

Abgesehen von der Controlling-Aufgabe „Messen & Steuern" werden im Bildungscontrolling aber gleichzeitig Aspekte von „Entwickeln & Wandeln" angesprochen. Wie und warum sich Organisationen durch weitergebildete Mitarbeiter verändern, hängt ab von der „Mentalität" und Kultur des Unternehmens. Dass Mitarbeiter und Vorgesetzte im Nachgang einer Weiterbildung darüber sprechen, wie das neu erlernte, nützliche Wissen betrieblich umgesetzt werden kann, garantiert noch keine erfolgreiche Umsetzung. Menschen sind beharrlich und betriebliche Routinen und Strategien lassen sich nicht leicht verändern. Dies erfordert eine gewisse Mentalität im Umgang mit Informationen und Aufbau von Wissen. Gemeint ist hier die Offenheit für Lernprozesse: Es kommt darauf an, in der Kultur eines Unternehmens ein systematisches Wissensmanagement zu verankern. Dabei bestimmt sich Unternehmenskultur wiederum durch die Summe des Verhaltens aller Unternehmens-Mitglieder. Es gilt: *„Je mehr beobachtbare Handlungen in eine bestimmte Richtung weisen, umso wahrscheinlicher wird es, dass diese wiederum für andere handlungsleitend werden"* (Reick, Hagemann 2007).

Damit einem Unternehmen also ein wirksames Wissensmanagement gelingt, sind mehrere Schritte notwendig. Es ist erforderlich, sowohl bei Mitarbeitern als auch ihren Vorgesetzten Verhaltens-, Wahrnehmungs- und Beurteilungstendenzen zu ändern. Zudem sind sogenannte Motivationsblockaden abzubauen. Selbst Mitarbeiter (und Vorgesetzte) mit hoher Motivation können nicht garantieren, intendiertes Handeln in die Praxis umzusetzen (Hagemann 2009). Bildungscontrolling und Organisationsentwicklung gehen daher Hand in Hand. Ein erfolgreiches Controlling der betrieblichen Bildungsaktivitäten erscheint bei Einbettung in eine korrespondierende Unternehmenskultur und betriebliches Wissensmanagement wesentlich aussichtsreicher.

8.7   Vertiefungsaufgaben und -fragen

1. Sind die folgenden Aussagen wahr oder falsch?
   - Bildungscontrolling ist gleichzusetzen mit der Evaluation aller Bildungsaktivitäten einer Organisation.
   - Mit Bildungscontrolling gelingt der Nachweis, welche Qualität eine Bildungsleistung aufweist.
   - Die Messung von Bildungserfolg stützt sich vor allem auf quantitative Kennzahlen.
   - Modernes Bildungscontrolling beschränkt sich auf ein Controlling des Funktions- bzw. Berufsfeldes.
   - Eine verbesserte Kommunikation im Mitarbeiter-Team ist ein Indikator für erfolgreiches Outcome-Controlling.
2. Diskutieren Sie den folgenden Satz und machen Sie ihn anhand eines Beispiels aus der Praxis fest: Trotz aller für die betriebliche Praxis entwickelten Empfehlungen zur Transfersicherung gilt die Transferproblematik als entscheidender Punkt zur Realisierung des ökonomischen Returns einer Bildungsintervention.
3. Was halten Sie von der Aussage: Transferwiderstände sind explizit wahrnehmbar und werden primär am Verhalten von Führungskräften und (Weiter-)Bildungsteilnehmern festgemacht. Lässt sie sich Ihrer Meinung nach in der Praxis bestätigen?

8.8   Literatur

Arnold, R. (1996): Weiterbildung. Vahlen, München.

Autorengruppe Bildungsberichterstattung (2008): Bildung in Deutschland 2008. (Bundesbildungsbericht 2008). Bertelsmann, Bielefeld. Online in Internet: <http://www.bildungsbericht.de/daten2008/bb_2008.pdf> [Stand: 03.01.2010]

Baltzer, S.: Frust am Flipchart. In: FAZ vom 22.08.2008.

Becker, G. S. (1964): Human Capital. 2. Aufl., New York.

Ebbinghaus, M. (2000): Controlling des Bildungserfolgs, In: Seeber, S., E. Krekel & J. Buer van [Hrsg.]: Bildungscontrolling. Peter Lang, Frankfurt. 117–130.

Ehlers, U.-D. & P. Schenkel (2005): Bildungscontrolling im E-Learning – Eine Einführung, in: Dies. [Hrsg.]: Bildungscontrolling im E-Learning. Springer, Berlin. 1–13.

Euler, D. & S. Seufert (2005): Edu-Action statt Education? Vom Bildungscontrolling zur Entwicklung von Bildungsqualität, In: Ehlers, U.-D., P. Schenkel [Hrsg]: Bildungscontrolling im E-Learning. Springer, Berlin.

Fischbach, P. & G. Spitaler (2004): Balanced Scorecard in der Pflege. Eine Untersuchung im stationären Krankenhaus- und ambulanten Pflegebereich. Schäffer-Poeschel, Stuttgart.

Hagemann, T. (2009): Bildungseinrichtungen als Motor unserer Wissensgesellschaft. Erfolgreiche Strategien für ein Wissensmanagement in sozialen Systemen. PADUA. Fachzeitschrift für Pflegepädagogik (im Druck).

Hagen, A. (1996): Bildungscontrolling zur Förderung des Weiterbildungserfolgs in der Praxis. Süddeutsche Zeitung [Hrsg.]: Bildungscontrolling in der betrieblichen Personalentwicklung. München. 33–34.

Hensen, G., A. Schmidt, A. Stratmann & M. Sauer (o. J.): Hauptelemente einer Personalentwicklung in der Altenarbeit. Arbeitshilfe der AG Bildung der DEVAP (Deutscher Evangelischer Verband für Altenarbeit und ambulante pflegerische Dienste e.V.). Stuttgart.

Hoch, A. (1996.): Die härtesten Faktoren am Markt. Süddeutsche Zeitung [Hrsg.]: Bildungscontrolling in der betrieblichen Personalentwicklung. München. 4–5.

Hummelsheim, S. & D. Timmermann (2009): Bildungsökonomie. In: Tippelt, R. & B. Schmidt [Hrsg.]: Handbuch Bildungsforschung. 2. Aufl., Gabler, Wiesbaden.

Jetter, W., Kirbach, C. & H. Wottawa (2005): Der Wert der Weiterbildung. In: Harvard Business Manager. 27. Jg. (6) 43–55.

Korsmeier, S. & J. Becker (1996): Tendenzen im Bildungscontrolling, In: Grundlagen der Weiterbildung (GdWZ), 6, Neuwied.

Maess, K. & T. Maess (2001): Personal Jahrbuch. Neuwied.

Reick, C. & T. Hagemann (2007): Gestaltung von Unternehmenskultur. In: Kastner, M., E. Neumann-Held & C. Reick [Hrsg.]: Kultursynergien oder Kulturkonflikte. Pabst Science, Lengerich. 230–256.

Sadowski, D. (2002):Personalökonomie und Arbeitspolitik (Gebundene Ausgabe). Schäffer Poeschel, Stuttgart.

Sauer, M. (2008): Personalentwicklung: Fort- und Weiterbildung. Studienbrief Nr. 4 im Mod. 14 Management. Operatives Führen II, Bielefeld. [unveröffentlichtes Manuskript]

Seeber, S. (2000): Stand und Perspektiven von Bildungscontrolling. In: Seeber, S., E. M. Krekel & J. v. Buer [Hrsg.]: Bildungscontrolling. Peter Lang, Frankfurt. 19–50.

Ulbrich, M. (1999): Transferprozess-Management in der betrieblichen Weiterbildung: Erste Ergebnisse einer Untersuchung in Industrie und Dienstleistung. In: Wittwer, W. [Hrsg.]: Transfersicherung in der beruflichen Weiterbildung. Peter Lang, Frankfurt, 39–84.

v. Buer, J. (2000): Prozesscontrolling. In: Seeber, S., E. M. Krekel & J. v. Buer [Hrsg.] (2000): Bildungscontrolling. Peter Lang, Frankfurt. 87–116.

Weiß, M. (2008): Stichwort: Bildungsökonomie und Qualität der Schulbildung. In: Zeitschrift für Entwicklung, 11. Jg, (2), 168–182.

Will, H. (1987): Von der Erfolgskontrolle zur Evaluation. In: Ders. [Hrsg.]: Evaluation der betrieblichen Aus- und Weiterbildung. Heidelberg. 11–42.

Witthaus, U. (2000): Outcome-Controlling? Anmerkungen zu Möglichkeiten und Schwierigkeiten der Erfassung von Bildungseffekten in der Arbeitswelt. In: Seeber, S., E. M. Krekel & J. v. Buer [Hrsg.]: Bildungscontrolling. Peter Lang, Frankfurt. 151–172.

9 Lernarchitekturen in der Bildungsarbeit

Bernd Benikowski

9.1 Einleitung

Wer die Aufgabe hat, Bildungsprojekte zu realisieren, wird sehr schnell die Erfahrung machen, dass nicht nur der unmittelbare Akt des Lernens – also etwa ein Seminar – in den Gestaltungsfokus gestellt werden kann, um den Erfolg einer Lernveranstaltung zu garantieren. Vielmehr müssen weitere Bereiche berücksichtigt werden, die für das Ergebnis des eigentlichen Lernens gleichwohl eine hohe Bedeutung haben.

Daher wird hier zur umfassenden Konzeption und Planung einer Bildungsveranstaltung der Terminus *Lernarchitektur* ausgewählt, um möglichst alle relevanten Einflussfaktoren erfassen und steuern zu können. Der Begriff „Lernarchitektur" (seltener auch „Bildungsarchitektur") wird seit Jahren in der pädagogischen Diskussion genutzt, um den originären Akt der Lernarbeit um wichtige Einflussfaktoren des umgebenden Systems zu erweitern. Einen starken Impuls hat dabei sicherlich die Einführung von eLearning-Projekten gegeben. Die Implementierung dieser neuen Medien verlangte spezifische technische Anforderungen, setzte Nutzungskompetenz voraus (oder musste diese entwickeln) und stieß sehr oft auf Akzeptanzprobleme. Das Gelingen einer Implementierung eines eLearning-Projektes war darauf angewiesen, wichtige Einflussgrößen zu gestalten.

„Als dritte Komponente werden die eLearning-Potenziale dafür verwendet, ‚Lernräume' zu definieren, in denen eine bestimmte Anspruchsgruppe ihre spezifischen Lern- und Informationsbedürfnisse abdecken kann. ‚Lernräume' ist eine spezifische Begriffsbildung. Ein Lernraum umfasst alle Bildungs- und eLearning-Maßnahmen in Bezug auf eine klar spezifizierte Anspruchsgruppe oder bezüglich einer klar spezifizierten Thematik. Er ist das Gefäß, in dem Lernprozesse stattfinden, und kann ein oder mehrere eLearning-Projekte umfassen. Lernräume lassen sich ihrerseits zu einer unternehmensweiten Lernarchitektur zusammenfassen" (Thom 2007, 219).

Demgegenüber wird der Begriff Lernarchitektur auch im Zusammenspiel von Lernen und materiellen Räumen genutzt. Es lassen sich oftmals Synonyme zu Lernwelten und Lernräumen finden. *„Lernarchitektur lässt sich nicht nur definieren als Gestaltung medialer und* *virtueller Lernarrangements, sondern verweist auch auf die Wechselbeziehung zwischen Lernen und materiellem Raum"* (Knoll 1999, 24). Schwerpunkte sind bei diesen Betrachtungen die konkreten Orte und die damit verbundenen Lernpotenziale, -chancen und -störungen. *„Die moderne Lehr-Lern-Forschung konzentriert sich in ihren theoretischen und empirischen Arbeiten zu Lernumgebungen auf Materialien und deren theoriebasierter Gestaltung. Demgegenüber wird das vernachlässigt, was in der Alltagssprache unter ,Umgebung' verstanden wird: die Gestaltung des Arbeits- und Lernortes, die Ausstattung und Möblierung von Lernräumen und die umgebende Architektur"* (Gentner 2008, 190).

Manche Autoren nutzen den Begriff Lernarchitektur für unterschiedliche konzeptuelle Bereiche der Planung und Realisierung von Lernprogrammen (Zielunterstützende Lernarchitektur: König/Meinsen 2006, 71; Die Bühne als soziale Lernarchitektur: Worsch 2008, 109).

Letztlich ist allen Autoren, die den Begriff Lernarchitektur für sich benutzen, gemeinsam, dass der Gestaltungsblick der pädagogischen Interaktion erweitert wird und Bereiche einbezogen werden, die unverzichtbar sind, notwendige Voraussetzungen und Anforderungen definieren und als nicht originär pädagogische Variablen dennoch den Lernakt beeinflussen.

Im Folgenden soll nun exemplarisch an einem Projekt der gaus gmbh, einem wissenschaftlichen Forschungs- und Beratungsinstitut mit dem Schwerpunkt Arbeits- und Bildungsorganisation, die Entwicklung einer Lernarchitektur anschaulich aufgezeigt werden. Die gaus gmbh hat sich zwar nicht originär zum Ziel gesetzt, einen allgemeingültigen Terminus für Lernarchitekturen zu entwickeln. Jedoch wird sich zeigen lassen, wie zentral das Konzept der Lernarchitektur bei der nachhaltigen Gestaltung von (Weiter-)Bildungsprozessen in Unternehmen und Organisationen die Strategien des Wissensmanagements grundlegend bestimmt. Gerade aus den eigenen Managementerfahrungen in Bezug auf Anforderungen ganz unterschiedlicher Projektumsetzungen – von der curricularen Entwicklung neuer Ausbildungsberufe, über den Einsatz neuer Medien im Bildungskontext bis zur Realisierung konkreter Trainings- oder Qualifizierungsangebote – lässt sich schließlich der präsentierte Begriff „Lernarchitektur" verdichten.

Lernarchitekturen sind erfahrungsbasiert und der Bewältigung vielfältiger Probleme der Realisierung neuer Lernkonzepte geschuldet. Aus der Summe dieser Erfahrungen hat sich daher eine idealtypische Modulstruktur zur Umsetzung von Bildungsprojekten entwickelt (Benikowski, Braml 2007), die die Grundlage für jede individuelle Lernarchitektur neuer Projekte darstellt. In der Vorbereitung eines neuen Projektes wird immer diese Blaupause über die Organisation des Auftrages gelegt, um zu überprüfen, ob alle bildungsrelevanten Abläufe ausreichend berücksichtigt worden sind.

Abb. 9.1: Lernentwicklung

9.2 Lern- und Wissensverbund von Unternehmen der Druck- und Medienbranche

In dem ausgewählten Projektbeispiel sollen die vielfältigen Aufgaben und die Komplexität einer Lernarchitektur verdeutlicht werden. Die Entwicklung einer Lernarchitektur in einer Organisation ist nicht vollständig zu antizipieren, es muss während des Projektverlaufs möglich bleiben, auf aktuelle Veränderungen zu reagieren. Das Projekt „Lern- und Wissensverbund von Unternehmen der Druck- und Medienbranche" ist durch das Land NRW und den europäischen Sozialfonds ESF gefördert worden. Die beteiligten Unternehmen mussten für die Umsetzung nur einen relativ geringen Eigenanteil an den Gesamtkosten übernehmen.

Im Rahmen des Projektes wurde eine Organisationsstruktur entwickelt und aufgebaut, die es den vier am Projekt beteiligten Unternehmen ermöglichte, Weiterbildung gemeinsam zu planen und umzusetzen. Dabei wurde das vorhandene Wissen in den Unternehmen des Verbundes genutzt. Wenn in einem Unternehmen des Verbundes eine Kompetenz benötigt wurde, dann wurde zunächst bei den Verbundpartnern nach einer mitarbeitenden Person gesucht, die diese Kompetenz besitzt und diese auch weitervermitteln konnte. Damit waren zwei zentrale Projektaufgaben definiert: Kompetenzerwerb und Kompetenzweitergabe.

Das Beispiel ist durchaus typisch für zahlreiche Bildungsprojekte, da auf dem Hintergrund einer bestehenden komplexen Organisationsstruktur eine transparente Lernarchitektur entwickelt werden musste. Bei den vier beteiligten Verbundpartnern handelte es sich um kleine und mittlere Unternehmen aus der Druck- und Medienbranche. Eine systematische Weiterbildungsplanung lag bisher nur bedingt vor.

Es mussten sowohl in als auch zwischen den Unternehmen Kommunikationsstrukturen geschaffen werden, auf die der eigentliche Weiterbildungsprozess aufbauen konnte.

Das Konzept basierte auf dem Prinzip des Lernens von Mitarbeiter zu Mitarbeiter („Face-to-Face-lernen"). Beschäftigte eines Unternehmens wurden dadurch nicht nur zu einer permanenten Lernaktivität ermutigt und angeleitet, sondern gleichzeitig auch noch in einen kontinuierlichen Prozess der Wissensweitergabe eingebunden. Die Weitergabe von Wissen und Kompetenzen in einer Organisation dürfte eine der Schlüsselaufgaben der nahen Zukunft sein. Dafür war im Projekt „Lernverbund" allerdings nicht nur die Kompetenz des Lernens, sondern auch des Lehrens zu vermitteln.

Die Planung von Weiterbildung beginnt mit der Analyse der Entwicklungsziele einer Organisation und den Bildungszielen der Beschäftigten, aus denen die Lernaktivitäten abzuleiten sind. Erst dann kann eine Lernarchitektur implementiert werden, mit der diese Ziele erreicht werden können. Zu dieser Lernarchitektur gehört die Definition von Verantwortlichkeiten, eine solide Zeitplanung, erkennbare Kommunikationskanäle, Mitarbeiterberatung und Zielvereinbarung, Integrationsstrategien, neu erlerntes Wissen in das Unternehmen hineinzutragen, und letztlich auch ein Bildungs-Controlling, das Bewertung und Verbesserung ermöglicht.

Innerhalb eines Bildungsmanagements ist die Planung selbstverständlich eine fundamentale Aufgabe. Es ist aber oft auch den Auftraggebern oder Projektnehmern zu vermitteln, dass Bildung nicht „einfach wie eine Dienstleistung eingekauft" wird, sondern innerhalb der organisatorischen Planung verankert werden muss.

In allen vier beteiligten Unternehmen musste die Bereitschaft bei dem mitarbeitenden Personal erzeugt werden, sich auf lehrende Aufgaben, also auf die Wissensweitergabe, vorzubereiten. Dies war nicht in der „ursprünglichen" Lernkultur verankert. Wissensweitergabe wurde als eine völlig neue Aufgabe verstanden, die doch eher verunsicherte als motivierte. Konkrete Anforderungen an die Lernarchitektur waren:

• Unterstützung der Unternehmen bei der Weiterbildungsbedarfsanalyse ihrer Beschäftigten (Lernen),
• Unterstützung der Unternehmen bei der Bereitstellung von Weiterbildungsangeboten (Lehren),
• Organisation der konkreten „Face-to-Face-Weiterbildung".

Erster Schritt eines neuen Projektes oder Auftrages ist die Etablierung einer gemeinsamen Steuerungsgruppe in der betreffenden Organisation. Aufgabe ist es, im Laufe der Projektdurchführung auf Veränderungen oder Behinderungen rechtzeitig reagieren zu können. Dabei geht es auch hier nicht um das eingegrenzte Lernverfahren (die Schulung, eine Seminarreihe, eLearning), sondern um insgesamt alle organisatorischen, wirtschaftlichen und sozialen Faktoren, die die eigentliche Lernarbeit beeinflussen.

Die Projektarchitektur beinhaltete insgesamt folgende Teilbereiche:

- Entwicklung eines Systems zur kontinuierlichen Bildungsbedarfserfassung: Das Weiterbildungsmanagement ermittelte in Zusammenarbeit mit jedem Unternehmen die konkreten Bildungsbedarfe auf Mitarbeiter- und Führungsebene: Was soll gelernt werden?
- Aufbau eines Systems zur Erfassung der Mitarbeiterkompetenzen: Parallel wurden die potenziellen Bildungsangebote der Mitarbeiter entwickelt. Wer kann welches Wissen weitergeben?
- Aufbau von Kompetenzen zur Wissensweitergabe: Schulung der lehrenden Mitarbeiterinnen und Mitarbeiter: In vielen vorangegangenen Projekten wurde von allem über die Lernkompetenz von Beschäftigten nachgedacht. Durch den Ansatz „Mitarbeiter lernen von Mitarbeitern" rückte vor allem auch die Vermittlungskompetenz in den Vordergrund. Die potenziellen „Trainer" sollten didaktisch weitergebildet und bei den ersten Schulungen gecoacht werden.
- Aufbau einer Lernplattform: Unterstützt wurden die internen Prozesse des Lernens, Lehrens und der Wissensweitergabe durch eine Lern-Plattform im Internet, auf die die Mitarbeitenden der Verbundunternehmen zugreifen konnten. Es sollte eine Lernplattform entwickelt werden, auf der sie ihr spezielles Wissen präsentieren konnten. Gleichzeitig hatten „lernende" Mitarbeiterinnen und Mitarbeiter die Möglichkeit, nach Wissensbeständen zu suchen und bereits ohne direkten Kontakt erste Informationen zu einem gewünschten Fachgebiet zu erhalten.

Zu Beginn eigentlich aller neuen Bildungsprojekte steht die Analyse der Lernkultur in der Organisation. In modernen Organisationen sollte die Entwicklung der Kompetenzen der Mitarbeiterinnen und Mitarbeiter eine hohe Priorität haben. Sie dient der mittel- und langfristigen Sicherung der Leistungsfähigkeit einer Organisation und darf daher nicht als eine kurzfristige Kompetenzanpassung missverstanden werden. Bereits an dieser Stelle treten bei vielen Projekten erste Schwierigkeiten auf. Der Impuls, Bildungsprojekte zu implementieren, entspringt in der Regel eher einem aktuellen Kompetenzdefizit als einer langfristig ausgerichteten Personalentwicklung. Fehlende Qualifikationen sollen kurzfristig ausgeglichen werden, eine systematisch an den Organisationszielen und den Entwicklungsbedarfen der Mitarbeiter und Mitarbeiterinnen ausgerichtete Weiterbildung findet sich noch selten.

9.3   Aufbau der Lernkultur

Lernen ist in modernen Organisationen nicht nur gewünscht, sondern gefordert. Dies muss sich in der Unternehmenskultur ausdrücken. Die mit Lernen ausgefüllte Arbeitszeit ist genauso wertvoll wie produktive Aktivitäten, immer unter der Voraussetzung einer klugen Balance. Wenn Beschäftigte im Internet recherchieren, um ein Problem zu lösen, wenn in einem Handbuch gelesen wird oder Informationen im Kollegium zusammen getragen werden, ist von Unternehmen Unterstützung zu signalisieren und sind notwendige Rahmenbedingungen (Medien, Räumlichkeiten etc.) bereit zu stellen. Eine gute und produktive Lernkultur fördert die Bereitschaft der Beschäftigten, sich eigenverantwortlich neue Kompetenzen anzueignen und unterstützt diesen Prozess systematisch zu einer Learn-Work-Balance. Eine positive Lernkultur kann bei einer Projektrealisierung natürlich nicht verordnet werden. Wichtig ist dabei, eine Organisation nicht zu überfordern. Wenn die Beschäftigten eines Unternehmens nur traditionelle Präsenzschulungen gewohnt sind, kann nicht erwartet werden, dass ein Projekt, das ein hohes Maß an Selbstlernkompetenz verlangt (z. B. eLearning), von ihnen ohne Probleme durchgeführt wird. Es ist Aufgabe eines Projektes (insbesondere einer Steuerungsgruppe), individuelle Maßnahmen zu konstruieren, die förderliche Bedingungen für eine angemessene Lernkultur aufbauen. Dies kann als Basis eines funktionierenden Bildungsmanagements verstanden werden.

In ersten Gesprächen mit den Geschäftsführungen und explorativen Interviews mit einzelnen Beschäftigten wurde im Beispielprojekt schnell deutlich, dass das Projektziel „Mitarbeiter lernen von Mitarbeitern" kaum mit den vorhandenen Unternehmenskulturen kompatibel war. Wenn sicherlich das Ziel einer modernen und professionellen internen Wissensweitergabe unterstützt wurde, war doch vieles neu und verunsichernd. Die Bedeutung lebenslangen Lernens war der Geschäftsführung und den Mitarbeitenden bewusst und wurde positiv bewertet, allerdings wurde Lernarbeit im Wesentlichen noch mit traditionellen Formen der Weiterbildung verbunden. Eine besondere Herausforderung stellte vor allem die Wissensweitergabe dar. An vielen Stellen eines Unternehmens wird natürlich Wissen weitergegeben. Jede Anleitung eines Kollegen, das Erklären eines Sachverhalts oder die Unterstützung bei der Suche nach einer Problemlösung sind nichts anderes als informelle Lernprozesse. Organisationen sind durchzogen von solchen informellen Prozessen der Wissensbeschaffung. Sie sind aber selten organisiert oder gar didaktisch unterstützt.

Entsprechend war zunächst die Rückmeldung von den Mitarbeitenden eher skeptisch. Vor allem war die Bereitschaft, als Wissensvermittler identifiziert zu werden, zu Beginn nicht sehr stark ausgeprägt. Es hätte insgesamt daher nur wenig Sinn gemacht, die Lernarchitektur mit den oben beschriebenen Teilbereichen aufzubauen, ohne die Lernkultur der Beschäftigten im Sinne der Projektziele zu entwickeln, Transparenz zu erzeugen und mögliche Ängste und Unsicherheiten zu nehmen. Ein solches Projekt modernen Lernens und effizienter Wissensweitergabe konnte nur auf der Grundlage einer positiven Lernkultur aufgebaut werden.

In der ersten Projektphase wurden daher alle beteiligten Personen der Verbundunternehmen zu einer großen Kick-Off Veranstaltung eingeladen, auf der detailliert über das Projekt berichtet und dann in kleinen Gruppen von Mitarbeitern und Geschäftsführung die konkrete Umsetzung besprochen wurde. Natürlich kann eine einzelne Veranstaltung keine Lernkultur verändern. Sie war aber ein Start in ein neues Verständnis von Wissensweitergabe, das von Geschäftsführung und Personal gemeinsam getragen wurde. Darüber hinaus muss der in der ersten gemeinsamen Veranstaltung initiierte kulturelle Impuls in weiteren Aktivitäten aufgegriffen und verstetigt werden.

Die Entwicklung und Förderung der Mitarbeiterinnen und Mitarbeiter sollte ein systematischer und organisierter Prozess sein. Abhängig von den in Zukunft geforderten Bedarfen an Wissen und Fähigkeiten werden diese personalen Ressourcen zielgerichtet aufgebaut. Noch zu häufig wird Weiterbildung und Lernen immer dann realisiert, wenn ein Mangel erkannt worden ist: Eine neue Maschine kann nicht bedient, eine neue Software nicht genutzt oder eine PowerPoint-Präsentation kann nicht vorgestellt werden, da die notwendigen Kompetenzen fehlen. In modernen Organisationen wird die Entwicklung der Kompetenzen von Beschäftigten zu einem systematischen und kontinuierlichen Workflow. Dieser beginnt mit der zielgerichteten Bedarfsplanung, setzt sich mit der effizienten Umsetzung unterschiedlicher Lernarchitekturen bis zum Controlling des betrieblichen Kompetenzzuwachses fort und endet mit einem transparenten Qualitätsmanagement.

Dies gilt für große wie für kleine Organisationen in gleicher Weise. Dabei müssen sich die Investitionen selbstverständlich auch einer betriebswirtschaftlichen Analyse unterziehen. Die Investition in Lernaktivitäten der Mitarbeiterinnen und Mitarbeiter muss sich durch eine erhöhte Qualität der Abläufe in einer Organisation amortisieren. Und dies muss ein modernes Weiterbildungssystem auch nachweisen.

9.4 Kontinuierliche Analyse des Weiterbildungsbedarfs

Die Ermittlung der Weiterbildungsbedarfe sollte kein einmaliges Verfahren im Rahmen des Projektverlaufs bleiben, sondern als kontinuierliches Instrument den Unternehmen nachhaltig zur Verfügung stehen. Die bisherige Praxis der Nutzung von Weiterbildungsangeboten war eher reaktiv bezogen auf bestimmte fehlende Kompetenzen. In der Regel war es eine Führungskraft, die auf fehlende Kompetenzen hinwies und die Durchführung einer Lernaktivität veranlasste. Manchmal sprachen auch Mitarbeiterinnen oder Mitarbeiter den Wunsch nach einer konkreten Qualifizierungsmaßnahme an. Die Entscheidung zur Teilnahme an einer Weiterbildungsveranstaltung war insgesamt ein informeller Bereich, der von vielen subjektiven Faktoren abhing. Durch das oben skizzierte Projekt sollte eine regelmäßige Bedarfsabfrage bei den Beschäftigten etabliert werden. Im ersten Schritt musste in jedem Unternehmen für eine organisatorische Verankerung gesorgt werden und die Erhebung so durchgeführt und ausgewertet werden, dass Entscheidungen über Weiterbildungsmaßnahmen getroffen werden konnten. Auch in kleinen Unternehmen kann nicht alles von der Geschäftsführung selber übernommen werden. Es musste daher definiert werden, wer diesen Prozess verbindlich und in regelmäßigen Intervallen durchführt. Es zeigte sich in den beteiligten Unternehmen, dass dadurch insgesamt Weiterbildungsorganisation erkennbarer wurde und aus der informellen Ebene in einen nachvollziehbaren Geschäftsprozess überführt wurde.

Die Bedarfsabfrage erfolgte bei allen Mitarbeiterinnen und Mitarbeitern und bezog sich a) auf Kompetenzen, die zur besseren Bewältigung der Arbeitsprozesse notwendig wären, und b) auf Bildungsinteressen der Mitarbeiterinnen und Mitarbeiter, die ihre berufliche Entwicklung unterstützen sollten. Eine solche Abfrage ließ sich einfach über das bestehende Inter- oder Intranet realisieren und ermöglichte dadurch eine rasche Auswertung. Hinzuweisen ist allerdings auch darauf, dass es für die Mitarbeiterinnen und Mitarbeiter nicht einfach war, persönliche Lernziele zu definieren. Hier ist in Zukunft sicherlich noch Entwicklungsarbeit zu leisten, um die Mitarbeiterinnen und Mitarbeiter bei der Formulierung eigener beruflicher Ziele und den damit verbundenen Kompetenzanforderungen zu unterstützen.

Im Ergebnis diese Projektphase ergab sich eine Übersicht der wichtigsten Lernbedarfe aller Verbundpartner. Dies war die Grundlage, um dann in einem folgenden Schritt zu untersuchen, ob diese Kenntnisse und Kompetenzen bei den Mitarbeiterinnen und Mitarbeitern eines Verbundunternehmens vorhanden waren, um sie dann für einen Wissenstransfer im Verbund zu nutzen.

9.5   Kontinuierliche Suche nach Wissen(-strägern) im Unternehmensverbund

Der Ablauf dieser Projektphase war im Prinzip der Bedarfserfassung identisch. In gleicher Weise wie der Bedarf nach Weiterbildung und Lernaktivitäten abgefragt und systematisiert worden war, wurde dies auch mit den Kompetenzen der Mitarbeiter durchgeführt. Allerdings schien den Mitarbeitern die Benennung eigener Kompetenzen, die dem Verbund zur Verfügung gestellt werden sollten, deutlich schwerer zu fallen. Daher wurden im Rahmen des Projekts mit einer ersten Gruppe von Mitarbeitern Kompetenzinterviews geführt, um besser auf Befürchtungen oder Unklarheiten bei der Bestimmung von Mitarbeiterkompetenzen reagieren zu können. Diese Interviews hatten damit auch die Funktion, die initiierte Entwicklung der Lernkultur zu unterstützen. So konnte erklärt werden, was unter der neuen Rolle und Aufgabe von Wissensvermittlerinnen und Wissensvermittlern zu verstehen ist und welche Erwartungen damit verbunden waren. Nach Projektende konnten diese Kompetenzinterviews durch einfache Befragungen ersetzt werden, zumal es sich dann nur noch um die Abfrage neuer Kompetenzen handelte (ausgenommen natürlich neu eingestellte Beschäftigte).

Auf der Grundlage der Befragungen wurde eine Übersicht der vorhandenen Wissensbestände zusammengestellt, die im Lernverbund von den Partnerunternehmen abgerufen werden konnte. Diese *Wissenslandkarte* war im Intra- bzw. Internet frei zugänglich und konnte von allen interessierten Mitarbeiter eingesehen werden. Es wurden neben speziellen fachlichen Themen auch Inhalte generiert, die für alle im Projekt beteiligten Unternehmen von Interesse waren, beispielsweise die Lernmodule Kosten- und Leistungsrechnung, Projektmanagement, Wissensmanagement.

Die Aufbau- und Ablauforganisation der Lernaktivitäten muss genauso stringent und transparent realisiert werden wie andere zentrale Organisationsbereiche eines Unternehmens. Lernaktivitäten sind keinesfalls am Rande eines Unternehmens angesiedelt, sondern durchziehen nahezu alle Unternehmensbereiche. Dies bedeutet neben erkennbaren Verantwortlichkeiten auch die Schaffung von Schnittstellen zu einzelnen Bereichen des Unternehmens, aber auch direkt zu Mitarbeitern und Mitarbeiterinnen. Die Organisation von Lernaktivitäten umfasst folgende Bereiche:

- Bedarfsermittlung, Festlegung von Unternehmenszielen,
- Entwicklung von Lernkultur und -atmosphäre im Unternehmen,
- Erarbeitung von individuellen Personalentwicklungsplänen,
- Einkauf von externen Lernangeboten,

- Aufbau von internen Lernangeboten,
- Entwicklung einzelner Lernaktivitäten,
- Integration moderner Lernaktivitäten wie eLearning oder mobile learning,
- Aufbau eines Wissensmanagements,
- Qualitätskontrolle und Bildungs-Controlling.

Für alle diese Aufgabenbereiche müssen Verfahren definiert, Personen benannt und Prioritäten festgelegt werden. Die Zeit sollte vorbei sein, in der Bildung dem Zufall überlassen wurde.

9.6 Durchdringung der Lernaktivitäten im Organisationsalltag

Lernen durchdringt moderne Organisationen. Dabei reichen die Formen der Lernaktivitäten von der internen Anleitung im kollegialen Kreis bis zu kompletten Seminarangeboten durch externe Trainerinnen und Trainern sowie Referentinnen und Referenten. In der traditionellen Planung von Weiterbildung in Organisationen wurden Lernzeit und Arbeitzeit wesentlich stärker voneinander getrennt. Viele Lerninhalte entfalten ihren Nutzen aber erst durch die Anwendung in realen Arbeitssituationen. Lernen hört also nicht mit dem Seminarende auf, sondern findet seine Fortsetzung in der Umsetzung des alltäglichen professionellen Handelns. Dieser Transfer des Wissens war in traditionellen Lernformen den Mitarbeiterinnen und Mitarbeitern weit gehend selbst überlassen. Aber tatsächlich ist es erst der Transfer von Lernaktivitäten in das Unternehmen, der aus der Investition in Bildung einen Return on Investment ermöglicht.

In einer Lernarchitektur sollte daher auch der Transfer von erworbenen Kompetenzen in den Arbeitsalltag enthalten sein. In vielen Organisationen wird dieser Prozess nicht systematisch begleitet. Das führt nicht selten dazu, dass auf Präsenzveranstaltungen trainierte Verhaltensweisen (z. B. Führungstraining) kaum in den Arbeitsalltag übertragen werden, da keine Gelegenheit vorhanden ist, das neue Verhalten tatsächlich auszuüben und zu vertiefen.

9.7 Organisation der Weiterbildung im Verbund

Auf der Grundlage der Bedarfsanalyse und der Kompetenzübersicht musste schließlich die eigentliche Organisation der Lernarbeit implementiert werden. Dazu mussten Entscheidungsstrukturen auf der Ebene der Unternehmen und der Ebene des Verbundes geschaffen werden. Dazu gehörte ein gemeinsames Gremium der Verbundpartner, in dem festgelegt wurde, a) welche konkreten Lernaktivitäten initiiert werden sollten, b) welche Prioritäten berücksichtigt werden mussten (Welche Lernaktivität ist für alle Partner am dringlichsten zu realisieren?) und c) welche konkreten Umsetzungen vereinbart werden sollten (Festlegung von Zeit-planungen, Veranstaltungsorten, benötigte Ressourcen).

Die Angebots- und Bedarfsseite der Weiterbildungsplanung wurden in einem Matchingpro-zess gegenüber gestellt und konkrete Lernmodule vereinbart. Die Erstellung und Umsetzung erfolgte durch die Wissensträger unter Begleitung und Beratung der gaus gmbh. Neuer Be-darf in den Unternehmen wurde kontinuierlich in den Verbund eingespeist. Erfahrungsgemäß ist dies oftmals eine problematische Phase in vergleichbaren Projekten, da die kurzfristigen defizitären Bedarfe nach Lernveranstaltungen zurückgehen und durch neue perspektivische Inhalte ersetzt werden müssen. Es wurden im Rahmen dieses Projektes Mitarbeiter in den Unternehmen benannt, die die Koordination übernahmen und damit auch für die inhaltliche Abstimmung der Lerneinheiten verantwortlich waren.

Der Erfolg der Lernveranstaltung wurde durch geeignete Feedback- und Controllinginstru-mente erfasst. Dabei wurden drei Bewertungsdimensionen berücksichtigt: a) der Verbund, b) das Unternehmen und c) die Mitarbeiter. Auf der Verbundebene haben sich die Koordinato-rinnen und Koordinatoren aus den einzelnen Betrieben getroffen und von der Rückmeldung aus den jeweiligen Unternehmen durch Mitarbeiter berichtet. Innerhalb dieses Erfahrungs-austauschs wurden auch Schritte zur Optimierung der Verbundarbeit vereinbart. Geschäfts-führung und Koordinatoren haben sich in regelmäßigen Feedbackrunden über die erzielten Weiterbildungsergebnisse der Verbundangebote ausgetauscht und den Erfolg bewertet.

Das Controlling des Weiterbildungsprozesses durch die Mitarbeiter zielte auf die inhaltliche Ebene ab. Die Mitarbeiter, die an den Schulungen teilgenommen haben, waren angehalten, ein systematisches Feedback an die „Trainer" zu geben, damit diese ihre methodisch-didaktischen Fähigkeiten weiter entwickeln konnten.

9.8   Vorbereitung der Wissensträger

Von vielen Mitarbeiterinnen und Mitarbeitern in den Verbundunternehmen wurden Wissens-bestände definiert, die einer Nutzung im Verbund zugänglich gemacht werden sollen. Nicht zu vergessen ist allerdings, dass diese Mitarbeiter im Rahmen ihrer fachlichen Ausbildung keine Vermittlungskompetenzen erworben hatten. Bereits in den Kompetenz-Interviews ist sehr häufig darauf verwiesen worden, dass sicherlich die fachlichen Kenntnisse vorliegen würden, aber die Erwartung, dass diese in kleinen Lernveranstaltungen weitervermittelt wer-den sollten, wurde doch eher skeptisch gesehen. Es mussten daher zwei Probleme gelöst werden: Den Mitarbeiterinnen und Mitarbeitern mussten

- ein positives Bild ihrer neuen Aufgabe vermittelt werden, ohne dabei Ängste der Über-forderung zu erzeugen und
- die notwendigen methodisch-didaktischen Kompetenzen vermittelt werden, um den Wis-senstransfer effizient zu gestalten.

Dies geschah auf dem Wege der Durchführung didaktischer Trainings in Kleingruppen, Beratung der Mitarbeiter bei der Erarbeitung von Lehrmaterialien und Coaching der ersten Schulungen der potenziellen Trainer. In der ersten Praxisphase wurden die potenziellen Trainer durch die Berater der gaus gmbh begleitet und erhielten eine Rückmeldung über den Verlauf der Schulung, um ggf. Optimierungen für weitere Schulungen vorzunehmen.

Darüber hinaus sollte die Lehr-Arbeit durch eine unterstützende Lernplattform im Internet unterstützt werden. Dazu wurde eine Lernplattform in Internet aufgebaut, auf der – unter Anleitung – die Mitarbeiter in systematisierter Form ihr Wissen präsentieren konnten.

Es ist die Stärke von eLearning-Angeboten, die Lernarbeit in kleine Einheiten zu zerlegen und dadurch eine besonders nachhaltige Lernwirkung zu erzielen. Herkömmliche Seminare, die zwei oder drei Tage dauern, verdichten den Lernprozess und haben den Nachteil, dass das Erlernte nicht immer langfristig gespeichert und verarbeitet werden kann. Lernen durch eLearning erstreckt sich über einen längeren Zeitraum, das Wissen wird kontinuierlich aufgebaut und der Praxistransfer intensiviert. Natürlich sind es auch die medialen Darstellungsformen in Bild, Ton und Film, die eine hohe Anschaulichkeit des Lernstoffes ermöglichen und einen Teil der Qualität dieser Lernform darstellen.

Insgesamt konnten zwei Abläufe des Wissenstransfers implementiert werden. Zum einen ermöglichte die Übersicht der vorhandenen Kompetenzen einen direkten Zugriff bei einer individuellen Problemstellung. Es konnte unmittelbar ein persönlicher Kontakt zu Wissensträger aufgenommen werden. Zum anderen wurden aber komplette „Wissenspakete" erarbeitet, die von den Verbundpartnern in kleinen Lern-Veranstaltungen abgerufen werden konnten.

Die Realisierung von Bildungsveranstaltungen im Unternehmen sollte vor allem nach didaktischen Gesichtspunkten ausgerichtet werden. Alle Maßnahmen eines Lernprozesses dienen dazu, die Lernziele effizient und nachhaltig zu verwirklichen. Auch die Auswahl der geeigneten Medien muss nach didaktischen Kriterien getroffen werden.

Der Einsatz von Lernsoftware oder Videos ist kein Selbstzweck. Er sollte sich danach orientieren, welche Wirkung beim Lernenden erzielt werden soll. Dies wird in der betrieblichen Praxis nicht immer ausreichend beachtet. Die Gestaltung der einzelnen Seminare oder der Medien muss sich den didaktischen Zielsetzungen unterordnen. Der Einsatz einer Lernsoftware oder eines Lehrfilms ist nicht durch die Originalität des Mediums zu begründen, sondern ausschließlich durch didaktische Überlegungen. Es kann genauso sinnvoll sein, Lernen in kleinen Gruppen oder in einem großen Hörsaal zu organisieren. Eine eingesetzte Methodik ist dann sinnvoll, wenn sich das Lernziel damit optimal umsetzen lässt.

Die Frage nach Modularisierung der Lerneinheiten, eLearning oder mobil-Learning ergibt sich aus der bestmöglichen Realisierung der Lernziele. Für eine Lernarchitektur ist es wichtig, die Bedeutung didaktischer Variablen zu transportieren. Den Entscheidenden in vielen Organisationen fehlen oftmals diese didaktischen Kriterien, wenn es um die Auswahl einer Weiterbildungsmaßnahme geht. Stattdessen wird die erhoffte Qualität an Merkmalen festgemacht, die nur bedingt eine verlässliche Bewertung zulassen (persönliches Auftreten der Lehrkraft, Seminarbroschüren etc.).

9.9   Fazit

Alle beschriebenen Projektarbeiten haben dazu geführt, dass eine Reihe von Lernaktivitäten zwischen den Mitarbeiterinnen und Mitarbeitern stattfanden und weiter stattfinden. Nach dem erheblichen Aufwand der Implementierung der Organisationsstruktur, von Verfahren und Abläufen konnten Routinen entwickelt werden, die einen schnellen Zugriff auf das Wissen anderer im Verbund Tätiger ermöglichten.

Das Praxisbeispiel sollte zeigen, dass die entwickelte Lernarchitektur Aufgabenbereiche definiert, die letztlich alle für den Implementierungserfolg relevanten Faktoren berücksichtigt. Im Lernverbund mussten Maßnahmen zur Vorbereitung der Lernkultur getroffen, für eine Verankerung in die einzel- und überbetriebliche Organisation gesorgt, das notwendige methodische Handwerkszeug implementiert und eine verlässliche Kommunikations- und Steuerungsstruktur für das Gesamtprojekt aufrecht erhalten werden. Selbstverständlich sind hier die Abläufe vereinfacht dargestellt und zahlreiche Probleme ausgeklammert worden. Die Implementierung von Bildungsprojekten kann nicht einfach am Computer konstruiert werden. Da es um einen von agierenden Personen in einer Organisation getragenen Prozess geht, sind so weit wie nötig alle Interessen oder Hemmnisse zu identifizieren und zu beseitigen. Nicht selten stößt man bei einem solchen Verständnis auf die Grenzen von Bildungsprojekten. Lernaktivitäten in Unternehmen erfordern aber nun einmal eine ausreichende organisatorische Berücksichtigung. Noch immer ist eher zu beobachten, dass Lernen eine zusätzliche Leistung der Mitarbeiterinnen und Mitarbeiter ist, die über die üblichen Routinen hinaus zu absolvieren ist. Auch dies ist letztlich ein wichtiges Element von Lernarchitekturen. Sie sind erkennbarer Bestandteil einer Organisation und nicht eine temporär eingerichtete Seminareinheit. Bildung der Zukunft verlangt verlässliche Strukturen für moderne Lernprozesse.

Zusammenfassend kann gesagt werden, dass Lernarchitekturen eine umfassende Betrachtung der Organisation, Umsetzung oder Implementierung von Lernprozessen ermöglichen. Sie sind in der Aufbauphase der Bauplan, der alle Einflussgrößen beinhaltet, die das gewünschte pädagogische Resultat hemmend oder unterstützend beeinflussen. Und im eigentlichen Betrieb stellt die Lernarchitektur sicher, dass kontinuierlich darauf geachtet wird, dass auf sich verändernde Rahmenbedingungen rechtzeitig reagiert werden kann. Lernarchitekturen ermöglichen eine integrierte Gesamtbetrachtung der Lernaktivitäten, die auch eine realistische Einschätzung der zu erwartenden Ergebnisse erlaubt. Ein Seminar mit einer guten Konzeption und einem erfahrenen Trainer scheitert, weil wichtige Rahmenbedingungen (Lernkultur, Erwartung an eigenständiges Lernen, Freistellung der Mitarbeiter u. v. m.) nicht geregelt worden sind. Eine Lernarchitektur kann nur ein Ergebnis liefern, das das Resultat aller wichtigen Variablen ist. Sie zeigt damit auch auf, welche Resultate mit der vorhandenen Lernkultur, den eingesetzten Ressourcen (Zeit, Finanzen) oder den zur Verfügung stehenden didaktischen Methoden erzielt werden können.

Lernarchitekturen verweisen auf den Zusammenhang der wichtigen Einflussgrößen. Sie beschreiben konkret und handlungsorientiert, wie an festgelegten „Stellschrauben gedreht" werden muss, und welche Maßnahmen gegebenenfalls zu ergreifen sind.

9.10   Vertiefungsaufgaben und -fragen

1. Welche Bereiche sind bei der Planung eines Bildungsprojektes auf jeden Fall zur erfolgreichen Umsetzung der geplanten Lernziele zu berücksichtigen?

2. Entwerfen Sie einen Plan für eine projektierte Bildungsaufgabe. Stellen Sie dabei sicher, dass alle zur Erreichung des Projektzieles notwendigen Voraussetzungen in die Planung einbezogen werden. Orientieren Sie sich dabei an der Abbildung „Lernarchitekturen".

9.11   Literatur

Benikowski, B. & R. Braml (2006): Die entgrenzte Akademie. Schneider Hohengehren, Baltmannsweiler.

Gentner, C. (2008): Lern- und Arbeitskultur in der Produktionsschule. In: Bojanowski A., M. Mutschall & A. Meshoul (2008): Überflüssig? Abgehängt? Produktionsschule: Eine Antwort für benachteiligte Jugendliche in neun Ländern. Waxmann, Münster.

König, E. & S. Meinsen (2006): Wissensmanagement in sozialen Systemen. Beltz, Weinheim.

Knoll, J. (1999): Lernen im geschaffenen Raum – Zum materiellen Verständnis des Begriffs Lernarchitektur. In: DIE Zeitschrift 4/99 Lernarchitekturen. Bonn.

Thom, N. & R. J. Zaugg (2007): Moderne Personalentwicklung. Betriebswirtschaftlicher Verlag Dr. Th. Gabler / GWV, Wiesbaden.

Worsch, M. (2008): Die Bühne als soziale Lernarchitektur. In: Krall, H., E. Mikula & W. Jansche (2008): Supervision und Coaching – Praxisforschung und Beratung im Sozial- und Bildungsbereich. VS/ GWV, Wiesbaden.

10 Schulentwicklung

Christiane Griese

10.1 Ausgangsüberlegungen

Was rechtfertigt, neben den hier versammelten Tools des Bildungsmanagements eine Domäne bzw. einen institutionellen Handlungsrahmen von Bildungsmanagement herauszustellen – immerhin könnte man sich in dieser Systematik dann auch Kindergartenmanagement, Hochschulmanagement, Weiterbildungsmanagement usf. vorstellen?

Die Begründung ergibt sich aus der besonderen Stellung, die Schule im Bildungssektor hat, sowie den spezifischen Rahmenbedingungen, unter denen sich schulbezogenes Managementhandeln (nur) entfalten kann. Diese unterscheiden sich durchaus deutlich von anderen Bildungsorganisationen. Hier treffen offensichtlich konzeptionelle Ansprüche an Bildungsmanagement und deren bildungs- und personal-, bzw. partei- und damit auch machtpolitischen Rahmungen in der Umsetzung von „modernen" Managementideen aufeinander. Damit sind u. a. gemeint: die staatliche Aufsicht über die Schulen, die Rolle von Ländern und Kommunen bei schulpolitischen Entscheidungen, personalpolitische Vorgaben im Kontext des Öffentlichen Dienstes (wie Beamtenrecht, Tarifbindung), finanzpolitische Verantwortlichkeiten von Staat/Bund und Schulträgern.

In diesem Zusammenhang werden Prozesse von Schulentwicklung als Instrument staatlicher Steuerung kontinuierlich kritisch begleitet: Mit Schulentwicklung ist gemeint, *„dass die einzelnen Schulen oder kooperativ zusammenarbeitende kleine Gruppen von Schulen in neuer Weise und in einem weit größeren Ausmaß als bisher die verantwortlichen Initiatoren und Gestalter eines permanenten Schulentwicklungsprozesses werden sollen. Hier ist aber sogleich eine wichtige Klarstellung notwendig. Sie soll einem Missverständnis begegnen, auf das man sowohl bei manchen Befürwortern als auch bei einigen Kritikern trifft: Schulentwicklung und Schulgestaltung als Aufgabe und Möglichkeit der einzelnen Schulen zu betrachten heißt nicht, dass der Staat sich schrittweise immer mehr aus der Gesamtverantwortung für das Schulwesen zurückziehen solle!"* (Klafki 2002, 165)

Insofern wird in der folgenden Darstellung neben der Erörterung der wesentlichen Bereiche von Schulentwicklung eben jenen Ambivalenzen, auch Widersprüchlichkeiten der Realisierung eines auf Schulentwicklung orientierten Bildungsmanagements nachzugehen sein.

10.2 Schulentwicklung – Begriffsverständnis und Reichweite

Einerseits scheint Schulentwicklung erst seit ca. 10 Jahren – mit der Bekanntmachung der enttäuschenden PISA[57]-Ergebnisse – Eingang in eine breite Debatte gefunden zu haben. Schaut man jedoch näher hin, dann wird andererseits festzustellen sein, dass es bei Schulentwicklung im Kern um Diskussionen über die größere Selbstständigkeit von Schulen, die Entwicklung ihrer (Teil-)Autonomie geht. Jene wurde jedoch als Ziel von Schulentwicklung bereits 1973 in einer Empfehlung des damaligen Deutschen Bildungsrates für eine „Verstärkte Selbstständigkeit der Schule und Partizipation der Lehrer, Eltern und Schüler" formuliert. (Klafki 2002, 161) Ein Jahr zuvor, 1972, hatte z. B. der Landtag von Nordrhein-Westfalen schon die Einrichtung einer „Arbeitsstelle für Schulentwicklungsforschung" an der Pädagogischen Hochschule Ruhr (später Institut für Schulentwicklungsforschung IFS an der Universität Dortmund) beschlossen. Andauernde schulstrukturelle Überlegungen lassen sich auch für die 1980er Jahre finden, wie ein Beitrag von Horst Rumpf in der Zeitschrift für Pädagogik von 1988 zum Ausdruck bringt: *„Schulen, die sich heute nicht um ein eigenes Profil bemühen, gleichen Lehr-Lern-Behörden, die Zeugnisse produzieren wie Steuerbescheide. Schulen aber, die sich als Kulturinstitution verstehen, brauchen Handlungsspielräume, in denen sie ihr eigenes Profil entwickeln können"* (zit. n. Bastian 2006, 5).

Aus der Retrospektive erhärtet sich zumindest ein Eindruck, dass jene Beschlüsse nicht praxisrelevant umgesetzt wurden. Vielmehr wurde während der letzten ca. 25 Jahre die Profilierung der Einzelschule eher innerhalb engagierter Institutionen und ihrer Kollegien sowie Schulleitungen initiiert und verantwortet. Erst in den 1990er Jahren bzw. verstärkt seit 2001 wurde das Konzept der „Entwicklung der Einzelschule" als Instrument von Schulpolitik wieder aktuell – das „Gestalten statt Verwalten" wurde nun verordnet: Schulentwicklung avancierte zum „Qualitätsmerkmal der guten Schule". Gleichzeitig begann das Dilemma der „von oben" verpflichtend eingeführten Eigenverantwortung.

Inzwischen sind Begriffe wie „Schulentwicklung", auch „Schulmanagement" nicht nur im pädagogischen, sondern auch bildungspolitischen Diskurs fest etabliert. Außerdem sind Schulen, Schulleitungen und Lehrkräfte in ihrem beruflichen Alltag davon betroffen – als aktive Mitstreiter in Steuergruppen und Teams, aber ebenso als diejenigen, die solchen Ansprüchen auf Veränderung einer vertrauten Institution sowie des eigenen professionellen Handelns eher distanziert, auch widerstrebend gegenüber- und entgegenstehen, Schulentwicklung gar erleiden. Die dahinter stehenden Zweifel und Ängste haben sicher auch damit zu tun, dass nicht wirklich schon entschieden ist, ob Schulentwicklung und -management die „Zukunft der Schule" zu sichern vermögen oder ob die Begriffe bildungs(partei)politische Phrase bzw. ausschließlich Steuerinstrument administrativer Prozesse bleiben. Hans-Ulrich Grunder verweist in diesem Zusammenhang auf Belastungen durch den bildungspolitischen Paradigmenwechsel: *„Bildungspolitiker, die vor wenigen Jahren Schulen als nachgeordnete Stellen, Lehrkräfte als Befehlsempfänger, Kinder und Jugendliche als mit Lernstoff zu stop-*

---

[57] Programme for International Student Assessment (Programm zur internationalen Schülerbewertung) der OECD.

fende Existenzen und Lernprozesse als bürokratisch administrierbare Verläufe eingestuft haben, verlangen heute von Schulen und Lehrkräften, ihren Institutionen ein Profil zu verleihen, von Kindern und Jugendlichen, selbständige Lerner zu sein und Lehr- und Lernprozesse als selbstgesteuerte Vorgänge zu interpretieren (...) Was sie dazu geführt hat, Zumutungen dieser und vergleichbarer Art überhaupt zu äußern, bleibe dahingestellt – Geldknappheit, pädagogisches Modebewusstsein, bildungspolitischer Ehrgeiz, ehrliche Reformabsicht" (Grunder 2004, 77).

Grundsätzlich wird Schulleitung *„unter systemischer Perspektive (definiert als) ein strukturierter, komplexer Lernprozess im Systemzusammenhang. Schulentwicklung entfaltet sich im Zusammenspiel von Organisationsentwicklung, Personalentwicklung und Unterrichtsentwicklung"* (Rahm 2005, 37).

Eikenbusch konkretisiert in einer Übersicht Maßnahmen und Prozesse, die sich auf Schulentwicklung beziehen können:

* Maßnahmen zur Steigerung der Qualität und Effektivität des Lernens entwickeln,
* Erziehungs- bzw. Schulreformen durchsetzen,
* Projekte und Innovationen zur Verbesserung des Unterrichts durchführen (u. a. Veränderung des Unterrichts durch Methodentraining der Lehrer),
* Organisationsstrukturen, Strategien und Ziele der Schule verändern sowie eine kooperative Arbeitskultur schaffen,
* Schule als lernende Organisation gestalten, Problemlösefähigkeit stärken,
* Angebot an Lehrerfortbildung schaffen,
* Verbesserung der sozialen Beziehungen fördern und die Fähigkeit zur Selbstentwicklung anregen (Eikenbusch 2002, 19 u. 43).

Modelle und Verfahren, Aktivitäten und Anstrengungen, Schule zu entwickeln, lassen sich außerdem auf der Makro-, Meso- sowie Mikroebene der Organisation verorten. Auf der Makroebene geht es um das Gesamtsystem Schule. Themen sind Dezentralisierung, Wettbewerb und Autonomie, wobei es konzeptionell um die Beschränkung staatlicher Steuerung, Kontrolle und Verantwortung zugunsten von Selbststeuerung, Selbstevaluation und Verantwortungsübernahme der Einzelschule geht. Der Staat konzentriert sich stärker auf die Vorgabe von Rahmungen und Zielen im Sinne einer Outputsteuerung und zieht sich aus der Regulierung der schulinternen Prozesse zurück (Blömeke, Herzig, Tulodziecki 2007, 260).

Die Veränderungsmöglichkeiten auf der Meso-Ebene beziehen sich auf die jeweilige Einzelschule. Die Schule erhält mehr oder weniger weitreichende Steuerbefugnisse in Bezug auf Verfahren und Methoden zur Gestaltung von Personal- und Unterrichtsentwicklung, aber auch Organisationsentwicklung. Dazu gehören u. a. Leitbild- und Schulprogrammarbeit, aber auch Qualitätssicherungsmaßnahmen. Schulleitung erhält in diesem Kontext größere Steuerungskompetenzen bzw. Führungsaufgaben zugesprochen (a. a. O., 260).

Auf der Mikroebene werden dann Interaktionen zwischen allen an Schule Beteiligten – Schulleitung, Lehrer, Eltern, Schüler, Kooperationspartner – erfasst. Im Kern geht es um die Gestaltung der Schul- bzw. Lernkultur z. B. über die Schaffung transparenter sowie vertrauensbildender Kommunikationsstrukturen.

Entscheidend für „nachhaltige" Schulentwicklung scheinen vor allem die Gewährleistung förderlicher Rahmenbedingungen sowie die Formulierung und Umsetzung von der Institution Schule adäquaten Zielen und Strategien. Hier jedoch gibt es noch weithin Defizite, Unklarheiten, Irritationen: *„An Vorschlägen für neue Aufgaben von Schulleiterinnen und Schulleitern herrscht kein Mangel. Über Wirklichkeitsnähe und Tragfähigkeit muss gestritten werden, um Klarheit über gegenwärtige und zukünftige Aufgaben des Schulmanagements zu schaffen"* (Riecke-Baulecke 2002, 10). Diese „Klärung" verlangt, die Aufmerksamkeit auf fünf Bereiche zu richten (a. a. O.):

- Wirksamkeitsvorsorge für Lernprozesse,
- Konzentration auf pädagogische Führungsaufgaben,
- Sicherung von Unterrichtsqualität (Unterricht als Kern der Schulentwicklung),
- Gestaltung von Stabilität und Kontinuität in Zeiten des Umbruchs,
- Schulleitung und Lehrkräfte als „Garanten" für die Entwicklung einer guten Schule.

Dabei sind die neueren organisations- und managementtheoretischen Ansätze an der Schulpraxis selbst bislang noch weitgehend vorübergegangen. Über diese ernüchternde Feststellung kann auch nicht die Tatsache hinwegtäuschen, dass spätestens seit Ende der 1980er/Anfang der 1990er Jahre eine Schulentwicklungsdebatte einsetzte, die allerdings – was das Schulleitungshandeln „vor Ort" anbelangt – erst in punktuellen Ansätzen ihren Niederschlag gefunden hat.

Blockaden und Widerstände dagegen erwachsen in erster Linie aus den mentalen Modellen der Verantwortlichen selbst. Diese haben ihr Rollenverständnis in aller Regel unmittelbar aus ihrem Lehrer- bzw. Lehrerinnenselbstbild entwickelt und weniger aus einer organisationsbezogenen Handlungskompetenz heraus. Diese erziehungs- und unterrichtsbezogene sowie an Praxisroutine orientierte Berufsidentität strukturiert häufig auch die „subjektive Theorie der Schulleitung". Das aber wiederum bedeutet, *„(...) dass die Orientierung am Wohl des einzelnen Kindes die Orientierung an der Organisation und ihren professionellen Mitgliedern überlagert. Das hieße, dass es ihnen* (den Schulleitern, C. G.) *an einer Leitungskonzeption mangelt, die die problembezogene Analyse und Entwicklung der jeweiligen Handlungseinheit und, im Sinne eines Netzwerkgedankens, die soziale Unterstützung der LehrerInnen zum Gegenstand hat..."* (Wissinger 1996, 102).

Grundlegend hat sich ein „Drei-Wege-Modell der Schulentwicklung" durchgesetzt, das vor allem verdeutlichen soll, dass Schulentwicklung ein komplexer Prozess in Bezug auf drei Bereiche darstellt: Organisations-, Personal- und Unterrichtsentwicklung.

Supervision
Hospitation
Kommunikationstraining
Schulleitungsberatung
Lehrer-(Selbst-) Beurteilung
Jahrgangsgespräche u. a.

Umfeld

Umfeld

Personal-
entwicklung

Systemzusammenhang
von pädagogischer
Schulentwicklung

Unterrichts-
entwicklung

Organisations-
entwicklung

Schülerorientierung
Überfachliches Lernen
Methodentraining
Selbstlernteams
Erweiterte Unterrichtsformen
Lernkultur
Öffnung u. a.

Schulprogramm
Schulstruktur
Erziehungsklima
Schulmanagement
Teamentwicklung
Evaluation
Kooperation
Eltern

Umfeld

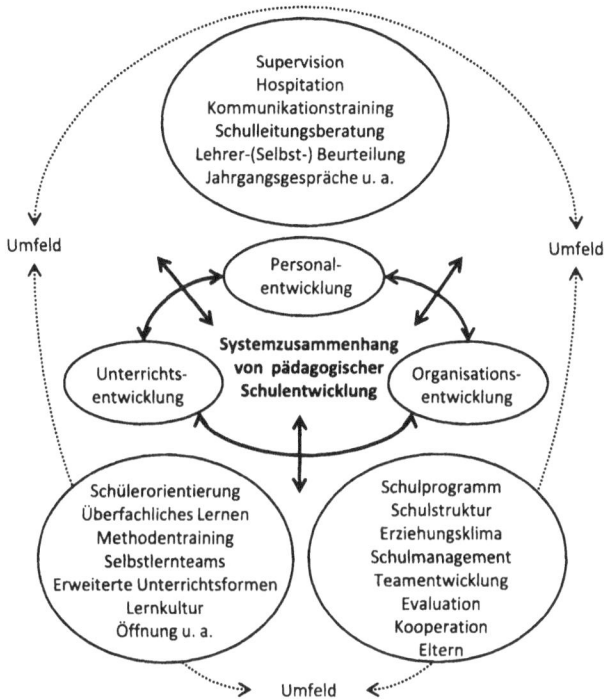

Abb. 10.1: Drei-Wege-Modell (nach Rolff 2002, 11)

Im Duktus des Bildungsmanagements gesprochen bedeutet das, es geht 1. um die Etablierung eines pädagogischen Leaderships, das sich auf der Basis von Lernkulturwandel verwirklicht (Ebene Organisation), 2. um die Qualifizierung von Schulleitungs- und Lehrpersonal in Bezug auf die lernende Organisation Schule und ihre Bedürfnisse (Personalentwicklung) sowie 3. um die Qualitätssicherung des spezifisch schulischen Bildungsproduktes „Unterricht" (Unterrichtsentwicklung). Damit ist jedoch ausdrücklich keine chronologische Reihenfolge gemeint, vielmehr gehen Schulforschung und Schulmanagementkonzepte davon aus, dass Schulentwicklung aufgrund der jeweiligen Problemlage vor Ort oder des Veränderungs- bzw. Leidensdrucks der Beteiligten in jedem Bereich ihren Ausgangspunkt finden kann, gleichwohl jedoch dann im Sinne dieses Modells wiederum Veränderungskonsequenzen auf allen Ebenen erzeugt werden.

10.3 Personalmanagement im Kontext von Schulentwicklungsaufgaben

Auf der Grundlage der geschilderten Spezifik der Institution Schule ergibt sich vorrangig ein Handlungsbedarf im Bereich Personalmanagement, insofern Schulentwicklung als Bildungsmanagementaufgabe organisiert werden soll. Das heißt, es muss sich einerseits ein spezifisches Professionswissen (Buchen, Rolff 2009) sowie ein professionelles Selbstverständnis des Schulleitungspersonals herausbilden und andererseits sind Maßnahmen der Qualifizierung von Lehrern bzw. Kollegien, die an Schulentwicklungsprozessen beteiligt sind, zu organisieren.

Rolle der Schulleitung im Schulentwicklungsprozess

Gegen den Willen von Schulleitung können Schulentwicklungsbemühungen von Kollegien nicht durchgesetzt werden. Insofern kommt der Gestaltungsverantwortung der Schulleitung „neuen Typs" hohe Bedeutung zu. Jene veränderte Rolle, die sich im „*Schulentwicklungskontext vom ‚instructional leader'*", der Schule vor allem verwaltet, „*hin zum ‚transformational leader', der den schulischen Wandel moderiert*" (Rahm 2005, 78), wandelt, kann nur gelingen, wenn Schulleitungspersonal über entsprechende Kompetenzen verfügt: „*Das Anforderungsprofil an die Leitung einer (teil)autonomen Schule rückt unter anderem folgende Kompetenzen stärker ins Zentrum: Initiierung von Veränderungsprozessen, Mitarbeitermotivierung, Inganghaltung des Diskurses, Öffentlichkeitsarbeit, Moderation in der Schulpartnerschaft, Informationsaustausch mit der Schulbehörde, Sensibilität für die Ressourcen, aber auch Belastbarkeitsgrenzen der Lehrer, Kommunikations- und Konfliktfähigkeit etc.*" (Paschon, Riffert 2004, 160).

In diesem Kontext kommt es darauf an, dass sich Führungskräfte auch und gerade in der Schule Veränderungskompetenzen aneignen, denn die Anstöße zur derzeit geforderten und beförderten Schulentwicklung können nur von innen wirksam werden. Veränderungskompetenz zu besitzen heißt somit, fähig und bereit zu sein, Wandel zu gestalten und Krisen zu überwinden, was wiederum grundlegende emotionale Fähigkeiten im Umgang mit Angst (vor Neuem etc.) voraussetzt. In der Kompetenzdebatte hat sich in den letzten Jahren die Überzeugung durchgesetzt, dass für eine erfolgreiche „Nachreifung" in der Weiterbildung früh grundgelegte Emotionsmuster des Einzelnen transformiert werden müssen, sollen Kompetenzentwicklung und -zuwachs gelingen. Die Frage, ob und inwieweit jemand in der Lage ist, Bekanntes los zu lassen, Neues zu konstruieren und zu gestalten, hat demnach mehr mit seinen grundlegenden emotionalen Mustern zu tun als mit „irgendwelchen" kognitiven Wissensbeständen oder Kompetenzen. Viele Menschen – auch Führungspersonal – sind durch die Angst vor Veränderung geradezu gelähmt, mindestens doch behindert in ihrer Gestaltungskraft, sie antizipieren vorschnell Probleme und Konflikte, sie suchen Sicherheit in Routinen und folgen Emotionsmustern, die sie sich früh z. B. durch Bedrohungserfahrungen angeeignet und etabliert haben (Arnold 2009).

Da Personalauswahl und Besetzungspolitik von Schulleitern (ohne dass dies hier empirisch nachweisbar wäre) immer noch der Tradition folgen, mehr oder weniger erfolgreiche (oder politisch genehme) Lehrer als Schulleiter zu berufen, kommt es derzeit vor allem darauf an, potentielle Bewerberinnen und Bewerber vor Dienstantritt zu qualifizieren (und diese Qualifikation auch als Entscheidungskriterium für Personalauswahl zu stärken) bzw. „on the job" die Teilnahme an Weiterbildungsangeboten zu ermöglichen, wenn nicht dazu zu verpflichten. In diesem Angebotssegment von Bildungsmanagement gibt es seit ca. 10 Jahren erfreuliche Entwicklungen. Ende der 1990er Jahre wurden Initiativen in Gang gebracht, eine wissenschaftlich fundierte Weiterbildung von Schulleitungen im Sinne des Gutachtens zum BLK-Programm „Qualitätsverbesserung in Schulen und Schulsystemen" zu etablieren. Es sollen dabei Leitungskompetenzen *„nicht im Sinne eines technischen Managements"* vermittelt werden, sondern als *„Zentralfunktion"* beim Aufbau einer *„Lernkultur, in welcher Managementkultur und pädagogisch-didaktische Kultur einer Schule integriert werden"* (Brockmeyer 1999, 20). Schulische Führung soll demnach Führung zur Selbstführung in der „Lernenden Schule" sein, in der letztlich jeder Lehrer, eingebunden in ein abgestimmtes Schulentwicklungs- und Qualitätsmanagementkonzept, Eigenverantwortung für das Erreichen der Bildungsziele übernimmt.

Als ein inzwischen erfolgreiches Modell sei hier auf den berufsbegleitenden wissenschaftlichen Fernstudiengang „Schulleitung: Qualitätsmanagement und Schulentwicklung als Leitungsaufgabe" – kurz „Schulmanagement" verwiesen. Zum Wintersemester 2000/01 wurde dieser erstmals am „Zentrum für Fernstudien und universitäre Weiterbildung" (heute Distance and International Studies Center DISC) an der Technischen Universität Kaiserslautern ausgeschrieben. Der Verband deutscher Schulleiter, aber auch Schulforscherinnen und -forscher sowie Bildungspolitikerinnen und -politiker sprachen von einer (längst überfälligen) Entwicklung eines eigenständigen Berufsbildes. *„Schulentwicklung benötigt Führungskräfte, die ihre Professionalität nicht aus einer Allzuständigkeit und einer Kontrollmentalität ableiten, sondern zu einem systemangemessenen Handeln in der Lage sind"* (Arnold, Pätzold 2006, 50).

Personalentwicklung als Teil eines internen Schulentwicklungsprozesses

Eines der zentralen Handlungsfelder von Schulleitungen ist die systematische Planung von Qualifizierung des Kollegiums, wobei es um eine schulentwicklungsbezogene Förderung der Professionalisierung der Lehrkräfte geht. Terhart betont: *„Schulentwicklung ist in elementarer Weise auf die Lehrerschaft angewiesen. Auf der Ebene der Praxis ist Schulentwicklung nicht selten identisch mit der Entwicklung der beruflichen Kompetenzen der Lehrkräfte in einem Kollegium"* (Terhart 1998, 560). Die traditionellen Bereiche, in denen Lehrerinnen und Lehrer qualifiziert werden sollen, sind immer noch die Stärkung der fachlichen, fachdidaktischen sowie pädagogischen Handlungskompetenz.

Dazu kommt jedoch nun noch die Notwendigkeit der Herausbildung von Kompetenzen in Bezug auf Schulentwicklungsaufgaben, die weniger mit unterrichtlichen als vielmehr mit organisationsspezifischen Herausforderungen einhergehen. Als Führungsaufgabe wird Personalentwicklung zu einem *Funktionszyklus*, d. h., sie ist eingebettet in ein systematisches und institutionalisiertes Konzept: Auf der Grundlage einer Bedarfsanalyse und vor dem Hintergrund der jeweiligen schulischen Rahmenbedingungen werden die geeigneten Personalentwicklungsmaßnahmen ausgewählt.

Neben der Inanspruchnahme von „klassischen" Angeboten der (externen) Lehrerfortbildung hat sich der Ansatz schulinterner und damit schulspezifischer, gegebenenfalls das ganze Kollegium einbeziehende Lehrerfortbildung mehr und mehr durchgesetzt, was eine Reihe von Vorteilen bietet:

- Abstimmung auf aktuelle Interessen oder Schwierigkeiten in der eigenen Schule,
- Möglichkeiten der Verknüpfung von Problemanalyse, Zielvereinbarungen, Themenklärungen und Methodenentscheidungen,
- Stärkung der Mitbestimmung bei der Wahl der Fortbildungsmaßnahme sowie
- Gelegenheit zur Erprobung von kollegialer Kooperation.

Neuere, durchaus noch ungewohnte Methoden dabei sind u. a.:

- *Lernpartnerschaften als „persönliche Entwicklungspartnerschaften"*, die als freiwilliger temporärer Zusammenschluss von zwei Personen gelten mit dem Ziel mit- und voneinander zu lernen (Buhren, Rolff 2009, 111 f.).
- In der *Kollegialen Fallberatung* treffen sich mehrere Lehrpersonen in regelmäßigen Abständen, um ausgewählte selbsterlebte Fälle aus ihrem Unterricht kritisch zu hinterfragen (a. a. O., 116f.).
- Außerdem werden von Buhren und Rolff *Professionelle Lerngemeinschaften* (a. a. O., 137) und *Kollegiale Hospitationen* (a. a. O., 144) vorgeschlagen und erläutert.
- Zusätzlich lohnt es sich, Formen *Reflektorischer Kollegiumsentwicklung* zu nutzen, bei denen es vor allem darum geht, die mentalen Modelle der Kolleginnen und Kollegen sichtbar zu machen, *„um sich einen Eindruck davon verschaffen zu können, welche unterschiedlichen Bilder von Unterricht im Kollegium existieren und in der alltäglichen Praxis die Arbeit steuern"* (a. a.O., 70).

Im Sinne des Drei-Wege-Modells von Schulentwicklung verweisen solche Qualifizierungsmaßnahmen über individuelle Lernprozesse hinaus und richten sich tatsächlich auf Schule als Lernende Organisation.

10.4   Organisationsentwicklung

„Pädagogische Organisationsentwicklung (...) versteht sich als Verfahren zur Veränderung der Schule als soziales System. Ausgangspunkt ist das Interesse an einer Veränderung der institutionellen Bedingungsfelder mit dem Ziel eines lernenden Systems" (Bastian 1989, 34).

Im Zentrum der Organisationsentwicklung der Schule stehen die Begriffe „lernende Organisation" sowie „Lernkulturwandel". Jene basieren auf einem systemisch-konstruktivistischen Bild von Schule und Lernen, das sich erst langsam (auch nur schwer) durchzusetzen beginnt.

Schule als Lernende Organisation – systemisch-konstruktivistische Überlegungen

Angelehnt an Theorien des organisationalen Lernens, die drei Qualitäten desselben unterscheiden (vom *Anpassungslernen* als effektive Adaption vorgegebener Ziele und Normen über *Veränderungslernen* als Überprüfung von gesetzten Vorgaben sowie Modifikation des Handlungsrepertoires hin zum *Prozesslernen* im Sinne einer umfassenden Reflexion und

Analyse bestehender systemischer Bedingungen und bestehender Lösungsstrategien), beschreibt Rolff (1993, 141) drei Entwicklungsstadien der lernenden Organisation Schule:

1. „Die *fragmentierte Schule*, bei der es gefügeartige, aber keine teamartige Kooperation gibt und deshalb auch keine gemeinsamen zielführenden Lernprozesse stattfinden. Damit zeigt sich auch ein schwach ausgeprägtes Organisations- bzw. Lernkulturbewusstsein bei dem Personal.
2. Die *Projekt-Schule*, in der sich Teams gebildet haben, die Lernen organisieren. Auch zeigen sich Versuche, jene Lernpotentiale für die Organisation nutzbar zu machen, jedoch beziehen sich die Projekte nicht aufeinander, womit Synergieeffekte ausbleiben.
3. Die *Problemlöse-Schule*, die Meta-Lernen institutionalisiert, d. h. sowohl in der Aufbau- als auch in der Ablauforganisation derart verstetigt hat (zeitlich, räumlich, aber auch mental), dass es impliziter Bestandteil der Organisationskultur und für die Mitglieder der Schulkultur zur Normalität professionellen Handelns geworden ist."

Es genügt somit nicht, dass sich die in der Schule verantwortlich Tätigen Instrumente und Verfahren von Schulentwicklung, Konzepte von Qualitäts- und Personalmanagement u. a. m. bloß im Sinne von Handwerkszeug „technisch" aneignen. Vielmehr bedarf es einer neuen Sicht auf die Organisation Schule. Dabei stößt man schnell auf ein Dilemma: Es gilt, als Grundlage aller Schulentwicklungsmaßnahmen festzustellen, dass das System Schule, auf das sich die Bemühungen zukünftig richten sollen, *gar nicht entwickelbar ist* – jedenfalls nicht von außen und nicht über eine direkte Kausalität von Ursache und (antizipierter) Wirkung bzw. In- und Output. Organisationen entwickeln sich nahezu ausschließlich durch interne Anlässe, wie die neuere Organisations- und Managementforschung empirisch belegt hat.

Aus diesem Grunde setzen die systemischen Managementkonzepte an diesen Eigenkräften an. H.-G. Rolff, der den systemischen Ansatz auch für die Schulentwicklung fruchtbar zu machen versucht, verweist in diesem Zusammenhang auf „*(...) die sich verbreitende Einsicht, dass die Zeit zentraler Reformplanungen vorbei ist, weil sie nicht funktionieren, weil sie nicht akzeptiert werden und weil sie für die meisten Einzelschulen nicht passen. Anstelle dessen treten mehr und mehr Selbstorganisation in Form von Eigeninitiative und situationsangemessenen Lösungen in lokaler und regionaler Schulentwicklung, die allerdings überlokale Unterstützung benötigen"* (a. a. O., 9).

Organisationsentwicklung darf zudem – dies eine zweite systemtheoretische Einsicht – nicht selbstwidersprüchlich sein, d. h., in ihr muss die Logik des eigenen didaktischen Leitanspruchs selbst zum Ausdruck kommen. So wie die Pädagogik letztlich keinen Menschen zur Mündigkeit „führen" kann, so können auch Schulentwicklung und Schulqualität letztlich nicht „angeordnet" oder mit Angst und Schrecken „durchgesetzt" werden. Es geht vielmehr darum, das Qualitätsbewusstsein aller Beteiligten zu stärken, ihnen Möglichkeiten zur Selbstevaluierung und zur Gestaltung ihrer eigenen Praxis einzuräumen.

Auf der Ebene der Organisationsentwicklung ist so auf der Basis systemischen Denkens notwendig, dass die Schulleitung ihren (Führungs-)Fokus „*auf die innere, autonome Selbstorganisationslogik lebender Systeme, auf ihre operationelle Abgeschlossenheit und damit auch auf die Grenzen externer Einflussnahme"* (Schlippe, Schweizer 2002, 52) richtet. In besonderem Maße müssen dabei die „systemischen" Merkmale der in den Systemen je handelnden Menschen betrachtet werden: *„Gerade der Mensch ist in besonderer Weise ein systemisches Lebewesen – in besonderer Weise deshalb, weil seine Identität, sein Verhalten und sein Gefühlsleben unmittelbar von den sozialen Systemen abhängen, zu denen er sich gehörig fühlt"* (Mücke 2001, 25). Diese systemische Bezogenheit hat zur Folge, dass Systeme durch definitionsmächtige Deutungsmuster und Routinen organisiert und auf deren Basis immer wieder in ihrer Funktionsweise legitimiert werden. Für Schulentwicklungsintentionen drückt sich diese systemische „Gefangenschaft" durch ein spezifisches Theorie-Praxis-Verständnis aus: Handlungsmuster und -routinen, die sich „bewährt" haben, werden zu einem theoretischen Konstrukt zur Begründung und zur Legitimierung des eigenen Praxishandelns errichtet und gespeichert. Das ganze wird zusätzlich kompliziert dadurch, dass in diesem Konstrukt eine beabsichtigte Wirkung implementiert ist. Jedoch: *„Zwischen den Absichten, die wir mit unserem Handeln verbinden, und ihren Wirkungen innerhalb sozialer Systeme besteht ein großer Unterschied"* (Simon 1999, 9).

Dies zu verstehen, in seiner Widersprüchlichkeit für das Kollegium aufzudecken und verständlich zu vermitteln, wäre ein erster (und grundlegender) Schritt, um Schulentwicklung auf der Ebene der Organisation zu etablieren: Nur, wer sich der Relativität des eigenen Wirklichkeitskonzeptes und der Wirkungen des Handelns bewusst wird, hat die Möglichkeit, dieses zu verändern und andere Deutungen sowie Handlungsmuster zu entwickeln.

Organisationsentwicklung als Lernkulturwandel

Auch der Begriff des Lernkulturwandels spielt eine zentrale Rolle, um das Konzept der Schulentwicklung auf der Ebene der Organisation systemisch-konstruktivistisch zu fundieren. Diesem Begriff innewohnend ist ein Kulturverständnis von Alltagskultur, die die Welt beschreibt als durch Routinen gewachsene Plausibilitäten, Gewohnheiten und Gewissheiten. Dieses Kulturverständnis umfasst Normen, Orientierungen, Rollenmuster und Verhaltensweisen, in die der Einzelne im Prozess der Enkulturation hineingewachsen ist, so dass sie unhinterfragt eine gewissermaßen in Fleisch und Blut übergegangene Normalität konstruieren. Gleichzeitig eröffnen sich damit Handlungsfelder und Interaktionsmöglichkeiten in einem quasi „abgesicherten Modus". Überträgt man diesen Kulturbegriff auf die Organisation Schule bzw. den Prozess des Lehrens und Lernens, dann geht es um Lernkultur. Die Lernkultur wirkt sinn- und identitätsstiftend für die Mitglieder der Organisation Schule und schafft Orientierung für ihr Lehr-Lern-Handeln. In diesen Lernkulturen sind individuelle und kollektive Bilder, Grundannahmen und biografische Erfahrungen der am Lehren und Lernen beteiligten Gruppen implementiert. Jene fließen in Ziele, Visionen und Routinen, in jede Lernsituation ein.

Kultur wie Lernkultur sind funktionale Konstruktionen, die zeit- und gesellschaftsabhängig sind, dynamisch, veränderlich. Die genannten Merkmale sind letztlich erst die Voraussetzung dafür, dass es gelingen kann, ihre sinn- und orientierungsstiftende Funktion überhaupt einzulösen. Sinnstiftung und Orientierung können sich somit nur erfüllen, wenn die aktuelle Definition von Kultur und Lernkultur in den Lebenslagen, kulturellen Erfahrungen usw. der Gesellschaftsmitglieder eine Entsprechung findet. So muss Lernkultur – um im Idealfall die

Gesamtheit von Lern- und Entwicklungspotenzialen aller Schülerinnen und Schülern wecken zu können – ein Vertrag sein, auf gemeinschaftlich akzeptierten und erarbeiten Normen und Werten ruhen, zumindest jedoch den lernkulturellen Rahmen so setzen, dass Raum für Identitätsbildung auch in kultureller Varianz möglich wird. Jene Problematik bündelt sich in Diskursen um die Heterogenität von Lerngruppen, insbesondere aktuell in Bezug auf die Anwesenheit von Schülerinnen und Schülern mit Migrationshintergrund.

Das Eisbergmodell

Es sei an dieser Stelle ein inzwischen in der Literatur breit verankertes Modell kurz vorgestellt, das sich m. E. nach als Analyseinstrument in Bezug auf die Organisation Schule hervorragend eignet: Mit dem *Eisbergmodell* (was auch als Grundlage einer kollegialen Ist-Analyse Verwendung finden kann) kann die *Schule als Lernkultur* entdeckt werden. Aufgrund der Darstellung von sichtbaren, von den Beteiligten erfahrenen und erlebten Anteilen jener Schulkultur kann im unteren Eisberg nach deren zugrundeliegenden Werten, Regeln und Konzepten, auch Gewissheiten gefahndet, aber eben auch die Vielfalt von versammelten Deutungen zu Tage gefördert werden.

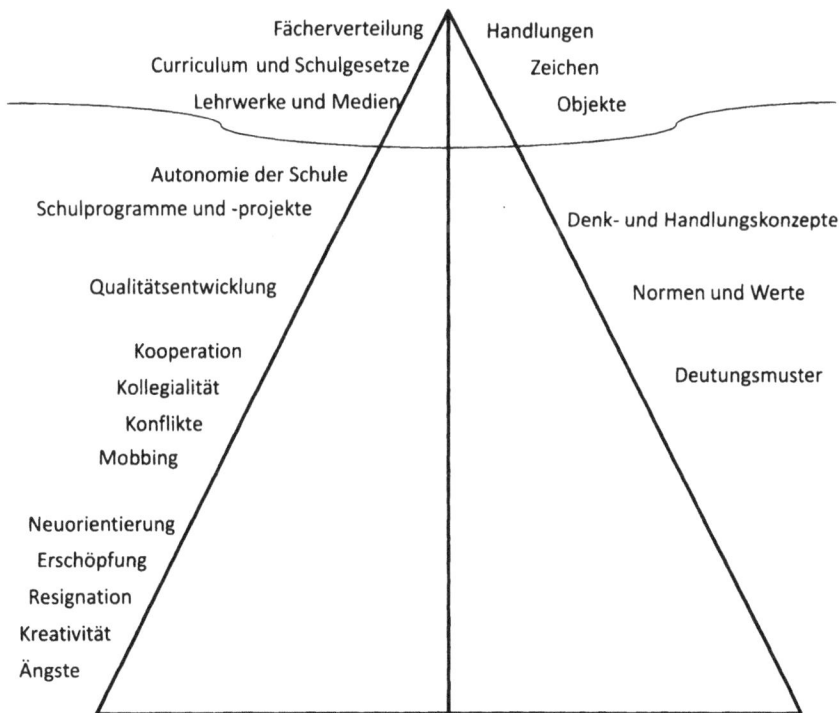

Abb. 10.2: Eisbergmodelle (nach Schley 2002, 66, mit eigenen Ergänzungen)

In der Schulentwicklungsliteratur erscheint zudem noch ein zweites modifiziertes Eisberg-modell. Hier geht es darum, die Organisation *Schule als soziale Organisation* zu entschlüs-seln. Deshalb erscheinen im oberen (sichtbaren) Teil, diejenigen offiziellen Rahmungen, die Schule als solche gesellschaftlich, politisch und ökonomisch definieren. Unsichtbar bleiben oft genug die sozialen Beziehungen und individuellen Eigenschaften der Beteiligten, die letztlich aber eine Organisation erst verlebendigen und damit deren Spezifik generieren, auch die Heterogenität aller Beteiligten offenzulegen vermögen. Auch hier sehe ich das Modell vor allem als Instrument, Beziehungs- und Kommunikationsstrukturen, Motive und Erwar-tungen sowie emotionale Lagen zu entschlüsseln sowohl für die Gestaltung von pädagogi-schem Leadership als auch z. B. als Basis für Teamentwicklungsprozesse.

10.5 Unterrichtsentwicklung

Ohne Zweifel war, ist und bleibt Unterricht das Kerngeschäft von Schule. Deshalb steht in der Regel auch Unterrichtsentwicklung im Zentrum aller Schulentwicklungsambitionen. In Bezug auf Unterrichtsentwicklung geht es zumeist um die methodische Gestaltung des Un-terrichts im Sinne der Entwicklung des selbsttätigen Lernens der Schüler und Schülerinnen und damit die Erprobung bzw. Einführung unterschiedlicher Unterrichtsformen wie u. a. Projektunterricht, Freiarbeit, Wochenplan, Methodentraining, fächerübergreifendes Lernen (Buhren, Lindau-Bank, Müller, Rolff, 20).

Grundlage bildet auch hier wiederum ein Paradigmenwechsel im Verständnis darüber, wel-che Prozesse des Lehrens und Lernens in der Schule stattfinden sollen: Unterrichtsentwick-lung meint im aktuellen Begriffskontext immer eine Veränderung hin zum selbsttätigen, eigenverantwortlichen Lernen.

Damit zielt Unterrichtsentwicklung auf mehr als bloße Optimierung des Unterrichts. Im umfassenden Sinne der Organisation versteht Bastian darunter *„alle systematischen und gemeinsamen Anstrengungen der an Unterricht Beteiligten, die zur Weiterentwicklung des Lehrens und Lernens und seiner schulinternen Bedingungen beitragen"* (Bastian 2007, 13). Insofern liegt die Unterrichtsentwicklung auch nicht in der alleinigen Verantwortung des Lehrers, sondern bezieht eben *„alle an Unterricht Beteiligten"*, Schulleitung, Sozialpädago-gen, Schüler, Eltern, Kooperationspartner mit ein. Legitimiert werden Aktivitäten der Unter-richtsentwicklung auch mit dem Einbezug der sich verändernden Lebenswirklichkeit sowie Erfahrungsmuster einer heterogenen Schülerschaft. Sozioökonomische, familiale, kulturelle und geschlechtsspezifische Heterogenität wird zur wesentlichen Bedingung der Gestaltung von Unterrichtsentwicklungsprozessen.

Konkrete Unterrichtsentwicklungsvorhaben, deren Planung, Durchführung und Evaluation orientieren sich am Label „guter Unterricht". Jener ist das Ziel aller Bemühungen, wobei es für das, *„was nun als ‚gut' bezeichnet wird, (...) keine Rezepte geben"* kann, weil hierfür *„die Voraussetzungen, Bedingungen und Wirkungen unterrichtlichen Handelns... zu ver-schieden und zu komplex"* sind (Arnold, Gómez Tutor 2006, 86).

Dennoch stehen inzwischen den Lehrerinnen und Lehrern eine Anzahl von Katalogen mit Beurteilungskriterien zur Verfügung, an Hand derer sich Unterrichtsentwicklungsprozesse gestalten und analysieren lassen. Drei sollen hier nur beispielhaft benannt werden: Hilbert Meyers „zehn Merkmale guten Unterrichts" (Meyer 2004), „elf Schlüsselvariablen der Unterrichtsqualität nach Brophy" (Helmke 2002, 57) oder auch die „Dimensionen des schottischen Qualitätsbeurteilungssystems" (Stern, Döbrich 2000). Für die Operationalisierung einzelner Entwicklungsbereiche lassen sich zusätzlich ausgearbeitete Indikatorensammlungen finden, wie die für das „selbstständige Arbeiten von Schülern" (Buhren/Rolff 1998, 12).

Bei Horster und Rolff (2001, 70f.) werden hinsichtlich der praktischen Umsetzung von Unterrichtsentwicklung fünf Basisprozesse unterschieden: „Das Sammeln von Daten", „das Klären und Vereinbaren von Zielen", „die Überprüfung und Anpassung der zur Verfügung stehenden Mittel", „die Planung und Umsetzung des Entwicklungsvorhabens" und schlussendlich „die Evaluation des Entwicklungsprozesses und seiner Ergebnisse" (die sich auf den gesamten Schulentwicklungsprozess übertragen lassen). Im Basisprozess „Sammeln von Daten" geht es in erster Linie darum, mentale Modelle und Vorstellungen des Kollegiums zu erheben, um einen Einblick in die unterschiedlichen Bilder von Unterricht zu bekommen, die im Kollegium existieren und die in der alltäglichen Praxis die pädagogische Arbeit steuern.

Beim „Klären und Vereinbaren von Zielen" werden aus den unterschiedlichen Bildern von Unterricht ein gemeinsames Bild entwickelt und Indikatoren für die Realisierung des gemeinsamen Unterrichtsmodells verabredet. Der Prozess der „Überprüfung und Anpassung der zur Verfügung stehenden Mittel" beinhaltet die Sichtung des im Kollegium etablierten Methodenrepertoires, welches im Hinblick auf das vereinbarte Bild von Unterricht erweitert werden soll. Des Weiteren geht es auch um Passung von fachlichen Inhalten. Danach werden entsprechende Unterrichtsvorhaben gemeinsam geplant und durchgeführt. Dabei steht die Orientierung an besonders tauglichen Inhalten und Methoden im Vordergrund. Danach werden Erfahrungen und Ergebnisse evaluiert.

Letztlich basieren Bereitschaft und Fähigkeit zur Unterrichtsentwicklung auf der *"Bereitschaft und Fähigkeit zur Selbstreflexion"*, die für Helmke eine *„Schlüsselbedingung für die Verbesserung des eigenen Unterrichts und damit ein zentrales und für den nachhaltigen Unterrichtserfolg unabdingbares Merkmal der Lehrperson"* ist (2009, 118). Jene Selbstreflexionsprozesse wiederum nicht nur als personelle Verantwortung zu deklarieren, sondern für die Organisation fruchtbringend zu etablieren. Es braucht Zeiten und Rhythmen, Räume und andere Ressourcen, die es erlauben, in der Organisation selbst diese Prozesse dauerhaft zu verstetigen im Sinne eines selbstverständlichen Bestandteils des Professionsverständnisses genauso wie des alltäglichen Arbeitsablaufes.

10.6   Schulentwicklung als Qualitätssicherungsmaßnahme

Nun ließe sich fragen, wozu das alles? Worauf zielen letztlich Prozesse der Schulentwicklung grundsätzlich ab? Zentral geht es um Qualität und Qualitätssicherung im Schulsystem.

Die in Deutschland als unbefriedigend interpretierten Ergebnisse der PISA-Studie hatten eine bildungspolitische Neuorientierung in Bezug auf die Qualitätssicherung von Schulen zur Folge. Die dazu gewählten Strategien sind als ambivalent zu bezeichnen: Auf der einen Seite wurden Anregungen aus anderen Ländern in Bezug auf die Erweiterung der Gestaltungsräume der Einzelschule (Autonomie, Profilbildung, Leitbild- und Schulprogrammentwicklung) antizipiert. Andererseits wurde ein System der schulaufsichtsbehördlichen Kontrolle über externe Evaluation bundesweit etabliert. Auf Bundesebene nahm 2004 das *Wissenschaftliche Institut der Länder zur Qualitätssicherung* seine Arbeit auf. Es versteht sich als Qualitätsagentur der Kultusministerkonferenz, deren wichtigste Aufgabe ein kontinuierlich zu organisierendes länderübergreifendes Bildungsmonitoring ist.

Qualitätssicherung umfasst alle Prozesse und Maßnahmen, die sicherstellen, dass ein festgelegtes Qualitätsniveau erreicht wird. Gleichzeitig sind darin auch die Methoden involviert, um die Qualität eines „Gegenstandes" auf der Grundlage von Standards bzw. Gütekriterien zu überprüfen (Keller 2007, 100).

Qualitätssicherung bzw. Evaluationsforschung im Bildungsbereich ruht dabei auf folgenden Kriterien, über die weitgehend in der Bildungsforschung Konsens besteht: Sie

- ist ziel- und zweckorientiert,
- beruht auf einer systematisch gewonnenen Datenbasis,
- beinhaltet bewertende Stellungsnahmen,
- bezieht sich auf ausgewählte Bereiche von Bildungsmaßnahmen,
- ist Bestandteil planvoller Entwicklungsarbeit,
- ist keine Reform, sondern Mittel, um eine Reform zu initiieren (Büeler 2004, 260).

Jedoch schien Qualitätssicherung lange eine im staatlich gesteuerten Bildungssektor eher randständige Fragestellung insbesondere in Bezug auf das Verhältnis von finanziellem, aber auch pädagogischem Input und erbrachtem Output in Gestalt von Schülerleistungen; jedenfalls so lange, bis die Ergebnissen von PISA ein Missverhältnis aufdeckten bzw. jene als solches interpretiert wurden.

Allerdings wurde bereits mit den Konstanzer Beschlüssen der KMK (Kultusministerkonferenz) 1997 Qualitätssicherung im Schulwesen zur zentralen Aufgabe des Bildungsmanagements in diesem Bereich erklärt, dann aber vor allem als Reaktion auf das unbefriedigende Abschneiden der BRD in internationalen Vergleichsstudien vehement durchgesetzt. So entstand seit 2000 ein ausdifferenziertes System von Qualitätssicherungsinstrumenten auf allen Ebenen – von der (internen) Evaluation der Einzelschule, über externe Instanzen der routinemäßigen und verpflichtenden Qualitätsmessung (wie z. B. Schulinspektionen) bis hin zu zentral vorgegebenen Leistungsstandards auf regionaler, Bundesland- aber auch Bundesebene. Die Etablierung von zentralen Qualitätsstandards für eine „gute" Schule und die Verfahren zur Qualitätssicherung (Vergleichsarbeiten, Bildungsmonitoring, Evaluation, Schulinspektion) führten damit zu einer widersprüchlichen Situation: Die angestrebte (bzw. propagierte) Gestaltungsfreiheit geriet unter permanente, teilweise als rigide empfundene administrative Kontrolle „von oben".

Im Folgenden sollen beispielhaft Schulinspektion, Bildungsmonitoring sowie Bildungsstandards als schulexterne Instrumente der Schulentwicklung kurz vorgestellt werden.

Schulinspektion

Auf der schuladministrativen Ebene dokumentiert sich der Wille zur outputorientierten Evaluation bzw. der Qualitätssicherung in der Schaffung von Schulinspektion. Jene ist nicht nur in Deutschland, sondern ganz Europa die verbreitetste Form der externen Schulevaluation. Sie dient der operativen Steuerung und Kontrolle der schulischen Arbeit und wird immerhin als Kern des Qualitätssicherungssystems für Schulen bezeichnet. Dabei geht es um die kontinuierliche Begleitung und das Controlling der Schulentwicklung, des schulischen Personal- und des Ressourcenmanagements.

In Berlin beispielsweise sollen Schulen anhand von 25, im „Handlungsrahmen Schulqualität Berlin" festgelegten Qualitätsmerkmalen durch die Schulinspektion untersucht und bewertet werden. In einem Inspektionsbericht werden Rückmeldungen hinsichtlich der Stärken und Schwächen bzw. des Entwicklungsbedarfs der jeweiligen Schule gegeben.[58] Dabei ergibt sich die Legitimation der Schulinspektion aus Par. 9/Absatz 1 des Berliner Schulgesetzes: *„Die Schulen und die Schulaufsichtsbehörde sind zu kontinuierlicher Qualitätssicherung verpflichtet"* (Schulgesetz für Berlin, 2004, 34).

Wird im zweiten Absatz die interne Evaluation als Aufgabe der einzelnen Schule definiert, so legt Absatz 3 fest: *Die externe Evaluation einer Schule obliegt der Schulaufsichtsbehörde (...) Die externe Evaluation dient dazu, die Standards, die für die Schule gelten, zu sichern, die Entwicklung und Fortschreibung der Schulprogramme zu unterstützen, Erkenntnisse über den Stand und die Qualität von Unterricht und Erziehung, Schulorganisation und Schulleben zu liefern sowie die Gleichwertigkeit, Durchgängigkeit und Durchlässigkeit des schulischen Bildungsangebots zu gewährleisten. Die Schulaufsichtsbehörde kann auch eine Mehrzahl von Schulen oder deren Klassen, Kurse und Stufen zum Zwecke schulübergreifender und schulartübergreifender Vergleiche sowie zentraler Schulleistungsuntersuchungen evaluieren"* (a. a. O.).

---

[58] Zu den Details über Inspektionsteam, Ablauf und Maßnahmen vgl. die Darstellung der Senatsverwaltung für Bildung, Wissenschaft und Forschung: http://www.berlin.de/sen/bildung/schulqualitaet/schulinspektion/ (Stand: 11. 5. 2010).

Bildungsmonitoring

„Bildungsmonitoring bezeichnet die kontinuierliche, datengestützte Information von Bildungspolitik und Öffentlichkeit über Rahmenbedingungen, Verlaufsmerkmale, Ergebnisse und Erträge von Bildungsprozessen" (Bötcher u. a. 2008, 8). Es geht dabei vor allem um die kontinuierliche und systematisierte Erhebung von datengestützten Informationen zum Bildungswesen, um dessen Outputs zu erfassen. Es lassen sich vier Säulen des Bildungsmonitorings beschreiben: Internationale Schulleistungsuntersuchungen, Vergleichsarbeiten, Nationale Bildungsberichterstattung, Überprüfung des Erreichens der Standards im Ländervergleich. Vor dem Hintergrund schlechter Ergebnisse von TIMSS[59], PISA und IGLU[60] sowie der Analysen von Bildungssystemen skandinavischer und angelsächsischer Staaten sah sich die KMK veranlasst, gemeinsame Bildungsziele und Standards zu entwickeln, mit denen die Wirksamkeit des deutschen Bildungssystems systematisch und regelmäßig überprüft werden kann. Sie leitete verschiedene konkrete Maßnahmen ein:

* 2003 KMK-Beschluss zur Einführung nationaler Bildungsstandards für den Mittleren Bildungsabschluss in den Fächern Deutsch, Mathematik und den ersten Fremdsprachen,
* 2004 Erweiterung des KMK-Beschlusses für die Jahrgangsstufe 9 von Hauptschulen in den oben genannten Kernfächern sowie für den Primarbereich der Jahrgangsstufe 4 in den Fächern Deutsch und Mathematik,
* 2007 KMK-Beschluss zur Entwicklung von Bildungsstandards und Aufgabenpools für die gymnasiale Oberstufe in den Fächern Deutsch, Mathematik, Englisch, Französisch, Biologie, Chemie und Physik.

Zurzeit sind alle in den Jahren 2003 und 2004 beschlossenen Bildungsstandards bundesweit eingeführt. Die Implementierung der nationalen Bildungsstandards liegt in der Hoheit der einzelnen Kultusministerien der Länder. Die Einhaltung der Bildungsstandards wird sowohl landesweit als auch länderübergreifend überprüft.

Bildungsstandards

„Nationale Bildungsstandards formulieren verbindliche Anforderungen an das Lehren und Lernen in der Schule. Sie stellen damit innerhalb der Gesamtheit der Anstrengungen zur Sicherung und Steigerung der Qualität schulischer Arbeit ein zentrales Gelenkstück dar. Bildungsstandards benennen präzise, verständlich und fokussiert die wesentlichen Ziele der pädagogischen Arbeit, ausgedrückt als erwünschte Lernergebnisse der Schülerinnen und Schüler. Damit konkretisieren sie den Bildungsauftrag, den Schulen zu erfüllen haben" (Klieme u. a., 2007, 11).

Es lassen sich drei Arten von Bildungsstandards unterscheiden: Input-Standards, Opportunity-to-Learn-Standards und Performance-Standards. Außerdem werden Bildungsstandards auf

---

[59] Third International Mathematics and Science Study.

[60] Deutsche Abkürzung für Internationale Grundschul-Lese-Untersuchung. Die internationale Bezeichnung ist PIRLS (Progress in International Reading Literacy Study).

drei Ebenen unterschieden: Mindest-, Regel- und Maximalstandards. Im Sinne der Durchsetzung jener Standards wurde 2004 das Institut zur Qualitätsentwicklung im Bildungswesen (IQB) an der Humboldt Universität Berlin gegründet. Die Kernaufgaben des Instituts sind:

- Überprüfung, Weiterentwicklung und Normierung von Bildungsstandards,
- Erarbeitung und Koordination eines Aufgaben-Pools für jedes Fach,
- wissenschaftliche Begleitung des Prozesses,
- Entwicklung von Instrumenten zur Messung und Evaluation.

Die Merkmale guter Bildungsstandards haben Eckhard Klieme u. a. (2003, 27) in ihrer Expertise „Zur Entwicklung nationaler Bildungsstandards" festgelegt: *Fachlichkeit, Fokussierung, Kumulativität, Verbindlichkeit für alle, Differenzierung, Verständlichkeit, Realisierbarkeit.*

Bildungsstandards materialisieren sich letztlich für Schulen, Lehrer- und Schülerschaft in regelmäßigen und verbindlich durchgeführten Vergleichsarbeiten in bestimmten Klassenstufen. Im Bundesland Berlin stellen vor allem der MSA – Mittlerer Schulabschluss (für alle Schüler der 10. Jahrgangsstufe) und das Zentralabitur (eingeführt 2007) Maßnahmen zur Qualitätssicherung dar, die der Output-Orientierung der Qualitätsmessung bzw. der Output-Steuerung des Schulsystems entsprechen. Am Beispiel der Einführung von Bildungsstandards können die prinzipiellen Schwierigkeiten für eine an Bildungsmanagement orientierte Schulentwicklung aufgezeigt werden. So monieren Kritiker, dass die föderale Struktur der BRD dazu führe, dass in den einzelnen Ländern unterschiedliche Standards entwickelt würden, die teilweise nur alte Lehrpläne mit neuen Namen seien. Zudem wird bemängelt, dass Bildungsstandards sich ausschließlich an der Überprüfbarkeit der Ergebnisse orientieren würden, ohne die komplexen, teilweise widersprüchlichen Bedingungen der Erbringung jener Ergebnisse zu berücksichtigen. Es wird befürchtet, dass Bildungsstandards ein sogenanntes „teaching to the test" fördere: So könne die ständige Drohung anstehender Prüfungen verhindern, ergebnisoffene Lernprozesse zuzulassen oder vermindere gar die Motivation für kreatives, auch lustvolles Lernen und eigenständiges Forschen.

Dass sich gegen solche Ansprüche vergleichender Qualitätskontrolle auch Widerstand formieren kann, zeigt das Beispiel eines Protestbriefes, unterschrieben von mehr als 1000 Berliner Grundschullehrerinnen und -lehrer, in dem sie sich über das Anspruchsniveau der Vergleichsarbeiten für die dritte Klasse beschweren und sich der Durchführung verweigerten: im Sinne der Förderung und Motivation gerade von Migrantenkindern, die diese *„Aufgabentexte nicht ‚durchdringen' (würden) ... und nicht genug Umweltwissen mit(brächten), um die Fragen ganz zu verstehen".* Die Lehrerinnen und Lehrer begründeten ihre Ablehnung mit dem Anspruch einer *„ bessere(n) Förderung sozial benachteiligter Kinder. Und es gehe darum, diese Kinder nicht durch solche schwierigen Tests ‚weiter zu verunsichern'"* („Drittklässler fragen sich, was eine ‚Leitkuh' ist", in: Berliner Zeitung, 29. April 2010, 21). Gegen diejenigen Lehrer, die sich dann tatsächlich im Mai (noch) weigerten, die Tests in ihren Klassen durchzuführen, kündigte Bildungssenator Jürgen Zöllner Disziplinarmaßnahmen (Einträge in die Personalakte, Geldstrafen) an. Zwölf Lehrkräfte der Neuköllner Karlsgarten-Grundschule wurden am 3. Mai 2010 von zwei zuständigen Schulaufsichtsbeamten zum Dienstgespräch geladen („Das Gallische Dorf", in: Berliner Zeitung vom 4. Mai 2010, 16).

10.7   Fazit

Gerade auch im letztgenannten Beispiel zeigt sich ein Dilemma bei der Durchsetzung von Schulentwicklungskonzepten und -maßnahmen: Die Einzelschule gerät zwischen den Anspruch nach Profilierung und Autonomie einerseits sowie dem nach staatlicher Steuerung und Kontrolle andererseits. Stellt sich das von der Schulforschung erarbeitete Modell von Schulentwicklung als ein *Bottom-up-Verfahren* dar, so ist eben gerade die Besonderheit des Bildungsmanagement in der Schule, dass Prozesse in einem bürokratischen Rahmen sowie in hierarchisch organisierten Strukturen stattfinden. Insofern drängt sich der Eindruck auf, dass Schulentwicklung im Rahmen von Steuerung zu einem *Top-down-Prinzip* mutiert ist bzw. wenigstens Anteile davon hat.

Gerade Qualitätssicherungsinstrumente und Evaluationsmaßnahmen an der Schule stehen dabei – anders als in betrieblichen Zusammenhängen – in einem besonderen Spannungsfeld unterschiedlicher Funktionen, Akteure und deren Interessen. Sie können als Kontrollinstrument eingesetzt (bzw. wahrgenommen) werden, um Rechenschaft einzufordern, oder als Werkzeug zur Schulentwicklung Veränderung bewirken. Sie stehen zwischen Macht ausübenden Strukturen und dem dringend erforderlichen Vertrauen der Beteiligten; sie sollen intern organisiert werden, werden jedoch in erster Linie als Top-down-Strategie erlebt.

Oft wird nicht prinzipiell die staatliche Steuerungsverantwortung in Frage gestellt (im Gegenteil), jedoch beklagt, dass „von oben" gesetzte Vorgaben keine Entsprechung in der Schaffung von Umsetzbedingungen haben. Im Klartext bedeutet das, dass Schulentwicklung einhergeht (oder so erlebt wird) mit finanziellen Einschränkungen oder auch fehlenden Unterstützungsmaßnahmen z. B. nach einer Schulinspektion, wenn anschließende Beratungsangebote zwar wünschenswert wären, aber nicht realisiert werden. In Bezug auf die Mitarbeit in Schulentwicklungs- oder Evaluationsprozessen deutet Helmke (2009, 315) somit als Ursache beobachtbarer Abwehrhaltungen bei Lehrerinnen und Lehrern eine *„geringe Wirkungserwartung"*. Dies wäre eine noch zu leistende Bildungsmanagementaufgabe: Im Sinne einer gelingenden Organisationsentwicklung sind die Prozesse der Schulenwicklung so zu gestalten, dass sie sinngebend und konsistent sowie dauerhaft in das professionelle Selbst des schulischen Lehrpersonals einfließen.

10.8   Vertiefungsaufgaben und -fragen

1. Sammeln und diskutieren Sie die Bedingungen, unter denen sich Managementhandeln in der Organisation Schule realisiert. Bedenken Sie dabei, ob und inwiefern jene Barrieren darstellen oder als förderlich angesehen werden können.

2. Überlegen Sie, welche spezifischen Herausforderungen und Aufgaben sich für Schulentwicklung (auf allen drei Ebenen) in einer multikulturellen Schule ergeben.

3. Senator Zöllner hatte im Kontext der Verweigerung von Berliner Grundschullehrern, die zentralen Vergleichstests in den dritten Klassen durchzuführen, ein „Qualitätspaket" in Aussicht gestellt, um Schulen in sozialen Brennpunkten mehr Hilfe und Beratung zu geben. (vgl. „Das Gallische Dorf", in: Berliner Zeitung vom 4. Mai 2010, S. 16). Überdenken Sie dabei zuerst, wie Sie die Verweigerungshaltung sowie deren Begründung einschätzen bzw. auf welcher Rechtslage angedrohte Disziplinarmaßnahmen fußen. Überlegen Sie dann, was in jenes „Qualifikationspaket" hineinkommen sollte, stellen Sie den Inhalt zusammen und diskutieren Sie deren antizipierte Effekte.

10.9   Literatur

Arnold, R. (2009): Seit wann haben Sie das? Grundlinien eines Emotionalen Konstruktivismus. Carl-Auer-Systeme-Verlag, Heidelberg.

Arnold, R. & C. Gómez Tutor (2006): Unterricht im Spiegel des Lehr-und Lernkulturwandels. In: Arnold, R. & C. Gómez Tutor [Hrsg.]: Qualitätssicherung an Schulen. Band 1 Basisthemen Schulentwicklung. Auer, Donauwörth. 51–92.

Arnold, R. & H. Pätzold (2006): Individuen und Organisationen als Lernende. Studienbrief SEM1020 Fernstudiengang Schulmanagement, Kaiserslautern.

Bastian, J. (1989): Pädagogische Schulentwicklung: Von der Unterrichtsreform zu Entwicklung der Einzelschule, in: ders. [Hrsg.]: Pädagogische Schulentwicklung, Schulprogramm und Evaluation. Bergmann + Helbig, Hamburg. 29–44.

Bastian, J. (2006): Unterrichtsentwicklung, Studienbrief SEM 1010 Fernstudiengang Schulmanagement, Kaiserslautern.

Bastian, J. (2007): Einführung in die Unterrichtsentwicklung. Beltz, Weinheim und Basel.

Blömeke, S., Herzig, B. & G. Tulodziecki (2007): Gestaltung von Schule: Eine Einführung in die Schultheorie und Schulentwicklung . Klinkhardt, Bad Heilbrunn.

Böttcher, W. u. a. (2008): Bildung unter Beobachtung. In: Böttcher, Wolfgang et al. [Hrsg.]: Bildungsmonitoring und Bildungscontrolling in nationaler und internationaler Perspektive. Waxmann, Münster. 7–11.

Brockmeyer, R. (1999): Qualitätsverbesserung in Schulen und Schulsystemen. Gutachten zum Programm von Prof. Dr. Rainer Brockmeyer. Expertise verfasst für die Projektgruppe „Innovationen im Bildungswesen". Materialien zur Bildungsplanung und zur Forschungsförderung. Heft 71, Bonn.

Buchen, H. & H.-G. Rolff [Hrsg.] (2009): Professionswissen Schulleitung. 2. Auflage. Beltz, Weinheim Basel.

Büeler, X. (2004): Qualitätsevaluation und Schulentwicklung. In: Stockmann, R. [Hrsg.]: Evaluationsforschung. Grundlagen und ausgewählte Forschungsfelder (Sozialwissenschaftliche Evaluationsforschung Band 1). Waxmann, Münster. 259–286.

Buhren, C. G., D. Lindau-Bank, S. Müller & H.-G. Rolff (2000): Manual Schulentwicklung. Handlungskonzept Schulentwicklung. 3. Auflage, Beltz, Weinheim Basel.

Buhren, C. & H.-G. Rolff (1998): Qualitätsindikatoren für den Unterricht In: Buchen, H. u. a. [Hrsg.]: Schulleitung und Schulentwicklung. Cornelsen Scriptor, Berlin.

Buhren, C. & H.-G. Rolff (2009): Personalmanagement für die Schule: ein Handbuch für Schulleitung und Kollegium. Beltz, Weinheim Basel.

Eikenbusch, G. (2002): Praxishandbuch Schulentwicklung, 5. Auflage, Cornelsen Scriptor, Berlin.

Grunder, H.-U. (2004): Schulentwicklung – permanent und unspektakulär. In: Pädagogisches Forum: unterrichten erziehen, Heft 2, 32./23. Jahrgang, 2004, 77.

Helmke, A. (2002): Unterrichtsqualität: Konzepte, Messung, Veränderung, Studienbrief SEM0900. Fernstudiengang Schulmanagement, Kaiserslautern.

Helmke, A. (2009): Unterrichtsqualität und Lehrerprofessionalität. Diagnose, Evaluation und Verbesserung des Unterrichts. Kallmeyer, Seelze-Velber.

Horster, L. & H.-G. Rolff (2001): Unterrichtsentwicklung: Grundlagen einer reflektorischen Praxis. Beltz, Weinheim Basel.

Keller, G. (2007): Schulisches Qualitätsmanagement von A-Z. (= Grundlagen der Schulpädagogik Band 57). Schneider Hohengehren, Baltmannsweiler.

Klafki, W. (2002): Schulqualität – Schulprogramm – Selbstevaluation der Kollegien. In: Koch-Priewe, B., H. Stübig & W. Hendriks [Hrsg.]: Schultheorie, Schulforschung und Schulentwicklung im politisch-gesellschaftlichen Kontext. Ausgewählte Studien. Beltz, Weinheim Basel. 161–175.

Klieme, E. u. a. (2009): Zur Entwicklung nationaler Bildungsstandards. KMK-Bildungsstandards. Expertise der KMK, Berlin/Bonn 2007 (unveränderter Nachdruck). In: http://www.bmbf.de/pub/zur_entwicklung_nationaler_bildungsstandards.pdf (Stand: 12.05.2010).

Meyer; H. (2004): Was ist guter Unterricht? Cornelsen Scriptor, Berlin.

Mücke, K. (2001): Probleme sind Lösungen: Systemische Beratung und Psychotherapie – ein pragmatischer Ansatz. Lehr- und Lernbuch. Ökosysteme, Potsdam.

Paschon, A. & F. Riffert (2004): Der Modalansatz zur Selbstevaluation von Schulentwicklungsprojekten. In: Ackermann, H. & S. Rahm [Hrsg.]: Kooperative Schulentwicklung. VS, Wiesbaden. 153–183.

Rahm, S. (2005): Einführung in die Theorie der Schulentwicklung. Beltz, Weinheim Basel.

Riecke-Baulecke, T. (2002): Die Herausforderung (endlich) annehmen. Fünf Thesen zur Zukunft des Schulmanagements. In: Schulmanagement. Die Zeitschrift für Schulleitung und Schulpraxis. 1/2002, 10–13.

Rolff, H.-G. (1993): Wandel durch Selbstorganisation. Theoretische Grundlagen und praktische Hinweise für eine bessere Schule. Juventa, Weinheim München.

Rolff, H.-G. (2002): Konzepte und Verfahren der Schulentwicklung (Studienbrief SEM0810 des Fernstudiengangs Schulmanagement). Hrsg. vom DISC, Kaiserslautern.

Schley, W. (2002): Teamkooperation und Teamentwicklung in der Schule (Studienbrief SM0610 Fernstudiengang Schulmanagement), Hrsg. vom DISC, Kaiserslautern.

Schlippe von, A. & J. Schweitzer (2002): Lehrbuch der systemischen Therapie und Beratung. Vandenhoeck & Ruprecht, Göttingen.

Senatsverwaltung für Schule, Jugend und Sport (Juni 2004): Schulgesetz für Berlin.

Simon, F. B. (1999): Die Kunst, nicht zu lernen und andere Paradoxien in Psychotherapie, Management und Politik. Carl-Auer, Heidelberg.

Stern, C. & P. Döbrich [Hrsg.] (2000): Wie gut ist unsere Schule? Selbstevaluation mit Hilfe von Qualitätsindikatoren. 3. Auflage, Bertelsmann Stiftung.

Terhart. E. (1998): Lehrerberuf: Arbeitsplatz, Biographie, Profession. In: Schley, W., H. Altrichter & M. Schratz [Hrsg.]: Handbuch der Schulentwicklung. Bd.1. Studienverlag: Innsbruck. 560–585.

Wissinger, J. (1996): Perspektiven schulischen Führungshandelns. Eine Untersuchung über das Selbstverständnis von SchulleiterInnen. Juventa, Weinheim München.

11 Gender Mainstreaming – Interkulturelle Öffnung – Diversity Management

Helga Marburger

11.1 Einleitung

Die professionelle Wahrnehmung des hier adressierten Aufgabensegments bedingt paradigmatisch die integrale Verbindung betriebswirtschaftlicher und bildungswissenschaftlicher Wissensbestände und entsprechender handlungsbezogener Kompetenzen im strategischen wie operativen Bereich. Zudem handelt es sich um eine Querschnittsaufgabe, die – mehr oder weniger – alle die in diesem Lehrbuch diskutierten Managementfunktionen tangiert bzw. innerhalb oder mittels dieser Funktionen in ihren je aufgabenfeldspezifischen Teilaspekten umzusetzen ist. Eine durchgängige thematische Verortung in den betreffenden Beiträgen wäre daher durchaus auch möglich gewesen. Die favorisierte gebündelte Betrachtung unterstreicht jedoch die Komplexität der Zielstellungen. Diese sind nicht durch isolierte Einzelmaßnahmen, sondern nur stringent leitbildorientiert durch systematische Vernetzung und synergetisches Zusammenwirken aller Faktoren zu realisieren.

Implementierungsprozesse, Maßnahmen und Instrumente von Gender Mainstreaming, Interkultureller Öffnung und Diversity Management weisen in der Praxis hohe Ähnlichkeiten und Überschneidungen auf. Dies gilt für die strukturelle und personelle wie die fachlich-inhaltliche Ebene und oftmals sogar die Arbeitsresultate – Sachgüter wie Dienstleistungen. Ausbildungsgänge, Anleitungs- bzw. Handreichungsmaterial insbesondere im Trainingsbereich sowie programmatische Literatur subsumieren nicht selten die Ansätze unter einem gemeinsamen Dach, wie etwa „Managing Gender and Diversity", „Gender and Cultural Mainstreaming" oder fordern gar eine Bündelung und Zusammenfügung zu einer Gesamtkonzeption.

Geschuldet ist dies nicht zuletzt der Parallelität und Anschlussfähigkeit der Kernbegriffe in allen drei Ansätzen und der mit ihnen anvisierten Schlüsselqualifikationen: Gender Kompetenz, Interkulturelle Kompetenz, Diversity Kompetenz. Deren Profile scheinen sich zumindest vordergründig nur in unterschiedlichen Akzentsetzungen zu unterscheiden, da die kategorialen Ausdifferenzierungen jeweils auch die nicht prominent adressierten Dimensionen mit umfassen. D. h. Diversity wird operationalisiert u. a. in „Gender", „Race", „Ethnicity"; „Gender" im Kontext von Intersektionalität verknüpft mit Merkmalen wie u. a. „Rasse", „Ethnizität", „Klasse" und „Multi-/Interkulturalität" diversifiziert unter anderem nach „Gender"-, „Race"- und „Ethnicity"-Aspekten.

Dem gegenüber gilt es auf der analytischen Ebene die Ansätze mit Blick auf ihre Leitidee und Reichweite klar zu differenzieren:

* Gender Mainstreaming ist eine Organisationsentwicklungsstrategie mit gleichstellungspolitischer Zielperspektive und gesamtgesellschaftlichem Anspruch;
* Interkulturelle Öffnung ist eine Organisationsentwicklungsstrategie mit zielgruppenspezifischer Ausrichtung;
* Diversity Management ist eine Organisationsentwicklungsstrategie mit unternehmenspolitischer Stoßrichtung.

Anders formuliert: *Diversity Management* ist vorrangig ein Konzept zur Steigerung der Effizienz und Wettbewerbsfähigkeit des Unternehmens mittels optimaler Nutzung von „Diversity" als Ressource. *Interkulturelle Öffnung* zielt auf den Abbau von Zugangsbarrieren von Diensten und Einrichtungen für von Exklusionsmechanismen betroffene Migrantengruppen auf Nutzer- wie Beschäftigungsebene. *Gender Mainstreaming* ist ein Weg mittels konsequenter und durchgängiger Berücksichtigung von „Gender" die Gleichstellung von Frauen und Männern in allen gesellschaftlichen Bereichen umzusetzen. Für Diversity Management gilt das Primat der Ökonomie, für Interkulturelle Öffnung das der sozialen Inklusion und Integration, für Gender Mainstreaming das der Geschlechtergerechtigkeit.

Die Strategien folgen somit im Grundsatz unterschiedlichen Logiken; Prozessverläufe und deren Resultate unterliegen potentiell anderen Bewertungen – hinsichtlich der Kriterien oder deren Gewichtung.

Für Bildungsmanagement ist diese Unterscheidung basal. Eine unreflektierte Vermischung der Ansätze provoziert double-bind Szenarien mit kommunikativen Missverständnissen, Rechtfertigungszwängen, widersprüchlichen Entscheidungen und unbefriedigenden Handlungsergebnissen. Eine Kombination der Strategien ist nicht per se ausgeschlossen, doch sie erfordert immer wieder die Prüfung der Kompatibilität der Zielperspektiven, diesbezügliche Priorisierungen und Abstimmungsprozesse sowie deren transparente interne und externe Kommunizierung. Konzeptklarheit ist somit Grundvoraussetzung rationaler Auftragsklärung und einer erfolgreichen Umsetzung.

Im Folgenden werden zunächst die entstehungsgeschichtlichen Rahmenbedingungen, die disziplinären Verortungen, theoretischen Gründungen sowie die funktionale Ausrichtung und Zielebenen der adressierten *Konzepte* skizziert. Dabei wird in diesem Kontext eine klare Konturierung der drei Ansätze zu ihrer Abgrenzung favorisiert gegenüber einer die jeweiligen ansatzinternen Diskurse breit reflektierenden Ausdifferenzierung.

Auch die anschließende Darstellung der *Handlungsfelder* folgt einer Schwerpunktsetzung. Nach einer Auflistung und mehrdimensionalen Systematisierung von Handlungsfeldern und Marktsegmenten sowie deren Kurzcharakteristik hinsichtlich Bedarfen und Umsetzungsmodalitäten werden die angesprochenen Ebenen und Bereiche anhand und entlang einer Einrichtung der Politischen Bildung bezüglich der Implikationen und Konsequenzen der drei Ansätze konkretisiert und exemplarisch veranschaulicht.

Breit gefächert wie die Handlungsfelder sind auch die *Instrumente* von Gender Mainstreaming, Interkultureller Öffnung und Diversity Management. So können hier ebenfalls nur Überblickswissen und Systematisierungskriterien zur allgemeinen Orientierung geboten werden. Einzelne Beispiele dienen wiederum der Illustrierung und sind keine „Blaupausen" für die Praxis. „Vor Ort" ist eine Anpassung der Instrumente an die spezifischen Bedingungen ohnehin immer erforderlich.

11.2 Konzepte

Gender Mainstreaming

Die Wurzeln des *Gender Mainstreaming* liegen in den Diskursen und Praktiken der international vernetzten Frauenbewegungen, in der feministischen Forschung und Theoriebildung sowie den Auseinandersetzungen über die unterschiedlichen Formen und Zugänge in der Entwicklungspolitik (Frey 2004).

Als entstehungsgeschichtliche Eckdaten sind die dritte UN-Weltkonferenz in Nairobi (1985) und die vierte Weltfrauenkonferenz in Beijing (1995) hervorzuheben, auf denen das Konzept Gender Mainstreaming propagiert und in der verabschiedeten Schlussresolution verankert wurde. Vorausgegangen waren in den 1970er und 1980er Jahren geschlechterpolitische Debatten, die den Ausschluss von Frauen bzw. ihre de facto Schlechterstellung durch das dominierende auf Technik und technologischen Fortschritt fokussierende Modell von Entwicklungsplanung kritisierten und eine Integration von Frauen in Entwicklungsprozesse (Women in Development, WID) forderten. Ziel war ein „Empowerment" der im „Mainstream", also dem Hauptstrom der Aktivitäten, bislang marginalisierten Geschlechtergruppe insbesondere durch Maßnahmen frauenspezifischer Förderung (Rathgeber 1990).

Der WID-Ansatz hielt Einzug in die internationale Entwicklungsorganisation, doch spätestens seit Anfang der 1990er Jahre war offensichtlich, dass die Frauenprogramme nicht die von den Akteurinnen erwartete transformative Kraft entfalten konnten. So bemängelte das Südfrauennetzwerk DAWN[61]: *„Es hat sich gezeigt, dass Projekte zur Einkommens- und Beschäftigungsförderung von Frauen darunter gelitten haben, dass sie vereinzelt, klein und peripher zum Hauptstrom der Planungsprozesse, Programme und Projekte sind"* (DAWN, Satzinger 1987, 151). Im Unterschied zum Ansatz der Integration, der lediglich zur Addition einer Frauenkomponente geführt hatte, sollten nunmehr der Hauptstrom selbst und seine für Frauen exklusiven Mechanismen verändert werden, indem geschlechterdifferente Perspektiven allen Planungsverfahren und Entscheidungsprozessen zugrunde gelegt wurden.

---

[61] DAWN steht für „Development Alternatives with Women For a New Era".

Diesen Paradigmenwechsel dokumentiert die Weiterentwicklung von WID zum Ansatz „Gender and Development" (GAD). Mit der Einführung der Kategorie „Gender" in den entwicklungspolitischen Diskurs beanspruchten die jeweiligen Akteurinnen, einen ganzheitlich-kritischen Blick auf Geschlechterverhältnisse werfen zu können, anstatt – wie an WID bemängelt wurde – pauschal von den Frauen zu sprechen (Frey 2003): „GAD betrifft nicht Frauen per se, sondern die soziale Konstruktion von Geschlechterverhältnissen und der Zuweisung von bestimmten Rollen, Verantwortlichkeiten und Erwartungen an Frauen und Männer" (Rathgeber 1990, 494). Erkenntnisse über Geschlechterverhältnisse sollten die Projektplanung und -steuerung qualifizieren, um eine gerechtere bzw. sozial nachhaltigere Gestaltung von Entwicklungspolitik zu gewährleisten.

Damit folgte der GAD-Ansatz der in der feministischen Wissenschaft vollzogenen Bewegung von „Frau" zu „Gender". Die feministische Theoretikerin und Ethnologin Gayle Rubin hatte 1974 das „Sex/Gender-System" auf Grundlage der Textexegese kulturtheoretischer, philosophischer und psychoanalytischer Texte von Marx, Lévi-Strauss, Freud und Lacan entwickelt und als methodologische Kategorie der feministischen Forschung eingeführt: „In Ermangelung eines besseren Begriffs nenne ich diesen Teil des sozialen Lebens das ‚Sex/Gender-System'. In seiner vorläufigen Definition stellt ein ‚Sex/Gender-System' eine Reihe von Ordnungen dar, durch die eine Gesellschaft biologisches Geschlecht in Produkte menschlichen Handelns verwandelt und innerhalb dessen diese gewandelten geschlechtlichen Bedürfnisse befriedigt werden" (Rubin 1975, 70).

Die Differenzierung in biologisches (sex) und soziales Geschlecht (gender) ermöglichte es, die gesellschaftliche Ungleichheit von Frauen und Männern als unabhängig von biologischen Gegebenheiten und als Resultat historisch bedingter, kulturell und sozial hergestellter Herrschaftsmechanismen zu betrachten. So war auf dieser Basis die traditionelle geschlechtsspezifische Arbeitsteilung nicht länger mittels Kausalität zwischen biologischem und sozialem Geschlecht argumentativ begründbar, sondern ließ sich als Ausdruck patriarchal geprägter Dominanzkultur identifizieren und somit grundsätzlich in Frage stellen. Gleichwohl weist der konstruktivistische Ansatz des „doing-gender" (West, Zimmermann 1987) auch auf eine aktive Beteiligung beider Geschlechter – Männer wie Frauen – an der interaktiven und performativen Herstellung der Geschlechterdifferenz und ihrer gesellschaftlichen Konnotierung im alltäglichen Handeln.

Dekonstruktivistische Ansätze rücken zudem nicht die Geschlechterverhältnisse allein in den Mittelpunkt des Diskurses, sondern das „Denken über sie" wird zum Gegenstand der Reflexion (Butler 1991). Erkenntnistheoretisch geht es weniger um die Möglichkeiten einer Verbesserung der Position von Frauen gegenüber derjenigen der Männer, sondern darum, „die Unterscheidung von Frauen und Männern überhaupt bedeutungslos werden zu lassen – bedeutungslos in dem Sinne, dass sich an diese Unterscheidung keine sozialen Unterschiede mehr anknüpfen" (Meuser 2004, 322).

Auf die Verwobenheit von Gender als Ungleichheitsverhältnis mit anderen Ungleichheitsverhältnissen verweist das von afroamerikanischen Feministinnen geprägte Paradigma der „Intersektionalität" (Crenshaw 1998). Zunächst fokussiert auf die Problematik der Ausblendung von „rasse"bedingten Unterschieden zwischen Frauen in den Emanzipationsbestrebungen weißer Frauen und schwarzer Frauen in den gesellschaftlichen Antidiskriminierungsbestrebungen, nimmt die Intersektionalitäts-Debatte zunehmend auch andere Ungleichheit generierende Dimensionen und ihre kategorialen Überlappungen und Wechselwirkungen in den Blick, so etwa ethnische und soziale Herkunft, Religion und Weltanschauung, sexuelle Orientierung.

Die konsequente Umsetzung der Gender-Perspektive im (entwicklungs-)politischen Kontext ist die zentrale Forderung der Vierten Weltfrauenkonferenz 1995 in Peking: „*Governments and other actors should promote an active and visible policy of mainstreaming a gender perspective into all policies and programmes, so that, before decisions are taken, an analysis is made of the effects on women and men, respectively*" (OECD 1998, 28 zit. n. Frey 2004, 36).

Zwar ist das Abschlussdokument der Konferenz, die Pekinger Aktionsplattform (APF), völkerrechtlich nicht bindend, doch sind die OECD-Staaten mit ihrer Unterzeichnung nicht nur eine entsprechende Selbstverpflichtung eingegangen, sondern hatten darüber hinaus impulsgebende Wirkung für die Aktionsprogramme zur Chancengleichheit von Frauen und Männern der Europäischen Union (Behning 2004). Auch diese kennzeichnete infolge ein deutlicher Strategiewechsel von speziellen Fördermaßnahmen zur Eingliederung der Frauen in den Arbeitsmarkt und der Aufwertung der „Stellung der Frau in der Gesellschaft" hin zu durchgängigem Mainstreaming. So wird im „Vierten Aktions-Programm der Gemeinschaft für die Chancengleichheit von Frauen und Männern (1996–2000)" explizit deklariert: „*Ziel des Programms ist es, die Einbeziehung der Dimension der Chancengleichheit von Frauen und Männern bei der Konzeption, Durchführung und Begleitung aller Politiken und Aktionen der Union und der Mitgliedstaaten – im Rahmen ihrer jeweiligen Befugnisse – zu fördern.*"

Im Amsterdamer Vertrag von 1997 wurde der Gender Mainstreaming Ansatz dann zum ersten Mal in rechtlich verpflichtender Form festgeschrieben. Er gilt seitdem für alle EU-Mitgliedstaaten als bindendes Prinzip auf allen Verantwortungsebenen von Politik und Verwaltung.

In der Bundesrepublik Deutschland verabschiedete das Bundeskabinett am 23.6.1999 einen Beschluss, in dem die Gleichstellung von Frauen und Männern zum durchgängigen Leitprinzip der Bundesregierung und Gender Mainstreaming mit Bezug auf Artikel 2 und Artikel 3, Absatz 2 des Amsterdamer Vertrages als Strategie zur Umsetzung dieser Aufgabe bestimmt werden (Döge, Stiegler 2004). In einem ersten Schritt werden die Gemeinsame Geschäftsordnung (GO) der Bundesministerien novelliert und alle Ressorts dazu verpflichtet, den Mainstreaming-Ansatz bei allen politischen, normgebenden und verwaltenden Maßnahmen der Bundesregierung zu berücksichtigen. Vergleichbare Kabinettsbeschlüsse werden auf Bundesländerebene ab 2000 gefällt, auf kommunaler Ebene ist der Entwicklungsstand heterogen.

Bei zivilgesellschaftlichen Organisationen wie Verbänden, Gewerkschaften, Vereinen, Bildungsträgern, Stiftungen und Kirchen setzen ebenfalls ab 2000 mehr oder minder intensive Auseinandersetzungen mit Gender Mainstreaming ein, die Hochschulen werden in vielen Ländern über Gesetze verpflichtet, Gleichstellung in allen Bereichen herzustellen.

Als Grundvoraussetzung einer tatsächlichen Gleichstellung adressiert Gender Mainstreaming alle Formen der Diskriminierung von Frauen und Männern, zielt auf umfassende Partizipationsmöglichkeiten und eine von traditionellen Rollenmustern freie, selbst bestimmte Lebensgestaltung beider Geschlechter.

Interkulturelle Öffnung

Unter dem Stichwort *„Interkulturelle Öffnung"* findet seit den 1990er Jahren eine rege Fachdiskussion statt, die das Thema nach und nach aus seiner Randständigkeit herausgelöst und öffentlichen Diskussionen in den unterschiedlichsten gesellschaftlichen Bereichen zugeführt hat. Forciert wurde diese Entwicklung durch den Paradigmenwechsel in der migrationspolitischen Debatte, wonach Zuwanderung nicht länger als temporäres Phänomen, sondern als konstitutives Element der bundesdeutschen Gesellschaft zu betrachten ist. Das neue Staatsbürgerschaftsrecht (2000) wie auch das Zuwanderungsgesetz (2005) waren politischer Ausdruck dieser – verspäteten – Anerkennung und wichtige Schritte in Richtung einer modernen Integrationspolitik.

In diesem Kontext versteht sich „Interkulturelle Öffnung" als überfällige Antwort auf die sozialen Schieflagen der Einwanderungsgesellschaft, von denen Migrantinnen und Migranten in hohem Maße betroffen sind. Moniert werden große Ungleichgewichte bei der Inanspruchnahme sozialer Dienste und anderer öffentlicher Angebote, sei es in der Erwachsenenbildung, Jugendhilfe, Altenhilfe, psycho-sozialen Beratung, im Elementarbereich, im kulturellen Sektor etc. Aber auch Disparitäten in der Verteilung schulischer Abschlüsse und geringere Chancen im Zugang zu weiterführenden Schulen und Ausbildungsberufen werden aufgeführt (Fischer 2005a).

Als Ursache für diese begrenzte Teilhabe an gesellschaftlichen Gütern und partielle Abkoppelung von der sozialen Infrastruktur werden Exklusionsmechanismen und Diskriminierungstatbestände identifiziert, die in unzureichender Berücksichtigung bzw. Ausblendung von kultur- und/oder ethnie- bzw. migrationsspezifischen Bedarfslagen, Ressourcen und Nutzungsmustern gründen.

Im schulischen Bereich wird insbesondere ihr *„monolingualer Habitus"* (Gogolin 1993) kritisiert, der in Verbindung mit einer ethno- bzw. eurozentristischen Ausrichtung der Bildungsinhalte eine institutionalisierte Benachteiligung der Schülerinnen und Schüler mit Migrationshintergrund impliziere (Bommes, Radtke 1993).

Auf dem Ausbildungsstellenmarkt werden vor allem individuell (z. B. ethnisierende Zuschreibungen von Personalverantwortlichen) und strukturell (z. B. kultureller Bias von Auswahlverfahren) bedingte Diskriminierungsprozesse für eine potentielle Marginalisierung von Bewerberinnen und Bewerbern mit Migrationshintergrund verantwortlich gemacht (Attia u. a. 2000, Granato 2003).

Als Hemmschwellen für die Nutzung sozialer und kommunaler Dienste werden u. a. angeführt :

- mangelnde Information über das vorhandene Hilfesystem,
- nicht vorhandene oder unzureichende Deutschkenntnisse,
- Angst vor möglichen Sanktionen oder anderen negativen Konsequenzen bei der Inanspruchnahme der sozialen Dienste,
- schlechte Erfahrungen mit institutionellen Kontakten, unhöfliche Behandlung, mangelnder Respekt, Zweifel an der Empathiefähigkeit der Bediensteten,
- Probleme mit der Bürokratie,
- Angst vor Ressentiments und Vorurteilen seitens des Personals der sozialen Dienste,
- Probleme mit sprachlastigen Beratungsansätzen,
- Abwehrhaltung gegenüber bevormundenden Lösungsstrategien (Fischer 2005a, 27, Seifert 2000, 24, Gaitanides 2004, 19).

Vor dem Hintergrund solcher Problemsicht wird „Interkulturelle Öffnung" verstanden als ein *„Prozess der Organisationsentwicklung, der die Zugangsbarrieren für Migranten zu Bildung, Kultur und Sozialen Diensten beseitigt. (...) Sie umfasst die Organisation als ganze und basiert auf einem Gesamtkonzept, das bestimmten Qualitätsstandards entspricht. Letztlich soll dieser Prozess dazu beitragen, dass alle Dienste und Angebote einer Organisation für jeden, unabhängig von seiner Herkunft, Religion, Weltanschauung, Lebensweise etc. offen stehen"* (Fischer 2004, 14).

Interkulturelle Öffnung beinhaltet somit mehr als die Abstimmung der Angebote auf die Interessen und Bedürfnisse der nicht-deutschen Klientel bzw. Adressatinnen und Adressaten. Unter dem Motto „Von Förderprogrammen zu Mainstreaming-Strategien" (Friedrich-Ebert-Stiftung 2003) wird dezidiert angeknüpft an Entwicklungen im gleichstellungspolitischen Bereich und Cultural Mainstreaming als organisationaler Lernprozess gefordert (Döge 2003). Anvisiert ist ein interkulturelles Management, das alle Ebenen der Arbeit von Institutionen umfasst und zum integralen Bestandteil von Organisationsentwicklung wird. Normativ betrachtet geht es um die Etablierung einer demokratischen Entwicklung und Verankerung von Chancengleichheit und sozialer Gerechtigkeit von kulturellen Minderheiten. Die auf dem EU-Gipfel in Nizza (2000) verabschiedete Charta der Grundrechte der Europäischen Union (Artikel 21) wie auch das Allgemeine Gleichbehandlungsgesetz (AGG) der Bundesrepublik Deutschland (2006) dienen dem Ansatz als rechtliche Referenzrahmen.

Diversity Management

„Diversity. Das Potential von Vielfalt nutzen – den Erfolg durch Offenheit steigern" – dieser Titel eines viel zitierten Buches von Stuber (2004) bringt den Kern von *Diversity Management* äußerst treffend auf den Punkt. Veränderte Kooperations- und Marktbedingungen aufgrund der Internationalisierung von Unternehmen im Zuge der Globalisierung, gewandelte Zielgruppen- und Beschäftigungsstruktur bedingt durch Zuwanderung, Wandel von Geschlechtsrollenbildern, Pluralisierung von Lebensformen, Veränderung in der Altersstruktur der Bevölkerung etc. haben dazu beigetragen, dass sich das in den 1980er Jahren entwickelte

US-amerikanische Konzept des Diversity Management als Organisations- und Personalent-
wicklungsstrategie in der letzten Dekade auch in Deutschland sehr erfolgreich etablieren
konnte (Schwarz-Wölzl, Maad 2004, 4 ff.).

Im Unterschied zu Gender ist der Diversity-Begriff nicht in eine lange Tradition theoretischer Diskurse eingebunden, sondern findet pragmatische Verwendung. Die bekannteste und
häufig verwendete Definition stammt vom Diversity-Pionier Roosevelt Jr. Thomas: *„Diversity refers to any mixture of items characterized by differences and similarities"* (1996, 5).
Übersetzt wird Diversity mit dem Ausdruck *„personelle Vielfalt"* oder *„ Vielfalt in der Mitarbeiterschaft"* (Hansen, Müller 2003, 21). Diversity thematisiert also Individualität und
sieht Unterschiedlichkeit dabei nicht nur als etwas Separierendes, sondern auch als etwas
Zusammenführendes. Als Dimensionen bzw. Erscheinungsformen von Diversity werden in
der gängigen Literatur sowohl strukturelle Merkmale wie „Rasse", „ethnische Zugehörigkeit", „Geschlecht", „Alter", „Behinderung", „sexuelle Orientierung" als auch individuelle
Prägungen wie „Einstellungen", „Kompetenzen", „Fähigkeiten" genannt (Sepehri 2002,
132).

Die Einbeziehung von Diversity in Managementfunktionen erfolgte – zumindest in der frühen Phase – durchaus auch im Kontext sozialpolitischer Ziele. So betrachten Ely/Thomas
(2001) den Fairness & Anti Discrimination-Ansatz als historisch älteste Form des Managing
Diversity. Er hat sich in den 1960er und 1970er Jahren aus der sozialpolitischen „Grass
Roots" Bewegung in den USA entwickelt und versuchte mit Hilfe von Quotenregelungen
und Antidiskriminierungsgesetzen Chancengleichheit in Organisationen durchzusetzen.
Letztlich handelte es sich dabei jedoch um einen „Defizitansatz", der Minoritätengruppen
zwar Zugänge ermöglichte, diese aber unter hohen Anpassungsdruck stellte.

Es folgte der Access & Legitimacy Ansatz, der auf effektivere Marktzugänge bei spezifischen sozialen Gruppierungen mittels Nähe bzw. Gleichartigkeit von Mitarbeiterkreis und
adressiertem Kundenkreis setzte – Vielfalt somit als Erfolgsfaktor definierte.

Mit Taylor Cox (1991) setzte sich zu Beginn der 1990er Jahre dann endlich die derzeit vor-
herrschende Sichtweise von Diversity Management als Human-Resource-Ansatz zur Generierung multipler Wettbewerbsvorteile durch. Seine Auflistung datenreich gestützter Argumente für den wirtschaftlichen Mehrwert von Diversity beginnt Cox zwar mit dem Verweis
auf ethisch-moralische Verpflichtungen – *„Social responsibility goals of organizations is
only one area that benefits from the management of diversity"* (S. 45) – bei den anschließend
diskutierten sechs weiteren Bereichen – *„ (1) Cost, (2) resource acquisition, (3) marketing,
(4) creativity, (5) problem-solving, (6) organizational flexibility"* (S. 45) – stehen die Unternehmensziele aber klar im Zentrum.

Cox' Begründungsmuster finden sich mit geringen Variationen nahezu durchgängig in der
aktuellen Diversity-Literatur wieder. So konstatieren Schwarz-Wölzl/Maad (2004, 63f.) mit
Bezug auf Vedder/Stuber/Matti fünf Hauptargumente für Diversity Management, die von
Add-Value für das Unternehmen sind:

1. *„Kostensenkung: ein integratives Diversity Management impliziert die Bindung von (qualifizierten) Arbeitskräften an das Unternehmen, während Diskriminierung zu Demotivation und ‚innerer Kündigung' führt. Höheres Commitment und Loyalität der MitarbeiterInnen gegenüber dem Unternehmen führt zu geringeren Absentismus- und Fluktuationsraten. (...)*
2. *Flexibilität: Monokulturelle Gruppen reagieren wegen des hohen Konformitätsdrucks weniger flexibel als heterogene Gruppen auf Veränderungen; zudem kann sich Betriebsblindheit eher ausbilden als in heterogenen Gruppen. Eine flexible ArbeitnehmerInnenschaft reagiert daher schneller und (kreativer) auf veränderte Markt- und Arbeitsumweltbedingungen.*
3. *Kreativität bei Problemlösungen: Gruppenforschungen belegen, dass homogene Gruppen Probleme schneller lösen, hingegen brauchen heterogene Gruppen zwar länger, jedoch führen die Ergebnisse zu qualitativ besseren Lösungen. (...)*
4. *Personalrekrutierung: unter Diversity Management Bedingungen lässt sich der ‚War of Talent' durch Rekrutierung aus sozialen Minderheitengruppen besser ‚gewinnen'. Wenn ein Unternehmen bestimmte BewerberInnen aufgrund der Rasse, Geschlecht usw. nicht ignoriert, hat es ein weit größeres Ressourcenpotential an ‚talentierten' MitarbeiterInnen. (...) Firmen mit Diversity Management sind als ArbeitgeberIn attraktiver und optimieren wiederum ihr Rekrutierungspotential an qualifizierten MitarbeiterInnen. (...)*
5. *Marketing: a) eine diverse Belegschaftsstruktur kann sich besser auf die Wünsche und Bedürfnisse spezifischer Kundensegmente einstellen und b) der Betrieb selbst kann durch Vermarktung von Diversity Management die Kaufentscheidungen segmentierter Kundenkreise beeinflussen und c) KundInnen im Allgemeinen. So ergab die MORI (2000) Befragung von 12.000 europäischen KonsumentInnen, dass 70% der Befragten sich für sozial verantwortlich produzierte Produkte und Dienstleistungen entscheiden. Als zentrales Element von ‚sozial verantwortlich' wird ‚looking after the employees' genannt.*

In der Logik dieses Ansatzes verbinden sich somit Forderungen nach Chancengleichheit bei gleichzeitiger Wahrung und Anerkennung von Verschiedenheit von Menschen mit dem Ziel der Profitmaximierung durch optimale Nutzung dieser Verschiedenheit als Humankapital. Entsprechend geht es darum, Diversity als strategische Planung in der Unternehmensstruktur und -kultur zu verankern. Stuber (2004, 20) definiert wie folgt:

„Als Instrument der Unternehmensführung beschreibt Diversity die Gesamtheit der Maßnahmen, die dazu führen, dass Unterschiedlichkeiten in und von einer Organisation erkannt, wertgeschätzt und als positive Beiträge zum Erfolg genutzt werden. Es geht also um die gezielte interne und externe Berücksichtigung sowie die bewusste Einbeziehung und Förderung aller unterschiedlichen Stakeholder zur Steigerung des Erfolgs eines Unternehmens oder einer Organisation."

Die Rezeption des Ansatzes ergibt kein einheitliches Bild, sondern je nach disziplinärer und/oder gesellschaftspolitischer bzw. wissenschaftstheoretischer Verortung differieren die Einschätzungen erheblich. Im betriebswirtschaftlichen Diskurs wird das Konzept weitgehend als adäquate Antwort auf die oben skizzierten Entwicklungen in Wirtschaft und Gesellschaft betrachtet, die sowohl originären Unternehmensinteressen wie den rechtlichen Vorgaben zur Gleichstellung und Antidiskriminierung gerecht wird als auch den Forderungen von Frauen, Angehörigen ethnischer Minderheiten und anderen außerhalb des bisher fokussierten Bereichs befindlichen Gruppierungen (Alte, Behinderte ...) nach uneingeschränktem Zugang, wertschätzender Förderung und leistungsgerechter Positionierung im Unternehmen entspricht. In dieser Perspektive wird Diversity Management als „win-win-Ansatz" bezeichnet (Hansen, Müller 2003, 16).

Unter gesellschaftskritischen Vorzeichen wird an dem Ansatz allerdings die klare ökonomische Priorisierung betont. Ziel sei die Ortung und Pflege „multipler Fähigkeiten", deren Brachliegen „Opportunitätskosten" (Stuber 2004, 136) verursache, die Zusammenhänge von Diversity mit Macht- und Ressourcenverteilung wie die Konstruktion von Unterscheidungsmerkmalen blieben ausgeklammert. Die Naturalisierung von „Geschlecht", „Rasse" und „Ethnie" als ontologische Gegebenheiten impliziere eine Festschreibung der Geschlechterdifferenz und anderer Dominanzverhältnisse (Bereswill 2004, 53 ff., Meuser 2004, 331 ff.). In Abgrenzung zum Gender Mainstreaming Ansatz wird hervorgehoben: „Managing Diversity orientiert sich an den Anforderungen der Ökonomie und den Zielen des Unternehmens, während Gender Mainstreaming diese Ziele beeinflussen und verändern kann" (Blickhäuser, von Bargen 2006, 26).

11.3   Handlungsfelder

Handlungsfelder und Aktivitäten von Gender Mainstreaming, Interkultureller Öffnung und Diversity Management sind potentiell alle Handlungsfelder von Bildungsmanagement. Sie betreffen den staatlichen, den außerstaatlichen und den privatwirtschaftlichen Sektor. Adressiert sind Bildungseinrichtungen wie (bildungs-)branchenfremde Institutionen und Unternehmen im Profit- wie im Non-Profit-Segment, im Dienstleistungs- wie im Sachleistungsbereich. Sie zielen auf die organisationale und/oder die individuelle Ebene sowie den allgemeinen und/oder den spezifischen Out-put. Sie richten sich auf interne und externe Gestaltung bereits gegebener Handlungsfelder und haben zur Etablierung neuer Tätigkeitsfelder bzw. Marktsegmente geführt.

Real dominieren Gender Mainstreaming und Interkulturelle Öffnung in öffentlichen Organisationen und Verwaltungen, Diversity Management in privatwirtschaftlichen Betrieben. Dies entspricht dem Entstehungskontext der Ansätze und korrespondiert mit den unterschiedlichen rechtlichen Rahmenbedingungen für den öffentlichen und den privaten Sektor. So haben Gleichstellungsrichtlinien und Gesetze zwar auch den Druck auf Letzteren erhöht, sich für Chancengleichheit minorisierter Gruppen und gegen Diskriminierung innerhalb des Unternehmens zu engagieren, doch die durchgängig verpflichtende strukturelle Bindung für alle Arbeitsbereiche und deren Arbeitsresultate wie im öffentlichen Segment besteht hier bislang nicht. Allerdings ist für Organisationen und Projektträger der Erhalt europäischer Finanzmittel zunehmend an die Auflage geknüpft, als Mittelempfänger Aktivitäten zum Gender Mainstreaming nachweisen zu müssen, so dass nicht nur unter juristischen, sondern auch unter ökonomischen Gesichtspunkten die Implementierung dieses Ansatzes auch außerhalb des öffentlichen Sektors zunehmen dürfte (Jung 2004, 206 ff.).

Die wirtschaftlichen Vorzüge von Diversity haben dagegen inzwischen fast alle Unternehmen für sich entdeckt. Diversitätssensible Personalrekrutierung, gezielte Frauenförderung, Integration von Migranten, Rücksichtnahme auf die Belange älterer Mitarbeiter, Maßnahmen zur Vereinbarkeit von Berufs- und Privatleben (Work-Life-Balance) sind Facetten eines nach innen und außen kommunizierten Leitbildes, dessen Umsetzung auf struktureller und personeller Ebene als Managementaufgabe formuliert und wahrgenommen wird. Schrittmacher waren große, global agierende Unternehmen wie Telekom, VW, Merck, Siemens, Lufthansa, doch auch kleine und mittelständische Unternehmen (KMU) können auf die Wettbewerbsvorteile von Diversity im nationalen wie internationalen Umfeld nicht verzichten (Hering 2001). Die systematische Ermittlung und Berücksichtigung von Diversity-Aspekten im Bereich der Unternehmenskultur, der Leistungsbeurteilung und -gratifikation, der Kompetenzentwicklung und Nachwuchsförderung, der Flexibilisierung von Arbeitsstrukturen und Arbeitszeit etc. sind branchenübergreifend auch in diesem Marktsegment erforderlich und erzeugen einen entsprechenden Handlungsbedarf.

Die gute Resonanz von Gender Mainstreaming und Interkultureller Öffnung in Organisationen des Non-Profit- bzw. des Außerstaatlichen Sektors (NGO) wird begünstigt durch deren sozialstaatliche bzw. zivilgesellschaftliche Ausrichtung, aber auch durch wirtschaftliche Erwägungen, wie die zum Teil bestehende, mehr oder minder starke Abhängigkeit von öffentlichen Geldern, etwa im Rahmen des Bundessozialhilfegesetzes oder des europäischen Sozialfonds mit ihren entsprechenden Gleichstellungsauflagen. So finanzieren etwa die Freien Träger der Wohlfahrtspflege ebenso wie die parteipolitisch oder konfessionell gebundenen (z. B. AWO bzw. Caritas Verband, Diakonisches Werk) ihre Angebote im Bereich der sozialen Arbeit – von der Kindertagesbetreuung über Jugendhilfemaßnahmen bis zur Altenpflege – im wesentlichen über öffentliche Mittelzuweisungen. Ähnlich verhält es sich bei Bildungsträgern (z. B. Internationaler Bund, IB), Sport- und Freizeitverbänden. Auch ihre wirtschaftliche Basis hängt an öffentlichen Zuschüssen. Sowohl mit Blick auf die Heterogenität der zu adressierenden Klientel (Männer und Frauen, Jungen und Mädchen, männliche und weibliche Migranten, männliche und weibliche alte Menschen etc.) und deren Bedürfnisse als auch mit Blick auf die jeweilige Organisationsstruktur, die Personalentwicklung und die fachliche Arbeit besteht somit in diesem Segment nicht nur ein erheblicher faktischer Bedarf für Gender Mainstreaming und Interkulturelle Öffnung, sondern auch die Möglichkeit, über politische Einflussnahme („sanfter Druck des Geldes") diese Prozesse voranzutreiben bzw. vorhandene Initiativen auch finanziell zu gratifizieren.

Ebenfalls hohe Offenheit für Gender Mainstreaming und Interkulturelle Öffnung zeigen in diesem Segment zivilgesellschaftlicher Organisationen die Gewerkschaften, und zwar domänenspezifisch insbesondere im Dienstleistungssektor (z. B. ver.di, GEW), aber zunehmend auch im Bereich industrieller Produktion (z. B. IG Metall). Generell geht es hier um Veränderungen innerhalb der eigenen Organisationsstruktur, der Qualifizierung der Mitarbeiter und Mitarbeiterinnen wie der fachlichen Arbeit zur Durchsetzung einer gleichberechtigten Teilhabe von allen Männern und Frauen in Betrieb, Wirtschaft, Gesellschaft und Politik bzw. Kindern, Jugendlichen, jungen Erwachsenen unabhängig von Geschlecht, sozialer und ethnischer Herkunft etc. an Erziehung, Bildung und Ausbildung. Sicherlich korrelieren in diesem Bereich aber auch ethisch-moralisch-rechtliche Überlegungen mit dem Interesse an einer

Erhöhung der Mitgliedszahlen (Frauen, Menschen mit Migrationshintergrund etc.) und einer Profilierung bzw. Imageverbesserung.

Gender Mainstreaming und – in reduzierter Reichweite – Interkulturelle Öffnung betreffen im öffentlichen Bereich aufgrund rechtlicher Vorgabe das gesamte Verwaltungshandeln, und zwar auf Bundes-, Länder- und kommunaler Ebene. Dabei sind entsprechend den konzeptionellen Leitzielen die Verwaltungseinheiten (Ämter, Dienste) auf struktureller, personeller und fachlich-inhaltlicher Ebene so zu (re)organisieren, dass sowohl nach innen wie nach außen Gleichstellung und demokratische Partizipation aller Akteurinnen und Akteure bzw. (potentieller) Nutzerinnen und Nutzer ermöglicht werden. Ersteres hat zum Beispiel kultur- und genderspezifische Konsequenzen für Personalauswahl, interne Karrierewege, Anreizsysteme, Kommunikations- und Kooperationsformen. Letzteres beinhaltet etwa die Prüfung aller bürokratischen Vorgänge, Verfahren und Maßnahmen hinsichtlich kultur- und/oder genderspezifischer Benachteiligung und/oder Ausgrenzung sowie diesbezügliche Korrekturen und/oder Innovationen.

Entsprechende Anforderungen sind prinzipiell an alle öffentlichen Einrichtungen zu stellen: Polizei, Feuerwehr, Sport- und Freizeitbetriebe, Bibliotheken, Museen, Beratungsdienste, Krankenhäuser, Seniorenheime, Jugendzentren, Schulen, Volkshochschulen, Hochschulen etc. Immer geht es sowohl um Gender Mainstreaming und Interkulturelle Öffnung als Zielvorgabe für die Organisation wie für deren Out-put.

In besonders exponierter Weise betroffen ist das Bildungswesen. Analysen der empirischen Schulforschung haben in den vergangenen 30 Jahren eine Vielzahl und Vielfalt von Forschungsergebnissen zu genderspezifischen Benachteiligungen und Disparitäten hervorgebracht (Glaser, Klika, Prengel 2004). Eine nicht ganz so lange Tradition haben Erhebungen zu den Determinanten ethnisierender Ausgrenzungsprozesse im Bildungssystem. Aber auch hier bietet die Datenlage zu den multiplen Diskriminierungsfaktoren inzwischen einen soliden Referenzrahmen für notwendige Veränderungsprozesse. Im Kontext von Schulentwicklung bilden daher Strategien des Gender Mainstreaming wie Maßnahmen zur Interkulturellen Öffnung eine Querschnittsaufgabe aller adressierten Entwicklungsebenen mit dem Ziel der Erweiterung der Leistungs- und Teilhabepotentiale unter Gender- wie Migrationsbedingungen.

Zur exemplarischen Veranschaulichung der unterschiedlichen Handlungsebenen von Gender Mainstreaming und Interkultureller Öffnung werden hier Einrichtungen der *Politischen Bildung* gewählt. Dabei handelt es sich um Organisationen mit Bildung als Kerngeschäft. Sie sind entweder in staatlicher Trägerschaft (z. B. Bundeszentrale für politische Bildung) oder in zivilgesellschaftlicher, und zwar meist in Form einer parteipolitisch orientierten Stiftung (z. B. Heinrich-Böll-Stiftung, Friedrich-Ebert-Stiftung, Konrad-Adenauer-Stiftung). Aber auch andere Rechtsformen des Non-Profit-Bereichs sind vertreten (z. B. Teilbereich innerhalb von Gewerkschaftsarbeit). Politische Bildung gehört zum Segment Außerschulischer- und Erwachsenenbildung. Sie hat die sozialstaatliche Verpflichtung zur Förderung von Geschlechterdemokratie wie von gleichberechtigter Partizipation von Mehrheiten und Minderheiten und ihres konstruktiven Miteinanders.

Entsprechend haben beide Konzepte Konsequenzen für die „Produkte" der Einrichtungen, seien es nun Seminare, Kurse, Studienreisen, Bildungsurlaube oder andere Angebotsformen. Davon betroffen sind Planung, Organisation, Durchführung und Evaluation. Auf curricularer Ebene gilt es einerseits, die Genderdimension wie Fragen von kultureller und ethnischer Zugehörigkeit und Perspektivität durchgängig in die bestehenden Curricula zu integrieren – durch thematische Schwerpunktsetzungen, entsprechend explizite Benennung von Akteurin- nen und Akteuren, ihren unterschiedlichen Alltags- und Lebenswelten, ihrer Verortung im gesellschaftlichen Dominanzgefüge, ihren differenten Interessenlagen, ihrer Selbst- und Fremdwahrnehmung. Die dazu erforderlichen gender- und/oder kultur-differenzierten Daten sind zu recherchieren und didaktisch aufzubereiten.

Andererseits gilt es, spezielle curriculare Angebote zu entwickeln, die auf die Vermittlung von Gender- und/oder Interkultureller Kompetenz fokussieren – durch die konzentrierte Auseinandersetzung mit entsprechenden Wissensbeständen, durch selbstreflexive und selbst- erfahrungsbezogene Arbeit. Ebenfalls in die spezielle Angebotspalette gehören Veranstal- tungen, die zur Verbreitung und Umsetzung der Konzepte Gender Mainstreaming und Inter- kulturelle Öffnung beitragen, etwa Seminare für Mitglieder betrieblicher Interessenvertre- tungen und Gleichstellungs- bzw. Frauen- und Ausländer-/Integrationsbeauftragte.

Zur makrodidaktischen Planungsebene gehören ein Marketingkonzept mit konsequenter Berücksichtigung der Lebens- und Arbeitsrealitäten der Adressatinnen und Adressaten: ihre gendergerechte Erreichbarkeit und Ansprache bzw. die Berücksichtigung von kultur- und ethniebedingten Spezifika durch Veranstaltungsprogramme und Seminarausschreibungen (z. B. Themenwahl, Publikationsmedium, Verteiler, Sprachwahl, Anmeldeverfahren); eine örtliche und zeitliche Rahmung, die potentielle Teilnehmerinnen und Teilnehmer nicht struk- turell per se ausschließt (z. B. verkehrsmäßige Anbindung, „Ehrenhaftigkeit" der Lokalität, „Ehrenhaftigkeit" der projektierten Zusammensetzung, Kompatibilität mit familialen Ver- pflichtungen).

Für die Durchführung gilt es, gender- und interkulturell-kompetente Lehrende zu gewinnen, die sowohl die notwendigen thematisch-inhaltlichen Fachkenntnisse besitzen als auch me- thodisch-didaktisch in der Lage sind, mit geschlechts- und kulturdifferenten Lern-, Kommu- nikations- und Interaktionsweisen sensibel umgehen zu können. Geschlechts- und kulturell heterogen zusammengesetzte Dozententeams sollten dabei Standard sein. Auswertung der Angebote und Programmrevision erfolgen durchgängig in allen Produktsegmenten auch unter gender- und interkulturellen Prüfkriterien.

Eine organisationspolitische Vertretung und Umsetzung von Gender Mainstreaming und Interkultureller Öffnung auf der Projekt- und Programmebene im Bereich politischer Bildung ist ohne deren Implementierung auch innerhalb der eigenen Organisationsstrukturen und entsprechender Personalentwicklung weder glaubwürdig noch effizient. Beide Prozesse be- dingen einander und sind daher vor Ort als Bildungsmanagementaufgabe Hand in Hand zu realisieren. Im Einzelnen gehören dazu etwa:

- Entwicklung eines entsprechenden Leitbildes und dessen Verankerung in der Satzung bzw. Grundordnung,
- Gender und kulturell/ethnisch proportional ausgewogene Stellenbesetzung auf allen Hierarchieebenen,
- Verankerung der Verantwortung für die Umsetzung von Gender Mainstreaming und Interkultureller Öffnung in den Arbeitsverträgen und Stellenbeschreibungen,
- Entwicklung von Leitlinien für gender- und kultursensibles professionelles Handeln für alle Arbeitsfelder der Organisation (Abteilungen, Projekte, Schwerpunkte im Bildungs-, Verwaltungs- und technischen Bereich),
- Gender- und interkulturelle Qualifizierung aller Beschäftigungsgruppen (Führungskräfte, Unterrichtspersonal, Verwaltungskräfte, technisches Personal),
- Entwicklung und Integration von Gender- und interkulturellen Indikatoren in das Controlling (Blickhäuser, von Bargen 2006, 50 ff., Derichs-Kunstmann 2004, 244 ff.).

11.4   Instrumente

Unabhängig von den eingangs aufgeführten konzeptionellen Unterschieden von Gender Mainstreaming, Interkultureller Öffnung und Diversity Management hinsichtlich ihrer Rechtsverbindlichkeit, gesellschaftlichen Reichweite, Funktionalität im marktwirtschaftlichen Wettbewerb etc. zielen alle drei Strategien auf eine nachhaltige Transformation von Organisationen.

Deren grundlegende Voraussetzung – so der einhellige Tenor über die ansatzspezifischen Abgrenzungen hinweg – (z. B. Schambach, von Bargen 2004, 274 ff., Schwarz-Wölzl, Maad 2004, 41f., Jakubeit 2005, 237 ff.) – ist die Überzeugung der Leitungsebene von der Notwendigkeit und Sinnhaftigkeit des einzuleitenden betrieblichen Veränderungsprozesses und eine entsprechende Verantwortungsübernahme von Seiten der Führungskräfte. Die Implementierung aller drei Konzepte hat somit als Top-down-Strategie in der oberen Hierarchieebene anzusetzen, „da die mit dem Wandel einhergehenden neuen Werte und Verhaltensweisen einer gelebten Praxis in der Führung bedürfen" (Jung 2004, 209).

Für Bildungsmanagement verweist dieser Sachverhalt auch auf die einleitend schon postulierte Notwendigkeit präziser konzeptionsbezogener Auftragsklärung. So haben etwa solche Maßnahmen zu Gender Mainstreaming oder Interkultureller Öffnung, die möglicherweise der Generierung von Wettbewerbsvorteilen entgegenstehen, in einem Profit-Unternehmen nur dann Umsetzungschancen, wenn sie von der höchsten Führungsebene auch explizit als diese priorisiert sind.

Eine ansatzspezifische Differenzierung von Instrumenten und Methoden zur Implementierung von Gender Mainstreaming, Interkultureller Öffnung und Diversity Management ist
dagegen nicht erforderlich. Es handelt sich dabei generell um „klassische" Werkzeuge der
Organisations- und Personalentwicklung, die um die Aspekte der jeweiligen Zielperspektive
erweitert bzw. dem Handlungsfeld angepasst werden. Sie setzen auf drei Ebenen an: der
strukturellen Ebene der Organisation, der Ebene der fachlich-inhaltlichen Arbeit sowie der
individuellen Ebene der Mitarbeiter und Mitarbeiterinnen. Gängig ist eine Einteilung in:

- Analyseinstrumente,
- Planungs- und Steuerungsinstrumente,
- Bildungs- und Beratungsinstrumente.

Wichtig ist, dass keine dieser drei Instrumentenebenen allein einen Transformationsprozess
im Sinne der adressierten Strategien ausmachen kann, sondern dass sie ineinandergreifen,
sich ergänzen und wechselseitig aufeinander aufbauen müssen. Außerdem besteht Konsens,
dass dauerhafte und zukunftsfähige Veränderungen nicht binnen weniger Monate erreichbar,
sondern nur längerfristig zu realisieren sind.

Analyse-Instrumente

Die Entwicklung eines Konzepts zur Implementierung eines organisationalen Veränderungsprozesses im Sinne der hier vorgestellten Strategien erfordert die *Analyse des Ist-Zustandes*
einer Organisation, d. h. eine auf die adressierten Kategorien fokussierte Datenerhebung und
Auswertung unter Berücksichtigung bereits vorhandener Maßnahmen zur Gleichstellung
bzw. zur Interkulturellen Öffnung bzw. zum Diversity Management.

Diese Analyse setzt auf der organisationalen Ebene an, denn die Kategorie Geschlecht wie
auch die anderen benannten sozialen Kategorien sind in Strukturen und Abläufen von Organisationen eingelassen und erzeugen bzw. reproduzieren dadurch systematisch Ungleichhei-
ten und Ausgrenzungen („gendered organization", „dominanzkultureller Habitus").

Im Folgenden werden hier die von Schambach/von Bargen (2004, 277 ff.) entwickelten Leitfragen einer *Gender-Organisationsanalyse* wiedergegeben. Sie operationalisieren exemplarisch die unterschiedlichen Bereiche und Dimensionen der notwendigen Sondierung. Transfers mit Blick auf andere kategoriale Schwerpunktsetzungen (z. B. ethnische Zugehörig-
keit/Migrationshintergrund) sind möglich.

Institutionelle Geschichte

- Wie ist die Organisation entstanden? Wer hat sie gegründet? Welche Ziele wurden mit der Gründung verfolgt?
- Welche Interessen werden vorrangig vertreten?
- Wer sind die Zielgruppen/Kundinnen der Organisation?
- Sehen Sie unterschiedliche Interessen von Frauen und Männern bei den fachlichen Fragestellungen und Aufgaben?

Ideologie, Werte und Normen

- Beschreiben Sie in Stichworten Werte und Normen der Organisation (...).
- Sehen Sie Unterschiede zwischen Werten und Normen von Männern und Frauen?

Organisationskultur

- Was ist Ihnen an Ihrer Organisationskultur besonders wichtig?
- Gibt es so etwas wie eine besondere Männer-, eine besondere Frauenkultur?
- Gibt es besondere Arbeitsbereiche von Männern und Frauen?

Zeit, Ort, Vereinbarkeit und andere Aufgaben

- Welche Arbeitszeiten haben Menschen auf den verschiedenen Ebenen?
- Gibt es unterschiedliche Arbeitszeiten und auf wen wirken sie sich besonders aus?
- Werden Überstunden erwartet (...)?

Führungsstrukturen

- Welche Leitungsebenen gibt es?
- Welche Aufgaben hat die Leitung?
- Wie sind diese Positionen besetzt (Männer und Frauen, ggf. weitere Differenzierung in Prozentangaben)?
- Liegt dort Leitungs- und Entscheidungsmacht?
- Gibt es informelle Netzwerke? Wie sind Frauen und Männer in diese integriert?

Sexualität in Institutionen

- In der Gesellschaft ist die Norm „Heterosexualität". Ist das in Ihrem Arbeitszusammenhang ebenfalls so?
- Gibt es ein offenes oder ein verdecktes Bekenntnis zur Homosexualität?
- Gibt es soziale Sanktionen bei von der Norm abweichendem Verhalten?
- Kommt sexuelle Belästigung am Arbeitsplatz vor (...) und wird sie thematisiert?

Leistungsbewertungen

• Welche Leistungen werden besonders belohnt?
• Welche Leistungen führen zu Anerkennung, welche zu Beförderung?
• Welche Leistungen erhalten keine Anerkennung?
• Wer arbeitet in welchen Schwerpunkten?
• Werden Schwerpunkte unterschiedlich bewertet?
• Werden Frauen in denselben Schwerpunkten gleich bewertet?
• Gibt es in der finanziellen und sozialen Bewertung Unterschiede?

Fachliche Arbeit

• Welche fachlichen Schwerpunkte gibt es in der Organisation?
• Welche inhaltlichen Schwerpunkte fehlen?
• Sind Ihnen am Arbeitsplatz Gender-Fragen begegnet? Wenn ja, in welcher Form?
• Haben Sie die Ihnen zur Verfügung stehenden Ressourcen genderbezogen analysiert? Wie drücken sich Normen, Werte geschlechtliche Arbeitsteilung, Einstellungen und Verhalten, Wertschätzung in Ihrem Arbeitsgebiet aus? Welche Unterschiede zwischen Frauen und Männern haben Sie analysiert?
• Wie berücksichtigen Sie Gender-Fragen in Ihrem Arbeitsbereich?
• Wie werden Geschlechterfragen bei Planungen in der fachlichen Arbeit berücksichtigt?

(Schambach, von Bargen 2004, 277–279)[62]

Planungs- und Steuerungsinstrumente

Im Anschluss an die Ist-Analyse ist im nächsten Schritt der Soll-Zustand zu beschreiben, d. h. es ist festzulegen, welche Kennzeichen und Merkmale eine entsprechend der Zielperspektive veränderte Organisation aufweisen soll. Eine Benennung von möglichst konkreten Indikatoren erleichtert die Erfolgskontrolle. Solche Indikatoren könnten etwa sein:

• Vorlage und interne wie externe Kommunizierung eines neuen der strategischen Zielperspektive entsprechenden Leitbildes,
• ein festgelegter Anteil von Frauen bzw. Männern, Menschen mit Migrationshintergrund usw. an der Gesamtzahl der Beschäftigten, in bestimmten Positionen, auf bestimmten Hierarchieebenen,
• Umsetzung einer Haushaltsplanung und -überwachung bzw. Mittelverwendung nach gender-/interkulturell- etc.-orientierten Kriterien,
• Angebot von gender-/interkulturell-/diversity-geeigneten Qualifizierungsmaßnahmen und deren Nutzung in einem klar definierten Umfang.

---

[62] Weitere Analyse-Instrumente in Blickhäuser, von Bargen 2006. Beschrieben werden 3-R-Analyse-Methode, Gender Impact Assessment, Gender-Budget-Analyse.

Als besonders geeignete Implementierungsinstrumente für die hier genannten Transformationen gelten *Zielvereinbarungsprozesse*. Diese werden Top-down zwischen Vorstand und Leitungen, zwischen Leitungen und Abteilungen sowie anschließend zwischen Abteilungen und einzelnen Beschäftigten getroffen. Dabei sind die identifizierten Merkmale und Kennzeichen des Soll-Zustandes entlang einer Zeitschiene zu operativen Zielen, Maßnahmen und Erfolgskriterien zu spezifizieren, deren Formulierung dem SMART-Prinzip[63] folgt. So wird ein Umsetzungsprozess ermöglicht, der transparent und nachvollziehbar ist. Regelmäßige Auswertung von Prozessverlauf, Zielerreichungsgrad und Ergebnissen sind Grundlage der Prozesssteuerung. Nach Durchführung der jeweiligen Zielvereinbarung werden neue abgeschlossen, so dass ein passgenauer, kontinuierlicher Reorganisationsprozess stattfindet (Schambach, von Bargen 2004, 280f.).

Die Etablierung einer *Steuerungsgruppe* kann in diesem Umsetzungsprozess einerseits als Indikator für einen bestimmten Zielerreichungsgrad auf organisationaler Ebene fungieren, andererseits ist sie zugleich ein effektives Planungs- und Steuerungselement für diesen Prozess.

Bildungs- und Beratungsinstrumente

Auch die Existenz von gender-, interkulturell-, diversity-orientierten Bildungs- und Beratungsangeboten kann einerseits einen spezifischen Zielerreichungsgrad im Organisationsänderungsprozess indizieren, andererseits handelt es sich um probate Instrumente in diesem Prozess, die auf der individuellen Ebene der Mitarbeiterinnen und Mitarbeiter einschließlich der Führungskräfte ansetzen. Denn wesentliche Voraussetzung für eine nachhaltige Implementierung aller drei Strategien ist entsprechend qualifiziertes Personal.

Adressiert ist dabei in allen drei Ansätzen ein multifaktorieller Kompetenzbegriff, der jeweils eine *kognitive Ebene* (knowledge), eine *sozial-emotionale* (attitudes) und eine *Handlungs- bzw. Anwendungskomponente* (skills) umfasst. Auf der kognitiven Ebene geht es um allgemeine wie berufsfeldbezogene Wissensbestände mit Blick auf die adressierte Kernkategorie bzw. ihre Umfeldkategorien, im sozial-emotionalen Segment um die Sensibilisierung und Motivierung für Belange und Bedarfslagen im Kontext dieser Kategorie(n) und im Handlungs- und Anwendungsbereich um Fähigkeiten und Fertigkeiten zur praktischen Umsetzung in der sozialen Interaktion wie in strukturellen Bezügen. Die drei nachstehenden Definitionen zur Gender-Kompetenz, zur Interkulturellen Kompetenz und zur Diversity-Kompetenz veranschaulichen exemplarisch diese Parallelität:

---

[63] Eine SMART-Zielformulierung sollte im Präsens verfasst sein (z. B. am 31.12.2010 liegt ein Leistungsbericht vor, der ... und die folgenden Fragen klar beantworten können: „Spezifisch: Was genau soll mit diesem Ziel erreicht werden? Wie sieht der gewünschte Zielzustand genau aus? **Messbar:** Woran ist genau erkennbar, dass das Ziel erreicht ist und wie wird es gemessen? Zu wie viel Prozent ist es erreicht, falls es nicht 100 Prozent sind? **Ambitioniert:** Welche Herausforderung stellt das Ziel dar? Welche Anstrengung kostet die Erreichung? **Realistisch:** Ist das Ziel mit den vorhandenen Ressourcen ohne Überanstrengung erreichbar? **Terminiert:** Zu welchem Termin soll das Ziel erreicht sein? (Schambach, von Bargen 2004, 288f.).

Blickhäuser/von Bargen (2006, 209) bestimmen *Gender-Kompetenz* wie folgt: *„Sie umfasst das Wissen über die gesellschaftliche Ausgestaltung der Geschlechterverhältnisse sowie die politischen Strukturen, die diese bedingen, das Wissen über Strategien zur Verwirklichung von Geschlechtergerechtigkeit und die Fähigkeit, dieses Wissen in verschiedenen Bereichen (im Fachgebiet, im alltäglichen Umgang mit Menschen etc.) anzuwenden. Die Entwicklung von Gender-Kompetenz setzt ein hohes Maß an Reflexionsfähigkeit bezüglich der eigenen Geschlechtsidentität und Geschlechterrolle sowie an Sensibilisierung für die Bedeutung von Geschlecht in Politik, Gesellschaft und alltäglichen Interaktionen voraus."*

Fischer (2005b, 36) extrahiert aus der Fülle vorliegender Definitionen: *„Interkulturelle Kompetenz als Schlüsselqualifikation umfasst: Kenntnisse, Fähigkeiten, Fertigkeiten und Haltungen, die auf kognitiver, emotionaler und psychomotorischer Ebene den Umgang mit kultureller Vielfalt ermöglichen. (...) Sie umfasst eine Reihe von Teilkompetenzen, die sich auf einer Ich-, Wir-, Sach- und Organisationsebene weiter aufschlüsseln lassen. Sie bezieht sich darüber hinaus auf einen Referenzrahmen in der jeweiligen Organisation in einer gegebenen historisch gesellschaftlichen Situation, die zugleich von globalen Prozessen bestimmt wird."*

Für Buchmüller (2007, 17f.) bedeutet *Diversity-Kompetenz* mit Bezug auf R. Roosevelt Thomas: *„das Wissen über Diversity und das Können dieses Wissen im täglichen Leben umzusetzen. (...) Toleranz, Verständnis und Akzeptanz sind ein Gestaltungsprozess, eine zu erlernende Kulturtechnik."*

Die jeweils intendierten Qualifikationsprofile weisen unter formalen wie inhaltlichen Gesichtspunkten hohe Ähnlichkeiten auf. Letztere betreffen sowohl Überlappungen von kategorialen (Fach-)Wissensbeständen wie das methodische und kommunikative Repertoire.

Trainings gelten in allen drei Bereichen als bevorzugtes Instrument zur Kompetenz-Vermittlung. Dabei lassen sich zwei Grundtypen unterscheiden:

- Sensibilisierungstrainings (Awareness-Trainings),
- Fachtrainings (Skill-Building-Trainings).

Erstere zielen vor allem auf Selbstreflexion und die individuelle Auseinandersetzung mit Fragen der adressierten Thematik (z. B. Auswirkungen von Genderverhältnissen bzw. ethnischer Zugehörigkeit etc. auf individuelle, berufliche Biografien). Im Vordergrund stehen Bewusstseinsbildung und Schärfung der Wahrnehmung. Letztere dienen neben der Sensibilisierung und Motivierung verstärkt dem berufsfeldbezogenen Kenntniserwerb und der konkreten Qualifizierung für die Umsetzung im eigenen Aufgabenbereich (z. B. Vermittlung von Analyse- und Planungsinstrumenten, Konfliktlösungsstrategien etc.).

Aufgrund der hohen Nachfrage haben sich Trainingsangebote inzwischen zu einem prosperierenden Marktsegment entwickelt. Außerdem lässt sich eine zunehmende fach- und feldspezifische Ausdifferenzierung der Anbieter beobachten (z. B. Gender Mainstreaming für den Verwaltungssektor, für Krankenkassen, für soziale Dienste, Interkulturelle Öffnung im kommunalen Bereich, für den medizinischen Dienst, für den Jugendhilfebereich etc.).

Gender-Coaching, Interkulturelles Coaching, Diversity Coaching sind Instrumente zur gezielten Unterstützung von Führungskräften und Steuerungsgruppen während der Implementierung der adressierten Organisationsentwicklungsstrategie und den sich daraus ergebenden Fragestellungen. Auch für diesen Aufgabenbereich haben sich inzwischen Anbieter etabliert.

Weitere Instrumente sind *Gender- bzw. interkulturelle Projektberatung.* Dabei handelt es sich um prozessbegleitende projekt- oder abteilungsbezogene Angebote (workshops), die in kontinuierlichen Abständen bei Bedarf und auf Anfrage in mehr oder minder konstanter Zusammensetzung des betroffenen Teams bzw. Kollegenkreises stattfinden. Sie bauen auf den in Trainings erworbenen Basisqualifikationen auf und unterstützen den aufgabenbezogenen Transfer. Darüber hinaus fundieren sie den organisationsinternen Grundkonsens hinsichtlich der adressierten Zielstellung (Schambach, von Bargen 2004, 284 ff.).

11.5   Vertiefungsaufgaben und -fragen

1. Entwickeln Sie ein Tool mit Leitfragen für eine Organisationsanalyse in einem kommunalen Altenpflegeheim mit dem Ziel der interkulturellen Öffnung. Adressieren Sie ein möglichst breites Diversity-Spektrum.
2. Definieren Sie Ziele für den interkulturellen Soll-Zustand der Einrichtung. Berücksichtigen Sie dabei die unterschiedlichen Handlungsebenen.
3. Benennen Sie auf der Basis von Literaturrecherchen mögliche Hemmnisse für die Umsetzung sowie Stolpersteine und ihre Ursachen. Konzipieren Sie Lösungsmöglichkeiten.

11.6   Literatur

Attia, I. u. a. (2000): Auf Ausbildungsplatzsuche. In: Attia, I. u. a. [Hrsg.]: Alltag und Lebenswelten von Migrantenjugendlichen. Interkulturelle Kommunikation, Frankfurt/M., 71–100.

Behning, U. (2004): Implementierung von Gender Mainstreaming auf Europäischer Ebene: Geschlechtergleichstellung ohne Zielvorstellung? In: Meuser, M. & C. Neusüß [Hrsg.]: Gender Mainstreaming. Konzepte – Handlungsfelder – Instrumente. Bundeszentrale für politische Bildung, Bonn, Berlin, 122–133.

Bereswill, M. (2004): „Gender" als neue Humanressource? Gender Mainstreaming und Geschlechterdemokratie zwischen Ökonomisierung und Gesellschaftskritik. In: Meuser, M. & C. Neusüß [Hrsg.]: Gender Mainstreaming. Konzepte – Handlungsfelder – Instrumente. Bundeszentrale für politische Bildung, Bonn, Berlin, 52–70.

Blickhäuser, A. & H. von Bargen (2006): Mehr Qualität durch Gender-Kompetenz. Ein Wegweiser für Training und Beratung im Gender Mainstreaming. Ulrike Helmer, Königstein/Ts.

Bommes, M. & F.-O. Radtke (1993): Institutionalisierte Diskriminierung von Migrantenkindern. Die Herstellung ethnischer Differenz in der Schule. In: Zeitschrift für Pädagogik (1993). 39. Jg., Heft 3, 483–497.

Buchmüller, J. (2007): Diversity-Training als Instrument des Diversity Managements. Neue Ideen für die Personalentwicklung. VDM Dr. Müller, Saarbrücken, 1–19.

Butler, J. (1991): Das Unbehagen der Geschlechter. Suhrkamp, Frankfurt/M.

Cox, T. & S. Blake (1991): Managing Cultural Diversity: Implications for Organizational Competitiveness. In: Academy of Management Executive. Volume 5, Issue 3, 45–56.

Crenshaw, K. (1998): Demarginalizing the Intersection of Race and Sex. A Black Feminist Critique of Antidiscrimination Doctrine. In: Philips, A. [Ed.]: Oxford Readings in Feminism. Feminism and Politics. Oxford University Press, New York, 314–343.

DAWN & H. Satzinger (1987): Das Dawn-Papier. Morgenrot für die Feminisierung der Entwicklung? In: Peripherie, Nr. 25/26, 143–163.

Derichs-Kunstmann, K. (2004): Konsequenzen von Gender-Mainstreaming für die politische Bildung. In: Meuser, M. & C. Neusüß [Hrsg.]: Gender Mainstreaming. Konzepte – Handlungsfelder – Instrumente. Bundeszentrale für politische Bildung, Bonn, Berlin, 244–256.

Döge, P. & B. Stiegler (2004): Gender Mainstreaming in Deutschland. In: Meuser, M. & C. Neusüß [Hrsg.]: Gender Mainstreaming. Konzepte – Handlungsfelder – Instrumente. Bundeszentrale für politische Bildung, Bonn, Berlin, 135–157.

Döge, P. (2003): Auf dem Weg zum Managing Diversity – Gender Mainstreaming und Cultural Mainstreaming als gemeinsame Lernprozesse in Organisationen. In: Friedrich-Ebert-Stiftung [Hrsg.]: Von Förderprogrammen zu Mainstreaming-Strategien. Migrant/innen als Kunden und Beschäftigte des öffentlichen Dienstes. Bonn.

Ely, R. J. & A. D. Thomas (2001): Cultural Diversity at Work. The Effects of Diversity Perspectives on Work Group Processes and Outcomes. In: Administrative Science Quarterly. 46, 229–273.

Fischer, V. (2004): Migrationssozialarbeit geht alle an. In: neue caritas. Heft 8, 14–17.

Fischer, V. (2005a): Gesellschaftliche Rahmenbedingungen für die Entwicklung migrationsbedingter Qualifikationserfordernisse. In: Fischer, V., M. Springer & I. Zacharaki [Hrsg.]: Interkulturelle Kompetenz: Fortbildung – Transfer – Organisationsentwicklung. Wochenschau, Schwalbach/Ts., 11–30.

Fischer, V. (2005b): Interkulturelle Kompetenz – ein neues Anforderungsprofil für die pädagogische Profession. In: Fischer, V., M. Springer & I. Zacharaki [Hrsg.]: Interkulturelle Kompetenz: Fortbildung – Transfer – Organisationsentwicklung. Wochenschau, Schwalbach/Ts., 33–47.

Frey, R. (2003): Gender im Mainstreaming. Geschlechtertheorie und -praxis im internationalen Diskurs. Ulrike Helmer, Königstein/Ts.

Frey, R. (2004): Entwicklungslinien: Zur Entwicklung von Gender Mainstreaming in internationalen Zusammenhängen. In: Meuser, M. & C. Neusüß [Hrsg.]: Gender Mainstreaming. Konzepte – Handlungsfelder – Instrumente. Bundeszentrale für politische Bildung, Bonn, Berlin, 24–39.

Friedrich-Ebert-Stiftung [Hrsg.] (2003): Von Förderprogrammen zu Mainstreaming-Strategien. Migrant/innen als Kunden und Beschäftigte des öffentlichen Dienstes. Bonn.

Gaitanides, S. (2003): Ergebnisse der wissenschaftlichen Begleitung eines Projektes zur Einführung des Qualitätsmanagements in der interkulturellen Kinder-, Jugend- und Familienarbeit in München. In: Landeshauptstadt München/Sozialreferat/Stadtjugendamt [Hrsg.]: Offen für Qualität. Interkulturell orientiertes Qualitätsmanagement in Einrichtungen der Migrationssozialarbeit. München, 53–104.

Glaser, E., D. Klika & A. Prengel, (2004): Handbuch Gender und Erziehungswissenschaft. Klinkhardt, Bad Heilbrunn/Obb.

Gogolin, I. (1993): Der monolinguale Habitus der multilingualen Schule. Waxmann, Münster.

Granato, M. (2003): Jugendliche mit Migrationshintergrund – auch in der beruflichen Bildung geringere Chancen? In: Bundesinstitut für Berufsbildung [Hrsg.]: Integration durch Qualifikation. Bonn, 29–48.

Hansen, K. & U. Müller (2003): Diversity in Arbeits- und Bildungsorganisationen. Aspekte von Globalisierung, Geschlecht und Arbeitsorganisation. In: Belinszki, E., K. Hansen & U. Müller [Hrsg.]: Diversity Management. Best Practices im internationalen Feld. LIT, Münster.

Hering, E. u. a. (2001): Internationalisierung des Mittelstandes, In: Bundesinstitut für Berufsbildung [Hrsg.]: Berichte zur beruflichen Bildung. Heft 244. Bielefeld.

Jakubeit, G. (2005): Öffnung von Organisationen oder „Wie lassen sich Ansätze aus der Organisationsentwicklung und des Managements von Veränderungen für interkulturelle Kompetenz von Organisationen nutzen?". In: Fischer, V., M. Springer & I. Zacharaki [Hrsg.]: Interkulturelle Kompetenz: Fortbildung – Transfer – Organisationsentwicklung. Wochenschau, Schwalbach/Ts., 237–254.

Jung, D. (2004): Neue Führungskultur, Kundenorientierung, Flexibilisierung: Die private Wirtschaft braucht Gender Mainstreaming. In: Meuser, M. & C. Neusüß [Hrsg.]: Gender Mainstreaming. Konzepte – Handlungsfelder – Instrumente. Bundeszentrale für politische Bildung, Bonn, Berlin, 206–217.

Meuser, M. (2004): Gender Mainstreaming: Festschreibung oder Auflösung der Geschlechterdifferenz? Zum Verhältnis von Geschlechterforschung und Geschlechterpolitik. In: Meuser, M. & C. Neusüß [Hrsg.] (2004): Gender Mainstreaming. Konzepte – Handlungsfelder – Instrumente. Bundeszentrale für politische Bildung, Bonn, Berlin, 322–336.

Rathgeber, E. M. (1990): WID, WAD, GAD: Trends in Research and Practice. In: The Journal of Developing Areas. Vol. 24, 489–502.

Rubin, G. (1975): The Traffic in Women: Notes on the 'Political Economy' of Sex. In: Reiter, Rayna R. [Ed.]: Toward an Anthropology of Women. Monthly Review Press, New York, 157–210.

Schambach, G. & H. von Bargen (2004): Gender Mainstreaming als Organisationsveränderungsprozess – Instrumente zur Umsetzung von Gender Mainstreaming. In: Meuser, M. & C. Neusüß [Hrsg.]: Gender Mainstreaming. Konzepte – Handlungsfelder – Instrumente. Bundeszentrale für politische Bildung, Bonn, Berlin, 274–290.

Schwarz-Wölzl, M. & Ch. Maad (2004): Diversity und Managing Diversity. Teil 1: Theoretische Grundlagen. Zentrum für soziale Innovation, Wien.

Seifert, M. (2000): Kommunikation und Kommunikationsprobleme zwischen Migranten und Behörden. In: Landeszentrum für Zuwanderung [Hrsg.]: Dokumentation der Werkstatt Weiterbildung. Interkulturelle Öffnung sozialer Dienste. 23. und 24. September 1999. Redaktion Dr. S. Jungk und J. Malte, 21–33.

Sepehri, P. (2002): Diversity und Managing Diversity in internationalen Organisationen. Rainer Hampp, Mering.

Stuber, M. (2004): Diversity. Das Potential von Vielfalt nutzen – den Erfolg durch Offenheit steigern. Luchterhand, München,Unterschleißheim.

Thomas, R. Jr. (1996): Redefining Diversity. Amacom, New York.

West, C. & D. Zimmermann (1987): Doing Gender. In: Gender & Society. H. 1, 125–151.

Fallstudien (Cases)

12 KRONES AG

Kerstin Adolf

12.1 Einleitung

Die Internationalisierung der Märkte, auf denen Unternehmen sich bewegen, führt dazu, dass Unternehmen durch Akquisitionen oder Beteiligungen wachsen und auch in der Vermarktung ihrer Produkte gezwungen sind, sich mehr und mehr international aufzustellen und zu agieren. Auslandsorientierte deutsche Unternehmen, wie auch der KRONES Konzern, entwickeln neue Strategien und Konzepte, um dauerhaft ihre *Wettbewerbsposition* zu sichern und *Synergie- und Innovationspotentiale* auszunutzen.

Die Wettbewerbsvorteile des Branchenführers KRONES AG liegen eindeutig im Verkauf von leistungsfähigen, qualitativ hochwertigen, stark individualisierten Spezialmaschinen (Abfüllanlagen). Neben *Differenzierungsmerkmalen* wie beispielsweise besonderer Serviceleistungen, Logistik oder bestimmter Produktmerkmale können auch Wettbewerbsvorteile mit der *Weitergabe von Wissen*, im Rahmen eines individualisierten Konzeptes, gewonnen werden. Gelingt hier eine *Abgrenzung zu Wettbewerbern durch die Vermittlung von Know-how und Wissen* (Schulung, Schulungsunterlagen, Dokumentationen, Beratung vor Ort), kann dieser unterstützende Prozess die Qualität der Dienstleistung von KRONES für die Kunden erheblich steigern und die Bedienbarkeit der Maschinen erleichtern. Für den Kunden liegen die Vorteile in der besseren Aus- und Weiterbildung ihrer Beschäftigten, geringeren Produktionsausfällen und der Verlängerung der Lebenszeit der Maschinen.

Längst ist auch für (bildungs-)branchenfremde Profitunternehmen Bildung zu einem Mittel geworden, unternehmerische Wettbewerbsvorteile zu generieren (Bildung = Wissen = vermarktbares Gut) und es wird notwendig, Konzepte zu entwickeln, die den Umgang mit Wissen und Information unternehmensintern sowie extern erleichtern. Das vorliegende Fallbeispiel zeigt nicht nur diesen Umgang, sondern auch den veränderten Arbeitsmarkt für Pädagogen: ein Manager in einem Unternehmen, der intern vermittelt und dabei die Bedürfnisse der Kunden berücksichtigen muss. In diesem konkreten Fall werden alle dem Bildungsmanager zugeschriebenen Tätigkeitsfelder aufgezeigt: Entwicklung, operative Durchführung und die Bewertung bildungsbezogener Dienstleistungen.

12.2   Das Unternehmen Krones AG

Maschinen- und Anlagenbauer KRONES

Das Unternehmen KRONES AG, gegründet 1951, ist ein Technologieunternehmen mit dem Hauptaugenmerk auf der Fertigung und Entwicklung von Abfüllanlagen. KRONES erstellt Produktionsanlagen und Spezialmaschinen nach Kundenwunsch für die Getränke- und Lebensmittelindustrie, aber auch für die Branchen Kosmetik, Chemie und Pharmazie.

KRONES bezeichnet sich selbst als *„weltweit führenden Systemlieferanten"* und als *„beispielhaft für Technologieführerschaft mit Synergien quer über alle Geschäftsfelder. Durch die Verknüpfung dieser Kernkompetenzen gelingt es (...) (Krones), permanent neue Produkte für die verschiedensten Geschäftsfelder und Markterfordernisse zu entwickeln"* (www.krones.de, 20.03.2007).

Weltweit beschäftigt das Unternehmen über 10.000 Mitarbeiterinnen und Mitarbeiter. In den fünf Werken in Deutschland, neben dem Unternehmenssitz in Neutraubling/Bayern sind das Nittenau, Rosenheim, Freising und Flensburg, sind über 7.300 Menschen beschäftigt. Produziert wird dabei vor allem in Deutschland, aber *„ (wir) sind (...) überall dort, wo unsere Kunden arbeiten"* (ebd.). Das international ausgerichtete Unternehmen (über 87% des Umsatzes wird im Ausland erwirtschaftet) hat 31 Niederlassungen weltweit, produziert aber Neumaschinen und -anlagen ausschließlich an den deutschen Produktionsstandorten. *„Der Konzernumsatz 2008 betrug 2,381 Mrd. Euro. Zum Konzern gehören neben der Krones AG (M-DAX) die Töchter Sander Hansen (Pasteure) und Kosme (Maschinen für den unteren Leistungsbereich) sowie über 50 Auslandsgesellschaften"*. Mehr als 1.300 erteilte Patente und Patentanmeldungen belegen das Innovationspotential des Unternehmens (www.krones.de, 05.06.2009).

Die KRONES Akademie

Die KRONES Akademie besteht seit 1985. Sie ist zugehörig zur „Sales" Sparte und damit eindeutig mit dem Ziel des Vertriebs von Gütern (das Gut ist hier „Wissen") beauftragt. Die Akademie ist eine von 20 Abteilungen der KRONES AG. Dennoch zeichnet sich die Akademie durch eine gewisse Eigenständigkeit innerhalb der Sparte und innerhalb des Konzerns aus.

Die KRONES Akademie hat sich zur Aufgabe gemacht, *„die Mitarbeiter unserer Kunden in der Bedienung neuer Maschinen und kompletter Anlagen (zu) schulen. (…) Das geschieht in unserem Trainingscenter in Neutraubling oder beim Kunden im Betrieb"* (www.krones.de, 20.03.2007). Dabei hat der Kunde die Möglichkeit, Leistungsbestandteile und Dauer der Schulungen individuell auszuwählen.

Ein neuer Leistungsbestandteil der Akademie war 2007 die Erstellung und der Verkauf von individualisierten Schulungsunterlagen. Dies geschah in enger Zusammenarbeit mit der Abteilung „Technische Dokumentation". Beim Kauf einer Maschine erhalten Kunden generell das gesetzlich zugesicherte dokumentarische Standardzubehör. Dazu gehören neben der

Betriebsanleitung auch Unterlagen zu den elektrischen Schaltplänen, Softwaredokumentationen sowie die Ersatzteildokumentation. Das Standardzubehör ist teilweise, auch auf Grund gesetzlicher Normen, nicht ausreichend und/oder aussagekräftig genug.

Um hier die Lücke zwischen der Verweigerung der Informationsaufnahme und dem dringenden Bedarf an Information zu schließen, wurde entschieden, den Zugang zu Information zu erleichtern. Um nachhaltig Wissen zur fachgerechten Bedienung der komplexen Fertigungsanlagen festzuhalten, sollten zukünftig so genannte SOPs (Standard Operating Procedures) individuell für den Kunden angefertigt werden. Mit diesen SOPs, deren Ursprung sich im medizinisch-pharmazeutischen Bereich verorten lässt, kann das Standardzubehör, wie z. B. eine Betriebsanleitung, ergänzt und benutzerfreundlicher gestaltet werden.

Die Technische Dokumentation

Die Ausarbeitung der Schulungsunterlagen geschah in enger Zusammenarbeit mit der Abteilung „Technische Dokumentation". Schnittstellen befinden sich vor allem dort, wo auf die Erfahrungen in der Erstellung von Dokumentationen, Unterlagen und ähnlichem zurückgegriffen werden musste.

Erwähnenswert ist, dass das Arbeitsfeld der technischen Dokumentation derzeit verschiedene Herausforderungen zu bewältigen hat. Zunächst ist die Marktsituation durch immer kürzere Innovationszyklen und zunehmend komplexere Produkte mit einer immer größeren Angebotsvielfalt gekennzeichnet – dies hat die stetige und ständige Anpassung der Dokumente zur Folge. Globalisierung und verstärkter Wettbewerb durch neue Märkte kennzeichnen die heutige Marktwirtschaft. Es müssen neue Konzepte und Strategien entwickelt werden, um der erhöhten Nachfrage an Dokumenten gerecht zu werden.

Aber auch die Situation der Kunden hat sich verändert. Sie können erhöhten Druck auf Lieferanten ausüben und haben ein erhöhtes Bewusstsein für den Nutzen potentieller Möglichkeiten. Die Qualitätsanforderungen (zum Beispiel durch die Zertifizierung der Unternehmen durch die Normenreihe ISO 9000) haben sich erhöht und die Notwendigkeit guter und nutzbarer Dokumentationen ist in das Bewusstsein gerückt (Reinert 1993, 180ff).

Abschließend kennzeichnen die veränderten gesetzlichen Vorgaben die heutige Form der technischen Dokumentation. Es gibt verschärfte Produkthaftungsgesetze und vereinheitlichte Sicherheitsstandards (zum Beispiel in der EU), die beachtet werden müssen (Reichert 1993, 180ff).

12.3   Das Projekt „Jumbo"

„Jumbo", das war die Planung für Europas größte und modernste Bierfabrik in Sevilla/Spanien. Einer der weltweit größten Brauereikonzerne hatte 1999 eine spanische Brauerei übernommen und baute deren Standort aus. Für rund 320 Millionen Euro entstand eine 17 Hektar große Anlage, die mit modernsten Abfülltechnologien fünf Millionen Hektoliter ausstoßen kann. Von Baubeginn bis zur Fertigstellung im Frühjahr 2008 hatte das Jumboprojekt 2 ½ Jahre in Anspruch genommen; zuvor war seit 2003 geplant worden. Für Ausbildung und Training investierte die Bierbrauerei das etwa 15fache des normalen jährlichen Trainingsaufwands (Krones Magazin 1/2009).

Dazu gehörte auch, dass der Kunde zusätzlich sogenannte Standard Operating Procedures (SOP) für die gesamten Produktionslinien und die betreffenden Maschinen kaufte. Der Kunde hatte in Spanien bereits gute Erfahrungen mit selbst erstellten SOPs gemacht. Die grafische Gestaltung dieser Dokumente erwies sich allerdings als problematisch und wenig didaktisch, so dass mit Erstellung der SOPs für das neue Werk gestalterische Veränderungen seitens KRONES vorgenommen werden sollten. Ziel war, neben der Erfüllung eines konkreten Auftrags, die Pflege der Geschäftsbeziehungen zum internationalen Bierbrauer, die Gewinnung von Erkenntnissen zur besseren Abwicklung von Folgeaufträgen anderer Kunden und, durch Umsetzung der gewonnenen Erkenntnisse, die Generierung unternehmerischer Wettbewerbsvorteile.

Übersetzen kann man den Begriff „Standard Operating Procedure" am besten mit „Standardarbeitsanweisung". Diese Arbeitsanweisung ist ein Dokument, welches das Vorgehen innerhalb eines Arbeitsprozesses beschreibt. Häufig wiederkehrende Arbeitsabläufe werden textlich beschrieben und den Ausführenden erklärend an die Hand gegeben.

Mit der Vielzahl technischer Innovationen und immer kürzer werdenden Produktlebenszyklen gewinnt das Erstellen technischer Dokumentationen zunehmend an Bedeutung. Der technische und marktwirtschaftliche Wettbewerb wird zunehmend härter, die Anforderungen an die Produkte wachsen und es existieren strengere Vorschriften zur Produkthaftung (Reichert 1993, 12). Vor allem im technischen Bereich ist die Informationsflut kaum noch beherrschbar. Doch nicht nur die komplexeren und technisch anspruchsvolleren Maschinen sind zu berücksichtigen, auch die Qualifikation des eingesetzten Personals und die allgemein beobachtete Veränderung des Einsatzes von Facharbeitern sind relevant. Immer komplexer werdenden Maschinen stehen immer geringer qualifizierte Arbeitskräfte gegenüber. Wettbewerbsfähigkeit und das Agieren auf internationalen Märkten zwingt immer mehr Unternehmen zur Kostendegression.

Produktivitätssteigerung bei gleichzeitiger Kostensenkung sind dabei die Schlüsselbegriffe in der heutigen Produktionswirtschaft. Neben eingesetzten Mitteln, wie neuen Fertigungsstrategien, Prozessoptimierungen, Steigerung der Ausbeuteraten, Verbesserung der Anlagennutzung, Fertigungssteuerung und der Minimierung von teurem Ausschuss zur Erhöhung der Wirtschaftlichkeit und zur Auslastung der Kapazitäten, wird im Rahmen der Umstrukturierung auch die Arbeitsorganisation verändert (Dostal, Kupka 1999, 198f). Für den Einsatz des Personals bedeutet dies, einige wenige gut ausgebildete Fachkräfte stellen die Stammbelegschaft eines Produktionswerkes dar und eine Vielzahl gering qualifizierter Arbeitskräfte kann preiswerter eingestellt werden.

Bei Konjunkturschwankungen, die Personalabbau zur Folge haben, sind diese Arbeitskräfte leicht zu ersetzen. Dies stellt neue Herausforderungen an die Gestaltung von Schulungsunterlagen und Dokumenten: Wissen muss leicht verständlich und gut strukturiert an die fachfremden Arbeiterinnen und Arbeiter vermittelt werden. Viele der von Reichert (im 1993 erschienen „Kompendium für Technische Dokumentation") verwendeten und entwickelten Grundsätze zum verständlichen Erstellen schwieriger Texte können als Grundlage zur Erstellung der heute verwendeten SOPs verstanden werden.

Fest steht, dass allgemein eine Zunahme der Relevanz von SOPs mit Zunahme des Automatisierungsgrades der Maschinen besteht. Je komplizierter die Bedienung der Maschine, umso differenzierter müssen die Arbeitsanweisungen sein. Wichtig ist weiterhin, dass ein wirtschaftlicher Nutzen durch die genaue Dokumentation dann entsteht, wenn diese Dokumentation vor unberechtigten Garantiefällen schützt.

Traditionell werden im Bereich der Fertigung und Produktion Facharbeitskräfte eingesetzt. Diese sind angelernte, auf bestimmte Bereiche im Produktionsprozess spezialisierte Produktionsarbeiterinnen und -arbeiter mit langjähriger Erfahrung im jeweiligen Arbeitsbereich. Im Werk Sevilla sahen die Mitarbeitenden auf 10-, 15-, zum Teil 25jährige Berufserfahrung zurück. Dies hatte zur Folge, dass sie nicht nur kleinere Reparaturen selbst erledigen konnten, sondern auch ein gutes Gesamtverständnis für die Produktionsprozesse und die Befindlichkeiten der Maschinen besaßen (Erfahrungswissen). So kann ein erfahrener Operator hören, wenn mit der Maschine etwas nicht stimmt.

Im Rahmen des Baus eines neuen Werkes sollten auch Einsparungen im Personalbereich, besonders in der Fertigung, vorgenommen werden. Mit dem Kauf der neuen Maschinen sollten neben einer erhöhten Produktivität auch Arbeitsplätze ersetzt und der Gesamtbedarf an Personal reduziert werden. Mit den neuen Maschinen sollten vier Beschäftigte die Arbeit von vormals 15 bewältigen können. Erwähnenswert ist des Weiteren, dass die gesetzlichen Bestimmungen in Spanien eine einfachere Kündigung der Arbeitnehmerinnen und Arbeitnehmer ermöglichen (als vergleichsweise in Deutschland) und Beschäftigte auch über mehrere Jahre ohne festen Arbeitsvertrag tätig sein können. Anscheinend regelt die Nachfrage nach Arbeitskräften hier den Bedarf.

Im Rahmen der Umstrukturierung wurden und werden zunächst langjährige Mitarbeitende mit großzügigen Abfindungen in den Vorruhestand geschickt. Ein kleinerer, fester Mitarbeiterstand (meist Mechaniker zur Instandhaltung) sollte bestehen bleiben und neues Personal soll in Zukunft so angeworben werden, wie es dem tagesaktuellen Bedarf entspricht. Neu angeworbene Operatoren sind vor allem unqualifizierte, gering ge- und ausgebildete Arbeiterinnen oder Arbeiter, die „on the job" angelernt werden müssen. An dieser Stelle wird die Notwendigkeit von Standardarbeitsanweisungen sichtbar, um einen reibungslosen Produktionsablauf auch bei wechselndem Personal zu gewährleisten.

12.4   Informationsverarbeitung

Lern- und Informationstexte können von den Autoren so gestaltet werden, dass sie dazu beitragen, beim Empfänger eine adäquate Wissensstruktur zum Text zu entwickeln.

Textgestaltung

Den folgenden Ausführungen voran gestellt sind die Ergebnisse des Hamburger Verständlichkeitsmodells, das vier Punkte zum Textverständnis definiert hat, auf die sich die pädagogisch-psychologische Forschung immer wieder bezieht (Krapp & Weidenmann 1994, 437):

- Einfachheit (Wortwahl, Satzbau etc.),
- Gliederung, Ordnung (Überschriften, Abschnitte usw.),
- Kürze, Prägnanz (Knappheit, Dichte),
- Anregung (z. B. Spannung, Beispiele).

Hat ein Text eine hohe Ausprägung der genannten Faktoren, so wird er in den Untersuchungen als verständlich eingestuft.

Im Falle der SOPs handelt es sich um den Umgang mit anleitenden Texten. Sie bieten den Bedienern Informationen für ihr Handeln im Umgang mit den Maschinen, was sie wie, wann und warum tun müssen. Sie erfahren so zum Bespiel, wie eine Maschine in Betrieb genommen werden muss oder wie einzelne Reinigungsschritte durchgeführt werden sollen.

Um Texte kognitiv besser zu erfassen, ist es möglich, die betreffenden Texte funktional zu gestalten. Dazu gibt es verschiedene Merkmale, die einen lerneffektiven Sachtext ausmachen. Reichert stellte dazu einige Regeln für das von ihm so genannte „gehirngerechte Formulieren" (Reichert 1993, 77ff) auf:

- Sachklammern vermeiden,
- das Wesentliche hervorheben, kurze, einfache und eindeutige Sätze,
- Worte mit langen Silben vermeiden,
- Sätze sachlogisch ablaufen lassen,
- substantivierte Verben sollten am Satzbeginn stehen,
- Verwendung von Fachtermini prüfen.

Bildgestaltung

Auch die Auswahl, Verwendung und Gestaltung der Bilder für die Dokumente musste für „Jumbo" sorgfältig überdacht werden. Texte mit Bildanteil werden fast immer positiv bewertet. Abbilder (= repräsentative Bilder) sind dabei gegenüber der Realität stets in irgendeiner Weise reduziert: es fehlt die Farbe, die Bewegung, die Tiefe u. ä. (Ballstaedt 1997, 200). Vorzuziehen sind Bilder, die die Information des Textes sinnvoll ergänzen und die Text und Bild zusammenführen (Krapp, Weidenmann 1994, 439).

Nach R. E. Mayer (Krapp, Weidenmann 1994, 439) sollte eine gute Bild-Text-Kombination klar strukturiert sein und die Beziehungen zwischen den Elementen zeigen. Im Beispiel der SOPs wäre dies eine sachlogische Darstellung des Ablaufes einer Arbeitstätigkeit. Dabei reicht natürlich die Darstellung mittels eines Bildes nicht aus. Mayer empfiehlt dazu eine geschlossene Bild-Text-Kombination zu den verschiedenen Phasen (SOPs: einzelnen Arbeitsschritten). Der Text sollte optisch mit dem Bild verbunden sein, beispielsweise mittels Pfeilen oder Nummern im jeweiligen Bildteil. Bilder sind besonders dazu geeignet, Informationen über das Aussehen, die räumliche Anordnung und die Bewegung zu liefern. Mit der Sprache hingegen können auch nicht sichtbare Dinge beschrieben werden.

Doch Bild ist nicht gleich Bild. *„Gerade didaktisierte Bilder, die die Realität nicht nur wiedergeben, sondern sie akzentuieren und strukturieren"* (Krapp, Weidenmann 1994, 442). können bei zu hohem Abstraktionsgrad ihre Gegenständlichkeit verlieren.

Laut Ballstaedt (1997, 202) werden vier Haupttypen von Abbildern unterschieden; abnehmend nach ihrem Abstraktionsgrad:

- Realistische Abbilder (Farbfotos, Schwarz-Weiß-Fotos, Zeichnungen, Gemälde)
- Texturierte Abbilder (technische Zeichnung; der Aufbau eines kompliziert geformten Bauteils wird durch Schattierung und Texturierung plastisch dargestellt)
- Linienabbilder (Strichzeichnungen; Grund- und Aufrisse, Umrissbilder)
- Schematische Abbilder (z. B. elektrischer Schaltplan)

Für die SOPs wurden, wenn möglich, realistische Abbilder (Fotos) verwendet, auch weil es sich hauptsächlich um Handlungsdarstellungen handelt, die 1:1 am Arbeitsplatz übernommen werden sollen. Stellte sich die Darstellung mittels Fotos als zu kompliziert heraus (z. B. verdeckte Bauteile, zu große Bauteile) wurden Linienabbilder verwendet.

Für die Erstellung eines Abbildes sollte zunächst eine didaktisch zentrale Frage gestellt werden: *„Ist ein aussagekräftiger Blickwinkel gewählt worden?"* (a. a. O., 226). Dabei sollte die Perspektive diejenigen Bestandteile ins Blickfeld rücken, die im Bezugstext erwähnt werden und auf die es zur Verständlichkeit ankommt.

Bei Linienabbildern können zusätzlich noch Komplexitätsreduktionen wirksam werden, die durch ein Bildbearbeitungsprogramm erfolgen, das unwichtige Teile weglässt und Bedeutendes hervorhebt.

Da mit der Arbeit an Maschinen unmittelbare Gefahrenquellen bestehen, die ein sofortiges Handeln verlangen, konnte auch bei der Erstellung der SOPs nicht auf die Verwendung von Piktogrammen verzichtet werden. Piktogramme werden verwendet, um in komprimierter Form handlungsrelevantes Wissen darzustellen. „Unter Piktogrammen versteht man einfache Bilder, die auf einen Blick ohne Vermittlung von Sprache einen Begriff aktivieren oder eine Handlung auslösen sollten" (a. a. O., 271). Sie werden besonders dann eingesetzt, wenn eine sprachliche Erläuterung zu lang oder umständlich ist oder Sprachbarrieren (internationale Kommunikation, Analphabetismus) bestehen. Die kognitive Verarbeitung der Erkennung eines Piktogramms erfolgt sofort, wenn Größe und Inhalt so beschaffen sind, dass zur Auswertung keine Augenbewegungen notwendig sind. Unterschieden wird in ikonische und symbolische Piktogramme. Ikonische Piktogramme sind vereinfachte Abbildungen. Symbolische Piktogramme repräsentieren abstrakte Begriffe, die erst gelernt werden müssen, bevor sie verständlich sind.

Die Farbgestaltung von Piktogrammen sollte auffällig und kontrastreich sein; gleichzeitig sind konventionelle Normen einzuhalten. So bedeutet beispielsweise laut DIN 4844 die Sicherheitsfarbe Rot immer „Halt, Verbot" und Gelb „Vorsicht! Mögliche Gefahr" (a. a. O., 281f).

12.5   Konzeptentwicklung

Im Projekt „Jumbo" konnten verschiedene Interessengruppen, die für die Erstellung der SOPs eine bedeutende Rolle spielten und denen zum Teil gegensätzliche Erwartungshaltungen zugrunde lagen, identifiziert werden. Der Hersteller und Lieferant der Maschinen und Standardarbeitsanweisungen ist die KRONES AG. Die Erstellung der SOPs kann erst dann abgeschlossen sein, wenn alle Maschinen aufgebaut und endgültig betriebsbereit sind. Kunden möchten schon vor Inbetriebnahme die SOPs zur Unterweisung des Personals nutzen. Als Arbeitgeber für das Werk in Sevilla und als zahlender Kunde hat der Bierbrauer spezielle Vorstellungen zur Gestaltung der SOPs.

Mit Hilfe dieser SOPs sollen zukünftig auch kurzfristig eingestellte Arbeitskräfte voll einsatzfähig sein. Die Beschäftigten des alten Werkes, die nun auch im Neuen tätig werden, sind zunächst die Nutzer der SOPs für die neuen Maschinen. Sie stehen den SOPs sehr kritisch gegenüber; oftmals wurden Aussagen gemacht wie „Halten die uns denn für dumm?". Natürlich ist für erfahrene Arbeitskräfte die kleinschrittige Gestaltung der SOPs z. T. überflüssig. Die Kritik an den SOPs hat aber auch eine Ursache in der Angst um den Arbeitsplatz: Die Bedienerinnen und Bediener wissen, dass sie mit der genauen Beschreibung ihrer Tätigkeiten austauschbar sind.

Dieser Zielkonflikt zwischen Arbeitgeber (Ziel: billige Arbeitskräfte) und Arbeitnehmenden (Ziel: Arbeitsplatz behalten) war in der Bewertung der Notwendigkeit von SOPs zu spüren. Adressaten der SOPs sind zwar in erster Linie die Bediener, diese besitzen aber, auch auf Grund emotionaler Beeinflussung, nicht immer die richtige Beurteilungskompetenz. Dieser Zielkonflikt erschwerte die kundenspezifische Erstellung durch KRONES, da der Bedarf immer wieder neu erfragt werden musste, und spielte eine wichtige Rolle bei der Definition der Zielgruppe.

Zu Beginn lag die Erstellung der SOPs im Zeitplan weit zurück und es existierten zunächst keine eindeutigen Vorgaben oder ein SOP-Musterdokument. Es war vollkommen unklar, wie detailliert die Standardanweisungen sein sollten.

Anforderungen an das Layout

Für die Anforderungen an das Layout kam es zur Anwendung der zuvor genannten Prinzipien der Verständlichkeit von Lehrtexten. Zunächst wurden dazu die Schulungsunterlagen ausgewertet, die der Kunde bisher benutzt hatte.

Bewertung der Ausgangsvariante

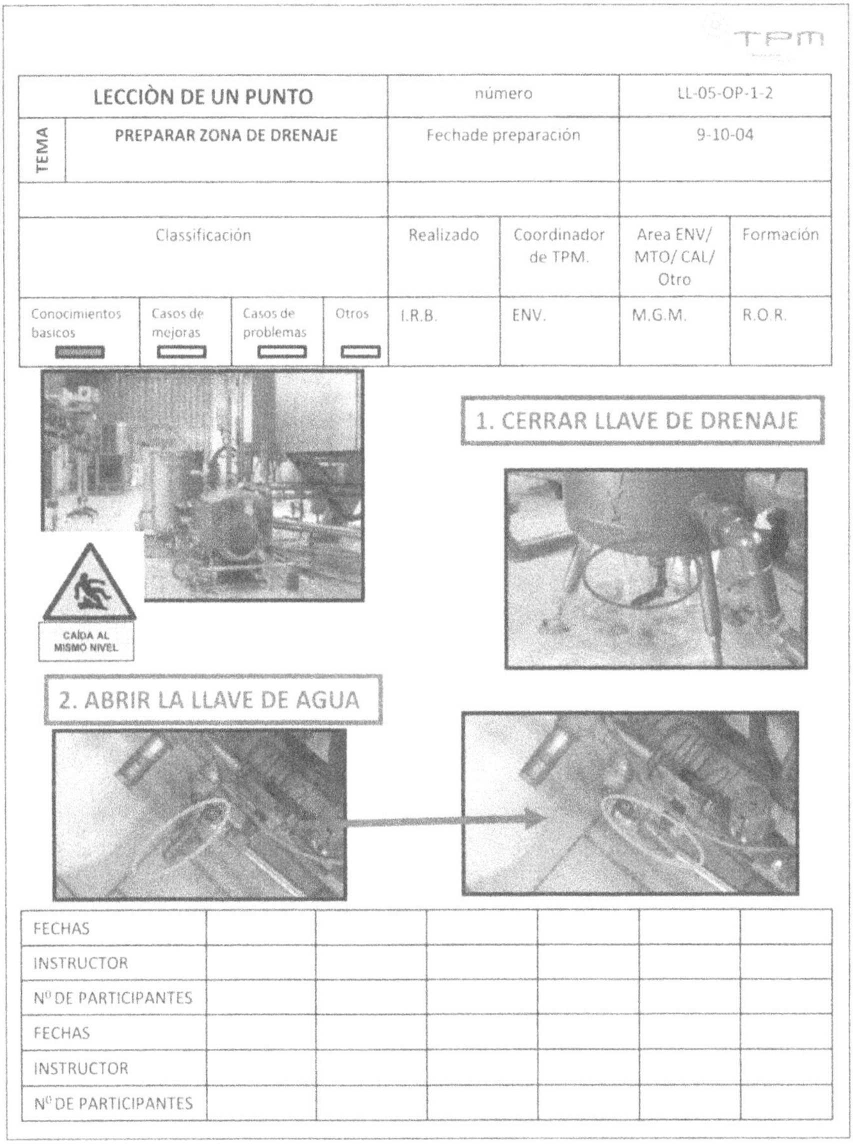

LECCIÒN DE UN PUNTO				número		LL-05-OP-1-2	
TEMA · PREPARAR ZONA DE DRENAJE				Fechade preparación		9-10-04	
Classificación				Realizado	Coordinador de TPM.	Area ENV/ MTO/ CAL/ Otro	Formación
Conocimientos basicos	Casos de mejoras	Casos de problemas	Otros	I.R.B.	ENV.	M.G.M.	R.O.R.

1. CERRAR LLAVE DE DRENAJE

2. ABRIR LA LLAVE DE AGUA

CAÍDA AL MISMO NIVEL

FECHAS							
INSTRUCTOR							
Nº DE PARTICIPANTES							
FECHAS							
INSTRUCTOR							
Nº DE PARTICIPANTES							

Abb. 12.1: *Ausgangsvariante SOPs altes Werk (mit freundlicher Genehmigung der Krones AG Deutschland)*

Gesamteindruck: Die Bilder sind auf jeder Seite an einer anderen Stelle eingefügt, sind unterschiedlich groß und, so scheint es, aus dem Zusammenhang gerissen. Piktogramme und Warnhinweise sind wahllos eingefügt worden. Es wurden für die Schrift unterschiedliche Farben und Großbuchstaben (Versalien) gewählt. Insgesamt geht eine gewisse Unruhe von der Darstellung aus. Die Kopf- und Fußzeile nehmen jeweils sehr viel Platz in Anspruch, die Überschrift („Preparar Zona de drenaje") ist nicht sofort erkennbar. Insgesamt befinden sich zu viele Schriftzeichen am Seitenanfang – und das auf jeder Seite. Der obere, linke Seitenanfang ist die Stelle, der immer am meisten Aufmerksamkeit geschenkt wird. Deshalb sollten dort nur Informationen stehen, die zur Vermittlung des Inhaltes notwendig sind. In der Ausgangsvariante sind organisatorische Daten hinterlegt.

Texte: Zunächst stehen die verwendeten Texte an unterschiedlichen Stellen in der Gesamtdarstellung. Betrachtenden fällt zunächst Text 2 (grün) auf, da er, folgend der Lesegewohnheiten und der Aufmerksamkeitsverteilung auf der linken Seite steht. Der erste Handlungsschritt ist aber Textbaustein 1 (rot). Zur visuellen Organisation sollten diese Dinge beachtet werden, um ein schnelleres Erfassen der Inhalte zu gewährleisten.

Die verwendeten Versalien werden langsamer gelesen und müssen zum Verständnis länger betrachtet werden, oftmals auch mehrmals gelesen werden. Deswegen wird die Verwendung üblicher Schriften empfohlen.

Die Textbausteine sind kurz und leicht verständlich. Die unterschiedliche Farbgebung führt zwar dazu, dass die Inhalte zu den jeweilig in gleicher Farbe markierten Bildern zugeordnet werden können, erfordern somit aber ein „Absuchen". Ballstaedt (1997, 92) empfiehlt dazu, nur „key words", also Schlüsselbegriffe, farbig zu markieren und dies auch nur in einer Auszeichnungsfarbe. Über den verwendeten Sprachstil kann gesagt werden, dass das Prinzip der Kürze und Einfachheit zwar verfolgt wurde, aber die Prägnanz nicht immer ausreichend gegeben ist. Hier in der Beispielabbildung lautet die Aussage des Textes 1 (rot) „Öffnen des Dränage-Hahns" und „Schließen des Wasserhahns" (Text 2, grün). Dies erscheint als Handlungsanweisung zu knapp: Öffnen – wie? Durch drehen, schieben, drücken? Zu Handlung 2 ist die Zustandsänderung zwar abgebildet, zum Schließen (1) fehlt sie aber vollständig.

Abbilder: Als Abbilder sind Fotografien und Piktogramme verwendet worden. Dabei fällt zunächst die unruhige Anordnung der Bilder auf. Auch die Perspektivenwahl ist bei ein und dem gleichen Detailauszug/Nahaufnahme jeweils eine andere (hier im Beispiel unten rechts und links). Außerdem sind die Bilder, die das gleiche Detail abbilden, unterschiedlich groß, so dass der Betrachter erst einmal vergleichen muss, ob er wirklich das gleiche Detail sieht.

Gut gewählt ist die schrittweise Annäherung an das Einzeldetail: Gestartet wird mit der Fernansicht und somit der räumlichen Einordnung, oben rechts. Allerdings ist die farbliche Markierung in Grün schlecht zu erkennen, da sie nicht kontrastreich genug ist. Dann folgt der Detailauszug oben links und die Nahaufnahme unten rechts und links. Die Bilder folgen so der Leserichtung eines Satzes (in Europa), sollten aber, um Missverständnissen in der Reihenfolge vorzubeugen, durchnummeriert sein.

Bei der Verwendung des Piktogramms geht nicht eindeutig hervor, an welcher Stelle und in welcher Situation genau die Gefahr eintritt. Verwendet wurde ein nach DIN-Norm definiertes, symbolisches Piktogramm.

Bewertung des verbesserten Layouts

Kurzanleitung KR93-599
Umrüsten am LDS abmelden

Klassifikation				Ersteller I.R.B.		Erstelldatum
				TPM-Koordinator M.G.M.		
Grund- wissen	Verbesser- ungsfall	Stör- fälle	Sonstige	Trainer	R.O.R.	Nummer ACF-1-76
						Bereich

Ziel: Wechseln der Folienrolle. Nach Umrüstarbeiten benötigt das Programm eine programm- bedingte Folie. Benötigte Zeit: 10 Minuten	Benötigte Arbeitsmittel: Programmbedingte Folienrolle, Messer

1	Wenn: Sicherheitstüren sind geöffnet. Nicht programmbedingte oder leere Folienrollen aus Maschine entfernen. Dann: Folienrolle an die Maschine heranfahren (1). Im Beispielbild mit einem Folienwagen.
2	Bremse (1) am Folienwagen betätigen.

Datum						
n°Trainer						
n°Bediener						
Datum						
n°Trainer						
n°Bediener						

)(KRONES

Abb. 12.2: *Überarbeitetes Layout(mit freundlicher Genehmigung der Krones AG Deutschland)*

Nachdem die Editierung der Dokumente festgelegt war, konnte eine eindeutige Trennung von Layout und Inhalt erfolgen. Nun erschienen beispielsweise die Bilder auf jeder Seite an gleicher Stelle, es erfolgte eine klare Bild-Text-Zuordnung, die Schriftgröße und Satzlänge pro Kästchen wurden festgelegt. Somit war insgesamt eine gestalterische Aufwandsverringerung zu verzeichnen.

Zu allererst wird sichtbar, dass es sich bei der Arbeitsanweisung um eine SOP einer bestimmten Maschine, hier: KR93-599 (oben links) handelt. Diese Information fehlte in den alten SOPs vollständig. Die thematische Überschrift („Programmbedingter Folienwechsel") ist darunter am oberen, linken Seitenanfang eindeutig erkennbar. Erst darunter befindet sich die Kopfzeile. Kopf- und Fußzeile sind insgesamt wesentlich kleiner und hellgrau unterlegt, so dass der Fokus nicht darauf, sondern auf den Inhalten der SOP liegt. Sie erscheinen nun Betrachtenden eher als ein Rahmen, der den Inhalt umgibt.

Die Texte befinden sich nach Empfehlung Ballstaedts auf der linken Seite, da zur Informationsaufnahme erhöhte Konzentration notwendig ist. Auf der rechten Seite befinden sich die Abbilder, die zur genauen Zuordnung der im Text genannten Begriffe farblich kontrastreich beziffert sind. Jedem Handlungsschritt ist ein Bild zugeordnet.

Die schrittweise Darstellung der Handlung wird durch die Nummerierung der einzelnen Schritte noch einmal hervorgehoben. So folgt alles in einer klaren Reihenfolge. Schriftart und Schriftgröße sind stets gleich.

Anforderungen an den Inhalt

Bevor mit der Arbeit an den SOPs begonnen werden konnte, musste zunächst geklärt und beiderseitig abgestimmt werden, welcher inhaltliche Umfang von KRONES geliefert werden sollte. In einem Meeting zwischen Lieferant und Kunde einigte man sich auf folgende OPL-CODES (One Point Lessons) zur Erstellung der SOP durch KRONES. Diese Überschriften wurden durch die Verfasserin im Anschluss inhaltlich definiert, um somit eine gleichbleibende inhaltliche Füllung der SOPs aller 300 Maschinen zu erreichen.

Inhaltlicher Umfang der SOPs:

Wissen über die Maschine und die Umgebung
- CON-1: Wissen über die Maschine

Arbeitsprozesse
- OP-1: Maschine starten
- OP-2: Maschine ausschalten
- OP-3: Kontrollen während der Produktion

Umrüsten und Formatwechsel
- ACF-1: Umrüsten und Formatwechsel während der Produktion
- ACF 2: Kleine, alltägliche Probleme

Selbstständige Wartung (durch die Bedienerinnen und Bediener)
- GA-1: CILT Standards (Reinigung, Wartung, Schmierung, Befestigung)

Sicherheit
- S1: Sicherheitselemente der Maschine
- S2: Spezielle Gefahren

Sprachliche Anforderungen

Hauptanforderung war u. a. die Vereinheitlichung unterschiedlicher Bezeichnungen für die gleichen Begriffe. Was selbst im Deutschen verwirrend ist, kann bei Übersetzungsfehlern gefährlich werden. Generell müssen Wortwahl und Bezeichnung für Arbeitsprozesse und Maschinen(teile) gleich sein. Sprachlich ist ein unternehmensinterner, kontrollierter Sprachstil empfehlenswert – ohne Verwechslungsgefahr des Gemeinten und in einer einfachen Sprache für jede Qualifikation des Bedienenden geeignet. Dieser Sprachstil schützt dann auch vor Übersetzungsfehlern.

Beispiele zur Einheitlichkeit der Sprache:

- Sprachstil:
„Wischen Sie den Bildschirm vorsichtig mit einem weichen, feuchten Reinigungstuch ab."
Besser: „Bildschirm vorsichtig mit weichem, feuchten Reinigungstuch abwischen."

- Terminologie:
Mehrere Bezeichnungen für einen Gegenstand: Freigabe-Chip, grüner Key, Transponder, Bedienerschlüssel.

Definition des inhaltlich-grafischen Aufbaus eines Themas

Auch hier musste eine generelle Richtlinie geschaffen werden, um ein einheitliches Gesamtbild zu schaffen. Der grafische und inhaltliche Auftritt einer jeden SOP muss für eine erleichterte Lesbarkeit immer gleich gestaltet sein. Dazu definierte die Verfasserin zunächst sieben Unterpunkte, die zu jedem Thema der OPLs nach oben genannten Richtlinien gefüllt werden sollten und in der richtigen Reihenfolge abgearbeitet wurden:

- Ziel,
- Einstieg in ein spezielles Thema,
- Vorhandlungen,
- Handlungsschritte,
- Zwischenergebnisse,
- Nachhandlungen,
- Ergebnis.

12.6   Prozessentwicklung und -abwicklung

Nach der Festlegung der grafischen Gestaltung der SOPs und der Klärung der technischen Umsetzung mittels des Editors „Altova" sollten die Inhalte der SOPs von den Trainern und

Trainerinnen der Akademie erstellt werden. Der Zeitverzug des gesamten Projektes und die Überlastung des Personals zeigte allerdings, dass die inhaltliche Bearbeitung nicht wie geplant erfolgen konnte. Zur Auftragsannahme war geplant, dass die Trainer, nachdem sie vor Ort geschult hatten, noch einige Zeit in Sevilla bleiben sollten, um die SOPs zu schreiben. Dabei wurde allerdings weder der Umfang der zu bearbeitenden Dokumente noch der notwendige zeitliche Rahmen oder die Eignung der jeweiligen Person für diese Aufgabe berücksichtigt. Entsprechend groß war zur Bestandsaufnahme im März/April 2007 der „Frustrationsgrad" der Trainer und Trainerinnen. Von da an galt es, Veränderungen voran zu treiben.

Die Analyse des *IST-Ablaufes* im März 2007 zeigte einige Schwachstellen. Die spezifischen Probleme der SOPs wurden bereits aufgezeigt. In Bezug auf den Prozessablauf ist auffällig, dass besonders die notwendigen Feedbackschleifen von der Kundenseite, aber auch prozessintern fast vollständig fehlten. Folgende Bestandaufnahmen wurden getätigt:

- Wer ist verantwortlich für den Prozess? Akademie.
- Was ist Auslöser (Input) des Prozesses? Konkreter Kundenauftrag.
- Was ist das Ergebnis (Output) des Prozesses? SOPs.
- Wie wird der Prozess abgewickelt? Dafür gibt es keine eindeutigen Vorgaben, z. B.
- ein SOP-Musterdokument und keine eindeutigen Definitionen der OLP-Inhalte.
- Welche Dokumente sind bei der Durchführung zur Prozessabwicklung relevant? Nicht eindeutig definiert.
- Mitwirkende und Verantwortliche: Technische Dokumentation (technische Betreuung) und Akademie (Erstellung).
- Vorgehen bei Störungen oder Änderungen: Nicht eindeutig definiert, fehlende Abstimmung und Kommunikation mit dem Kunden.
- Messung der Leistungsfähigkeit/ Soll-Ist-Vergleich: Nicht eindeutig definiert.
- Prozessüberwachung und Verbesserungen; Korrekturmaßnahmen vorhanden? Nicht eindeutig definiert, Qualitätsprüfung der erstellten Dokumente wird nicht durchgeführt.

Für den *Soll-Prozess* ist ein frühzeitiges Einbinden aller Prozessbeteiligten und auch des Kunden notwendig. Es sollten Regularien für Entscheidungen und Korrekturmaßnahmen entstehen. Dies betrifft die Terminkontrolle, die Sachfortschrittskontrolle und die Kontrollen zur Qualitätssicherung. Da die Kundenzufriedenheit als für dieses Projekt relevanter Erfolgsfaktor schwierig zu messen ist, sollte ein bestimmtes Kriterium festgelegt werden. Für die Erstellung der SOPs nach der Bestandsaufnahme wurden drei aufeinander aufbauende Erfolgskriterien zur Feststellung der Kundenzufriedenheit festgelegt:

- Abstimmung anhand eines Musterdokuments mit der Möglichkeit zur Korrektur durch den Kunden.
- Abnahme jedes einzelnen Dokuments mit der Möglichkeit zur Korrektur durch den Kunden.
- Einarbeitung der Korrekturen und Endabnahme durch den Kunden.

Im Soll-Prozess für den zukünftigen Projektablauf ist die Erstellung umfangreicher Werksvorlagen durch die Technische Dokumentation unbedingte Voraussetzung, um Dauer und Kosten der Erstellung zu reduzieren. Eine Übersetzung erfolgt im Vergleich zur Ist-Bestandsaufnahme erst vor der Erstüberprüfung durch den Kunden. Als Mittel zur Qualitätskontrolle ist eine fachliche Prüfung durch Redakteure und Trainer vorgesehen. Gesteuert wird die Feedback-Schleife „Erstkontrolle Kunde – Anpassung vor Ort – fachliche Prüfung" durch Mitarbeiterinnen der Akademie. Die Technische Dokumentation ist während des gesamten Prozesses personell und organisatorisch mit der Erstellung und der technischen Unterstützung betraut.

Zusammenfassend sind folgende Fehlerquellen identifiziert worden:

- fehlende Anlaufstellen zur Zusammentragung, Bearbeitung und Auswertung von Informationen,
- fehlende Abstimmung mit anderen Projekten,
- fehlende Qualitätsprüfung der erstellten Dokumente,
- fehlende Abstimmung mit dem Kunden,
- fehlende Abstimmung der Ersteller untereinander,
- fehlender beständiger Soll-Ist-Abgleich.

12.7   Resümee

Abschließend kann in Bezug auf die Entstehung der Notwendigkeit von SOPs ein kritischer Blick auf die zu Grunde liegenden Wertvorstellungen zur Gestaltung dieser Art von Schulungsunterlagen und der Verwertung durch den Kunden geworfen werden. Nicht nur moralisch bedenklich ist der bedingungslose Austausch von Arbeitskräften, auch stellt sich die Frage nach einem nachhaltig angelegten, wirtschaftlichen Nutzen.

Als Basis für Lern- und somit Leistungserfolg wird in der Literatur oftmals das „Erfahrungsbasierte Lernen" aufgeführt, also ein Lernerfolg, der oftmals erst nach einer längeren Zeit eintreten kann. Solches Lernen ist bei den Beschäftigten des Werkes in Sevilla nicht ohne Weiteres möglich. Zunächst ist der hohe Anspruch zur Maschinenbedienung, -kontrolle und -wartung im Werk Sevilla zu beachten. Gleich zu Beginn ihrer Tätigkeit muss die Arbeitskraft diese Tätigkeiten ausführen können, um ihr wirtschaftliches Nutzenpotential als „Human Ressource" voll auszuschöpfen. Reicht dazu der Wissenserwerb durch das reine Lesen der Standardarbeitsanweisungen aus?

Fest steht, dass nur unter Mitarbeit erfahrener Personen Berufsfertigkeiten mittels erfahrungsbasierten Lernens erworben werden können. Offen bleibt dabei die Frage, ob in marktwirtschaftlichen Unternehmen und vor dem Hintergrund der hier dargestellten Lern- und Arbeitsmuster den Arbeitskräften überhaupt noch Zeit dafür bleibt, Erfahrungswissen zu entwickeln. Die Anforderungen des Wettbewerbs erfordern für jeden Arbeiter, für jede Arbeiterin einen sofortigen hundertprozentigen Einsatz, die individuelle Austauschbarkeit Einzelner ist in der Arbeit zuvor bereits erwähnt worden.

Die Funktion der erstellten SOPs ist die Konservierung und Generierung von Wissen. Dieses „Gleichmachen" von Tätigkeiten, also auch das Abschaffen von Erfahrungswissen zu Gunsten des Leitungswissens, ist für einen korrekten Funktionsablauf bei der Maschinenbedienung unabdingbar und schützt den Hersteller vor unberechtigten Garantieansprüchen durch falsches

Bedienen. Erfahrungswissen kann jedoch auch von hohem Nutzen zeugen, nämlich dann, wenn gemachte Erfahrungen weitergeleitet werden und es zu einer Veränderung des Prozessablaufes kommt. Beobachtungen zufolge variiert bei Facharbeitspersonal die Auftragsabwicklung durch individuelle, erfahrungsbasierte Verhaltens- und Handlungsroutinen, kein Arbeitsablauf folgt identisch dem gleichen Muster. Moderne Produktionssysteme begrenzen diesen Interaktions-spielraum deutlich. Offen bleibt, ob somit ein Nutzenpotential durch die fehlende Interaktion zwischen Arbeitnehmer und Arbeitgeber, Lieferant und Kunde verloren geht.

12.8   Vertiefungsaufgaben und -fragen

1. Welche Managementfunktionen muss ein Bildungsmanager oder eine Bildungsmanagerin im Fall Krones erfüllen? Welche didaktisch-pädagogischen Aufgaben müssen bearbeitet werden? Erstellen Sie ein Anforderungsprofil.

2. Wie würden Sie bei einer konkreten Kundenanfrage für eine Schulungsunterlage vorge-hen? Skizzieren Sie den Prozessablauf.

3. Wie würden Sie die Vorteile des gezielten Einsatzes von Bildungsmitteln für Hersteller und auch für den Kunden (Betreiber der Maschine) bewerten? Erstellen Sie eine tabellari-sche Übersicht, in der einerseits der Vorteil der Minimierung des Produktionsausfalls durch zusätzlichen Aufwand wie Schulung und Dokumentation dargestellt wird und an-dererseits die Minimierung des Produktionsausfalls durch den Einsatz qualifizierten Be-dienpersonals bewertet ist.

12.9   Literatur

Ballstaedt, S.-P. (1997): Wissensvermittlung. Die Gestaltung von Lernmaterial. Belz, Wein-heim.

Bundesinstitut für Bildung, Der Generalsekretär [Hrsg.] (2000): Dehnbostel, P. & G. Dy-bowski: Lernen, Wissensmanagement und berufliche Bildung. Bertelsmann, Bielefeld.

Dostal, W. & P. Kupka für die Bundesanstalt für Arbeit [Hrsg.] (1999): Globalisierung, ver-änderte Arbeitsorganisation und Berufswandel. fgb, Freiburg.

Hirzel, M., F. Kühn [Hrsg.] (2005): Prozessmanagement in der Praxis. Wertschöpfungsket-ten planen, optimieren und erfolgreich steuern. Gabler, Wiesbaden.

Krapp, A. & B. Weidenmann (2001): Pädagogische Psychologie. Ein Lehrbuch. 4. Aufl. Beltz, Weinheim.

Reichert, G. W. (1993): Kompendium für Technische Dokumentation. Anwendungssicher mit Didaktisch-Typografischem Visualisieren. DTV Konradin, Leinfelden-Echterdingen.

13 Werkschule Berlin

Jenni Schmied

13.1 Einleitung

Die WERKSCHULE BERLIN e.V. (http://www.werkschule.de)[64], freier Träger der Jugendberufshilfe, übernimmt seit über 30 Jahren die Verantwortung für junge Menschen und versucht diese individuell und praxisnah in die Gesellschaft zu integrieren. Unter dem Dach der Werkschule haben sich seit 2005 drei Projekte entwickelt, die jeweils autark, jedoch in enger Kooperation untereinander, im Rahmen der Jugendberufshilfe „Berufsorientierung" anbieten.

Die Projekte *„Pappel74"* und *„JW Buch"* – als Aktivierungshilfeprojekte – unterstützen und fördern benachteiligte Jugendliche und junge Erwachsene in besonderem Maße. Dabei unterscheidet man das Angebot der Aktivierungshilfe und der Berufsorientierung. Das Angebot der Aktivierungshilfe nach § 46 SGB III richtet sich an besonders benachteiligte Jugendliche zwischen 16 und 25 Jahren, die ohne eine besondere Förderung noch nicht in eine Berufsausbildung vermittelt werden konnten. Die Zielgruppe für die Berufsorientierung nach § 13 (2) SGB VIII sind Jugendliche zwischen 16 und 21 Jahren ohne berufliche Perspektive, ohne Schulabschluss, ohne Motivation und meist ohne Orientierung und Unterstützung im familiären und sozialen Umfeld.

Das Modellprojekt *„schule & beruf"* ist 2006 durch die Zusammenarbeit mit dem Jugendamt und dem Jobcenter Berlin-Pankow als weiterführendes Angebot nach der Aktivierungshilfe „Pappel74" konzipiert worden. Ganztägige sozialpädagogische Unterstützung und Beratung begleiten schulische und berufsvorbereitende Angebote. Hierbei versteht sich dieses Projekt der Werkschule als Offerte zur Vorbereitung auf den Mittleren Schulabschluss bei synchroner beruflicher Orientierung und Einmündung auf den ersten Arbeitsmarkt.

Dank eines dichten Netzwerks zwischen Bezirksämtern, Beratungsstellen und allen an der Hilfe Beteiligten bietet die Werkschule seit Juli 2006 die Möglichkeit der integrierten Jugendberufshilfe, bestehend aus Aktivierungshilfe („Pappel74" und ab 2007 „JW Buch") und der vertieften beruflichen Orientierung/Vorbereitung zum Erwerb des Mittleren Schulabschlusses („schule & beruf") innerhalb eines privaten Trägers an.

---

[64] Über diese Internetadresse sind alle nachfolgenden Aktivierungshilfe- und Modellprojekte einsehbar.

13.2   Rechts-/Geschäftsform und Finanzierung

Die Werkschule Berlin, ein gemeinnütziger Verein, wird gemäß § 7.2 der Satzung durch zwei der fünf Mitglieder des aktuellen Vorstandes im Sinne des § 26 BGB vertreten. Seit der letzten Vorstandswahl im November 2008 sind auch die drei Projektleiter der Werkschulprojekte Mitglieder des Vorstands. Die Aufgabenverteilung innerhalb des Vorstands ist derart verteilt, dass die drei Projektleiter, die um die konkreten, also vor allem pädagogischen und Managementprobleme wissen, hier auf der Makro-Vereinsebene mit dem Know-how ihrer täglichen Aufgabengebiete die Vorstandsarbeit aktiv und effizient mitgestalten können.

Die notwendige Vereinsarbeit wird also immer parallel zur Ganztagsprojektarbeit abgeleistet. Die Makrostruktur der Vereinsarbeit, welche z. B. Verwaltung, Personalfragen, Anmietungen neuer Objekte, Stiftungsarbeit und Öffentlichkeitsarbeit beinhaltet, gibt die Rahmenbedingungen vor, in denen die Projekte autark arbeiten und sich entwickeln können.

Die Geschäftsstelle ist durch ein Vorstandsmitglied besetzt, welches für sämtliche Belange des Vereins ansprechbar, aber vor allem für die finanziellen Vorgänge, wie beispielsweise Lohnbuchhaltung und Kalkulationen jeglicher Art, verantwortlich ist. Als Schnittstelle zwischen den Belangen des Vereins, den Kostenträgern und den Arbeitnehmenden kommt der Geschäftstelle eine zentrale Bedeutung zu.

Die Finanzierung der Aktivierungshilfe und der Berufsorientierung für junge Menschen mit einem erhöhten Förderbedarf der beiden Projekte „Pappel74" und „JW Buch" erfolgt durch die Leistungsträger Jobcenter Berlin-Pankow und Jugendamt Berlin-Pankow.

Das Projekt zur Erlangung des Mittleren Schulabschlusses und die Projekte „Pappel74" und „JW Buch" finanzieren sich hinsichtlich der Berufsorientierung mittels einer Hilfeplanung nach §13/2 SGB VIII, welche durch die Kooperation zwischen den Sozialarbeitern oder -arbeiterinnen der entsprechenden Jugendämter und denen des Projekts realisiert wird. Die Abrechnung der Teilnehmenden wird monatsweise aus dem sich durch die Anzahl der zu vereinbarenden Fachleistungsstunden ergebenden Betrag für die einzelnen Teilnehmenden vorgenommen. Die Teilnahme wird mindestens im Abstand von drei Monaten evaluiert; von dieser Zwischenauswertung wird ein weiterer Verbleib in der Maßnahme abhängig gemacht.

13.3   Bildungsbedarfsanalyse

Meist sind es Jugendliche aus sozial schwachen Strukturen, die an der Regelschule gescheitert sind und entweder ihren Hauptschulabschluss/Erweiterten Hauptschulabschluss oder Mittleren Schulabschluss nachholen. Seit 1985 in Berlin die externen Schulabschlüsse[65] eingeführt wurden, ist der Bedarf um ein Vielfaches gestiegen.

---

[65] Schülerinnen und Schüler ohne regulären Schulabschluss haben die Chance, diesen nachzuholen und sich außerschulisch mit Hilfe geeigneter Sozialprojekte darauf vorzubereiten.

Die Werkschule mit ihren Projekten richtet sich in besonderem Maße an sozial benachteiligte junge Menschen und/oder individuell Beeinträchtigte im Alter von 16 bis 25 Jahren. In die Projekte der Werkschule werden nur junge Menschen mit einem erhöhten Förderbedarf beispielsweise nach §13 (2) SGB VIII vermittelt, so dass die Zielgruppe für die Aktivierungshilfe besonders benachteiligte Jugendliche sind, die ohne eine besondere Förderung noch nicht in eine Berufsausbildung oder in eine Erwerbstätigkeit vermittelt werden konnten.

Die Zielgruppe für das Angebot der Berufsorientierung kann wie folgt umschrieben werden: Jugendliche und junge Erwachsene zwischen 16 und 25 Jahren mit individuellen Beeinträchtigungen oder Benachteiligungen in erhöhtem Maße, die auf Unterstützung angewiesen sind; Jugendliche ohne berufliche Perspektive, ohne Schulabschluss, mit fehlendem Selbstwertgefühl, mit Leistungsbeeinträchtigungen und Defiziten im Sozialverhalten und geringer Motivation; Jugendliche und junge Erwachsene ohne Orientierung und Unterstützung im familiären und sozialen Umfeld.

Die Problemlagen, mit denen die Jugendlichen belastet werden, sind: Schulden, (drohende) Wohnungslosigkeit, Betäubungsmittelmissbrauch, unzureichende schulische Vorbildung, Gerichtsverfahren, fehlende Tagesstruktur, Probleme im Sozialverhalten bis hin zu Schwierigkeiten in der Kommunikation mit Ämtern und anderen Institutionen. Hinzu kommen in nahezu allen Fällen Konflikte im Elternhaus, teilweise auch Missbrauchserfahrungen, sowie Fälle häuslicher Gewalt oder Vernachlässigung.

Die Erfahrungen der Jugendlichen an den Regelschulen sind für die meisten frustrierend. Diese individuellen Problemlagen hinterlassen in vielen Fällen tiefe seelische Wunden. Bei diesen Problemen Hilfe zu leisten und Lösungswege aufzuzeigen, ist daher mindestens genauso wichtig wie dazu zu motivieren, an dem eigenen schulischen und beruflichen Fortkommen zu arbeiten.

Aus diesem Grund kann die Zielsetzung beispielsweise der Maßnahme „schule & beruf" nur ein Konglomerat aus folgenden Zielstellungen sein: 1. fortführender Schulabschluss, 2. Ausbildungsreife, 3. ein Ausbildungsplatz in einem Unternehmen der freien Wirtschaft oder z. B. eines BaE-Trägers und 4. deutliche Stabilisierung der persönlichen Lebensumstände der einzelnen Teilnehmenden. Diese Kombination ist für die spezielle Zielgruppe des Projektes „schule & beruf" sinnvoll und notwendig.

Sie hat nach Einschätzung des Trägers modellhaften Charakter, eben weil sie den Fokus neben der Schule stark auf die spätere Berufsausbildung sowie auf die gezielte Hilfeplanung und Hilfestellung in allen Fragen des Lebens und Lernens setzt. Sie beinhaltet die intensive Lehrstellensuche zunächst auf dem ersten Lehrstellenmarkt, bezieht daneben jedoch auch die Möglichkeit der trägergestützten Ausbildung in BaEs ein. Oberstes Ziel ist es, die persönliche und die damit in engem Zusammenhang stehende wirtschaftliche Selbstständigkeit der Teilnehmenden anzustreben.

13.4   Vereinsphilosophie und Personalstruktur

Im Mittelpunkt der Arbeit mit jungen Menschen steht die pädagogische Einstellung. Sie entwickelt sich im täglichen Umgang mit den Jugendlichen. Die Arbeit beginnt mit der Frage nach den „objektiven Tatsachen" aus der individuellen Biografie. Die soziale Desintegration der zuvor beschriebenen Zielgruppe verschärft sich zusehends. Die pädagogische Aufgabe versteht sich als Orientierungshilfe, um den Entfremdungsprozess von der sozialen Wirklichkeit zum Stillstand zu bringen.

Dabei ist es selbstverständlich und vor allem notwendig, dass jede und jeder Jugendliche mit großer Aufmerksamkeit und individueller Zuwendung behandelt wird.

Die Zielstellungen und Perspektiven werden in Kooperation mit dem Jugendlichen und allen am Hilfeprozess Beteiligter innerhalb des so genannten „Hilfeplans" erarbeitet. Gleichzeitig werden projektintern Regeln verabredet, um die vereinbarten Ziele erreichen zu können:

- dauerhafte, verbindliche Mitarbeit, Pünktlichkeit zu jeder Verabredung,
- keine Gewalt gegen andere Teilnehmende oder Mitarbeiter und Mitarbeiterinnen in Worten und Taten,
- Toleranz gegenüber anderen Lebensentwürfen, Respekt vor der Auffassung und Lebenserfahrung anderer,
- keine Drogen, keine Waffen im Projekt.

Das Bewusstmachen und das Einhalten dieser Bedingungen sind notwendig, um neues Lernen zu ermöglichen. Die Regeln sind ein Teil des pädagogischen Systems, in dem Entwicklung, Veränderung und Integration überhaupt erst stattfinden können:

- Wir ermutigen die Jugendlichen, ihre Visionen zu formulieren.
- Wir fördern ihre sichtbaren Interessen und Kompetenzen.
- Wir agieren in der Wirklichkeit.
- Wir konfrontieren die Jugendlichen auch mit unangenehmen Wahrheiten.
- Wir arbeiten praxisnah und zielorientiert.

Die Kombination aus theoretischem Lernen, praktischer Erprobung und sozialpädagogischer Betreuung, welche stets synchron abläuft, trägt zur Erfüllung der Zielsetzung bei. In jedem einzelnen Projekt stellt diese Trias das Fundament der pädagogischen Arbeit dar, denn nur so ist es möglich, bedarfsgerechte Arbeit, besonders mit sozial benachteiligten Jugendlichen, zu gewährleisten.

Gemäß diesem pädagogischen Konzept der Werkschule weist die Personalstruktur der einzelnen Projekte eine bedarfsgerechte Vielfalt auf.

Das Team der beiden Projekte „Pappel74" und „JW Buch" besteht jeweils aus einer Projektleiterin oder einem Projektleiter, einer Sozialpädagogin oder einem Sozialpädagogen, einer Berufswegeplanerin, mehreren Lehrkräften und Fachanleitern verschiedener Gewerke.

Das sozialpädagogisch-schulisch ausgerichtete Projekt „schule & beruf", also ohne Werkstattaktivitäten durch den Träger, weist zwei Vollzeitstellen für die Leitung des Projektes und die sozialpädagogische Betreuung der Teilnehmer auf. Eine weitere Stelle macht die Berufswegeplanung aus, welche u. a. die Vorbereitung und Begleitung während der Betriebspraktika beinhaltet. Die zwei Vorbereitungskurse zu 40 Wochenstunden werden durch Lehrkräfte auf Honorarbasis gewährleistet. Interessant hierbei ist die ausschließliche Beschäftigung von Lehramtskandidaten oder -kandidatinnen in allen Projekten der Werkschule, welche die pädagogische Arbeit als feste Honorarkräfte engagiert übernehmen, doch mit der Beendigung des Studiums ihr Referendariat an einer Regelschule absolvieren. Als verbindende und koordinierende Schnittstelle für alle Projekte der Werkschule gilt die Geschäftsstelle, besetzt durch ein Vorstandsmitglied, als feste Größe – kostenmäßig auf die einzelnen Projekte verteilt.

13.5   Didaktische Konzepte

Vereinsverbindend stützt sich das Angebot der jeweiligen Projekte auf drei Säulen: theoretische Wissensvermittlung, praktische Wissensvermittlung/Arbeitserfahrung und sozialpädagogische Beratung und Begleitung. In allen Bereichen geht es um die Verbesserung der Arbeitstugenden, um fachspezifische Kompetenzen und vor allem um Sozialkompetenzen.

Aktivierungshilfeprojekte

Aufgabenprofil

* Vermittlung und Training einer regelmäßigen Tagesstruktur,
* behutsame Heranführung an Arbeit und Unterricht, um Ängste oder Abneigungen abzubauen und Motivation zu schaffen,
* Verbesserung der individuellen „Arbeitstugenden" und sozialen Kompetenzen,
* sozialpädagogische Beratung und Begleitung,
* Entwicklung einer realistischen beruflichen Perspektive,
* Vermittlung in weiterführende (Aus-)Bildungsangebote, Betreuung in selbst gewählte Betriebspraktika,
* individuelle Betreuung in Unterricht, Werkstätten und durch Sozialpädagogen.

Lernorganisation

Sozialpädagogik: Zielgruppenorientiert stellt die sozialpädagogische Arbeit neben der Verbesserung der schulischen Bildung und der allmählichen Heranführung an eine Ausbildung eine notwendige Begleitung dar. Es geht vornehmlich um die Erarbeitung von Handlungs- und Lösungsstrategien bei Problemen wie: Angst vor Ämtern, Schulden, Konflikte in der Familie, Wohnungslosigkeit, Suchterkrankungen, Überforderung mit den eigenen Kindern etc. Die sozialpädagogische Begleitung beinhaltet Aufnahme- oder Anamnesegespräche, die

Zusammenarbeit mit Jobcenter, Jugendamt, Betreuern, Eltern oder anderen Bezugspersonen. Besonders wichtig ist die schulische und berufliche Beratung, Denk- und Entscheidungshilfen, Begleitung zu Terminen mit anschließender Auswertung und Lebensplanung.

Theoretische Wissensvermittlung: Die theoretische Wissensvermittlung erfolgt in Vorbereitungskursen zum Erwerb des Hauptschulabschlusses oder Erweiterten Hauptschulabschlusses (HSA/EHSA) mittels einer Fremdenprüfung an einer Berliner Realschule im Ganztagsschulsystem. Das Lernen findet in Kleingruppen (max. 15 Teilnehmende) durch engagiertes, junges Lehrpersonal statt, das lernzieldifferenzierte Lehr- und Lernmethoden einsetzt. Daraus resultiert eine angenehme und persönliche Lernatmosphäre. Durch gezieltes Prüfungscoaching können Schulphobien abgebaut werden. Des Weiteren ist ein regelmäßiger Unterricht notwendig, um zu einem geregelten Tagesablauf zu finden.

Praktische Wissensvermittlung: Die praktische Wissensvermittlung findet unter fachlich-pädagogischer Anleitung in den jeweiligen Praxisfeldern der Projekte statt. Für die „Pappel74" sind das: die Fahrradwerkstatt, die Tischlerei und die Projektküche. Das Projekt „JW Buch" verfügt über ein eigenes Restaurant: das „JuWel" bildet gemeinsam mit der dazu gehörigen Restaurantküche das Herz dieses Projektes. Die Jugendlichen arbeiten, unterwiesen durch die jeweiligen Fachanleiterinnen und -anleiter, unter realistischen Bedingungen. Der PC-Pool dient zur Erweiterung der Medienkompetenzen der Jugendlichen und wird regelmäßig zu Unterrichtszwecken und für berufsbezogene Tätigkeiten innerhalb aller Werkschulprojekte genutzt. Praktisches Wissen und Arbeitserfahrung wird auch in Praktikumsbetrieben vermittelt. Fester Bestandteil ist die Berufswegeplanung.

Teilnahmeverlauf: Der Teilnahmeverlauf in den beiden Projekten „Pappel74" und „JW Buch" kann idealerweise in drei Phasen gegliedert werden, wobei sich die Phasen nicht klar voneinander trennen lassen: In der Eingangsphase findet ein Profiling und Berufsinteressen- bzw. Berufseignungstest mit anschließender Zielvereinbarung statt. In der darauf folgenden Aktivierungsphase werden berufliche Grundfertigkeiten vermittelt und an der Verbesserung der schulischen Bildung gearbeitet. In der letzten Phase geht es um die Planung der Zukunft und die Unterstützung bei der Realisierung durch intensive sozialpädagogische Betreuung und Berufswegeplanung. Hierbei wird die Teilnahme am Projekt evaluiert und gezielt an Bewerbungen um einen Ausbildungsplatz gearbeitet.

MSA – Projekt „schule & beruf"

Aufgabenprofil

- schulische Qualifikation (Mittlerer Schulabschluss, Fremdenprüfung) und damit Verbesserung der Chancen auf dem Ausbildungs- und Arbeitsmarkt,
- berufliche Orientierung in betrieblichen Praktika, Entwicklung einer konkreten und realistischen beruflichen Perspektive durch eine begleitende Berufswegeplanung,
- Ausbildungsreife: Training und Festigung der „Arbeitstugenden" und sozialen Kompetenzen,
- sozialpädagogische Begleitung und Beratung zur Stabilisierung der persönlichen Lebenssituation.

Lernorganisation
Das Projekt „schule & beruf" lässt sich im Wesentlichen durch die folgenden Elemente be-schreiben:

- schulische Qualifikation zur Verbesserung der Chancen auf dem Ausbildungsmarkt,
- intensive Prüfungsvorbereitung durch individuelles und zielorientiertes Prüfungscoa-ching,
- Kontrolle der Lernorganisation und des individuellen Leistungsstandes durch Lerntage-bücher,
- Heranführung an das Ausbildungs- und Berufsleben durch gezielte Berufswegeplanung,
- intensive Praxiserfahrungen durch vorbereitete und begleitete Praktikumsblöcke in Un-ternehmen der freien Wirtschaft,
- ständige sozialpädagogische Betreuung und Begleitung im schulischen, im praktischen und im privaten Bereich.

Folgender zeitlicher und inhaltlicher Ablauf hat sich bewährt:

Eingangsphase (4–8 Wochen)
- Beginn der Vorbereitungskurse für die Bildungsabschlüsse,
- Herstellen von Kontakten zu möglichen Praktikumsbetrieben durch die Jugendlichen oder durch die Berufswegeplanerin,
- Feststellung der persönlichen Kompetenzen wie Motivation, Selbstdisziplin und Leis-tungsfähigkeit, der Selbsteinschätzung, sowie der methodischen Kompetenzen wie Ar-beitsorganisation und Lernverhalten (durch Lehrkräfte, sozialpädagogisches Personal und Bildungsbegleiter),
- Feststellung persönlicher Problemlagen, Erstellen einer Zielplanung,
- Erstellen des berufsbezogenen Profilings sowie eines tatsächlichen Berufseignungstests, Auswertung mit der Teilnehmerin oder dem Teilnehmer und Einbeziehung bei der Aus-wahl der Berufspraktika,
- Bewerbungstraining und Erstellen einer Bewerbungsmappe.

Schul- und Praktikumsphase (9–12 Monate)
- Erarbeitung der Lerninhalte für die externen Prüfungen MSA in kleinen Lerngruppen (max. 15 Schülerinnen und Schüler),
- Blockpraktikum von allgemein zwei Monaten, dabei Möglichkeit der ständigen sozialpä-dagogischen Betreuung und Bildungsbegleitung,
- Lehrstellensuche; Unterstützung bei der intensiven Suche nach Ausbildungsplätzen,
- Erstellen, Führen und Auswerten eines Lerntagebuchs,
- Einleitung und Ausgestaltung des individuellen Prüfungscoachings.

Prüfungs- und Abschlussphase – Prüfungscoaching (4–8 Wochen)
- Abschluss der Vorbereitungskurse,
- Intensives Prüfungscoaching,
- Aneignung von Lernstrategien,

- Arbeit mit Prüfungsängsten,
- Abbau von Prüfungsängsten,
- Erlernen und Anwenden von Zeitmanagement,
- Errichten einer „Feed-Back-Kultur",
- Planung und Organisation des eigenen Lernens,
- Reflexion der Entwicklung der Prüfungsfähigkeit,
- Realistische Prüfungssimulationen plus deren Auswertungen,
- Reflexion der gesamten Lernentwicklung zum Abschluss der Teilnahme,
- Tipps für die Übertragung der erlernten Prüfungscoachinginhalte auf den Bereich Ausbildung und allgemeines Leben.

Bildungsbegleitende Nachbetreuung (fakultativ, 1–9 Monate)
- Fortführende Betreuung der (ehemaligen) Teilnehmerinnen und Teilnehmer während des Beginns ihrer Berufsausbildung, teilweise auch innerhalb des gesamten Ausbildungsverlaufs.

13.6   Netzwerk

Die Zusammenarbeit zwischen den einzelnen Projekten darf nicht als „Kann-Option" gesehen werden, sondern ist in jedem Fall notwendig, denn nur so kann situativ und zielorientiert gearbeitet werden. Aus der Kombination Aktivierungshilfen/Berufsorientierung und dem MSA-Projekt soll es, neben alternativen Zugangsmöglichkeiten, zu einer bedarfsgerechten Arbeit mit den Jugendlichen kommen. Ein wichtiger Kooperationspunkt besteht im pädagogischen Austausch hinsichtlich ähnlicher Problemlagen und erforderlicher Innovationen. Dieser Wissenstransfer erfolgt alleine schon aufgrund der Personalstruktur, denn eine große Anzahl von Lehrkräften und die Berufswegeplanerin arbeiten in verschiedenen Projekten der Werkschule, so dass das „Übersetzen" neuer Strukturen schon logistisch erfolgt. Alle Beteiligten partizipieren an dieser Vereinsstruktur, welche den Zusammenhalt der einzelnen Projekte durch Transparenz innovativer Ideen betont und fördert. Standards in der Wissensvermittlung und ihre Strukturierung können somit adaptiert werden.

Die Kooperation der Projekte untereinander stellt jedoch nur einen Teil der Netzwerkarbeit dar, denn die einzelnen Projekte der Werkschule arbeiten eng mit den Jobcentern und Jugendämtern zahlreicher Berliner Bezirke zusammen. Darüber hinaus ist es unbedingt erforderlich, gute Beziehungen zu den Praktikumsbetrieben und den am Hilfeprozess beteiligten Trägern der Erziehungshilfe (z. B. Familien- und Einzelhelferinnen oder -helfer) zu pflegen.

Nur diese Zusammenarbeit in Form regelmäßiger Abstimmung und Evaluation mit staatlichen Beratungs- und Förderorganisationen (JC, JA), anderen freien Trägern der Jugendberufshilfe und Beratungsstellen (Schuldnerberatung, Drogenberatung, Soziale Dienste), welche spezifische Angebote für Problematiken (Drogen, Missbrauch etc.) anbieten, ermöglicht eine ziel- und bedarfsorientierte Arbeit.

13.7   Evaluation und Schulentwicklung

Qualitätssicherung

Qualitätssicherung innerhalb der *gesamten Werkschule* findet halbjährlich in Form eines Studientages statt. Hierbei geht es vor allem um das rein logistische wie auch motivations-bildende Zusammenführen aller Mitarbeiterinnen und Mitarbeiter und das damit verbundene Betonen des „Werkschul-Spirit". Bewährt haben sich Arbeitsformen der Gruppenbildung zu einzelnen Themen, so dass es neben einem konstruktiven Erfahrungsaustausch über bei-spielsweise didaktische Konzepte, pädagogische Lösungsstrategien bei ähnlich gelagerten Problemen und Bewertungskriterien, besonders um die Adaption erprobter Instrumente ein-zelner Projekte geht. Gleichzeitig werden Personalfragen in einem großen Rahmen geklärt, Weiterbildungen organisiert, Abschlüsse evaluiert und neue Projekte entwickelt. Auch finan-zielle Probleme in Folge von Gesetzesneuerungen oder ähnlichem werden transparent und daraus resultierende Neukonzeptionen angeregt. Innerhalb der einzelnen Projekte oder werk-schulübergreifend werden *regelmäßig Weiterbildungen* besucht, die zielgruppenorientiert ausgerichtet sind und somit die Qualität der pädagogischen Arbeit sichern oder verbessern.

Neben den *umfassenden Evaluationsstrukturen* werden zwei Mal im Monat *Teamsitzungen* in den jeweiligen *Projekten* abgehalten, in denen die konkrete pädagogische Arbeit ausge-wertet und Neuerungen besprochen werden. Hierbei dienen teilnehmerbezogene Qualitätssi-cherungsinstrumente, wie die Dokumentation der Anwesenheit und Verspätung, Bewer-tungstabellen der Sozialkompetenzen und der Notenspiegel, als Beurteilungsgrundlage. In Kooperation mit den Leistungsträgern (JA/Jobcenter) ist mindestens vierteljährlich ein *Eva-luationsbericht* hinsichtlich der Entwicklung des oder der einzelnen Teilnehmenden gemäß der Zielsetzung im Hilfeplan zu verfassen. Neben dieser schriftlichen Form finden mindes-tens zwei Hilfekonferenzen mit allen an der Hilfe Beteiligten statt. In Anbetracht der beson-deren Problemlagen der Zielgruppe wurden geeignete qualitätssichernde und -verbessernde Instrumente eingeführt, welche die Lernmotivation und die Lernfortschritte dokumentieren (z. B. das Führen eines Lerntagebuchs). In regelmäßig stattfindenden „Reflexionsrunden" wird das eigene Lernen und die Probleme mit Mitschülern oder Lehrpersonen im Sinne der Etablierung einer Feedbackkultur auf der Grundlage der *Lerntagebücher* diskutiert. Darüber hinaus erhalten die Schülerinnen und Schüler monatlich Zeugnisse über ihr Sozialverhalten und ihren Leistungsstand.

Das *Prüfungscoaching* beinhaltet neben der konkreten fachlichen Überprüfung und fächer-übergreifenden Sensibilisierung eine individuelle Lernbegleitung, um das erfolgreiche Able-gen der MSA-Prüfung zu unterstützen. Das Coaching besteht aus folgenden Bausteinen:

- Fachprüfung und mentales Training,
- Zeitmanagement,
- Lernstrategien,
- konstruktiver Umgang mit Misserfolgen,
- Kennenlernen von Methoden zur Stressbewältigung,
- Präsentationstraining,
- Lernerfolgsdokumentation.

Erfahrungsgemäß scheitern die HSA- und MSA-Prüfungen nicht immer am Wissen der Prüflinge, sondern an der Haltung der Prüflinge in der Prüfung selbst und vor allem während der Zeit der Prüfungsvorbereitung. Es fehlt einerseits an kontinuierlicher Motivation und andererseits an Lern-Know-how. Die meist negative Einstellung zum Lernen und zu Prüfungssituationen resultiert aus Ängsten und Blockaden, die sie in ihrer Schullaufbahn und im familiären Umfeld aufgebaut haben. Oft bleibt die Vermittlung an Lernmethoden zugunsten einer Überfülle an zu lernendem Fachwissen unzureichend oder die Lernstrategien werden im Unterricht thematisiert, jedoch nicht internalisiert. Das Einzelcoaching in Form von Prüfungssimulation hat sich im vergangenen Prüfungsdurchlauf als äußerst hilfreich erwiesen, um Ängste und Blockaden aufzubrechen und eine positive Haltung zum eigenen Lernen zu evozieren. Dabei geht es um eine Optimierung von Lernstrategien, um fachliche Sicherheit und den Abbau von Prüfungsangst (Stress- und Misserfolgsbewältigung). Die Vorbereitung auf die HSA/MSA-Prüfung erfordert eine sorgfältige Planung, die Schüler nur selten über einen längeren Zeitraum selbstständig bewältigen können. Das Coaching als Hilfe zur Selbsthilfe ist geeignet, um das Lernpensum zu strukturieren und die Angst vor Überforderung oder Selbstüberschätzung einzudämmen, sogar zu kontrollieren. Hierbei kann die Begleitperson regulativ eingreifen und zusammen mit der oder dem zu Prüfenden langfristig und zielgerichtet an der genauen Planung der Prüfung arbeiten. Das Coaching reicht so von der fachlichen Themenbesprechung und -überprüfung bis hin zum konkreten Zeit- und Lernmanagement. Besonders in der unmittelbaren Zeit vor den mündlichen Prüfungen wird das selbstsichere Auftreten des Prüflings anhand einer Vielzahl von fächerdifferenzierten und fächerübergreifenden Prüfungssimulationen trainiert. Das Ziel ist das selbstständige und eigenverantwortliche Lernen. Dazu werden Schüler durch die individuelle Begleitung, Überprüfung und Besprechung der Lernfortschritte ermuntert. Das Prüfungscoaching soll als ergänzendes Mittel zur Verbesserung und Stabilisierung des Lernverhaltens gesehen werden. Auf Grund ständiger Wiederholungsphasen und effizienter Planung des eigenen Lernens wird das „Lernen auf den letzten Drücker" vermieden, so dass in Hinblick auf die Ausbildungsreife und künftig geforderter Grundkompetenzen dieses Vorgehen einen Beitrag zur Reliabilität leistet. Das Prüfungscoaching versteht sich als ganzheitlicher Ansatz in Ergänzung zur inhaltlichen Vorbereitung auf die Prüfung.

Schulentwicklung

Neben Teamsitzungen, Studientagen und Weiterbildungen, die die Schulqualität sichern und verbessern, sind es vor allem die situativen und zeitnahen Neukonzeptionen, sichtbar an adaptierten Modulen oder an der Entwicklung neuer Projekte, welche eine Schulentwicklung vorantreiben. Hier erscheint es sinnvoll ein konkretes Beispiel für die Weiterentwicklung der Konzeption eines der Projekte vorzustellen: Die Weiterentwicklung der Konzeption für das Projekt „schule & beruf" aus dem Jahr 2009 basiert auf der ursprünglichen Konzeption vom September 2006. In der neuen Fassung wird mittels Evaluation auf die Wirksamkeit der Ur-Konzeption eingegangen und die daran anknüpfenden strukturellen Veränderungen in Planung und Durchführung erklärt. Durch die Einführung verbesserter und neuer Instrumente zur optimalen Förderung sozial benachteiligter und/oder individuell beeinträchtigter jungen Menschen soll das Ziel der zukünftigen Arbeit vor allem Nachhaltigkeit sein. Die aktuellen

Bedürfnisse des Arbeitsmarktes sollen künftig stärker die Rahmenbedingungen der sozialen Arbeit im Projekt „schule & beruf" bilden. Das Projekt „schule & beruf" galt im Sinne der ersten Konzeption unter anderem als weiterführendes sozialpädagogisch ausgerichtetes Schulprogramm für junge Menschen mit Hilfebedarf, die im Rahmen der Aktivierungshilfe ihren HSA im Projekt „Pappel74" der Werkschule erlangt hatten.

13.8   Dilemma

Besonders der „pädagogische Eros", welcher junge Menschen ganzheitlich betrachtet, kollidiert als notwendiger Anspruch des Öfteren mit der Pro-Kopf-Finanzierung, so dass dieses Dilemma zwischen Pädagogik und betriebswirtschaftlichem Interesse von allen Beteiligten stets ausgehalten werden muss.

Der „Kampf um jeden Schüler", welcher einerseits pädagogisch gemeint ist, aber zugleich auch immer finanziell, bringt neue Strukturen hervor, die die Problematik der teilnehmerzahlbasierten Finanzierung entschärfen, doch zugleich auch den Effizienzdruck auf die pädagogische Arbeit verstärken. Dabei besteht die Gefahr, den Leistungsdruck auf die Jugendlichen unzulässig zu erhöhen. Auch auf pädagogischen Ebene, aus Sicht der sich noch im Studium befindenden Lehrkräfte, die ihr pädagogisches Können in der Praxis erwerben und dabei didaktische/methodische Konzepte ausprobieren möchten, kann dieser Effizienzdruck die Kreativität und die Berufszufriedenheit beeinträchtigen.

In Anbetracht der vielseitigen Mängel, beispielsweise an ausreichender Zeit, Lehr- und Lernmitteln, Verpflegung, kulturellen Unternehmungen ist ein engagierter und innovativer Geist gefragt und gefordert. Doch die finanzielle Abhängigkeit eines freien, gemeinnützigen Trägers von Bundesgesetzbeschlüssen, Verwaltungseinschätzungen, der aktuellen Haushaltslage der Kommunen/Länder und dem allgemeinen Bildungstrend und dessen Relevanz für die Bundesregierung, kann auch schnell dessen Insolvenz bedeuten.

Diese Abhängigkeit von externen Bewertungsinstanzen, finanziell wie auch bildungspolitisch, ist speziell hinsichtlich der Abnahme der externen Nichtschülerprüfung für den MSA erfahrbar. Denn die Neuerung des Berliner Senats – die Nichtschülerprüfung, nicht wie gehabt zweimal im Jahr (Frühjahr und Herbst) stattfinden zu lassen, sondern ab 2010 nur noch einmal (Herbst) – hat nicht nur die Erhöhung der Prüfungsgebühr von 20 € auf 50 € zufolge. Darüber hinaus kann die mögliche Weiterfinanzierung durch die Kostenträger von Nichtbestehern, welche die Prüfung zum MSA einmal wiederholen dürfen, gefährdet sein. Der durch Senatsbeschlüsse verlängerte Zeitraum zum erneuten Versuch zur Erlangung des MSA kann und wird die Weiterfinanzierung hemmen, wenn nicht sogar blockieren, so dass die Teilnehmerzahl in Sozialprojekten deutlich schrumpft und schrumpfen wird. Die Überlegungen zum Wert der Jugendberufshilfe überhaupt lässt diese Tendenz in Form fallender An-meldungen schon augenscheinlich werden[66].

Wobei zu beachten bleibt, dass die durchschnittliche Erfolgsquote von MSA-Absolventen und Absolventinnen an Regelschulen 2006 bei 82%, 2007 bei 85% lag; die Erfolgsquote in den Fremdenprüfungen 2006 bei ca.27%, 2007 bei 35%[67].

Die Tatsache, dass Sozialprojekte ehemals schulferne Jugendliche mit multiproblematischem Hintergrund innerhalb eines Jahres einerseits den Schulstoff von vier Schuljahren vermitteln müssen und dabei oft mit enormen Lernschwierigkeiten zu kämpfen haben und andererseits oft therapeutische Aufgaben übernehmen, spricht eindeutig gegen eine „Optimierung" der Prüfungsmodalitäten des Berliner Senats. Vielen Teilnehmenden wird erst in der konkreten Prüfungsvorbereitung und den meisten erst nach der Nichtschülerprüfung bewusst, wie sie ihr Lernen, aber vor allem auch ihr Leben ändern müssen, um ausbildungsreif zu werden.

Dieses Umdenken kann in der weiteren Arbeit mit den Jugendlichen gewinnbringend genutzt werden, doch dafür bleibt dann keine Zeit bzw. Möglichkeit mehr, denn die Kosten für ein weiteres Jahr sind oftmals aus Sicht der Kostenträger zu hoch, ohne dass die Sicherheit eines Erfolgs gegeben ist. Doch gerade diese Unterstützung bei der Nachreifung der Sozialkompe-tenzen und Arbeitstugenden, besonders bei entwicklungsverzögerten jungen Menschen, muss weiterhin unterstützt werden, denn sonst droht der Gesellschaft ein enormer Verlust an zu-künftigen Leistungsträgern und vor allem an lebenstüchtigen und zufriedenen Menschen.

13.9   Vertiefungsaufgaben und -fragen

1. Welche pädagogischen Angebote und Instrumente werden hier vorgestellt? Welche Strukturen wären darüber hinaus hilfreich, um die geforderten Ziele zu erreichen? Beach-ten Sie hierbei den begrenzten Zeitraum der Hilfe und die Vielfalt der Zielsetzungen hin-sichtlich der vorgestellten Zielgruppe! Diskutieren Sie die daraus resultierenden Dilem-mata!

2. Welche Kompetenzen müssen in der Arbeit mit sozial benachteiligten und beeinträchtig-ten Jugendlichen besonders ausgebildet werden und wie können diese erworben werden? Gibt es hierbei Schnittstellen, Anregungspunkte, erprobte Strukturen oder Instrumente aus dem Gebiet des allgemeinen Managements?

3. Entwickeln Sie ein geeignetes Schulmodell, welches die behandelten Managementpro-zesse und die pädagogischen Ziele integriert.

---

[66] Siehe dazu: Bundesministerium für Bildung und Forschung: Berufsbildungsbericht. Bonn 2007, http://www.bmbf.de/pub/bbb_07.pdf (Stand 01.11.2007).

[67] Siehe differenzierte Statistik zum MSA auf der Webseite des Instituts für Schulqualität in Berlin und Branden-burg, erster Bericht zum MSA 2007, www.isq-bb.de.

14   SOS-Kinderdorf e.V.

Ergin Focali

14.1   Prolog

Ort: Das Ausbildungsrestaurant eines Berufsausbildungszentrums des SOS-Kinderdorf-vereins e. V.. Hier lernen sozial benachteiligte Jugendliche unterschiedliche Berufe im Gastronomiebereich, z. B. Koch und Gastronomiefachkraft. Im gleichen Ausbildungszentrum gibt es noch weitere Ausbildungsbereiche, u. a. Handwerk, Büro- und Verwaltungsberufe, Medienausbildung. Das Ausbildungszentrum ist eines von vielen Einrichtungen des SOS-Kinderdorfvereins[68]. In Deutschland gehören dazu fünfzehn SOS-Kinderdörfer, darunter das erste städtische Kinderdorf Europas in Berlin/Moabit ebenso wie Einrichtungen für Menschen mit Behinderungen, Berufsausbildungszentren für die Ausbildung sozial benachteiligter Jugendlicher, SOS-Mütterzentren, Jugendwohngruppen und ambulante Jugendhilfen.

Heute findet in besagtem Ausbildungsrestaurant eine Prüfung durch das Gewerbeaufsichtsamt statt. Die Getränkekarte erregt Aufsehen und führt zur Beanstandung: Auf ihr wird Bananensaft angeboten. Laut Lebensmittelverordnung kann aus Bananen kein Saft erzeugt werden, weshalb besagtes Getränk nur als Bananennektar ausgewiesen werden darf. Der Gewerbeaufsichtsbeamte ist unerbittlich, es kommt zur Anzeige wegen Irreführung der Kunden. Diese ergeht nicht gegen den Ausbildungsleiter oder den Leiter des Berufsausbildungszentrums, sondern landet in der Vorstandsetage des SOS-Kinderdorf e.V. in München. Es gibt keine Haftungseingrenzung durch Ausgliederungen einzelner Betriebe z. B. als gemeinnützige GmbH. Für Fehler im Kleinsten haftet das Gesamtunternehmen und damit stellvertretend der Vorstand in der Münchner Zentrale. SOS-Kinderdorf in Deutschland hat die Rechtsform eines eingetragenen, gemeinnützigen Vereines. Ein Managementfehler oder zeitgemäße und bewusste Strategie für modernes Bildungsmanagement?

Die Leitung von sozialen Dienstleitungsorganisationen unterliegt einem doppelten Mandat: Effizienz-, Rentabilitäts- und Erfolgsorientierung einerseits und Non-Profit-Ausrichtung

---

[68] Für das Zustandekommen des vorliegenden Beitrages sei dem Leiter des Berufsausbildungszentrums des SOS-Kinderdorf, Burkhard Schäfer, gedankt, der sich – auch aus dem betriebseigenen Verständnis von Transparenz und Öffentlichkeitsarbeit – bereitwillig den Fragen gestellt hat, auf deren Grundlage vorliegende Ausführungen u. a. beruhen. Der Autor selbst war als pädagogischer Mitarbeiter langjährig beim hier beschriebenen Träger tätig.

andererseits. Wie dieser Spagat, Einsatz professioneller Managementstrategie bei Beibehaltung sozialer bzw. pädagogischer Zielorientierung gelingen kann, soll im Folgenden am Beispiel des SOS-Kinderdorf e.V. aufgezeigt werden. Dies bietet sich in besonderer Weise an, da es sich beim SOS-Kinderdorf e.V. um einen der größten freien Träger der Sozialen Arbeit in Deutschland handelt, der Formalstrukturen aufweist, die sich aus den sozialen bzw. pädagogischen Zielsetzungen heraus ergeben.

Um die spezifischen Managementstrategien des SOS-Kinderdorf e.V. aufzuzeigen, wird zunächst ein Blick auf die Entstehungsgeschichte des Vereins und die originären Zielsetzungen geworfen. In einem weiteren Schritt werden die Rechtsform und der daraus resultierende formale Aufbau der Organisation dargestellt. Resümierend werden Managementstrategien sowie Strategien der Mitarbeiter- bzw. Personalführung dargestellt, um Rückschlüsse für Management von sozialen Dienstleistungsorganisationen im Allgemeinen zu ziehen.

14.2   Entstehungsgeschichte und Tätigkeitsbereiche des Vereins

Hermann Gmeiner (1919–1986), der Gründer der SOS-Kinderdörfer und des SOS-Kinderdorf e.V., hatte selbst nach dem frühen Tod seiner Mutter, der Wirtschaftskrise in den 30er Jahren des 20. Jahrhunderts und den Kriegserfahrungen (der eigenen Einberufung zum Kriegsdienst), Not und Elend ebenso wie die Schicksale eltern- und heimatloser Kinder erfahren. 1949 gründete er deshalb die „Societas Socialis" (Soziale Gemeinschaft), aus der heraus das erste SOS-Kinderdorf in Imst/Österreich entstand. Sein Ziel war es, den notleidenden Kindern, die in Folge des Zweiten Weltkrieges nicht mehr in ihrer Familie bzw. in geordneten Verhältnissen aufwachsen konnten, zu helfen, ihre Lebensbedingungen zu verbessern. Das erste deutsche SOS-Kinderdorf wurde 1955 gegründet. Hermann Gmeiner, der sein gesamtes Vermögen von 600 Schilling investiert hatte, entwickelte früh die Idee, über Spendenaufrufe Mitglieder und neue Einnahmenquellen zu akquirieren. Hier ein historisches Beispiel für einen solchen Spendenaufruf:

„Es gibt Kinder, für die buchstäblich niemand sorgt, die in unglaublichen Elendswohnungen ohne jede Obhut und Liebe in einer verkommenen Umwelt leben müssen. Ich versichere Ihnen, es gibt Kinder, denen einfach kein anderer Weg übrigbleibt als der der Verwahrlosung und des Verbrechens. Jeder Zeitungsleser der BRD weiß, dass es auch bei uns eine große Zahl solcher erbarmungswürdiger Geschöpfe gibt: Diesen armen, verlassenen Geschöpfen müssen wir helfen. Wir alle! Wer kann ihr Weinen überhören? Wer kann froh und unbeschwert durchs Leben gehen, ohne das Seine getan zu haben, damit diese armen Kinder einen Platz in der Welt finden, wo sie hingehören, eine wirkliche Heimat bei einer guten Mutter? (...) Der kleine Beitrag von 30 Pfennig monatlich ist wirklich nicht viel als ein Zeichen des guten Willens, aber genug wenn sich viele Menschen zusammenfinden, um ein großes Werk der Liebe zu begründen und weiterzuführen. Bitte opfern sie 1 Pfennig pro Tag und

schenken sie damit Hunderten von schutz- und hilflosen Kindern Liebe, Geborgenheit, Lebensglück"[69].

Innerhalb weniger Jahre, von 1955–1959, wuchs die Mitgliederzahl rapide von 2.000 auf 100.000 Menschen an. Das Prinzip, mit einem regelmäßigen Spendenbeitrag von einem Pfennig am Tag gleichzeitig Mitglied des Vereins zu sein, wurde über 50 Jahre lang aufrecht erhalten[70]. 1986 wurde Helmut Kutin Nachfolger Hermann Gmeiners, er war eines der Kinder, die im „Haus Südtirol", dem ersten SOS-Kinderdorf aufgewachsen waren. Er ist heute Präsident von SOS Kinderdorf International, einem global agierenden Unternehmen mit weltweit rund 500 Standorten in 132 Ländern, das mehr als 57.000 Kinder und Jugendliche in 470 SOS-Kinderdörfern betreut. Der SOS Kinderdorf e. V. ist in Deutschland einer der größten freien Träger der Sozialen Arbeit und als solcher u. a. Mitglied im „Paritätischen Wohlfahrtsverband". Im Wirtschafts- und Sozialrat der Vereinten Nationen wird SOS-Kinderdorf International als „NGO mit beratendem Status" eingestuft.

Beim SOS-Kinderdorfverein e. V. handelt es sich um eine nicht-staatliche, global agierende, soziale Organisation mit unterschiedlichen Tätigkeitsbereichen. Kernbereich der Vereinsarbeit war und ist es, Kindern, deren eigene Familiensituation dies nicht ermöglicht (Waisen oder „Sozialwaisen"), ein familiär geborgenes Zuhause bzw. familienähnliche Strukturen zu geben und dadurch die Entwicklung jedes einzelnen Kindes hin zu einer eigenständigen Persönlichkeit zu fördern. Dies geschieht oftmals im Rahmen eines klassischen SOS-Kinderdorfes, das aus mehreren Häusern besteht und in denen Kinder mit ihrer SOS-Kinderdorfmutter, mittlerweile auch SOS-Kinderdorfvätern und ihren leiblichen oder SOS-Kinderdorf-Geschwistern zusammenleben. Neben dem jeweils eigenen Familienhaus bieten die Kinderdörfer eine eigene Infrastruktur (z. B. Spielplatz, Kindergarten) und begleitende psychologische bzw. pädagogische Betreuung. Neben den klassischen ursprünglichen Kinderdörfern bietet der Verein zunehmend auch weitere Angebote der Kinder- und Jugendhilfe sowie der Behindertenhilfe und der Jugendberufshilfe an, um durch diese familienunterstützenden Programme zusätzlich mehr Menschen zu erreichen. Hierzu gehören Jugendeinrichtungen, SOS-Hermann-Gmeiner-Schulen, SOS-Kindergärten, SOS-Familienzentren und in Deutschland mittlerweile fünf SOS-Berufsbildungszentren.

14.3 Zielsetzung und Leitbild

Fragt man vor dem Hintergrund dieses differenzierten Leistungsangebots nach den Zielen dieser sozialen Organisation, so lassen sich diese nur in differenzierter Form darlegen: Ziele des SOS-Kinderdorf e.V. (Sitz München) bzw. SOS International als „Gesamtorganisation", Ziele der jeweiligen Einrichtungen (z. B. Kinderdörfer, Berufsausbildungszentren, Familien-

---

[69] Umfangreiche Informationen, zu Historie, Leitbild, Finanzen (aktueller Jahresbericht) etc. finden sich mit weiteren Querverweisen unter www.SOS-Kinderdorf.de.

[70] Aktuell ist für eine Mitgliedschaft ein Antrag notwendig, über den der Vorstand entscheiden kann.

zentren usw.) und schließlich die Ziele der jeweiligen beteiligten Personen, Leitung wie Mitarbeiterinnen und Mitarbeiter (und dem Klientel).

So sind z. B. Ziele eines SOS-Ausbildungszentrums, junge Menschen mit einer guten Ausbildung in den Arbeitsmarkt zu entlassen, damit sie dort selbstständig ihr Leben organisieren können, Ziele des Trägers SOS-Kinderdorf e.V., Bildungsprozesse von jungen Menschen dort zu unterstützen, wo Familien die Möglichkeiten nicht haben, dies selbst zu gewährleisten, und Ziele der Leitung, die Prozesse zu steuern bzw. die Einrichtung zu organisieren. Damit die Ziele aller im Verein tätigen Menschen, aller Einrichtungen des Vereins sowie aller Planungs-, Führungs- und Verhaltensgrundsätze eine übergeordnete verbindliche Orientierung haben, die auf die historische Grundidee des SOS-Kinderdorf e.V., sich für das Wohlergehen von Kindern, Jugendlichen und Erwachsenen zu engagieren, ausgerichtet ist, gibt es das Leitbild. Es dient als *„verbindlicher Orientierungsrahmen für das Handeln innerhalb des Vereins und beschreibt seine Identität als Organisation nach innen und außen“*[71].

Da die soziale Realität immer wieder neue Aufgaben hervorbringt, die neue Lösungsmöglichkeiten für die vielfältigen sozialen Problemlagen erfordern, handelt es sich bei den im Leitbild formulierten Vorstellungen nicht um statische Zielsetzungen, sondern um Orientierungen für einen „überschaubaren Zeitraum“, die den inneren und äußeren Veränderungen immer wieder dynamisch angepasst werden müssen und deren Fortschreibung unerlässlich ist.

Vor diesem Hintergrund begreift sich der Verein als „Lernende Organisation“, die sich in einem permanenten Entwicklungs- und Veränderungsprozess befindet. Dies geschieht u. a. in breit angelegten Diskussionsprozessen, in denen grundlegende Elemente des Leitbildes und des organisationalen Grundverständnisses erarbeitet und dann von der Vereinsführung verabschiedet werden.

Grundsatz ist und bleibt aber, bei aller Veränderung, die bei der Gründung 1949 von Hermann Gmeiner angedachte Soziale Gemeinschaft („Societas Socialis“), wonach laut Präambel *„die haupt- und ehrenamtlichen Mitarbeiter des SOS-Kinderdorf-Vereins“* ihre *„Arbeit als Beitrag zur Verwirklichung einer friedvolleren und gerechteren Welt“* verstehen. Diese übergeordnete Zielsetzung kann nur durch *„qualifizierte und motivierte Mitarbeiter im Haupt- und Ehrenamt“* erreicht werden, *„die sich über ihren unmittelbaren Auftrag hinaus mit dem SOS-Kinderdorfverein als Gesamtheit identifizieren“*. Diese Identifikation kommt u. a. durch den Vertrauensvorschuss zum Ausdruck, der sich in der Rechtsform eines Vereins formal dokumentiert.

---

[71] http://www.sos-kinderdorf.de/sos_kinderdorf/de/ueber_sos/fakten_und_hintergruende/leitbild.html
(Stand: 04.2010).

14.4   Rechtsform und Finanzierung

Wie eingangs bereits erwähnt, hat SOS-Kinderdorf in Deutschland die Rechtsform eines gemeinnützigen, parteipolitisch unabhängigen und überkonfessionellen Vereins.

Der Vorstand des Vereins mit zentralem Sitz in München besteht aus drei ehrenamtlichen und zwei hauptamtlichen Vorstandsmitgliedern, die für Vorgaben und Steuerung von Finanzverwaltung und Organisationsstruktur verantwortlich sind. Kontrolliert wird der Vorstand durch ein Aufsichtsgremium, dem Verwaltungsrat, besetzt z. B. durch Vertreter aus Wirtschaft und Politik. Insgesamt erfolgen zwar Vorgaben finanzieller und inhaltlicher Art durch den Vorstand, die Diskussion über Strategien erfolgt aber unter Beteiligung der Mitarbeiter. So werden an mittelfristigen Planungen alle Einrichtungen beteiligt, die dann ihre Vorschläge und Vorstellungen an den Vorstand rückmelden. Dieser bereitet Entscheidungen vor, die in Leitungskonferenzen zur gemeinsamen Abstimmung von Richtlinien vorgelegt werden. Insgesamt sind Entscheidungsprozesse hierdurch eher langwierig.

Diese Langwierigkeit von Entscheidungsprozessen, die sich aus der Vereinsstruktur und dem zentralistischen Aufbau ergibt, könnte als Nachteil einer solchen Rechts- und Organisationsform angesehen werden. Eine weitere Problematik dieser Rechtsform ergibt sich daraus, dass es durch die Vereinsstruktur keine Ausgliederung einzelner Einrichtungen gibt, um Risiken einzugrenzen. Der Vorstand[72] übernimmt die Verantwortung für die Gesamtorganisation. Dass diese Rechtsform auch zukünftig beibehalten werden soll, der Verein also dennoch an dieser Rechts- (und damit letztlich Organisations-) Form festhält, hängt eng zusammen mit der dargestellten Historie, den sozialen bzw. Bildungszielen und der Finanzierung, also dem ursprünglichen Ziel, Menschen für eine Idee zu gewinnen, über Kleinspenden (1 Pfennig pro Tag) eine Form von Solidargemeinschaft zu initiieren und somit eine soziale Gemeinschaft mit einer gemeinsamen Verantwortung herzustellen. Dass der Bereich der Spendenfinanzierung und damit die Idee der Solidargemeinschaft einen außerordentlichen Stellenwert einnimmt, zeigt sich in der Tatsache, dass es neben dem pädagogischen Kernbereich einen eigenen Bereich Finanzierung gibt, dass also die pädagogische Profession und der formale Handlungsdruck, der sich zu großen Teilen aus der Finanzierungsnotwendigkeit ergibt, entkoppelt sind. Die Abteilung Spendenfinanzierung akquiriert Patenschaften, Nachlässe und betreut klassische Spender ebenso wie Firmenspender. Heute werden ca. 2/3 der Angebote über Spenden finanziert, ca. 1/3 entstammt öffentlichen Geldern[73].

Insgesamt ist jede Einrichtung verpflichtet, sich um Spenden zu kümmern, weshalb Öffentlichkeitsarbeit und Transparenz besondere Bedeutung zukommen. Innerhalb der Einzeleinrichtungen sind die Leiter verantwortlich für die Finanzen und die Beschaffung von Finanz-

---

[72] Aktueller Vorstandsvorsitzender ist Prof. Dr. Johannes Münder.

[73] Laut SOS-Kinderdorf e.V. Jahresabschlussbericht hat der Verein im Jahr 2007 Spenden in Höhe von 115.5 Mio. Euro eingenommen, zuzüglich Erträgen aus öffentlichen Mitteln in Höhe von 81,8 Mio. Euro, zuzüglich sonstiger Erträge in Höhe von 10,1 Mio. Euro. Hinzu kommen sonstige betriebliche Erträge in einer Höhe von 11,7 Mio. Euro. Von diesen Erträgen wurden 2007 110 Mio. Euro für den Personalaufwand verwendet. Dabei steht SOS Kinderdorf e. V. durchaus in Konkurrenz zu anderen Spendenorganisationen.

mitteln, ebenso wie für strukturelle Veränderung. Die Leiter der Einzeleinrichtungen sind Angestellte des (Gesamt-)Vereins.

Das Leitungspersonal, also das (Bildungs-)Management, sollte einen Gesamtüberblick über die kaufmännischen und die pädagogischen Anforderungen haben[74], also über Finanz- und Verwaltungskenntnisse und eine pädagogische Qualifikation verfügen. Die Leitung der Einzelbetriebe unterliegt der Kontrolle durch Abteilungsleiter in München. So werden im Innenverhältnis Leistungsverpflichtungen, jährlich Zielvereinbarungen und mittelfristige Entwicklungsplanungen getroffen. Dennoch ist in dieser Form der Organisationsstruktur ein großer Vertrauensvorschuss in die Arbeit der einzelnen Organisationsbereiche enthalten. Alle Organisationsbereiche stellen letztlich, auch formal, eine Einheit dar.

Da der Verein neben den Spendeneinnahmen in verstärktem Maße bestrebt ist, öffentliche Mittel für die unterschiedlichen Leistungsangebote der jeweiligen Einrichtungen in Anspruch zu nehmen, ist für die Finanz- und Verwaltungsarbeit außerdem eine gute Schulung im Sozialrecht ausschlaggebend: *„Das Recht ist die Mathematik des Sozialarbeiters"*, wie es Burkhard Schäfer, Leiter einer SOS-Einrichtung, treffend formuliert. Man muss Ämtern gegenüber Maßnahmen rechtlich und sachlich begründen können. Und so gehören gute Kontakte zu Institutionen, das Überschauen von Finanzsystemen und die Akquisition von Finanzmitteln zum Kerngeschäft des Bildungsmanagements.

Zum innovativen Anspruch gehört, gerade beim Akquirieren öffentlicher Mittel, ein Verständnis für Arbeitsbedingungen in öffentlichen Verwaltungen (z. B. Jobcenter), um hier, anstatt zu problematisieren, mit innovativen Ideen, Ämtern und Behörden Gemeinsamkeiten in den Zielsetzungen und somit eine positive Richtung aufzeigen zu können. Um sicherzustellen, dass die finanziellen Mittel zielgerichtet eingesetzt werden, gibt es eine interne Revision sowie eine unabhängige Wirtschaftsprüfungsgesellschaft zur externen Revision. Zielgerichtet heißt, dass Mittel nicht primär in die Verwaltung fließen, sondern direkt dem Klientel zugute kommen. Dabei ist die Transparenz der Mittel von hoher Bedeutung – nicht zuletzt auch für die Identität der Organisation.

14.5   Management und Personalführung

Dass der Verein mit seiner Vereinsstruktur handlungs- und leistungsfähig ist, wird durch eine Reihe von Managementmethoden gewährleistet:

- Management auf Grundlage der Organisationspezifka sozialer bzw. pädagogischer Dienstleistungsorganisationen,
- hieraus folgend, Entkoppelung unterschiedlicher Organisationsbereiche (pädagogischer Bereich, Finanzbereich) auf Personalebene und Koppelung sowie Gesamtüberblick auf Leitungsebene,

---

[74] So haben alle Bereichsleitungen in der Regel eine pädagogische Ausbildung.

- Schaffung von Identifikation (gemeinsame Ideen, „Lernende Organisation", Vereins-struktur),
- fortlaufende Qualitätsentwicklung und Qualitätssicherung, z. B. auch durch bedarfsorien-tierte Fortbildungsangebote,
- internes und externes Finanzcontrolling, Transparenz, Öffentlichkeitsarbeit,
- gezielte Umsetzung der gesetzlichen Rahmenbedingungen (z. B. Betriebsrat),
- an der sozialen Ausrichtung orientierte Personalführung (ideelle und materielle Anreiz-systeme, Partizipation, Anerkennung/Wertschätzung u. a.).

Grundlage für die Umsetzung der Organisationsziele und damit Grundlage des Manage-mentprozesses sind – wie dargestellt – gemeinsame Ideen, über die die Zentrale den Gesamt-überblick hat. Die Umsetzung vor Ort erfolgt in hohem Maße selbstständig, wodurch Spiel-räume für die pädagogische Arbeit entstehen.

Hier wird die Entkoppelung von Finanz- und Verwaltungsthemen einerseits und pädagogi-schen Themen andererseits deutlich. Während die Leitung der jeweiligen Einrichtung – als Nahtstelle zwischen zentraler Finanzverwaltung in München und dem jeweiligen Einzelbe-trieb – einen kaufmännischen Blick auf die pädagogischen Prozesse haben muss, sind einzel-ne pädagogische Mitarbeiterinnen und Mitarbeiter von Finanz- und Verwaltungsthemen weitestgehend entlastet, es stehen pädagogische Themen im Mittelpunkt. Zwar könnte dies als „organisatorischer" Nachteil wirken, durch die vereinsspezifische Mitarbeiter- bzw. Per-sonalführung und Personalbeteiligung wird dem jedoch vorgebeugt. So werden durch die Beteiligung der Mitarbeiterschaft an Entscheidungsprozessen Transparenz geschaffen sowie Engagement, Motivation und Identifikation der Mitarbeiterschaft gefördert.

Förderlich hierbei sind (im Gegensatz zu einer auf Gewinnmaximierung ausgerichteten GmbH) auch die ideellen Anreize (z. B. die sich aus der Vereinsidee, Förderung von Kindern und Jugendlichen, ergebenden). Zusätzlich gibt es aber weitere mitarbeiterorientierte Anreiz-systeme. Wesentlich zählt hierzu das regelmäßige Fort- und Weiterbildungsangebot, das an dem Bedarf und den Wünschen der Mitarbeiterinnen und Mitarbeiter orientiert ist und neben der Qualitätsarbeit einen wichtigen Faktor der Beteiligung darstellt. Durch die permanente Möglichkeit der Auseinandersetzung mit „Wert- und Sinnfragen" wird Motivation ebenso wie Qualität der Arbeit gesichert.

Die Qualitätssicherung erfolgt auch auf der Ebene der organisationalen Weiterentwicklung. Hier werden neben den Inhalten und Zielen z. B. auch Entscheidungs- und Beteiligungswege im Rahmen von Vereinskonferenzen diskutiert. Hierbei wird auch geprüft, inwieweit formel-le und informelle Kommunikationsstrukturen funktionieren oder wie sich die Vereinskultur und der gegenseitige Umgang miteinander darstellen.

Eine weitere Anreizstruktur zur Optimierung des Betriebs- und Arbeitklimas und damit der organisationalen Leistungsfähigkeit ist die Zusammenarbeit mit dem Betriebsrat als gesetz-lich vorgegebener Mitarbeitervertretung, auf die großen Wert gelegt wird, nicht zuletzt, weil Menschen, die sich im Betriebsrat engagieren, Interesse an der Einrichtung haben. Der Be-triebsrat handelt mit der Geschäftsführung auch die Bedingungen einer am Öffentlichen Dienst orientierten Vergütung aus. Zu den finanziellen Anreizsystemen gehören auch die

Zahlung von bestimmten Einmalzahlungen wie einem Weihnachtsgeld, Beihilfeleistung (Zahnersatz), allgemeine Gesundheitsförderung, sowie Möglichkeiten zur Arbeitszeitveränderung oder Rücksichtnahme auf familiäre Bedingungen. Die (heutzutage nicht zwangsläufig selbstverständliche) Regelmäßigkeit der Vergütung, geregelte und verlässliche Arbeitszeit und Personalschlüssel, also die Einhaltung der Rahmenbedingungen, komplettieren den materiellen bzw. institutionellen Rahmen des Personalmanagements. Hinzu kommen Anreize wie persönliche Anerkennung, Wertschätzung und Beachtung der Leistung. Warnsignale, dass etwas nicht stimmt, sind für das Personalmanagement z. B. steigende Zahlen in der Krankheitsstatistik.

Allerdings, dies muss noch einmal betont werden, geht es gerade auch im Rahmen sozialer Dienstleistung nicht nur um das Wohlergehen der Mitarbeiterinnen und Mitarbeiter, sondern im Wesentlichen um die Klienten. Auch hier stellt sich der Leitung die Aufgabe, auf Ausgewogenheit zu achten und zu erkennen, wo angemessene Forderungen zur Verbesserung der Arbeitsbedingungen in Besitzstandswahrung umschlagen oder wo es vor dem Hintergrund sinkender Finanzmittel zu Qualitätsverlusten kommt.

Dennoch, ein wesentlicher Aspekt des Bildungsmanagements bzw. des Bereiches sozialer Dienstleistungen, sind Erfahrung im Personalumgang, da Menschen (Mitarbeiter und Mitarbeiterinnen) das eigentliche und somit wichtigste Kapital in diesem Sektor darstellen. So sind z. B. auch Kinderdorfmütter Managerinnen, die ihre Familie managen. Im Unterschied zu anderen Betrieben hat man aber – z. B. als Kinderdorfmutter – dort, wo man mit Menschen arbeitet, oft keinen Feierabend im eigentlichen Sinne. Dies gilt es auf Leitungsebene zu berücksichtigen und z. B. entsprechende Stützsysteme zu installieren bzw. zur Verfügung zu stellen. Das eigentliche „Material des Bildungsmanagers" ist das Personal, auf dieser Ebene können die meisten Fehler entstehen. Man muss gut hinhören können angesichts der zahlreichen Fragen, die täglich immer wieder neu auftauchen. Und *„man darf sich als Leitung nicht aus der Ruhe bringen lassen"* (Burkhard Schäfer, Leiter des Berufsausbildungszentrum in Berlin Wedding).

Deshalb gehören zu den Methoden der Personalführung periodische Mitarbeitergespräche, in denen die jeweiligen Ziele (Mitarbeiter, Einrichtung) sowie Wünsche zur Weiterentwicklung und Weitergestaltung besprochen werden. Ziel ist es, Mitarbeiterinnen und Mitarbeiter so einzusetzen, dass sie sich optimal einbringen können.

Im Rahmen der Mitarbeitergespräche ist Vertrauen eine wesentliche Grundlage. Hierzu gehört es, keine Versprechung zu machen, die man nicht einhalten kann, Konflikte früh anzusprechen, nicht mit Abmahnung oder ähnlichem zu arbeiten. Während „kleine Dinge" für das Management und die Personalführung oft wichtig sind, ist *„Misstrauen das schlimmste Gift der Sozialen Arbeit"*, so Burkhard Schäfer.

14.6 Epilog: Rückschlüsse für „erfolgreiches" Bildungsmanagement

Am Beispiel des SOS-Kinderdorf e. V. sollte hier modellhaft aufgezeigt werden, wie sich sozial engagiertes Bildungsmanagement bzw. die Leitung von sozialen Dienstleistungsorganisationen erfolgreich gestalten kann. Im Zentrum der Tätigkeit einer Bildungsorganisation stehen Bildungsauftrag, Bildungsziel, soziales Anliegen, letztlich der Mensch. Diesen originären Organisationszielen sind die Methoden des Managements zugeordnet, so jedenfalls der Idealfall[75].

Der hier vorgestellte SOS-Kinderdorf e.V. versteht sich vor diesem Hintergrund, *„als Sozialwerk, das sich für benachteiligte Kinder, Jugendliche und Erwachsene im In- und Ausland engagiert",* damit *„alle Kinder dieser Welt unter menschenwürdigen Bedingungen aufwachsen, unabhängig von ihrer religiösen, ethnischen und sozialen Herkunft. Sie sollen Geborgenheit und Liebe erfahren und ihren Platz in der Gesellschaft finden"* (www.soskinderdorf.de).

Die Idee einer sozialen Gemeinschaft, wie sie von Herrmann Gmeiner vor über 60 Jahren entwickelt wurde und heute von Helmut Kutin, einem der ersten Kinderdorfkinder, weitergeführt wird, hat seither die Arbeit und Struktur des Vereins maßgeblich bestimmt. Im Zentrum stehen Kinder und Jugendliche, ihre Persönlichkeitsentwicklung und Bildungsprozesse. Eine Gesellschaft wird nur zur sozialen Gemeinschaft, wenn sie Verantwortung für Kinder und Jugendliche übernimmt, für deren Wohl (z. B. durch die leiblichen Eltern) nicht gesorgt ist. SOS stellt in diesem Sinne eine internationale „soziale Gemeinschaft" dar, deren Identität in starkem Maße nach innen und außen gelebt wird.

Hierbei wird bewusst auch auf die *Formalstruktur eines Vereins* gesetzt. Passieren Fehler z. B. beim Ausweisen von Bananennektar als Bananensaft auf der Getränkekarte eines Ausbildungsrestaurants, haftet rechtlich der Vorstand stellvertretend für den Gesamtverein. Durch die gemeinschaftliche Idee, Förderung von Kindern und Jugendlichen, und der hiermit verbundenen Herstellung einer „sozialen Gemeinschaft" ist eine hohe Identität entstanden. Nur durch diese hohe Identität – nach innen wie nach außen – und die damit verbundene Identifikation funktioniert aber eine Idee, wie sie von SOS gelebt und praktiziert wird.

---

[75] Ein unrühmliches Gegenbeispiel lieferte 2010 die Affäre um einen Berliner Obdachlosenhilfeverein. Folgen von Intransparenz, unsachgemäßem Umgang mit öffentlichen Geldern (Sportwagen als Dienstfahrzeug etc.) und sozialunverträglichen Arbeitsbedingungen führt hier letztlich zum Zusammenbruch eines Unternehmens im Bildungs-/Sozialbereich.

14.7   Vertiefungsaufgaben und -fragen

1. Welche Gründe gibt es für einen überregional und international agierenden Träger der
   Sozialen Arbeit, die Rechtsform eines eingetragenen, gemeinnützigen Vereins zu wählen? Welche Vor- und Nachteile ergeben sich aus dieser Rechtsform?

2. Was kennzeichnet das „Modell" SOS-Kinderdorf e.V.? Lässt sich dieses Modell auf
   andere Träger (soziale Dienstleitungsorganisationen) übertragen?

3. Welche Bedeutung haben Identifikation und Identität mit dem Träger bzw. innerhalb des
   Trägers? Wie kann man diese stärken?

15 Eine private Hochschule gründen

Martin Sauer und Andrea Schmidt

15.1 Einleitung

Die deutsche Hochschullandschaft ist seit einigen Jahren im Umbruch. Längst sind aus der alten „Ordinarien-Universität" Großunternehmen geworden, die mit einer differenzierten Personalstruktur und professionellem Management einerseits große Zahlen von Studierenden ausbilden, andererseits hoch spezialisierte Grundlagen- und Anwendungsforschung betreiben. Exzellenzinitiativen bezüglich Forschung und Lehre sowie fächerbezogene Rankings, die unterschiedliche Kriterien wie Qualität der Studierendenbetreuung, Ausstattung der Bibliotheken oder Einwerbung von Forschungs-Drittmitteln betreffen, haben den Wettbewerb zwischen den Hochschulen gezielt angestachelt. Mit der Einführung gestufter Studiengänge (Bachelor/Master) im sogenannten Bologna-Prozess beabsichtigte „die Politik" zum einen die Verkürzung der Studienzeiten und zum anderen die Vergleichbarkeit der Abschlüsse im vereinigten Europa sowie die Erleichterung des Wechsels zwischen Hochschulen im In- und Ausland.

Für besondere Zielgruppen oder alternative wissenschaftliche Ansätze boten und bieten die oft als „Massenuniversitäten" karikierten Hochschulen allerdings wenig Raum. So wurden in den vergangenen Jahrzehnten neben den etablierten staatlichen und kirchlichen Hochschulen vermehrt private Hochschulen gegründet, inzwischen ca. 124, davon 9 Universitäten. Einige von ihnen haben weniger als 100 Studierende, andere haben mehrere Standorte gegründet und bieten mehr als 10.000 Studienplätze an. In NRW beispielsweise werden zurzeit etwa ein Drittel aller Studienplätze an *Fachhochschulen* von privaten Hochschulen angeboten – Tendenz steigend.

In diesem Beitrag wollen wir den Motiven für die Gründung privater Hochschulen nachgehen, die Anforderungen für Gründung und staatliche Anerkennung nennen, den Weg der Genehmigung nachzeichnen sowie auf einige spezifische Problemlagen hinweisen. Unser Erfahrungshintergrund ist dabei die im Jahre 2006 erfolgte Gründung der Fachhochschule der Diakonie (FHdD) in Bielefeld, einer privaten Fachhochschule kirchlichen Rechts. Die FHdD hat zum Ende des Jahres 2009 etwa 300 Studierende in 3 Studiengängen. 10 haupt-

amtliche Professorinnen und Professoren (auf 9 Vollstellen) und 6 wissenschaftliche Mitarbeiterinnen und Mitarbeiter (auf 4 Vollstellen) vertreten Lehre und Forschung.

15.2   Motive für die Gründung privater Hochschulen

Die Motive für die Gründung von privaten Hochschulen sind vielschichtig: Motiv für die
Gründung der wohl bekanntesten privaten Universität, der Universität Witten-Herdecke, war
es, ein Reformmodell für das deutsche Hochschulwesen zu schaffen und dabei neue Formen
des Lehrens und Lernens sowie neue Studienrichtungen zu entwickeln und auch Raum für
alternative Ansätze in der Forschung zuzulassen. Sie verfolgt das „Ideal des freien Lernens"
und ist bisher die einzige deutsche Voll-Universität in nicht-staatlicher Trägerschaft[76].

Bei anderen Gründungen ging es Groß- oder mittelständischen Unternehmen darum, ihren
eigenen zukünftigen Fach- und Führungsnachwuchs in Studiengängen sehr betriebs- und
praxisnah auszubilden. Die Studiengänge werden in „enger Zusammenarbeit mit Unternehmen, Verbänden und öffentlichen Einrichtungen" entwickelt (Fachhochschule des Mittelstandes in Bielefeld[77]) oder sind auf die Bedürfnisse berufsbegleitend Studierender in
Methodik, Inhalten und Organisation ausgerichtet[78].

Einige Hochschulen bedienen in ihrem Angebot direkt das Top-Management (so z. B. die
European Business School im Schloss Reichartshausen[79]); andere waren früher sehr spezialisierte Ausbildungsstätten auf Fachschulebene und haben sich im Zuge des Bologna-
Prozesses auf ein akademisches Niveau umgestellt (so z. B. die Fachhochschule des CVJM
in Kassel[80]).

Während die meisten privaten Hochschulen nicht gewinnorientiert arbeiten und als gemein-
nützig anerkannt sind, agieren einige offensiv am Markt und scheinen durchaus auch Profitinteressen zu folgen. Immer aber geht es um kleinere oder größere „Nischen", für die die
staatlichen Hochschulen keine Angebote bereithalten.

---

[76] Vgl. Homepage der UWH, http://www.uni-wh.de/die-uwh/profil/?L=0 (Stand 22.10.2009).

[77] Vgl. Homepage der FHM, http://www.fhm-mittelstand.de/die-fhm.html Stand: 22.10.2009).

[78] So beschreibt z. B. die FH für Oekonomie und Management (FOM), die mit dem Slogan „Studium neben dem
      Beruf" wirbt, ihren Auftrag: „Die FOM ergänzt die deutsche Hochschullandschaft, indem sie Berufstätigen und
      Auszubildenden die Parallelität von Studium und Berufstätigkeit ermöglicht." http://www.fom.de/ (Stand:
      22.10.09) vgl. auch die Ausrichtung der Steinbeis-Hochschule, http://www.steinbeis-hochschule.de/.

[79] Vgl. Homepage: www.ebs.edu (Stand: 22.10.2009).

[80] Vgl. Homepage: http://www.cvjm-hochschule.de (Stand: 22.10.2009).

Motive zur Gründung der Fachhochschule der Diakonie (FHdD)

Die Gründung der Fachhochschule der Diakonie ist eine Reaktion auf den Personalbedarf im Sozial- und Gesundheitswesen, der aktuell besteht bzw. in naher Zukunft entstehen wird.

Die FHdD hat ihren Sitz in Bielefeld auf dem Gelände der v. Bodelschwinghschen Anstalten Bethel und bietet zurzeit drei berufsbegleitende Studiengänge für Fach- und Führungskräfte im Sozial- und Gesundheitswesen mit dem Abschluss „Bachelor of Arts" (B.A.) an.

Folgende Thesen lagen der Gründung der FHdD und der Entwicklung ihres Studienangebotes zu Grunde:

1. Die derzeitig tätigen Mitarbeitenden müssen auf aktuelle und zukünftige Herausforderungen vorbereitet werden.

Die demografische Entwicklung wird auf der einen Seite zu einem Anstieg des Bedarfs an sozialen und gesundheitlichen Dienstleistungen führen (Zunahme älterer, chronisch kranker oder behinderter Menschen), auf der anderen Seite werden mittelfristig immer weniger junge Menschen dem Arbeitsmarkt zur Verfügung stehen. Schon jetzt sinkt die Nachfrage nach Ausbildungsplätzen im Sozial- und Gesundheitssektor. Überproportional viele Beschäftigte im Sozial- und im Gesundheitswesen sind zwischen 45 und 55 Jahre alt. Es ist absehbar, dass in den nächsten 10 bis 15 Jahren ein überdurchschnittlich hoher Ersatzbedarf besteht – zu einer Zeit, in der die Zahl der ins Berufsleben eintretenden Schulabgänger und -abgängerinnen deutlich zurückgegangen sein wird.

Der Wettbewerb zwischen unterschiedlichen Ausbildungsträgern und Ausbildungsgängen wird aller Voraussicht nach weiter zunehmen; ebenso wird der Wettbewerb zwischen Trägern Sozialer Arbeit steigen, so dass die Notwendigkeit der fachlichen und weltanschaulichen Profilierung und Qualifizierung ihrer Angebote an Bedeutung gewinnt. Eine an christlichen Werten orientierte akademische Ausbildung ist aber von staatlichen Hochschulen nicht zu erwarten.

2. Fachkräfte müssen zunehmend Steuerungs-, Beratungs-, Anleitungs- und Qualitätssicherungsmaßnahmen durchführen.

Die sich verändernden Rahmenbedingungen in der Finanzierung sozialer und gesundheitlicher Dienstleistungen führen zu veränderten Anforderungen an die Qualifikation von Mitarbeitenden und an die Qualifizierungsstruktur von Belegschaften. Während bisher in vielen Bereichen der Sozialen Arbeit und des Gesundheitswesens ganz überwiegend mit auf Fachschulniveau ausgebildeten Fachkräften gearbeitet wurde, differenzieren sich die Tätigkeiten stärker aus. Teile der Aufgaben, die bisher von Fachkräften übernommen wurden, werden zukünftig von angelernten Assistenzkräften und bürgerschaftlich Engagierten (also ehrenamtlich Tätigen) übernommen werden.

Die Fachkräfte sind dann nicht nur für die Qualität ihrer eigenen Tätigkeit, sondern für die des gesamten Teams verantwortlich. Die Veränderungsprozesse des Wohlfahrtsstaates und seiner institutionellen Rahmenbedingungen erfordern ein hohes Reflexionsvermögen der Fachkräfte und die Fähigkeit, sich mit neuen Entwicklungen auf wissenschaftlichem Niveau kritisch auseinanderzusetzen. Um die ökonomischen Herausforderungen im Sozial- und Gesundheitswesen bewältigen zu können, brauchen auch Führungskräfte der unteren und mittleren Ebene differenzierte Kenntnisse in Betriebswirtschaftslehre, Personalführung, Sozialrecht und Organisationsentwicklung.

3. Fachkräfte benötigen zunehmend umfangreiche Kompetenzen, um Klienten, Patienten und Menschen in deren Umfeld bei den damit verbundenen Herausforderungen zu begleiten.

Der Paradigmenwandel im Sozial- und Gesundheitswesen stellt individuelle Bedarfe, Wahlmöglichkeiten, Ressourcenstärkung, Inklusion und die Stärkung von sozialen Netzwerken in den Mittelpunkt. Entsprechende gesetzliche Vorgaben müssen umgesetzt werden. Dies fordert neben der strukturellen Neuorientierung von Arbeitsprozessen auch die Neuorientierung und Kompetenzerweiterung von Fachkräften.

Die Komplexität dieser Problemlage wird noch dadurch erhöht, dass die entsprechenden Entwicklungen zum Teil asynchron verlaufen und sich in den Arbeitsfeldern zum Teil unterschiedlich ausprägen. Die Berufsbilder im Kontext von Krankenhausentwicklung, Behindertenhilfe, Gemeindepsychiatrie und Seniorenarbeit stehen vor bzw. bereits in tief greifenden Veränderungen.

Es mangelt an flexiblen, durchlässigen Qualifizierungswegen (horizontal durch den Wechsel zwischen Berufsfeldern, vertikal durch die Durchstiegsmöglichkeiten von Fachschulausbildung zur Fachhochschule). Die von der FHdD angebotenen berufsbegleitenden Studiengänge ermöglichen es Fachkräften, die in konventionellen oder Fernstudiengängen keine Möglichkeit der akademischen Qualifizierung gesehen haben, eine auf ihre Situation ausgerichtete Alternative.

Dass die Gründerinnen und Gründer der FHdD mit diesen Annahmen richtig lagen, zeigen zum einen die stetigen Bewerbungen auf die zu vergebenden Studienplätze und zum anderen der Erfolg der Absolventinnen und Absolventen auf dem Arbeitsmarkt.

Besonderheiten privater Hochschulen am Beispiel der FHdD

Die entscheidenden Unterschiede zwischen privaten und staatlichen Hochschulen liegen in ihrer Finanzierung und im Status ihrer Professorenschaft. Die meisten privaten Hochschulen erhalten keine staatlichen Mittel; sie müssen ihre Finanzierung in erster Linie über Studiengebühren, Zuwendungen ihrer Träger und aus den Erträgen von Stiftungen finanzieren. Die Lehrenden haben keinen Beamtenstatus, sondern stehen in privatrechtlichen Arbeitsverhältnissen, die i. d. R. außerhalb tarifvertraglicher Regelungen abgeschlossen werden. In der Gestaltung der Arbeitsverträge und der Höhe der Vergütungen sind die Träger der privaten Hochschulen frei. In ihren inneren Ordnungen dagegen – Grundordnungen, Berufungsordnungen, Studien- und Prüfungsordnungen – müssen sich auch private Hochschulen weitgehend an den Regelungen der Hochschulgesetze orientieren.

Das bedeutet z. B., dass in den Hochschulgremien alle Gruppen der Hochschule repräsentiert sein müssen, dass die Studien- und Prüfungsordnungen ministeriell genehmigt werden müssen und dabei auf ihre Vergleichbarkeit mit denen staatlicher Hochschulen überprüft werden, dass jede Berufung von Professoren den Ministerien angezeigt werden muss. Darüber hinaus sind private Hochschulen zum Nachweis ihrer Forschungstätigkeit verpflichtet; Hochschulen, die sich allein der Lehre widmen, werden in Deutschland nicht genehmigt.

15.3   Genehmigungsverfahren für private Hochschulen

Wer eine private Hochschule gründen will, benötigt dazu eine Genehmigung des zuständigen Landes-Wissenschaftsministeriums. Das Land NRW beispielsweise fordert dabei, dass ein eigener Rechtsträger die Trägerschaft übernimmt, der keine weiteren Geschäfte betreibt. Für die Antragsstellung sind umfangreiche Darlegungen erforderlich. Der Antrag der FHdD gliederte sich beispielsweise in folgende Punkte (hier in einer gekürzten Version dargestellt):

Nr.	Thema
1.	Einleitung: Idee, Intention, Vorgehensweise
2.	Darstellung der Träger der zu gründenden Fachhochschule
3.	Situations- und Problembeschreibung
3.1	Hintergrund / Rahmenbedingungen
3.2	Aufgaben der zu gründenden Fachhochschule nach § 3,2 HG
3.3	Marktanalyse
3.3.1	Arbeitsmarkt
3.3.2	Ausbildungsmarkt
3.3.3	Resümee
4.	Stärken-Schwächenanalyse – Chancen und Risiken
5.	Internationalisierung – Europäisierung
6.	Ziel von Lehre und Studium § 81 HG, Studiengänge § 84 HG
6.1	Ziel von Lehre und Studium
6.2	Studiengänge
7.	Studien- und Prüfungsordnungen mit Zugangsvoraussetzungen und Abschlüssen

8.	Zielgruppen und weitere Zugangsvoraussetzungen
9.	Personal-, Raum- und Sachausstattung, Bibliotheken
10.	Organisationsstruktur der Fachhochschule
10.1	Der Rechtsträger
10.2	Das Prüfungsamt
10.3	Die Organe der Fachhochschulselbstverwaltung
10.4	Beauftragte für Forschung
10.5	Beauftragte für Qualitätssicherung
10.6	Gleichstellungsbeauftragte
11.	Fort- und Weiterbildung
12.	Lehr- und Lernmethodik
13.	Forschung
14.	Umsetzungsplan
14.1	Aufnahme von Studierenden
14.2	Einstellung von Mitarbeitenden
14.3	Raum- und Sachausstattung
15.	Finanzierung der Fachhochschule – Kosten- und Ertragsplanung im Rahmen des Business-Planes
16.	Stipendien
17.	Qualitätsmanagement
18.	Akkreditierung

Abb. 15.1: gekürzte Gliederung des FHdD-Antrages

Anforderungen an die personelle und sachliche Ausstattung

Die Anforderungen an die Anzahl der Studiengänge sind in den einzelnen Bundesländern unterschiedlich; in NRW beispielsweise sind mindestens 3 Bachelor- oder Masterstudiengänge für die Gründungsphase erforderlich; Weiterbildungs-Masterstudiengänge werden dabei nicht als eigenständige Studiengänge anerkannt. Die Antragsteller müssen eine ausführliche und überzeugende Bedarfs- und Marktanalyse vorlegen.

Auch wenn die Grenzen zwischen Universitäten und Fachhochschulen im Zuge des Bologna-Prozesses immer mehr verwischen, ist für das Genehmigungsverfahren wichtig, welche Hochschulform gewählt wird.

Denn die Einstellungsvoraussetzungen und das Lehrdeputat unterscheiden sich zwischen Universitäten und Fachhochschulen erheblich: Für die Berufung von Fachhochschulprofessorinnen und -professoren ist keine Habilitation erforderlich, wohl aber – neben einer qualifizierten Promotion – eine mindestens 5-jährige Berufstätigkeit, davon mindestens 3 Jahre außerhalb einer Hochschule. Das Lehrdeputat beträgt bei FH-Professuren (je nach Bundesland leicht unterschiedlich) etwa 18 Wochenstunden bei 32 Wochen Lehrbetrieb zuzüglich Prüfungszeiten; das Lehrdeputat bei Universitäts-Professuren ist knapp halb so hoch. Zwar sind private Hochschulen an diese Deputatszahlen nicht gebunden, sie bilden aber die Basis für die Berechnung der Anzahl der erforderlichen Lehrenden.

Für die Etablierung eines Bachelor-Studienganges wird man in etwa von 3 Vollzeit-Professuren ausgehen, d. h., dass für die Gründung einer Hochschule die Einrichtung von etwa 9 Professuren erforderlich ist; hinzu kommen wissenschaftliche Mitarbeiter und Verwaltungskräfte. Die genaue Festlegung geschieht durch das zuständige Ministerium auf Grundlage einer Empfehlung der Akkreditierungsagentur.

Bei der Berechnung der benötigten Professuren ist davon auszugehen, dass mindestens 60 % der Lehre durch an der Hochschule angestellte Professorinnen und Professoren geleistet werden muss. Als „Festangestellte" gelten nur diejenigen, die einen Beschäftigungsumfang von mindestens 60 % haben; Professuren mit einem geringeren Stellenumfang sind möglich, zählen aber nicht zum erforderlichen Personalbestand. Mit der Festlegung auf 60 % wollen die Ministerien sicherstellen, dass keiner weiteren hauptberuflichen Tätigkeit nachgegangen wird, die die Verpflichtungen zur Lehre, Forschung und Beteiligung an der Selbstverwaltung der Hochschule behindert. Nebenberufliche Tätigkeiten sind dagegen erlaubt.

An sachlicher Ausstattung wird neben den erforderlichen Arbeitsräumen für die Lehrenden und die Verwaltung erwartet, dass eine angemessene Zahl von für die Lehre geeigneter Unterrichtsräume fest angemietet ist bzw. sich im Besitz der Hochschule befindet. Außerdem müssen studentische Arbeitsplätze mit entsprechender Ausstattung sowie mindestens eine Präsenzbibliothek mit ausreichenden Öffnungszeiten vorgehalten werden. Die Räume sowie die Bibliothek werden im Rahmen der Akkreditierung besichtigt und bewertet.

Für die FHdD wurde im Genehmigungsverfahren festgelegt, dass drei Monate vor Aufnahme des Studienbeginns mindestens 7 Professuren sowie die Stelle mindestens eines wissenschaftlichen Mitarbeiters besetzt sein mussten sowie mindestens 1,5 Verwaltungsstellen. 2 weitere Professuren, 2 weitere wissenschaftliche Mitarbeiter und 1,5 weitere Verwaltungskräfte mussten zu Beginn des 2. bzw. 3. Studienjahres eingestellt sein.

Die FHdD verfügt über 3 große Vorlesungsräume, 5 kleinere Seminarräume und einige Gruppenarbeitsräume. Neben einer kleinen Präsenzbibliothek mit studentischen PC-Arbeitsplätzen wurde ein Kooperationsvertrag mit der Universitätsbibliothek Bielefeld abgeschlossen. Die Studierenden der FHdD können den vollen Service der Uni-Bibliothek einschließlich des Zugriffs auf elektronische Suchmaschinen und Literatur nutzen, indem sie auf ihren häuslichen PC einen Zugang zum Hochschulcampus installieren können. Erforderliche Literatur wird seitens der Universitäts-Bibliothek auf Wunsch der FHdD angeschafft; ebenso können Semesterapparate zusammengestellt werden. Für diesen Service zahlt die FHdD jährlich einen fünfstelligen Eurobetrag an die Universitätsbibliothek.

Anforderungen an die finanzielle Absicherung

Für den Antrag muss ein schlüssiges Finanzierungskonzept (für den Zeitraum von 5 Jahren) vorliegen, das von einem vereidigten Wirtschaftsprüfer überprüft wurde. Außerdem muss für die Absicherung des Studienbetriebes im Insolvenzfall eine Bankbürgschaft vorliegen, d. h., der Rechtsträger muss einen Garantievertrag mit einem Dritten abschließen. Die Höhe der Bürgschaft wird durch das Ministerium aufgrund der Berechnung durch einen Wirtschafts-prüfer festgelegt. Im Fall der FHdD betrug die Bürgschaftssumme 1.900.000 €. Die Kosten für Gutachten (einmalig) und Bereitstellung der Bürgschaft (jährlich) sind vom Antragsteller zu tragen. Jährlich muss dem Ministerium ein von einem vereidigten Wirtschaftsprüfer ge-prüfter Wirtschaftsbericht vorgelegt werden. Mit steigender Zahl Studiengebühren zahlender Studierender kann die Bürgschaftssumme verringert werden; bei zusätzlichen Studiengängen kann sie erhöht werden.

Die Studiengebühren, die von privaten Hochschulen erhoben werden, unterscheiden sich erheblich von denen staatlicher Hochschulen und hängen vom Studienfach und vom Finan-zierungsmodell der Hochschule ab. Entscheidend ist dabei, welche Zielgruppen angespro-chen werden und ob etwa die zukünftigen oder gegenwärtigen Arbeitgeber der Studierenden die Studiengebühren ganz oder teilweise übernehmen bzw. Darlehensmodelle geschaffen haben. An Fachhochschulen, die nicht speziell elitäre Zielgruppen (wie z. B. Spitzenmana-ger) ansprechen, liegen die monatlichen (!) Studiengebühren häufig zwischen 200 € und 600 €, wobei Beträge im unteren Bereich auch bei sozial- und wirtschaftswissenschaftlichen Studiengängen, die keine aufwändigen Laboreinrichtungen benötigen, keinesfalls kostende-ckend sind, sondern zusätzliche Finanzquellen benötigen.

Private Hochschulen sind daher i. d. R. bemüht, Sponsoren zu gewinnen, Stiftungsprofessu-ren einzuwerben, Unterstützerkreise z. B. bei ihren Absolventinnen und Absolventen aufzu-bauen oder durch Weiterbildungs- und Beratungstätigkeit zusätzliche Mittel zu akquirieren. Häufig werden auch Stiftungen gegründet, aus deren Erträgen ein Teil der laufenden Kosten gedeckt werden. „Elite-Hochschulen" verlangen Studiengebühren bis zu 20.000 € pro Jahr, was nicht notwendigerweise bedeutet, dass sie sich damit kostendeckend finanzieren kön-nen[81]. Mehrere private Hochschulen haben in den vergangenen Jahren ihren Betrieb wieder eingestellt – wegen einer nicht gelungenen institutionellen Akkreditierung oder fehlender Finanzmittel.

Die FHdD finanziert sich über regelmäßige Zuwendungen der Gesellschafter, über Studien-gebühren sowie eingeworbene Mittel (gutachterliche Tätigkeiten, Fortbildungen, Vorträge,

---

[81] Vgl. z. B. http://de.wikipedia.org/wiki/Jacobs_University_Bremen (Stand: 22.10.2009).

Drittmittel-finanzierte Forschung etc.). Die Studiengebühren, die je nach Studiengang zwischen 125 € und 210 € monatlich liegen, decken etwa 30 % der Kosten.

Akkreditierung von Studiengängen

Neben den erheblichen administrativen Hürden, die von Seiten der Wissenschaftsministerien aufgebaut sind, müssen die Studiengänge durch eine anerkannte Akkreditierungsagentur überprüft und akkreditiert werden. Wenn ein Studiengang erfolgreich akkreditiert wurde, erhält er eine zeitlich befristete Akkreditierung (i. d. R. fünf Jahre) mit oder ohne Auflagen. Das Akkreditierungsverfahren ist ein mehrstufiges Verfahren, das auf dem Prinzip des Peer Review beruht. Zunächst stellt die Hochschule bei einer von ihr ausgewählten Agentur einen Antrag auf Akkreditierung eines Studiengangs[82]. Die betreffende Agentur setzt eine Gutachtergruppe ein, deren Zusammensetzung sowohl die fachlich-inhaltliche Ausrichtung als auch das spezifische Profil des Studiengangs widerspiegeln muss. Die Begutachtung des Studiengangs erfolgt unter Berücksichtigung der vom Akkreditierungsrat vorgegebenen Kriterien für die Akkreditierung von Studiengängen:

Systemsteuerung der Hochschule: Hier wird der Frage nachgegangen, inwieweit die Hochschule ein eigenes Verständnis von Qualität in Studium und Lehre entwickelt und dokumentiert. Ableiten soll sich dieses Qualitätsverständnis vom Selbstverständnis der Hochschule und dem daraus resultierenden besonderen Profil der Hochschule. Dies soll verdeutlicht werden an einer klaren Formulierung der Qualifikationsziele des Studiengangs, der zielführenden Entwicklung und konsequenten Umsetzung eines Studiengangskonzeptes sowie eines umfassenden Konzept der Qualitätssicherung.

Qualifikationsziele des Studiengangskonzeptes: Das Studiengangskonzept orientiert sich an fachlichen und überfachlichen Qualifikationszielen, die sowohl dem angestrebten wissenschaftlichen Ausbildungsziel als auch dem angestrebten Abschlussniveau entsprechen. Diese Qualifikationsziele sollen sich auf die wissenschaftliche Befähigung, die Fähigkeit, eine qualifizierte Beschäftigung aufzunehmen, die Qualifikation zum zivilgesellschaftlichen Engagement und die Persönlichkeitsentwicklung beziehen.

Konzeptionelle Einordnung des Studiengangs in das Studiensystem: „Der Studiengang entspricht (1) den Anforderungen des *Qualifikationsrahmens für deutsche Hochschulabschlüsse* vom 21.04.2005 in der jeweils gültigen Fassung; (2) den Anforderungen der *Ländergemeinsamen Strukturvorgaben* gemäß § 9 Abs. 2 HRG für die Akkreditierung von Bachelor- und Masterstudiengängen vom 10.10.2003 in der jeweils gültigen Fassung; (3) landesspezifischen Strukturvorgaben für die Akkreditierung von Bachelor- und Masterstudiengängen; (4) der verbindlichen Auslegung und Zusammenfassung von (1) bis (3) durch den Akkreditierungsrat. Diesen Anforderungen entspricht der Studiengang jeweils insbesondere hinsichtlich:

---

[82] Das Verfahren in allen Einzelheiten zu beschreiben würde an dieser Stelle zu weit führen. Hier sei auf die Seite der Stiftung zur Akkreditierung von Studiengängen www.akkreditierungsrat.de verwiesen.

- der Definition und typologischen Zuordnung des Studiengangs,
- der Anwendung der den Qualifikationsstufen zugeordneten Deskriptoren,
- der Anwendung von ECTS und Modularisierung,
- und der Kompetenzorientierung.

Die Einordnung umfasst auch die Definition der Zugangsvoraussetzungen und die Übergangswege aus anderen Studiengangsarten."[83]

Das Studiengangskonzept: Das Studienkonzept beinhaltet die Vermittlung von Fachwissen und fachübergreifendem Wissen sowie die Vermittlung methodischer und generischer Kompetenzen. Das Konzept soll pädagogisch und didaktisch fundiert sein, in sich stimmig aufgebaut, zielführend im Hinblick auf definierte Qualifikationsziele und studierbar, vor allem unter Berücksichtigung der erwarteten Eingangsqualifikation und der konkreten Arbeitsbelastung, der Prüfungsorganisation, der bestehenden Beratungs- und Betreuungsangebote, der Ausgestaltung von Praxisanteilen sowie Anerkennungsregeln für extern erbrachte Leistungen. Das Konzept soll des Weiteren ein stimmiges Auswahlverfahren vorhalten, welches bei Studiengängen mit besonderem Profilanspruch (z. B. bei berufsbegleitenden Studienprogrammen) den spezifischen Anforderungen entspricht. Das Studienkonzept hält Maßnahmen zur Erreichung der Geschlechtergerechtigkeit vor. Bei der Re-Akkreditierung, d. h. bei der Weiterentwicklung des Studienganges, soll die Hochschule auch Evaluationsergebnisse, Untersuchungen zur studentischen Arbeitsbelastung, zum Studienerfolg und zum Absolventenverbleib vorlegen.

Durchführung des Studiengangs: Die Durchführung des Studiengangs ist sowohl hinsichtlich der qualitativen als auch quantitativen personellen, sachlichen und räumlichen Ausstattung gesichert, auch unter der Perspektive der Interdisziplinarität mit anderen Studiengängen. Die Studienorganisation muss die Umsetzung des Studiengangskonzeptes sicherstellen und unterstützende Instrumente, vor allem Tutorien und eine fachliche und überfachliche Studienberatung vorhalten. Die Belange von Studierenden mit Behinderung werden besonders berücksichtigt (Müller, Schulze, Meier 2008, Schulze 2009, 76).

Prüfungssystem: „Die Prüfungen orientieren sich am Erreichen und Überprüfen von definierten Bildungszielen und sind modulbezogen sowie wissens- und kompetenzorientiert ausgestaltet. Dabei wird die Studierbarkeit des Studiengangs durch eine adäquate, belastungsangemessene Prüfungsdichte und -organisation gewährleistet. Ein Anspruch auf Nachteilsausgleich für behinderte Studierende hinsichtlich zeitlicher und formaler Vorgaben im Studium sowie bei allen abschließenden oder studienbegleitenden Leistungsnachweisen und im Rahmen von Eignungsfeststellungsverfahren ist sichergestellt. Die Prüfungsordnung wurde einer eingehenden Rechtsprüfung unterzogen" (a. a. O.).

---

[83] http://www.akkreditierungsrat.de/fileadmin/Seiteninhalte/Beschluesse_AR/08.02.29_Kriterien_Studiengaenge.pdf (Stand: 28.10.2009).

Transparenz und Dokumentation: Die Anforderungen bezogen auf den Studiengang, den Studienverlauf sowie Prüfungsleistungen inklusive der Nachteilsausgleichsregelungen für Studierende mit Behinderung, sind durch geeignete Dokumentationen und Veröffentlichungen bekannt. Die Studierenden bekommen fachliche und überfachliche Beratung und Unterstützung.

Qualitätssicherung: Die Hochschule führt Verfahren des hochschulinternen Qualitätsmanagements durch und zieht, abgesehen von erstmaligen Akkreditierungen, Konsequenzen aus den Ergebnissen.

Nach Begutachtung des Antrages, der Begehung der Hochschule sowie der Befragung von Hochschulangehörigen beschließt die zuständige Akkreditierungskommission der Agentur eine Akkreditierung des betreffenden Studiengangs, eine Akkreditierung mit Auflagen, eine Aussetzung des Verfahrens oder eine Versagung der Akkreditierung.

Institutionelle Akkreditierung

Neben der Akkreditierung einzelner Studiengänge müssen private Hochschulen das Verfahren der institutionellen Akkreditierung durchlaufen. Für nichtstaatliche Hochschulen bestehen somit zwei verschiedene Verfahren: Zum einen die Akkreditierung der *Studiengänge* durch Akkreditierungsagenturen und zum anderen die *institutionelle Akkreditierung*[84] durch den Wissenschaftsrat.

Das Ziel der institutionellen Akkreditierung liegt darin zu klären, ob eine Hochschule in der Lage ist, Leistungen in Forschung und Lehre zu erbringen, die anerkannten wissenschaftlichen Maßstäben entsprechen. Dabei sind zwei Formen der institutionellen Akkreditierung zu unterscheiden. Die eine Form bezieht sich auf zu gründende bzw. neu gegründete Hochschulen, die erstmalig ein Akkreditierungsverfahren durchführen lassen müssen.

Die andere Form bezieht sich auf Hochschulen, die bereits tätig sind. In diesem Falle stehen die erbrachten Leistungen in Lehre und Forschung im Vordergrund. Je nach Bundesland ist es unterschiedlich, ob bei Neugründungen die Hochschulen vor Aufnahme des Studienbetriebs sich dem Urteil des Wissenschaftsrates stellen müssen oder erst nach 5 Jahren.

Die Akkreditierung erfolgt in allen Fällen nur befristet. Bei Neugründungen wird die Akkreditierung auf fünf Jahre befristet und bei bestehenden Einrichtungen ist eine Re-Akkreditierung bis zu 10 Jahre möglich. Der Wissenschaftsrat legt für die Akkreditierung folgende Prüfbereiche zu Grunde:

Leitbild und Profil: Hier wird geprüft, ob die Hochschule ein klar formuliertes und kommuniziertes Leitbild hat. Das Selbstverständnis der Hochschule soll sich hier ebenso abbilden, wie die Schwerpunktsetzung des Studienangebotes, der angestrebten Adressaten, der Vision und der angestrebten Positionierung in der Hochschullandschaft. Das Leitbild soll wissen-

---

[84] Die Schilderung des gesamten Akkreditierungsprozesses würde den Rahmen dieses Aufsatzes sprengen. Im Leitfaden der institutionellen Akkreditierung vom Wissenschaftsrat ist das gesamte Verfahren detailliert dargestellt. Siehe www.wissenschaftsrat.de.

schaftlichen Maßstäben entsprechen, öffentlich zugänglich sowie von den Hochschulangehörigen umgesetzt werden.

Strategie: Die Hochschule verfügt über Strategien der im Leitbild formulierten Zielsetzungen. Sie hat ein funktionierendes Qualitätsmanagement zur Evaluation der Zielerreichung.

Leitungsstruktur, Organisation und Verwaltung: Die Kommission prüft, ob die Entscheidungskompetenzen, -verantwortlichkeiten und -prozesse klar geregelt und in der Grundordnung schriftlicht dargelegt sind. Des Weiteren wird überprüft, ob Organisationsform und Leitungsstruktur den Zielen und Aufgaben angemessen und die Freiheit von Forschung und Lehre sichergestellt sind.

Studium und Lehre sowie Service für Studierende: Die einzelnen Studiengänge werden einer Plausibilitätsprüfung unterzogen, die sich nach folgenden Kriterien richtet:

- Studienziele sowie Lehrinhalte passen zum Leitbild der anbietenden Hochschule.
- Die Lehrinhalte entsprechen dem aktuellen Stand der Wissenschaft und decken die wichtigsten Inhalte des jeweiligen Fachgebietes ab.
- Zulassungsbedingungen und Aufnahmeverfahren sind eindeutig geregelt und für die Studienbewerber transparent.
- Das Konzept für Bachelor- und Masterstudiengänge ist überzeugend.
- Die Betreuungsverhältnisse von Lehrenden zu Studierenden sind den Ausbildungszielen der Hochschule angemessen.
- Die Studierenden erhalten professionelle Serviceleistungen bezogen auf die Zulassung, internationale Angelegenheiten, Studien- und Berufsberatung sowie soziale Angelegenheiten.
- Fernstudienangebote, eLearning-Einheiten und Abend- und Wochenendkurse haben den gleichen akademischen Standard wie Präsenzstudienangebote. Die Studierenden haben unmittelbaren Zugang zu den studiumsrelevanten Ressourcen.

Forschung: Die organisatorischen und institutionellen Rahmenbedingungen der Hochschule müssen Forschung ermöglichen und die Forschungsleistungen selbst quantitativ und qualitativ den national und international anerkannten Standards entsprechen.

Ausstattung: Um die Ziele gemäß dem Leitbild und der strategischen Planung erreichen zu können, verfügt die Hochschule über eine adäquate personelle, räumliche und sachliche Ausstattung.

Finanzierung: Für die Hochschule muss ein tragfähiges Finanzierungskonzept vorliegen, welches die Umsetzung der Ziele der Hochschule gewährleistet und den Studierenden einen ordnungsgemäßen Abschluss des Studiums ermöglicht.

Qualitätssicherung und Qualitätsentwicklung: Die Hochschule hält geeignete Verfahren der internen und externen Qualitätssicherung vor.

Nicht jedes dieser Prüfkriterien ist für jede Hochschule von gleicher Bedeutung. Entscheidend für die Auswahl und Gewichtung der Kriterien sind das Leitbild der Hochschule, die darin formulierten Aufgaben und Ziele sowie deren Umsetzung.

15.4   Die Fragen nach dem Für und Wider

Zuvor wurde beschrieben, wie aufwändig und kostenintensiv der Prozess von der Idee bis zur Institutionalisierung einer privaten Fachhochschule ist. Zu Recht kann man fragen, ob sich dieser Aufwand überhaupt lohnt.

Die Erfahrungen an der FHdD haben gezeigt, dass es sich durchaus lohnt und sich innovative Konzepte von Lehre und Forschung weitaus schneller umsetzen lassen als an nicht-privaten Hochschulen. Dies bezieht sich auf Strukturen, auf Inhalte, auf die Ausrichtung der Lehr-Lern-Prozesse und auf die Abläufe in der Verwaltung – alles ist zugeschnitten auf die Be-dürfnisse berufsbegleitend Studierender und auf die Verzahnung von Theorie und Praxis. Wie dies inhaltlich und organisatorisch geschieht, wird im Folgenden am Beispiel des Stu-diengangs „Mentoring – Beraten und Anleiten im Gesundheitswesen" verdeutlicht.

Berufsbegleitend studieren: Der Studiengang „Mentoring"

Mit dem Studiengang Mentoring werden Expertinnen und Experten für Beratung und Anlei-tung in sozialen und Gesundheitsorganisationen ausgebildet. Die Absolventinnen und Absol-venten des Studienganges arbeiten z. B. in Fachdiensten, Stabsstellen, Projekten, in der An-leitung von Auszubildenden und angelernten Laien, als Fallmanager, im Qualitäts-management, in Pflegestützpunkten oder in der Entwicklung von System- und Hilfeplanung.

Der Studiengang ist so gestaltet, dass er mit einer beruflichen Tätigkeit (empfohlen wird eine max. 75 %-Stelle) verbunden werden kann. Allen Modulen liegen blended-learning-Konzepte zu Grunde, d. h., in allen Modulen nutzen die Dozentinnen und Dozenten sowie alle Studierenden interaktiv eine Lernplattform sowie Praxis-, Präsenz- und Lerngruppen-phasen.

Die Lerngruppen werden verbindlich zu Beginn des Studiums eingeführt und bleiben wäh-rend des gesamten Studiums bestehen (Wechsel innerhalb von Lerngruppen sind möglich und wünschenswert). Lerngruppen arbeiten selbstorganisiert. Der zeitliche Umfang sowie die Gestaltung der einzelnen Lehr-Lern-Formen ist in den einzelnen Modulen unterschiedlich und wird hier an einem Beispielmodul beschrieben.

Im Modul 12 *„Bildung und Empowerment"* sollen die Studierenden ihre Kompetenzen be-züglich der Initiierung und Begleitung von Lernprozessen vertiefen. Das Modul beginnt mit einem Einführungsvideo auf der Lernplattform, in dem den Studierenden Ziele und Inhalte des Moduls vermittelt werden. Die Studierenden erhalten die Aufgabe, ein Lerntagebuch zu führen, in dem sie ihr eigenes Lernen angeleitet reflektieren. Anschließend können sie ihre Wünsche an das Modul über eine Forendiskussion mitteilen und inhaltliche Schwerpunkte für das Modul abstimmen. Die Forendiskussion wird von dem Dozenten moderiert, der auch die Anregungen in die weitere Planung aufnimmt.

Am ersten Präsenztag werden theoretische Grundlagen zum Empowerment und zu Bildungs-konzepten in unterschiedlichen Formen vermittelt. Dabei reflektieren die Studierenden z. B.

ihre Ressourcenorientierung oder sie formulieren bildungspolitische Forderungen aus der Sicht ihres Klientels. Die Studierenden können anschließend die theoretischen Inhalte des Präsenztages durch das Lesen eines Studienbriefes vertiefen, der ihnen auf der Lernplattform zur Verfügung steht.

Im Folgenden stimmen sich die Mitglieder der Lerngruppen bei einem Lerngruppentreffen jeweils ab, welche Fragestellungen zum Thema (z. B. „Lernen") sie aus einer Liste für eine besondere Bearbeitung auswählen wollen. Mögliche Fragestellungen sind: „Wie entstehen Lernwiderstände?", „Welche Bedeutung haben Emotionen für Lernprozesse?", oder „Hat der Begriff ‚lebenslanges Lernen' auch Schattenseiten"?

Nach der „Jigsaw"-Methode werden nun die einzelnen Lerngruppenmitglieder zu Experten hinsichtlich der für sie ausgewählten Fragestellung, indem sie auf der Lernplattform bereit-gestellte Texte bearbeiten und eigene Literatur recherchieren. An einem folgenden Präsenz-tag tauschen sich die Experten, die aus unterschiedlichen Lerngruppen kommen, aber gleiche Fragestellungen bearbeitet haben, aus und entwickeln Konzepte zur Vermittlung ihrer Er-kenntnisse an ihre Lerngruppenmitglieder. In einem der folgenden Lerngruppentreffs vermit-teln die Experten reihum ihr Wissen an die anderen Gruppenmitglieder. Die mit der Methode gesammelten Erfahrungen werden im Lerntagebuch persönlich sowie bei einer Präsenzver-anstaltung in der Gruppe reflektiert.

Dieses Beispiel zeigt, dass die Übergänge zwischen den Lernformen fließend sein können. Dabei werden Kompetenzen auf der Ebene des Wissens sowie des Könnens vertieft. Im weiteren Verlauf des Moduls werden neben der Vermittlung methodischer und didaktischer Kompetenzen Themen wie Wissensmanagement, Erwachsenenbildung und Bildungscontrol-ling theoretisch und praktisch bearbeitet. Das Modul endet mit der Präsentation von Konzep-ten durchgeführter oder geplanter kleiner Bildungsmaßnahmen in der beruflichen Praxis der Studierenden.

Um ein berufsbegleitendes Studium zu ermöglichen, sind die Prozesse an der FHdD konse-quent auf diese besonderen Anforderungen ausgerichtet. Dies zeigt sich beispielsweise an sehr langfristig vereinbarten Präsenzterminen, die an Schichtdienst-Rhythmen angepasst sind, oder indem die gesamten Informationen zur Organisation des Studiums (Anmeldever-fahren, Prüfungsamt, Aushänge etc.) über eine Lernplattform zeitunabhängig abrufbar sind. Alle relevanten Informationen (modulbezogen und modulübergreifend) werden über dieses Medium kommuniziert.

Die Studienorganisation ermöglicht in besonderer Weise „konstruktivistisches Lernen". Lehrende haben durch reduzierte Präsenzzeiten die Möglichkeit und die Aufgabe, individuel-le Lernprozesse zu begleiten und exploratives Lernen zu unterstützen. Die Lernenden brin-gen ihre, je unterschiedlich ausgeprägte überdurchschnittlich hohe Feld- und Fachkompetenz zu bestimmten Fragen in den Lernprozess ein und erfahren dabei insbesondere eine wissen-schaftliche Fundierung. Sie haben viele Möglichkeiten, in ihrem Tempo und nach ihren Inte-ressen zu studieren.

Die derzeit Studierenden im Studiengang Mentoring kommen aus sechs verschiedenen Bundesländern; dennoch ist es kein klassisches Fernstudium. Im Gegensatz zu einem Fernstudium werden die Inhalte von Professorinnen und Professoren dialogisch mit den Studierenden entwickelt. Das gelingt aufgrund der gemeinsamen Präsenztage und online-Aktivitäten sowie der relativ kleinen Studienjahrgänge mit ca. 30 Studierenden. Das Innovative dieses Studienganges liegt nicht in den einzelnen der genannten Aspekte, sondern in deren Kombination und in der Stringenz der Umsetzung. Deutlich wurde an diesem Beispiel, dass sich die Struktur und Organisation der FHdD konsequent auf die Bedarfe der Studierenden ausrichtet und damit „kundenorientierter" agiert als ihre staatlichen Schwestern. Hier wird denn auch der „Pferdefuß" deutlich, denn genau in der konsequenten Ausrichtung auf die „Kunden" zeigen sich die problematischen Seiten privater Hochschulen.

Loyalität und die Frage der Unabhängigkeit von Lehre und Forschung

Wenn eine Hochschule auf ihre Kunden bzw. Kundinnen – in diesem Falle auf die Studierenden – existenziell angewiesen ist, bedeutet dies, ständig die Balance zu halten zwischen der Wahrung der Unabhängigkeit – z. B. in der Notengebung – und der wirtschaftlichen Absicherung. Auf gar keinen Fall darf der Vorwurf riskiert werden, dass sich die Studierenden ihre Abschlüsse bzw. gute Noten mit ihren Studiengebühren erkaufen. Private Hochschulen werden mit Argusaugen von ihren Mitbewerbern, seien sie staatlich oder privat, betrachtet.

Nicht nur die Studierenden sind Kundinnen und Kunden der FH, sondern im Fall der FHdD auch die Gesellschafter, die über ihre Einlagen und Zuschüsse die Fachhochschule erst finanziell ermöglichen. Auch hier heißt es, das Spannungsfeld auszuloten: Inwieweit dürfen sich die Professorinnen und Professoren öffentlich kritisch gegenüber Maßnahmen der Trägergesellschaften äußern, die ja aufgrund ihrer Größe immer auch eine sozialpolitische Relevanz haben oder den fachlichen Ansichten der Lehrenden kritisch gegenüber stehen? Gibt es Forschungsfragen, die „tabu" sind, weil die zu erwartenden Ergebnisse möglicherweise gegen die Interessen der Hochschulträger gerichtet sind? Gibt es Inhalte oder „Haltungen", von denen die Hochschulträger erwarten, dass sie von den Lehrenden vermittelt werden? Auch hier ist Fingerspitzengefühl gefragt, denn nichts wäre schlimmer, als wenn die Hochschule den Ruf der Erfüllungsgehilfin ihrer Trägergesellschaften bekommt oder der Eindruck entsteht, Forschung und Lehre genügten nicht dem berechtigten Anspruch, „frei" zu sein.

15.5   Fazit

Eine private Fachhochschule aufzubauen, ist ein mühsamer und manchmal auch steiniger Weg. Bisher war das Team der FHdD sehr erfolgreich; im Herbst des Jahres 2009 wurden die ersten Absolventinnen und Absolventen verabschiedet. Dies war ein erster Meilenstein; mit dem Ergebnis der gemeinsamen Anstrengungen sind die Absolventinnen und Absolventen sowie auch die Lehrenden sehr zufrieden. Schon während des Studiums haben ca. 10 %

der Studierenden einen Wechsel in eine für sie besonders interessante Stelle vollziehen können, die sie ohne das Studium sehr wahrscheinlich nicht bekommen hätten. Insgesamt zeigt
die regelmäßige Evaluation der Studiengänge zum Semesterende eine hohe Zufriedenheit,
die sich auch darin äußert, dass der Großteil der neuen Bewerberinnen und Bewerber für
einen Studienplatz dieses Studium von aktiven Studierenden empfohlen bekommen haben.

Die gemischten Lernformen (*blended learning*) erfordern eine besondere Kompetenz bei
Dozierenden (Lernmoderatoren). Diese wird in Workshops vermittelt und ist Bestandteil
kollegialer Beratungen. Es wird deutlich, dass die Konzeption von Modulen und die Kommunikation mit Studierenden genauer geplant sein müssen als in klassischen Präsenzveranstaltungen. Ebenso müssen die Studierenden zu Beginn des Studiums diese Lernformen unter
Begleitung und Hilfestellung (sowohl „live" als auch „online") einüben. Hier zeigt sich, dass
eine gute Erreichbarkeit von Dozierenden (Antworten immer binnen 48 Std.) sowie ein gut
erreichbarer technischer Support besonders wichtig sind.

Einige Zitate aus schriftlichen Reflexionen in der Mitte des Studiums zur Vorbereitung eines
Beratungsgespräches verdeutlichen Auswirkungen des Studiums aus Studierendensicht:

*„Wichtige Erkenntnisse oder Gewinne ziehe ich neben den Studieninhalten aus den Kontakten mit den Kommilitonen (vor allem mit meiner überaus netten Lerngruppe), denn es ist gut
über den eigenen Tellerrand hinaus zu blicken. Die Sichtweise, was alles möglich ist in der
sozialen Arbeit, hat sich verändert. Ich selbst habe mich verändert. Ich bin mutiger geworden, bzw. stehe mutiger für meine Meinung an meiner Arbeitsstelle ein, denn vielleicht schon
vorhandene Ideen oder Einwände können nun mehr mit Inhalt gefüllt werden."*

*„Es macht Spaß, auch wenn es Arbeit ist, sich mit neuen Themen auseinander zu setzten,
Literaturrecherchen zu betreiben und interessante Artikel zu lesen. (...) Ich habe neue Einblicke in interessante Bereiche erhalten (Systemisches Denken, Konstruktivismus, BWL,
Forschungsmethoden, QM, ...), mit denen ich mich vorher noch nie beschäftigt habe."*

*„Das Studium macht mich selbstbewusster, das bemerke ich in meinem Arbeitsalltag vor
allem im Umgang mit meinen Chefinnen, aber auch den Patienten. Ich verfalle einfach nicht
mehr so einfach in passives, unzufriedenes Zuhören, sondern nehme wesentlich aktiver am
gesamten Geschehen teil. Zudem fällt es mir leichter, größere Zusammenhänge zu erkennen,
was ich an der wachsenden Anerkennung meiner Chefinnen bemerke. Ab Januar 2009 werde
ich das QM in unserer Praxis mit übernehmen, was ich ohne das Studium sicher nicht gewagt hätte."*

Viele Studierende äußern, dass sie nach langer Suche mit diesem Studienangebot etwas gefunden haben, was ihnen fachlich und persönlich hilft, um sich weiter zu entwickeln, und das
so organisiert ist, dass sie es wahrnehmen können. Diese Rückmeldungen motivieren zum
Weitermachen und für das erfolgreiche Passieren des nächsten Meilensteins der institutionellen Akkreditierung.

15.6   Vertiefungsaufgaben und -fragen

1. In diesem Aufsatz wurde das für NRW gültige Akkreditierungsverfahren beschrieben. In den verschiedenen Bundesländern wird die Reihenfolge des Akkreditierungsverfahrens je unterschiedlich gehandhabt. Bitte recherchieren Sie, wie das Verfahren in Ihrem Bundesland gehandhabt wird.

2. Wo liegen die zentralen Dilemmata privater Hochschulen bezogen auf die Freiheit von Forschung und Lehre begründet? Gibt es aus Ihrer Sicht weitere Aspekte, die *gegen* die Gründung privater Hochschulen sprechen?

16   Das Näh & Werk Studio/Berlin Richardplatz Süd

Esther Ohse

16.1   Einleitung

Das folgende Beispiel aus dem Bereich der lokalen Ökonomie thematisiert ausgewählte Aspekte des Bildungsmanagements anhand des Projektes Näh & Werk Studio. Das Projekt ist im Berliner Bezirk Neukölln beheimatet und wird im Stadtteil Richardplatz Süd – einem Stadtteil mit besonderem Entwicklungsbedarf – durchgeführt.

„Stadtteile mit besonderem Entwicklungsbedarf (...) gibt es dort, wo mehrere Faktoren der Stadtentwicklung zusammenfallen und sich Probleme überlagern und verstärken: Defizite in der Infrastruktur (Wohnungen und Wohnumfeld), stagnierende Wirtschaft bis hin zum Rückgang der wirtschaftlichen Aktivitäten, steigender Leerstand an Gewerbe- und Wohnräumen, hohe Arbeitslosigkeit, hoher Grad an Abhängigkeit von Transfereinkommen wie Sozialhilfe oder Wohngeld, große Anteile von Menschen mit Migrationshintergrund und Ausländern; Familien, Erwerbstätige und einkommensstärkere Haushalte ziehen weg (Segregation). Als Konsequenz nimmt die soziale Ungleichheit zu, es gibt Anzeichen von Verwahrlosung und eine zunehmende Gewaltbereitschaft innerhalb des öffentlichen Raums, die Kriminalität steigt an. Das Image dieser Gebiete verschlechtert sich. Die vielfältigen Problemlagen konzentrieren sich in diesen Stadtteilen und führen zu einer insgesamt negativen Entwicklung. Es fehlt an Kommunikations- und Selbstorganisationsstrukturen" (Senatsverwaltung für Stadtentwicklung Berlin 2009).

Davon ausgehend stellt Bildungsmanagement in Stadtteilen mit besonderem Entwicklungsbedarf eine große Herausforderung für die Akteure der Bildungs- und Stadtteilarbeit dar: Abgesehen von den Aufgabenfeldern, die sich – wie bei jeder Unternehmung – aus den spezifischen Ausgangsbedingungen vor Ort, dem Kontext und dem angestrebten Aufgabenfeld ergeben, müssen die Akteure erst einmal grundlegende Kommunikations- und Organisationsstrukturen aufbauen, um überhaupt handlungsfähig zu werden. Ausnahmen sind hier die „klassischen" Bildungseinrichtungen wie Schule und Kindergarten oder die großen etablierten Träger wie z. B. die Arbeiterwohlfahrt (AWO), die – auch als Akteure der Stadtteilarbeit –, als Institutionen bereits über Kommunikations- und Organisationsstrukturen verfügen. Für einzelne Akteure, lose Interessen- und Bewohnergruppen und auch kleine Vereine (im Fol-

genden werden diese zur Vereinfachung unter dem Begriff „kleine Akteure" zusammengefasst), die nicht über diese (etablierten) Strukturen verfügen, wird nicht nur der Wohnort,
sondern häufig auch der Arbeitsort zu einem diskriminierenden und benachteiligenden
Merkmal. Das Fehlen von anerkannten Strukturen und das Fehlen von finanziellen und materiellen Ressourcen erschweren den kleinen Akteuren das Umsetzen von Ideen und Initiativen. Andererseits eröffnen die fehlenden Strukturen aber auch Aktionsräume, in denen die
kleinen Akteure innovative und kreative Potenziale freisetzen könn(t)en: Das Nicht-
Eingebunden-Sein in festgesetzte Strukturen ermöglicht ein hohes Maß an Flexibilität und
einen sehr großen (Aus)Gestaltungsfreiraum, was – in diesem Ausmaß und Umfang – etablierten Institutionen und Organisationen verwehrt bleibt. Die mit den fehlenden Strukturen
einher gehende Benachteiligung einerseits und die Eröffnung von Entwicklungschancen
durch das Aktivieren von innovativen und kreativen Potenzialen andererseits stellen einen
typischen (Handlungs-)Kontext für (das Bildungsmanagement in) Stadtteile(n) mit besonderem Entwicklungsbedarf dar.

Dass die Schaffung solcher Kommunikations- und (Selbst-)Organisationsstrukturen möglich
ist und wie sich diese vollzieht, verdeutlicht das Beispiel des Näh & Werk Studios im Stadtteil Richardplatz Süd.

16.2   Vorstellung des Projektes

Das Projekt

Das Näh & Werk Studio ist ein Neuköllner Integrationsprojekt im Bereich der lokalen Ökonomie für Menschen mit Migrationshintergrund, für Menschen ohne Arbeit und für Menschen mit geringem Einkommen im Quartier Richardplatz Süd. Lokale Ökonomie ist eine
Form der Gemeinwesenökonomie, unter der „sozial eingebundenes wirtschaftliches Agieren
in einem lokalen oder regionalen Kontext (verstanden wird). Es dient nicht primär der privaten Profitmaximierung und orientiert sich nicht am Weltmarkt, sondern an der Bedarfsde-
ckung, Existenzsicherung und gesellschaftlichen Integration der örtlichen Bevölkerung.
Gemeinwesenökonomie dient der Erhaltung der materiellen und nicht-materiellen Lebensgrundlagen des Gemeinwesens und soll den Zugang aller Gesellschaftsmitglieder, insbesondere der benachteiligten, an diesen Lebensgrundlagen gewähren. Sie sichert die sozialen und
ökonomischen Teilhaberechte auf lokaler Ebene, die den Benachteiligten unter den Folgen
der neoliberalen Globalisierung sowohl in den reichen als auch in den unterentwickelt ge-
haltenen Weltregionen zunehmend vorenthalten werden" (Elsen 2003, o. A.).

Unter dem Namen „Sieben auf einen Streich" – in Anlehnung an das Märchen „Das Tapfere
Schneiderlein" – begann das Projekt im Juni 2007 seine Arbeit mit dem Nähstudio im Stadtteil. Im November 2008 wurde das Projekt mit dem Werkstudio inhaltlich erweitert. Das
Projekt versteht sich als Ort für Begegnung, Lernen, Beschäftigung und Qualifizierung. Es
bietet ein umfangreiches Bildungsangebot aus unterschiedlichen handwerklichen Bereichen
an und stellt verschiedene Dienstleistungen für soziale Akteure, Projekte, Bildungseinrichtungen und die Bewohnerschaft im Quartier zur Verfügung.

Im Nähstudio werden fachliche Kompetenzen des Schneiderhandwerks vermittelt. Die Näh-, Schneider- und Schnittkurse sind modular aufgebaut und werden von professionell ausgebildeten Fachkräften mehrsprachig (entsprechend der Herkunftssprachen der Teilnehmerinnen in Türkisch/Deutsch, in Arabisch/Deutsch, in Französisch oder Englisch/Deutsch) durchgeführt. Das Angebot des Nähstudios richtet sich in erster Linie an Frauen mit Migrationshintergrund und arbeitslose Frauen. Für Frauen mit Migrationshintergrund wird ergänzend Deutsch als Fremdsprache unterrichtet.

Das Werkstudio betreibt eine offene Werkstatt und bietet Workshops aus verschiedenen bauhandwerklichen und kreativen Bereichen (u. a. aus den Bereichen Werkzeugkunde, Maler- und Lackierarbeiten, Tischlerei, Gerüstbau sowie die (Wieder-)Verwertung von Müll als kreativem Baustoff) an. In der Werkstatt können alle Bewohner und Bewohnerinnen des Quartiers für den Eigenbedarf kleine Reparaturen durchführen oder selbst etwas bauen (lernen). Dafür stehen Werkzeuge, Maschinen und eine professionelle Betreuung zur Verfügung. Ebenso können Maschinen und Werkzeuge ausgeliehen werden.

Die Workshops im Rahmen der Werkstattarbeit richten sich hauptsächlich an Kinder und Jugendliche und werden in der Regel in Kooperation mit Einrichtungen und Projekten der Kinder- und Jugendarbeit sowie mit Schulen durchgeführt.

Eine Besonderheit des Projektes ist die kostenlose Bereitstellung von Produkten und Dienstleistungen für Bildungseinrichtungen und soziale Projekte im Quartier: In den Nähkursen werden z. B. Kostüme für diverse Theater- und Tanzprojekte, Kissenbezüge für Vereine, Turnbeutel für Kindergärten oder Gardinen für Schulen angefertigt. Die Dienstleistungen des Werkstudios stehen in der Regel in einem direkten Zusammenhang mit der Durchführung der bauhandwerklichen Workshops, in denen Kinder und Jugendliche für ihre jeweiligen Einrichtungen, für den Unterricht oder für die Verschönerung des Quartiers attraktive Produkte (u. a. ein Insektenhotel für den Biologieunterricht) bauen.

Eine weitere Dienstleistung des Näh & Werk Studios besteht in der kostenlosen Nutzung der Räume zur Durchführung von Workshops und Aktivitäten durch andere soziale Projekte und Initiativen, die nicht über eigene Räume verfügen.

Neben den genannten Kerninhalten des Projektes bietet das Näh & Werk Studio auch Praktikumsplätze für Schülerinnen und Studentinnen an.

Ziele

Das Projekt möchte die (Aus-)Bildungs- und Berufschancen von Neuköllner Frauen verbessern, indem es die fachlichen und sozialen Kompetenzen der Frauen fördert, die Frauen in lokale Netzwerke einbindet und zu gesellschaftlichem Engagement motiviert. Damit zielt es gleichzeitig auf die Integration von Migrantinnen, die Aktivierung des interkulturellen „Dialogs" und die Förderung von Frauen.

Die Verbesserung der Bildungsqualität an Schulen und in Kindergärten ist ein weiteres Ziel: Der hohe Anteil an Kindern mit Migrationshintergrund erfordert innovative Lehr- und Lernstrategien. Ideen und Engagement für nachhaltige Lernprojekte gibt es – häufig fehlen dafür aber die finanziellen und personellen Ressourcen. Das Näh & Werk Studio stellt deshalb die in den Kursen hergestellten Produkte, seine fachlichen Kompetenzen und personellen Kapazitäten sowie seine Räume zur Verfügung, Ressourcen, die Schulen und Kindergärten helfen, ihre Projekte zu realisieren.

Durch die aktive Mitgestaltung des Quartiers, die Nutzung leer stehender Ladenräume und die Schaffung eines attraktiven Angebots für die Bewohnerinnen zielt das Projekt auf die Verbesserung der Lebensqualität im Bezirk. Das langfristige Ziel des Projektes ist die Schaffung von Arbeits- und Ausbildungsplätzen durch den sukzessiven Ausbau der Aktivitäten – hin zu einem sozialen Unternehmen.

Mitarbeitersituation

Das Projekt beschäftigt einschließlich der Projektleitung kontinuierlich acht bis elf Personen auf Honorarbasis. Zum Mitarbeiterteam gehören zwei bis drei DaF-Lehrerinnen, vier Lehrkräfte für die Näh- und Schneiderkurse, zwei Werkstattmitarbeiter, ein Informatiker für die Betreuung der Website und die Projektleitung.

Die Mitarbeitenden kommen aus dem Sudan, der Türkei, Polen, Bulgarien, Italien und Deutschland und leben mit ihrem Projekt den „Dialog" der Kulturen: Kulturelle Unterschiede und ihre verschiedenen fachlichen Kompetenzen aktivieren sie als sich ergänzende Ressourcen – eine Grundvoraussetzung für nachhaltige Integrationskonzepte.

Finanzierung und Rahmenbedingungen

Das Projekt ist seit seinem Start im Juni 2007 ein Projekt des Quartiersmanagements Richardplatz Süd (http://www.richard-quartier.de) und wird deshalb von der Europäischen Union, der Senatsverwaltung für Stadtentwicklung und dem Bundesprogramm Soziale Stadt finanziert. In der ersten Förderperiode des Projektes (Juni 2007 – April 2008) betrug die Fördersumme 20.000 €, in der zweiten (Mai 2008 – Dezember 2008) 50.000 € und in der dritten (Januar bis Dezember 2009) 73.000 €. Zwischen August 2008 und März 2009 waren das Nähstudio im Stadtteil und das Werkstudio zwei von einander unabhängige Projekte, sodass für das Werkstudio in dieser Zeit zusätzlich 19.000 € zur Verfügung standen. Für 2010 ist für das Projekt eine Fördersumme von 77.000 € eingestellt. Seit Mai 2008 fließen in die Finanzierung auch Einnahmen aus Projektumsetzungen ein. „Einnahmen aus Projektumsetzungen" ist der von den Fördergebern verwendete Begriff für Einahmen, die sich direkt aus der Projektarbeit ergeben. Dazu gehören z. B. Teilnehmerbeiträge, Eintrittsgelder für Veranstaltungen, die im Projektkontext stehen, oder der Verkauf von im Projekt hergestellten Produkten auf Märkten und Straßenfesten. In anderen Finanzierungskontexten fallen die „Einnahmen aus Projektumsetzungen" in der Regel unter „Eigenmittel".

Die Rahmenbedingungen des Projektes richten sich nach den Kriterien und Förderrichtlinien für Projekte in Quartiersmanagementgebieten mit einer Fördersumme über 10.000 €. Neben dem Quartiersmanagement (QM) sind das Bezirksamt Neukölln und die Programmservicestelle (PSS) die direkten Ansprechpartner für die Projektabwicklung. Das QM ist die erste Anlaufstelle für das Projekt, stellt Netzwerkstrukturen zur Verfügung und begleitet das Projekt bei strategischen und inhaltlichen Fragen. Die PSS ist für alle verfahrenstechnischen Angelegenheiten zuständig und betreibt u. a. eine Online-Datenbank, über die das Projekt die Antragstellung, die Mittelabrufe, die Abrechnung und das Berichtswesen abwickelt. Nach Prüfung aller jeweiligen verfahrenstechnischen Angelegenheiten durch die PSS erfolgen eine zweite Prüfung sowie die „Freigabe" durch das Bezirksamt. Das Projekt ist gegenüber allen drei Institutionen – QM, Bezirksamt, PSS – rechenschaftspflichtig.

Rechtsform

Das Näh & Werk Studio ist in seiner Organisationsstruktur eine Fraueninitiativgruppe und weist damit keine Rechtsform auf. Juristisch ist deshalb der Fördernehmer des Projektes die Projektleitung als natürliche Person. Im Gegensatz zu beispielsweise den Förderkriterien von Stiftungen, bei denen in der Regel eine Gemeinnützigkeit bei den Fördernehmern vorliegen muss, um antragsberechtigt zu sein, können Fördernehmer zur Umsetzung von Quartiersprojekten auch natürliche Personen sein: „Antragsberechtigt für die Finanzierung von nachhaltig wirkenden Vorhaben zur Umsetzung der Handlungskonzepte der Quartiere sind alle natürlichen und juristischen Personen und auch die öffentlichen Institutionen, wie beispielsweise Bezirksämter" (PSS, 2009).

16.3   Bildungsmanagement in der Stadtteilarbeit

Die Entstehung der Projektidee – „Not macht erfinderisch"

Die Idee zum Projekt entstand im Juni 2006. Dabei spielten zwei Faktoren die entscheidende Rolle: Zum einen die negative Medienpräsenz des Berliner Bezirkes Neukölln und zum anderen die konkrete Lebenssituation von drei Neuköllnerinnen. Beide Faktoren können rückwirkend als Anlass im Sinne einer „ersten Bedarfsfeststellung" an lokalen Bedürfnissen für die Entwicklung der Projektidee gesetzt werden.

Die Negativschlagzeilen über Berlin-Neukölln sorgten für die stetige Imageverschlechterung des Bezirkes. Gewalt, Kriminalität, verweigerte Integration und massive Bildungsprobleme standen im Mittelpunkt. Diese mediale Präsenz des Bezirkes „eskalierte" spätestens mit den Vorgängen an der Rütli-Schule im März 2006 und löste nicht nur diverse Debatten in Gesellschaft und Politik über den Bezirk, sondern auch in großen Teilen der Neuköllner Bevölkerung großen Unmut aus. Dieser Unmut führte – nicht nur – bei den Projektinitiatorinnen zu dem Bedürfnis, der negativen Präsenz des Bezirkes eine positive entgegenzusetzen.

Der zweite Faktor – das Bedürfnis am gesellschaftlichen Leben partizipieren und vor allem die erworbenen beruflichen Qualifikationen sinnstiftend, Wert schöpfend und von der Gesellschaft anerkannt einbringen zu können – ist auf die aus der damaligen Lebenssituation resultierenden Erfahrungen der drei Projektinitiatorinnen zurückzuführen: Sie teilten u. a. die

Erfahrung, dass ihr Wohnort für sie (nicht nur) bei der Suche nach Arbeit zu einem diskriminierenden und benachteiligenden Merkmal wurde. U. a. wurden beispielsweise fachliche und soziale Kompetenzen in Bewerbungsgesprächen von potentiellen Arbeitgebern in Frage gestellt und/ oder abgewertet aufgrund des Wohnortes und dies wurde offen artikuliert.

Die ständig erlebten Stigmatisierungen innerhalb der Gesellschaft aufgrund der eigenen Arbeitslosigkeit und des Wohnortes Neukölln, verstärkt durch die negative Medienpräsenz des Bezirkes, aber auch das Bewusstsein über die in Neukölln vorhandenen Probleme, ließen die drei Neuköllnerinnen nach Lösungen suchen: Sie überlegten, wie sie ihre eigenen fachlichen Kompetenzen und ihre kulturellen Unterschiede als Ressourcen aktivieren und damit nicht nur sich selbst, sondern auch anderen Neuköllnerinnen wieder eine Zukunftsperspektive eröffnen könnten. Durch die Professionen der drei Frauen kristallisierte sich sehr schnell heraus, dass eine Unternehmung im Bereich „Mode und Textil", mit einer interkulturellen Ausrichtung, eine Perspektive sein könnte.

Ein intensives Arbeitswochenende führte zur Konkretisierung der Projektidee: Mode von Neuköllnerinnen, für Neuköllnerinnen und mit Neuköllnerinnen. Die Idee dahinter war, eine spezifische Mode für Neuköllner Frauen zu kreieren, die deren unterschiedliche kulturelle Verortungen aufgreift und mit westlichen Modetrends verbindet. Diese Mode sollte mit Neuköllner Frauen, vor allem mit Frauen mit Migrationshintergrund, entwickelt und auch mit ihnen produziert werden.

Die konkreten Überlegungen zur Umsetzung der Idee – angefangen bei der Produktentwicklung (Kollektionserstellung für Alltags- und Berufsbekleidung und Abendgarderobe) und Produktherstellung, der dafür notwendigen materiellen und personellen Ausstattung, über mögliche Verkaufs- und Vertriebswege, bis hin zu Fragen wie Arbeits- und Aufgabenfelder, Steuern, Rechtsform und Gewerbeanmeldung – führten die drei Initiatorinnen immer wieder an einen Punkt zurück: Es fehlten die finanziellen und materiellen Ressourcen zur Umsetzung der Idee und auch keine der drei Initiatorinnen war als Hartz-IV-Empfängerin kreditwürdig.

Diese Situation verlangte die Entwicklung von Strategien, die einen Zugang zu Ressourcen eröffnete. Die ursprüngliche Idee wurde um die Überlegung erweitert, für die (arbeitslosen) Neuköllner Frauen mit und ohne Migrationshintergrund Näh- und Schneiderkurse anzubieten und diese Kurse im Rahmen eines sozialen Projektes durchzuführen.

Damit waren zwei Vorteile verbunden und gleichzeitig auch zwei Probleme gelöst: 1. Die Initiierung eines sozialen Projektes eröffnete die potenzielle Möglichkeit, Drittmittel, z. B. bei Stiftungen oder anderen Fördergebern, einzuwerben. 2. Mit einer Qualifizierung von (arbeitslosen) Frauen mit und ohne Migrationshintergrund durch die Durchführung von Näh- und Schneiderkursen würde die Grundlage für die Partizipation dieser Frauen an der Produktentwicklung und Produktherstellung für die Unternehmung geschaffen werden.

Die Entwicklung des Projektkonzeptes

Aspekte zu Bedarfsanalyse und Bildungs(programm)planung

Trotz der Idee und der damit verbundenen hohen Motivation der Initiatorinnen wurde sehr schnell deutlich, dass für das Einwerben von Drittmitteln wiederum notwendige Ressourcen fehlten: Dazu gehörten z. B. der Zugang zu Informationen zu spezifischen Förderprogrammen von Bund, Ländern und Kommunen, Kontakte, die diesen Zugang ermöglicht hätten, Personen, die die Initiatorinnen bei der Einwerbung von Drittmitteln hätten unterstützen können sowie eine für die potentiellen Fördergeber verbindliche Struktur der Initiatorinnen (Rechtsform). Recherchen zu möglichen Fördergebern, v. a. bei Stiftungen, und erste Kontaktaufnahmen mit diesen Fördergebern brachte ein weiteres Defizit zum Vorschein: das öffentliche Nicht-Bekannt-Sein der Initiatorinnen und ihrer Idee – angefangen beim Nicht-Vorhandensein-Sein von Werbematerialien, einer Website, bis hin zum Nicht-Verfügen über eine offizielle Projektadresse und entsprechende Referenzen – stellte die Initiatorinnen vor eine weitere Hürde. Um diese zu überwinden, suchten sie nach kostenlosen Möglichkeiten der professionellen Unterstützung und entdeckten dabei den bundesweiten Wettbewerb „startsocial" (www.startsocial.de), der sozialen Projekten und ehrenamtlich Tätigen ein dreimonatiges Coaching- und Beratungsprogramm anbietet. Die Bewerbung zu diesem Wettbewerb zwang die Projektinitiatorinnen zu einer ersten fundierten Ausarbeitung ihrer Projektidee. Die klaren Vorgaben von startsocial erleichterten die Strukturierung des ersten Projektkonzeptes, verlangten den Initiatorinnen aber gleichzeitig auch eine erste Bedarfsanalyse sowie eine erste Bildungs(programm)planung ab – für die Erstellung des Projektkonzeptes, einschließlich aller zusätzlichen zu erbringenden Unterlagen für die Wettbewerbsbewerbung, standen insgesamt nur vier Wochen zur Verfügung.

Aspekte zur Bedarfsanalyse

Die Erstellung eines ersten Projektkonzeptes erforderte die Erhebung von Daten über Neukölln (z. B. Bevölkerungsstruktur, Transferleistungen, Bildungssituation usw.), über die Angebotsstruktur im Bezirk und über die Zielgruppe bzw. über ihre Bedürfnisse bezogen auf bestehende/ fehlende Angebote. Während ein Großteil der Daten über Neukölln relativ leicht über das Landesamt für Statistik und über die Internetseiten der einzelnen Neuköllner Quartiersmanagemente abrufbar waren, gestaltete sich die Datenerhebung bezüglich der Angebotsstruktur schwieriger. Da diese Informationen häufig nicht über das Internet und die Informationsmaterialien zu erhalten waren, kontaktierten die Initiatorinnen viele Einrichtungen persönlich oder telefonisch. Die meisten Einrichtungen gingen aufgrund der Herkunft und des Wohnortes der Projektinitiatorinnen von vornherein davon aus, dass sie sie als potenzielle Teilnehmerinnen kontaktieren. Aus diesem Grund waren die Initiatorinnen für die Einrichtungen Neuköllnerinnen, die mit der Weitergabe von detaillierten Informationen als Kunden gewonnen werden wollten. Der Zugang zu spezifischen Informationen wurde hier also aufgrund des Wohnortes und der Herkunft ermöglicht. Von keiner der Einrichtungen wurde nachgefragt, weshalb sich die Initiatorinnen für diese Informationen interessierten. Das, was als diskriminierendes und benachteiligendes Merkmal den Zugang zu Ressourcen verhindert(e), wurde hier als Ressource von den Initiatorinnen aktiviert.

Für die Erhebung der Bedürfnisse der Hauptzielgruppe (Frauen mit Migrationshintergrund) nutz(t)en die Initiatorinnen ihre privaten Netzwerke als Ressource: Alle drei Initiatorinnen verfüg(t)en über zahlreiche Kontakte zu unterschiedlichen Migrantengruppen und führten deshalb – meistens in privaten Umfeldern – viele Gespräche mit Frauen mit Migrationshintergrund zur Projektidee. Dabei stellte sich heraus, dass die Idee, Näh- und Schneiderkurse durchzuführen, durchweg positiv aufgenommen wurde, v. a. auch deshalb, weil das Nähen-Können mit einer Steigerung der Annerkennung der Frauen in ihren Familien einhergehe und sich mit einer Teilnahme für die Frauen eine Austausch- und Kontaktmöglichkeit außerhalb der Familie ergeben würde. Gleichzeitig artikulierten die Gesprächspartnerinnen auch Befürchtungen: Zum Beispiel die Angst, aufgrund von Sprachschwierigkeiten nichts lernen zu können, die Sorge, bei einer Teilnahme noch genügend Zeit für die Familie zu haben, teilweise die Betreuung der Kinder und auch die Angst vor einem theorielastigen Unterricht.

Ziel der Gespräche war es herauszufinden, ob das Angebot (die Projektidee) den Bedürfnissen der Zielgruppe entspricht und welche weiteren Aspekte der Zielgruppe bei der Ausgestaltung der Näh- und Schneiderkurse (Bildungsplanung) von Bedeutung sind.

Aspekte zur Bildungs(programm)planung

Ausgehend von den Ergebnissen der Bedarfsanalyse entwickelten die Initiatorinnen ein modulares Kurssystem für die Näh- und Schneiderkurse. Nach der Erarbeitung der grundsätzlichen Inhalte für die die Kurse wurden diese in vier Schwierigkeitsgrade (Basis, Aufbau, Kompetenz, Professionell) unterteilt. Dabei spielten nicht nur fachliche Komponenten, sondern auch aus den jeweils einzelnen Modulen hervorgehende mögliche Produkte (z. B. Schürzen, Kissenbezüge, einfache Kleider) – als für die Zielgruppe nachvollziehbare Ergebnisse – eine entscheidende Rolle. Über die Arbeitsschritte zur Herstellung dieser Produkte erfolgte die Aufteilung jedes Moduls in einzelne Unterrichtseinheiten à 90 Minuten, woraus sich dann jeweils der gesamte Stundenumfang für jedes Modul und für das Programm insgesamt ergab. Um den Bedürfnissen der Frauen gerecht zu werden, schloss die Programmentwicklung von Anfang an die zweisprachige Durchführung der Näh- und Schneiderkurse, eine maximale Teilnehmerzahl von fünf Frauen pro Lerngruppe und eine Kinderbetreuung ein. Das ergänzende Angebot Deutsch als Fremdsprache war von Anfang an in die Planung und in das Konzept integriert, konkretisierte sich aber erst zu einem späteren Zeitpunkt.

Die Entwicklung dieses Bildungsprogramms verdeutlicht die Chancen, die sich aus der Nutzung der kreativen Potenziale kleiner Akteure entwickeln können: Die Aktivierung der einzelnen Erfahrungen der Initiatorinnen im Umgang und in der Arbeit mit Migrantinnen, ihre sehr unterschiedlichen fachlichen Kompetenzen und Fähigkeiten und ihre jeweiligen kulturellen Verortungen bildeten einen Ressourcenpool, der ein hochgradig interdisziplinäres, transkulturelles und damit produktives Arbeiten ermöglichte. Dieser Raum für eine freie Ausgestaltung des Bildungsprogramms erzielte die bestmögliche Einbeziehung der Bedürfnisse der Zielgruppe und damit die Entwicklung eines – auch im übertragenen Sinn bezüglich der Inhalte – maßgeschneiderten Angebots. Die Initiatorinnen mussten sich weder an vorgegebenen Rahmenplänen noch an Verwaltungsstrukturen bei der Entwicklung und Ausgestaltung des Programms orientieren.

Aspekte zur Kommunikations- und Netzwerkarbeit und zum Ressourcenmanagement

Die Ausarbeitung eines ersten fundierten Projektkonzeptes und die Bewerbung bei startsocial bedeutete für die Projektinitiatorinnen, ihre Idee auch erstmalig einer Öffentlichkeit zu präsentieren. Dass diese Präsentation gelungen war, zeigte sich im September 2006 mit der Aufnahme des Projektes in den startsocial-Wettbewerb.

Von Oktober bis Dezember 2006 standen dem Projekt im Rahmen des Wettbewerbes eine Vielzahl an Beratungs- und Austauschmöglichkeiten zur Verfügung: Dazu gehörten die persönliche Betreuung des Projektes durch einen Experten und einen Coach, ein Stipendiatentag mit Vorträgen, Vernetzungsplattform und Workshops, eine Internetplattform, in der u. a. Fragen zu Finanzen, Mitarbeitern, Kommunikation, Internet und Recht fachkundig von Experten beantwortet wurden, die Möglichkeit, das Projekt vor einem fachkundigen Publikum (mit Feedback) zu präsentieren sowie diverse Informationsmaterialien. Am Anfang der Wettbewerbsphase arbeiteten die Projektinitiatorinnen gemeinsam mit Experte und Coach einen dreimonatigen Aufgabenplan für das Projekt aus und legten die wichtigsten Beratungsbedarfe sowie die grundlegendsten Voraussetzungen zur Realisierung des Projektes fest.

Dabei wurde deutlich, dass sechs Kernaufgaben *gleichzeitig* bewältigt werden mussten, um das Projekt umsetzen zu können: 1. die Beschaffung von Räumen (ohne Räume kein Projekt); 2. die Beschaffung von finanziellen Mitteln (ohne Geld keine Miete für die Räume und damit keine Räume); 3. Gewinnung von öffentlichen Personen aus Politik oder Wirtschaft als Unterstützer für das Projekt (ohne Unterstützer keine finanziellen Mittel); 4. Werbematerial (ohne Werbematerial keine Unterstützung von öffentlichen Personen aus Politik und Wirtschaft); 5. Klärung der Rechtsform (ohne Rechtsform kein Zugang zu finanziellen Mitteln); 6. Überarbeitung und Erweiterung des Projektkonzeptes als Grundlage für Förderanträge: „Ein schlüssiges, anschauliches und vollständiges Projektkonzept ist die Grundlage für die weitere Entwicklung des Vorhabens und Ausgangspunkt für jede Diskussion mit potenziellen Partnern und Förderern" (startsocial, 2009).

Die Beschaffung von Räumen

Bevor überhaupt nach geeigneten Räumen gesucht werden konnte, stellte sich – abgesehen von der Finanzierung – die Frage nach der Lage, Größe, Aufteilung und Ausstattung der Räume. Ausgehend davon, dass ein Nähkurs fünf Arbeitsplätze und einen Zuschneidetisch benötigt, musste ein Arbeitsraum mit einer Größe von mindestens 20 bis 25 m² gefunden werden. Daneben bedurfte es zweier weiterer separater Räume, einen für die Kinderbetreuung und einen für die Deutschkurse. Ein weiterer Raum für ein Büro wurde in Erwägung gezogen, aber für den Start des Projektes nicht als unbedingt notwendig erachtet. An Nebenräumen wurden mindestens eine Toilette und eine Küche oder Kochnische benötigt. Aus diesen Überlegungen ergab sich, dass für den Start des Projektes ein Objekt mit mindestens drei separaten Räumen und/ oder einer Gesamtgröße von mindestens 60m² gefunden werden musste. Die Lage der Räume sollte nach Möglichkeit relativ zentral, gut zugänglich und nicht in unmittelbarer Nachbarschaft einer Kneipe, Spielhalle oder eines Sexshops sein.

Damit sollte sichergestellt werden, dass eine gute Verkehrsanbindung ein leichtes Erreichen des Projektes ermöglicht, dass auch über so genannte Laufkundschaft Teilnehmerinnen gewonnen werden können und dass keine Zugangsbarrieren für die (muslimischen) Teilnehmerinnen aufgrund der in der unmittelbaren Nachbarschaft liegenden Geschäfte bestehen.

Da die Projektinitiatorinnen nicht nur nach Räumen, sondern gleichzeitig auch nach Partnern/Unterstützern und Finanzierungsmöglichkeiten suchten, nahmen sie Kontakt mit verschiedenen Quartiersmanagementsbüros in Neukölln auf. Aufgrund der bis dahin immer wieder gemachten Erfahrungen, dass ohne Werbematerial, ohne Bekanntheitsgrad, ohne Geldgeber und ohne Partner „nichts zu holen" ist, änderten die Projektinitiatorinnen nach Absprache mit den Experten von startsocial ihre Kommunikationsstrategie: Sie ließen sich als Anwohner und nicht als potenzielle Akteure über die Arbeit des Quartiersmanagement (QM) aufklären, wurden über einzelne in den Quartieren stattfindenden Projekte informiert und erhielten Auskünfte über Förderprogramme für Bewohner. Sich als Anwohnerinnen und nicht als potentielle Akteure informieren zu lassen, schaffte eine entspannte Kommunikationssituation für beide Seiten (QM und Initiatorinnen).

Über die Gespräche in den QM erfuhren die Projektinitiatorinnen von der Unternehmung „Zwischennutzungsagentur FreiRaum", die u. a. auf die Beseitigung von Leerstand zielt und Akteure bei der Suche nach (Gewerbe-)Räumen unterstützt. Nach Kontaktaufnahme und Gesprächen sowie durch die Aufnahme in den Verteiler der Zwischennutzungsagentur erhielten die Projektinitiatorinnen die Möglichkeit, in regelmäßig stattfindenden Besichtigungstouren leer stehende Objekte zu besichtigen und Gespräche mit Vermietern über die jeweiligen Konditionen zu führen. Damit waren nach etwa zehn Wochen erste potentiell für das Projekt geeignete Räume gefunden, die Option, jederzeit über die Zwischennutzungsagentur Räume zu finden, gegeben und die Zwischennutzungsagentur als Netzwerkpartner gewonnen.

Strategien zur Beschaffung von finanziellen und materiellen Ressourcen

Erste Aufgaben zur Beschaffung von finanziellen Mitteln waren die intensive Recherche zu möglichen Fördergebern und Förderprogrammen und die Aufstellung aller im und für das Projekt benötigten finanziellen, personellen und materiellen Mittel, um einen detaillierten Kosten- und Finanzierungsplan erstellen zu können.

Durch die über die QM und die Zwischennutzungsagentur gewonnenen Informationen setzten sich die Initiatorinnen mit quartiers- und bezirksbezogenen Förderprogrammen, aber auch mit Stiftungen auseinander, recherchierten die Art der Programme, Antragsfristen und Antragsverfahren, die Höhen der Fördersummen, Voraussetzungen und Auflagen der jeweiligen Programme, Laufzeiten, Förderschwerpunkte sowie die jeweiligen Ansprechpartner. Dabei stellte sich heraus, dass v. a. die mit einem lokalen Förderschwerpunkt bezogenen Programme von den Fördernehmern nicht unbedingt eine Rechtsform voraussetz(t)en, sondern diese auch einzelne Akteure und Initiativgruppen fördern, während bei den für das Projekt infrage kommenden Stiftungen eine Rechtsform vorliegen muss(te). Da zum damaligen Zeitpunkt die Antragsfristen lokaler Programme für das Folgejahr gerade abgelaufen waren, konzentrierten sich die Initiatorinnen zunächst auf für das Projekt infrage kommende Stiftungen, bei denen jederzeit Anträge eingereicht werden konnten.

Um einen Kosten- und Finanzierungsplan für die jeweils angegebenen (maximalen) Fördersummen aufstellen zu können und um einen Überblick über alle notwendigen Ressourcen zu gewinnen, listeten die Initiatorinnen alle anfallenden Kosten auf (Honorarkosten: z. B. für Projektleitung, kaufmännische Steuerung, Näh- und Schneiderkurse, Kinderbetreuung, Öffentlichkeitsarbeit; Sachmittel: z. B. Nähmaschinen und diverse Nähwerkzeuge, Stoffe, Garne usw., Möbel, aber auch Versicherungen (Haftpflicht und Gewerbeschutz), Miete, Strom usw.; Nebenkosten: z. B. Kontoführungsgebühren, Telefonkosten, Kopierkosten, Büromaterial, Portokosten). Dabei stellte sich heraus, dass die Gesamtsumme für die Durchführung des Projektes bei einer Laufzeit von einem Jahr so hoch war, dass keine der durch infrage kommenden Stiftungen zur Verfügung stehenden Fördersummen ausreichen würden und die Differenz zwischen Fördersummen und Gesamtbudget auch nicht mit der möglichen Erhebung von Teilnehmerbeiträgen für die Näh- und Schneiderkurse hätte ausgeglichen werden können. Aus diesem Grund suchten die Initiatorinnen gemeinsam mit den Experten von startsocial nach Alternativen zur Beschaffung der Projektausstattung: Sachspenden und Sachgeschenke. Da für das Projekt noch keine Rechtsform und (damit) auch keine Gemeinnützigkeit existierten, entfiel das Einwerben von Sachspenden. Über zahlreiche Recherchen in unterschiedlichen Zeitungen und Stadtmagazinen sowie im Internet fanden die Initiatorinnen heraus, dass außer Nähmaschinen alle Arten von Möbeln (bis hin zu kompletten Kücheneinrichtungen), Hausrat, diverse Büromaterialien und technische Geräte von Privatpersonen, Vereinen, Unternehmen und Haushaltsauflösungen über Schenkungen zu erwerben sind. Diese Tatsache schaffte eine enorme Entlastung für das errechnete Gesamtbudget, weil durch die Möglichkeit der Schenkung eine Grundausstattung des Projektes möglich wurde und sich dadurch die nun verbleibende Summe an rein finanziell benötigten Mitteln drastisch reduzierte. Das einzige, was für die Erwerbung von Sachmitteln über Schenkung organisiert werden musste, waren ein Auto für den Transport und ein „paar kräftige Männer" zum Tragen der Möbel. Beides ließ sich dann – kurz vor Projektbeginn und nachdem Projekträume angemietet waren – über private Netzwerke der Initiatorinnen und mit einem Abendessen für die Helfer als Dankeschön realisieren.

Bevor nun aber ein Förderantrag bei einer Stiftung eingereicht werden konnte, bedurfte es noch der Erstellung von Werbematerial zur Gewinnung von Unterstützern und Unterstützerinnen für den Antrag und die Klärung der Rechtsform.

Aspekte zur Erstellung von Low-Budget-Werbematerial

Kleine Akteure – aber nicht nur diese – unterschätzen häufig die Auswirkungen von (guter und schlechter) Werbung: Sie machen sich (zu) wenig Gedanken über die Zielgruppen, die mit ihrer Werbung angesprochen (Kursteilnehmerinnen, Kooperationspartner, „Geldgeber") sowie über die Ziele, die mit der Werbung erreicht werden sollen und geben sich gerne mit „Notlösungen" (ein (unprofessioneller) Flyer oder Handzettel ist „schnell" am heimischen PC geschrieben und für wenig Geld in schlechter Qualität in einem Copyshop vervielfältigt) zu frieden, um Kosten zu sparen. Dies mussten unter anderem auch die Projektinitiatorinnen während der Beratungsphase von startsocial lernen, obwohl sie sich bereits mit grundlegenden Aspekten von Kommunikationsstrategien auseinandergesetzt hatten.

Deshalb stellten die Initiatorinnen gemeinsam mit den Experten von startsocial die für das Projekt möglichen Zielgruppen für Werbung zusammen, setzten die mit der durch Werbung zu erreichenden Ziele fest und suchten dann die für die jeweiligen Zielgruppen geeigneten Formen für Werbung. Dabei kristallisierte sich heraus, dass zu allererst Unterstützer für das Projekt aus Politik, Bildung und Wirtschaft gewonnen werden mussten, um eine Projektfinanzierung sichern zu können und dass deshalb die Werbung z. B. zur Gewinnung von Kursteilnehmerinnen – zum damaligen Zeitpunkt – nachrangig war; denn durch eine Projektfinanzierung würde dann auch die Werbung für weitere Zielgruppen, wie die für die Kursteilnehmerinnen, ermöglicht werden.

Ebenso wurde herausgearbeitet, dass die den Initiatorinnen zur Verfügung stehenden materiellen und finanziellen Ressourcen es nicht erlaubten, Werbematerial z. B. in Form einer hochwertig gedruckten Hochglanzbroschüre zu erstellen bzw. erstellen zu lassen. Davon ausgehend verschafften sich die Initiatorinnen einen Überblick über ihre eigenen Ressourcen: z. B. das Vorhandensein von Computern und Computerprogrammen, Zugang zum Internet, Kompetenzen und Fähigkeiten im Umgang mit unterschiedlichen Computerprogrammen, private Netzwerke und Freunde, deren Kompetenzen eventuell genutzt werden können oder die maximale Höhe der aus dem Arbeitslosengeld II zu entbehrenden Summe an finanziellen Mitteln für z. B. hochwertige Farbausdrucke auf hochwertigem Papier. Entsprechend der zur Verfügung stehenden Ressourcen empfahlen die startsocial-Experten die Erstellung einer klar und durch Überschriften gegliederten Projektkurzbeschreibung mit einem maximalen Umfang von eineinhalb bis zwei DINA4-Seiten sowie ergänzende Grafiken im DINA4-Format, die das Vorhaben „auf einem Blick" schlüssig untermauern. Die Idee hinter dieser Empfehlung war, sich durch das DINA4-Format und die gewählte Form eindeutig von gängigen Werbematerialien wie Flyer und Postkarten – die nur bei einer professionellen Umsetzung hinsichtlich des Aufbaus, der Inhalte und des Layouts sowie auch des Drucks Erfolg versprechende Wirkungen haben – zu unterscheiden und trotzdem die Inhalte professionell und in einer übersichtlichen und schnell zu rezipierenden Form präsentieren zu können. Ein wichtiger und von den startsocial-Experten einkalkulierter Effekt der gewählten Präsentationsform im DINA4-Format ist darin zu sehen, mit dieser Form Professionalität zeigen und gleichzeitig darauf aufmerksam machen zu können, dass eine Finanzierung *auch* für die Erstellung von Werbematerial wie Flyer, Website usw. dringend erforderlich ist.

Der Empfehlung folgend erarbeiteten die Initiatorinnen eine solche Kurzbeschreibung mit folgenden Kernpunkten: 1. Das Projekt (Inhalt des Projektes); 2. Der Hintergrund (Entstehungskontext, Umfeld und die gegebene Notwendigkeit für die Durchführung des Projektes); 3. Die Initiatorinnen (Schlüssigkeit hinsichtlich vorhandener Motivationen und Kompetenzen, die Voraussetzungen zur Projektdurchführung sind); 4. Kooperationspartner (Einbindung in das lokale Umfeld); 5. Die Arbeit (Umsetzung des Bildungsprogramms und Einbeziehung der Teilnehmenden); 6. Ziele (Projektziele); 7. Aktueller Stand (was wurde schon erreicht, was muss noch erreicht werden). Als ergänzende Grafiken wurden ein zweiseitiger Zeitplan für drei Jahre – aufgeschlüsselt nach Jahren und Quartalen – mit entsprechenden

Aufgaben und Zielen sowie eine grafische Übersicht der in das Projekt eingebundenen Akteure und deren Vernetzung im lokalen Umfeld erstellt.

Mit der Projektkurzbeschreibung und ihren ergänzenden Grafiken stand den Initiatorinnen nun ein erstes, sehr ansprechendes Werbematerial zur Gewinnung von Unterstützerinnen und Unterstützern aus Politik, Bildung und Wirtschaft zur Verfügung, welches zwar mit einem relativ hohen Zeitaufwand, dafür aber mit sehr geringen finanziellen Mitteln erstellt werden konnte.

Klärung der Rechtsform

Abgesehen von dem Umstand, dass im November 2006 – während der Beratungsphase von startsocial – die Antragsfristen für lokale Förderprogramme für 2007, die auch Einzelpersonen und Initiativgruppen (ohne Rechtsform) fördern, bereits abgelaufen waren und somit die Ausgründung einer Rechtsform zur Voraussetzung für die Inanspruchnahme von Fördergeldern von einer Stiftung wurde, stellte die Klärung der *Rechtsform* eine besondere Herausforderung dar.

Die Gründung eines *gemeinnützigen Vereins* wurde als erste Möglichkeit anvisiert, weil diese Rechtsform relativ schnell, mit vergleichsweise wenig Aufwand und kostengünstig umzusetzen ist und die Möglichkeit, Spenden einzuwerben, einschließt. Trotzdem wurde diese Möglichkeit schnell wieder verworfen aus folgenden Gründen: Die Projektinitiatorinnen hätten – aller Wahrscheinlichkeit nach – bei der Gründung eines Vereins dessen Vorstand gebildet und hätten sich somit nicht selbst anstellen können. Da sich die Initiatorinnen mit der Umsetzung des Projektes auch ein eigenes Einkommen schaffen und ihre berufliche Selbstständigkeit aufbauen wollten, um von den Transferleistungen weg zu kommen, wurde die Vereinsgründung als nicht akzeptabel angesehen. Eine weitere Idee, andere Personen, z. B. Bekannte, einen Verein gründen und sich dann anstellen zu lassen, wurde als zu risikobehaftet bewertet. Zum einen hätten die Initiatorinnen ihre Idee und ihr Projektkonzept „aus den Händen" geben müssen und zum anderen wäre nicht die Sicherheit gegeben gewesen, dass die Initiatorinnen dann auch tatsächlich von dem Verein angestellt würden. Ein vergleichbares Risiko wäre ebenso entstanden, wenn sich die Initiatorinnen einen Verein als Träger zur Umsetzung des Projektes gesucht hätten.

Als eine zweite Möglichkeit der Rechtsform wurde die Gründung einer *gemeinnützigen GmbH* angedacht. Diese Variante entsprach dem langfristigen Projektziel – Ausgründung eines sozialen Unternehmens – hundertprozentig und hätte zusätzlich die Möglichkeit geboten, Spenden einzuwerben. Für diese Möglichkeit fehlte den Initiatorinnen jedoch das notwendige Startkapital (25.000 €), welches zur Gründung einer GmbH erforderlich ist. Die Ausgründung anderer Rechtsformen, wie beispielsweise die der GbR, kamen unter anderem deshalb nicht in Frage, weil hier die Gemeinnützigkeit nicht geben ist.

Somit konnte die Rechtsform – trotz zahlreicher Expertengespräche im Rahmen des startsocial-Wettbewerbes – nicht geklärt werden. Dies wiederum schloss die Antragstellung zur finanziellen Förderung des Projektes bei entsprechenden Stiftungen aus und verlangte die Erarbeitung neuer Strategien, um das Projekt umsetzen zu können. Hierfür wurde unter Berücksichtigung der noch ausstehenden Klärung der Rechtsform gemeinsam mit den Experten von starsocial ein mittelfristig angelegter Plan zur Umsetzung des Projektes, auch im Hinblick auf das langfristige Projektziel, ein soziales Unternehmen auszugründen, erstellt. Dabei stand im Blickpunkt, dass der Aufbau eines sozialen Unternehmens während einer drei- bis vierjährigen Projektlaufzeit möglich und realistisch ist und nach dieser Laufzeit eine Rechtsform für das Unternehmen unabhängig vom sozialen Projekt etabliert werden kann. Das wiederum eröffnete einerseits die Möglichkeit, eine andere Rechtsform als die der gGmbH für das Unternehmen zu wählen, und andererseits die Option, dann auch zusätzlich zum Unternehmen einen Verein zur Fortführung des sozialen Projektes zu gründen. Dies bedeutete jedoch auch, dass die Umsetzung des Projektes nur mit lokalen Förderprogrammen, bei denen keine Rechtsform vorliegen muss, zu realisieren wäre und die Initiatorinnen eine drei- bis vierjährige Förderung über solche Programme sicherstellen müssten.

Ausgehend von dieser Situation kristallisierten sich die Förderprogramme des Quartiersmanagement als die einzig effektiven im Hinblick auf deren Laufzeiten und die Höhen der möglichen Fördersummen heraus.

Sicherstellung der Finanzierung

Die während der startsocial-Beratungsphase gewonnenen (Wissens-)Ressourcen, die – außer der Klärung der Rechtsform und der Sicherstellung der Finanzierung – bewältigten Aufgaben als Voraussetzung zur Umsetzung des Projektes sowie die in dieser Zeit bereits aufgebauten Kontakte zu anderen und ganz unterschiedlichen Akteuren, einschließlich ideeller Unterstützerinnen und Unterstützer bildeten die Basis für die ersten Organisations- und Kommunikationsstrukturen der Initiatorinnen. Auf dieser Basis ließen sich erneut Gespräche mit den Quartiersmanagementen führen – nun aber aus der Perspektive potentieller Fördernehmer, die ihre Projektidee als einen Beitrag zur Lösung vielschichtiger (Integrations-)Probleme präsentierten. Der glückliche Umstand, dass das QM Richardplatz Süd ein noch nicht vollständig konkretisiertes Angebot im Bereich Nähen angedacht hatte und dafür einen Projektträger suchte, bestärkte die Initiatorinnen nicht nur in ihrem Vorhaben, sondern erhöhte auch ihre Chance, als Projektträger ausgewählt zu werden. Zahlreiche von den Projektinitiatorinnen initiierte Gespräche mit dem QM Richardplatz Süd zwischen Januar und März 2007 führten dann zur Bewerbung der Initiatorinnen auf die Ausschreibung des QM zur Umsetzung eines Nähprojektes und damit auch zur Einreichung ihres Projektkonzeptes. Um sicher zu stellen, dass das Projektkonzept der Initiatorinnen oder auch nur Teile des Konzeptes nicht als Konzept und Grundlage zur Durchführung des ausgeschriebenen Nähprojektes durch einen anderen Träger genutzt bzw. ein anderer Träger mit dem Konzept der Initiatorinnen beauftragt werden würde, sicherten sich die Initiatorinnen ihre Urheberrechte auf das Konzept durch ein entsprechendes und vom QM unterzeichnetes Schreiben.

Nachdem im April 2007 zunächst ein negativer Bescheid auf die Bewerbung zur Ausschreibung bei den Initiatorinnen einging, erfolgte dann Mitte Mai eine Zusage zur Durchführung des Projektes. Damit war der Weg zur Umsetzung gebahnt und eine erste Finanzierung gesichert.

16.4   Fazit und Ausblick

Das aufgezeigte Beispiel verdeutlicht, dass und wie kleine Akteure durch die Aktivierung ihrer unterschiedlichen individuellen Ressourcen kreative Potenziale freisetzen und produktiv nutzen können, um grundlegende und vor allem von der Öffentlichkeit anerkannte Organisations- und Kommunikationsstrukturen aufzubauen, durch die sie für sich selbst Handlungsfähigkeit erzeugen. Um bei der Schaffung von grundlegenden Organisations- und Kommunikationsstrukturen erfolgreich zu sein, bedarf es eines unermüdlichen Arbeitseinsatzes und eines enormen Zeitaufwandes bei vergleichsweise sehr geringfügigem Einsatz an materiellen und finanziellen Mitteln. Das damit verbundene Beschreiten der eher ungewöhnlichen Wege (im Vergleich zu etablierten Institutionen) setzt trotz aller Improvisationserfordernisse das Einhalten grundlegender Marketingstrategien und das Bewältigen von (Bildungs-)Managementaufgaben als Bedingungen für den Erfolg voraus. Ebenso ist der Erfolg in einem hohen Maße auch auf die fachlichen (wissenschaftlichen) Qualifikationen und die sozialen Kompetenzen der jeweiligen kleinen Akteure zurückzuführen.

Gleichzeitig werden aber auch mögliche Risiken deutlich, die sich – bezogen auf das dargestellte Beispiel – vor allem auf die enorme Einschränkung hinsichtlich der Projektfinanzierungsmöglichkeiten abzeichnen und die herausstellen, dass der Aufbau eigener Organisations- und Kommunikationsstrukturen an das Vorhandensein eines Minimums bereits existierender Strukturen im lokalen Umfeld gebunden ist.

Die Mitarbeiterinnen des Näh & Werk Studios haben im Januar 2009 – parallel zum Projekt – mit dem Aufbau des Unternehmens begonnen und im September des gleichen Jahres eine Zwischenmeisterei ausgegründet. Damit konnte im Januar 2010 mit der schrittweisen Einbindung der ersten Teilnehmerinnen der Näh- und Schneiderkurse in das Unternehmen begonnen werden.

16.5   Vertiefungsaufgaben und -fragen

1. Recherchieren Sie unterschiedliche Möglichkeiten der Projektfinanzierung (z. B. Förderprogramme der EU, des Bundes, der Länder und Kommunen, Stiftungen).

2. Erarbeiten Sie Unterschiede und Gemeinsamkeiten einzelner Programme anhand folgender Punkte heraus:

    - Name und Dauer, Träger und Ziele des Programms.
    - Aus welchen einzelnen Programmschritten besteht das Programmverfahren/die Verfahrensabwicklung? Welche zeitlichen Rahmenbedingungen (auch Antragsfristen) sind für die einzelnen Programmschritte vorgesehen?
    - Wer ist antragsberechtigt, unter welchen Voraussetzungen (Qualifizierung, Erfahrung)?

- Können Antragsteller im Rahmen des Programms alle Aufgaben selbst übernehmen oder sind Kooperationspartner gefordert? Wenn ja, welche?
- Gibt es vorgeschriebene Aufteilungen von Zuständigkeiten? (vor allem bei international ausgerichteten (EU-)Programmen)
- Welche spezifischen Dokumente müssen eingereicht werden (z. B. Vereinssatzung und Eintragung beim Finanzamt; rechtskräftige Satzung einer Institution, Begleitschreiben, Gutachten oder ähnliches)?
- Wie hoch ist die Fördersumme des Programms?
- Müssen weitere Mittel (aus anderen Programmen/Eigenmittel) eingebracht werden und wenn ja, woraus können diese bestehen und wie hoch müssen diese sein?
- Gibt es Vorschriften zur Mittelverwaltung und wenn ja, welche?

3. Stellen Sie die Informationen übersichtlich in tabellarischer Form zusammen.

16.6   Literatur

Elsen, S. (2003): Lokale Ökonomie, Empowerment und die Bedeutung von Genossenschaften für die Gemeinwesenentwicklung. Überlegungen aus der Perspektive der sozialen Arbeit. Fachhochschule München. Online in Internet: http://host151.hannover2.interalliance.de/cms/index.php?option=com_content&task=view&id=64&itemid=266, (Stand: 11.12.2009)

Grundlagen des Quartiersmanagement in Berlin. Online in Internet: http://www.stadtentwicklung.berlin.de/wohnen/quartiersmeanagement/de/evaluation/download/1034_download.pdf, (Stand: 11.12.2009)

Senatsverwaltung für Stadtentwicklung, Berlin 2009. Online in Internet: http://www.quartiersmanagement-berlin.de/Programm-Soziale-Stadt.2805.0.html (Stand: 11.12.2009)

Programmservicestelle (PSS). Online in Internet: http://www.pss-berlin.eu/content/e3696/index_ger.html (Stand 11.12.2009)

Startsocial. Online in Internet: https://www.startsocial.de/stipendiat-werden/teilnahmebedingungen, (Stand: 15.12.2009)

17 gaus gmbh – medien bildung politikberatung

Christiane Weiling

17.1 Einleitung

Die 1992 als GmbH gegründete „gaus gmbh – medien bildung politikberatung" ist ein arbeitswissenschaftliches Forschungs- und Beratungsinstitut mit Schwerpunkten in den Themenfeldern Weiterbildung, Innovations-, Kooperations- und Wissensmanagement, Kompetenzentwicklung, Organisationsentwicklung, Branchenmodernisierung, Transfermarketing, Schnittstellenmanagement und Prozesskettenoptimierung.

Die gaus gmbh führt mit Partnern aus dem wissenschaftlichen Bereich Forschungsprojekte im Auftrag von Bund, Ländern und anderen öffentlichen Projektträgern (z. B. Bundesanstalt für Arbeitsschutz und Arbeitsmedizin, GKV-Spitzenverband) durch. Darüber hinaus entwickelt und erprobt sie im Rahmen von Gestaltungsprojekten mit Praxispartnern modellhaft innovative Konzepte und Instrumente zur Organisations- und Personalentwicklung. Im Auftrag von Bundes- und Landesministerien, Kommunen, Arbeitgeberverbänden, Gewerkschaften und Unternehmen erstellt die gaus gmbh Gutachten sowie Studien und führt Beratungen, Trainings und Coachings mit Mitarbeitern und Führungskräften durch.

Die gaus gmbh arbeitet an der Schnittstelle von Wissenschaft, Wirtschaft und Politik. Sie sieht ihre Aufgabe darin, die Denkweise und das Handeln der unterschiedlichen Akteure für die jeweils anderen Gruppen sichtbar und nachvollziehbar zu machen. Dazu bringt die gaus gmbh die unterschiedlichen Gruppen im Rahmen von Projekten, Workshops oder Tagungen zusammen und entwickelt entsprechende Transferprodukte in Form von Broschüren, Internetpräsenzen, Veröffentlichungen in Fachzeitschriften und einer eigenen Buchreihe sowie durch die Herausgabe einer Zeitschrift, die sich sowohl an die Wissenschaft als auch an Politik und Unternehmenspraxis richtet.

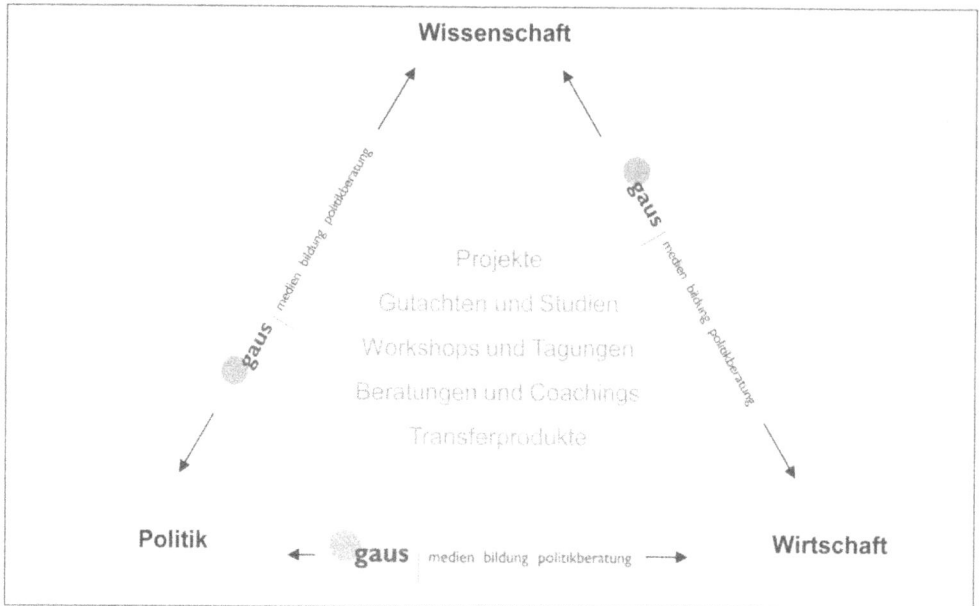

Abb. 17.1: Die gaus gmbh an der Schnittstelle von Politik, Wissenschaft und Wirtschaft

Als kleineres Beratungsinstitut, das bei Ausschreibungen und Wettbewerben, aber auch in der direkten Zusammenarbeit mit Unternehmen und öffentlichen Auftraggebern, mit den großen Forschungsinstituten wie prognos oder Fraunhofer konkurriert, ist die gaus gmbh gezwungen, innovative Ideen zu entwickeln und Themen aufzugreifen, die abseits des Mainstreams liegen. Die gaus gmbh besetzt mit ihren Aktivitäten deshalb ganz bewusst Nischen. Für die tägliche Arbeit bedeutet das: Aktuelle Trends in Wissenschaft und Praxis müssen frühzeitig erkannt, diskutiert und adäquat aufbereitet werden. Die Grundlage hierfür bildet eine Diskussionskultur, die Querdenken erfordert und bewusst keine Themen ausgrenzt.

Ein Forschungs- und Beratungsschwerpunkt der gaus gmbh liegt im Bereich der Bildungsorganisation. Hier beschäftigt sich die gaus gmbh unter anderem mit der Entwicklung umfassender Lernarchitekturen und Prozessketten, dem Aufbau von Lern-Kooperationen im Verbund von Unternehmen, der Implementierung neuer Lernmedien (eLearning, Mobile Learning) bei Unternehmen oder Hochschulen, der Curriculumsentwicklung für neue Ausbildungsberufe, Weiterbildungen oder Studiengänge sowie mit Veränderungsprozessen in verschiedenen Branchen. So war die gaus gmbh beispielsweise maßgeblich an der Entwicklung der Berufsbilder Mediengestalter und Personaldienstleistungskaufmann beteiligt und hat entscheidend an der Entwicklung eines Studiengangs „Flexibles Personalmanagement" mitgewirkt.

17.2   Auftraggeber und Auftragsstruktur

Ein Schwerpunkt der gaus gmbh liegt seit Jahren in der Akquisition und Umsetzung von öffentlich geförderten Projekten. Auftraggeber sind Ministerien auf Landes- und Bundesebene (u. a. BMBF, BMAS, MGFFI NRW, MAGS NRW), die Bundesanstalt für Arbeitschutz und Arbeitsmedizin, der GKV-Spitzenverband sowie Stiftungen. Hier beteiligt sich die gaus gmbh an Ausschreibungen und Wettbewerben und reicht eigene Ideen bei den entsprechenden Projektträgern ein. Entsprechende Projekte werden teilweise allein, meist aber in Kooperation mit Partnern aus Forschung oder Unternehmenspraxis (Arbeitsgeberverbände, Gewerkschaften, aber auch einzelne Unternehmen vom Mittelständler bis zum großen Konzern) beantragt und durchgeführt. Neben öffentlich geförderten Projekten bilden Aufträge von Unternehmen, Arbeitgeberverbänden, Gewerkschaften oder Ministerien das zweite Standbein der gaus gmbh. Hier führt sie beispielsweise Studien durch, erstellt Gutachten, entwickelt Konzepte im Bereich der Personal- und Organisationsentwicklung, führt Beschäftigtenbefragungen, Beratungen, Seminare und Coachings durch, konzipiert Tagungen und sonstige Veranstaltungen, führt diese durch und dokumentiert sie. Bei der Auftragsstruktur der gaus gmbh lassen sich generell drei Typen von Aufträgen bzw. Projekten unterscheiden:

1. Forschungsprojekte / Studien / Gutachten,
2. Gestaltungsprojekte,
3. Dienstleistungen / unternehmensbezogene Auftragsarbeiten.

Die Forschungsprojekte, Studien und Gutachten dienen dazu, eine tragfähige Wissensbasis zu innovativen und immer auch für die Praxis in irgendeiner Form relevanten Fragestellungen zu erarbeiten. Aus dieser Art von Projekten und Aufträgen entwickeln sich häufig Ideen für weitergehende Aktivitäten mit einem engen Unternehmensbezug. Im Rahmen von so genannten Gestaltungsprojekten werden diese Ideen dann mit ausgewählten Praxispartnern weiterentwickelt und modellhaft erprobt. Das Wissen, welches die gaus gmbh und ihre Projektpartner im Rahmen dieser Gestaltungsprojekte erwerben, wird nach Abschluss dieser Projekte häufig als Dienstleistungsangebot für interessierte Unternehmen vorgehalten.

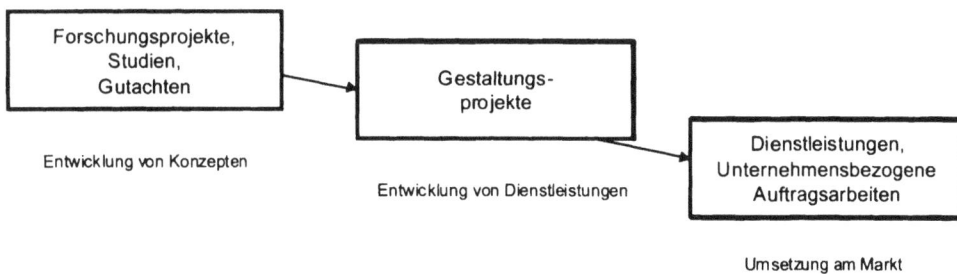

Abb. 17.2: Auftragsstruktur der gaus gmbh

Zwei Beispiele mögen den Zusammenhang zwischen den unterschiedlichen Typen von Aufträgen bzw. Projekten verdeutlichen:

Im Rahmen eines Projektes des Bundesforschungsministeriums untersuchte die gaus gmbh im Verbund mit zwei Universitäten die Rahmenbedingungen für den präventiven Arbeits- und Gesundheitsschutz in der zukünftigen Wissensarbeit. Es zeigte sich, dass die veränderten Rahmenbedingungen der Arbeitswelt von Morgen neue, vor allem psychische Belastungsfaktoren hervorrufen, auf die die bisherigen, betrieblich orientierten Präventionsstrategien keine ausreichende Antwort geben. Vor allem Freelancer und „Jobnomaden" sind von heutigen, betrieblichen Präventionsangeboten ausgegrenzt.

Vor diesem Hintergrund entwickelte die gaus gmbh mit den universitären Partnern ein Konzept für überbetriebliche Prävention, das durch interdisziplinäre Zusammenarbeit von Arbeitswissenschaftlern, Medizinern und Psychologen gleichermaßen auf die Verbesserung der Arbeitsbedingungen wie auf die Stärkung individueller Ressourcen abzielt. Im Zuge der projektbegleitenden Diskussionen mit Krankenkassen, Unternehmen und Präventionsdienstleistern zeigte sich, dass ein solches Konzept der integrierten Prävention psychischer Belastungen nicht nur als innovativ, sondern auch als ausgesprochen tragfähig eingeschätzt wurde. Aus dem Konzept wurde daher ein Masterplan für den Aufbau von so genannten Burnout-Zentren entwickelt, die aktuell – z. T. gefördert durch die Landesregierung NRW – an mehreren Standorten aufgebaut werden. Die gaus gmbh koordiniert dabei einerseits die Leistungen verschiedener Präventionsanbieter und bietet andererseits selbst Beratung für Unternehmen, Coaching für Beschäftigte und Weiterbildung für Führungskräfte und Mitarbeiter im Themenbereich „Gesundes Arbeiten" an.

Häufig entwickeln sich konkrete Dienstleistungen aber auch aus Gestaltungsprojekten heraus. So wurde im Rahmen verschiedener arbeitsmarktpolitischer Projekte des Arbeitsministeriums NRW ein – für die damalige Zeit neuartiges – Blended-Learning-Konzept entwickelt. Ziel der Gestaltungprojekte war es, für verschiedene Branchen und Berufsgruppen flexible arbeitsbegleitende Lernsysteme zu entwickeln. Durch ein intelligentes Konzept der Kopplung von eLearning, Präsenzeinheiten und einem Online-Tutorensystem wurde webbasiertes Lernen so auch für kleinere Teilnehmergruppen (und damit auch für kleinere Unternehmen) einsetzbar.

Die Entwicklungs- und Erprobungsarbeiten in verschiedenen Unternehmen im Rahmen der arbeitsmarktpolitischen Projekte führten zur Entwicklung eines eigenen Authoring- und Teilnehmerverwaltungssystems, das in mehreren Projektgenerationen optimiert wurde und nun in nahezu allen Bildungsangeboten der gaus gmbh in unterschiedlichem Ausmaß zum Einsatz kommt. Das System wird heute von Großkonzernen, kleinen und mittleren Unternehmen und universitären Einrichtungen im Rahmen der internen Qualifizierung eingesetzt.

17.3   Unternehmensphilosophie

Für die Positionierung der gaus gmbh gegenüber den Auftraggebern ist neben einer wissenschaftlich fundierten Analysearbeit die Entwicklung innovativer und kreativer Konzepte, Dienstleistungen und Projektergebnisse enorm wichtig. Entsprechende Lösungen kommen allerdings nur selten zufällig zustande. Vielmehr ist ein kreatives Miteinander eines möglichst vielfältigen Teams unabdingbare Voraussetzung für die erfolgreiche Arbeit. So arbeiten in der gaus gmbh junge Mitarbeiterinnen und Mitarbeiter, die direkt von der Universität kommen, zusammen mit erfahrenen Kolleginnen und Kollegen in interdisziplinär zusammengesetzten Teams. Auch unterschiedliche Ethnien und religiöse Überzeugungen finden sich bei den gaus gmbh-Beschäftigten.

Genauso wichtig wie das Verständnis und die Zusammenarbeit der Beschäftigten untereinander ist für den Erfolg der gaus gmbh ein partnerschaftlicher Umgang mit Kunden. Die zielgenaue Analyse der Kundenwünsche steht im Zentrum der Arbeit. Zuhören ist in der Unternehmenskultur der gaus gmbh daher ein ebenso wichtiges Element wie die aktive Gestaltung von Prozessen.

Die Arbeit in der gaus gmbh zeichnet sich durch offene Strukturen aus. Flache Hierarchien und eine intensive Kommunikationskultur kennzeichnen das Miteinander. Dadurch werden zum einen Freiräume für neue Impulse geschaffen. Zum anderen ermöglicht diese Art der internen Organisation Schnelligkeit und Flexibilität bei der Generierung neuer Themenfelder und der Umsetzung entsprechender Projektideen und Konzepte.

Gemeinsam mit Kooperationspartnern und Kunden entwickelt die gaus gmbh flexible und fundierte Ergebnisse mit einer hohen Praxisrelevanz. Dabei werden Erfahrungen aus unterschiedlichen Branchen und Themenfeldern konsequent genutzt.

Im Rahmen eines ganzheitlichen Ansatzes werden sowohl die Arbeitgeber- wie auch die Arbeitnehmersicht berücksichtigt. Die gaus gmbh sieht ihre Aufgabe darin, die unterschiedlichen Interessen aller beteiligten Akteurinnen und Akteure zu erkennen und im Dialog mit allen Beteiligten Konflikte aufzulösen und tragfähige Konzepte zu entwickeln.

Die gaus gmbh soll bei Auftraggebern und Kunden als Forschungs- und Beratungseinrichtung wahrgenommen werden. Das führt dazu, dass Arbeitsbereiche, die nicht in diesen Kernbereich fallen, aus strategischen Gründen nicht von der gaus gmbh abgedeckt werden können.

Ergeben sich aus bestimmten Projekten heraus aber dennoch interessante Geschäftsfelder außerhalb des Kernarbeitsbereichs der gaus gmbh, werden hierfür separate Unternehmen gegründet. Dies war beispielsweise bei der Gründung des TZZ – TrainingsZentrumZeitarbeit im Jahr 2002 der Fall. Das TZZ sollte ursprünglich als Weiterbildungsträger für Unternehmen der Zeitarbeitsbranche fungieren, eigene Qualifizierung anbieten, aber auch die Weiterbildungsorganisation für Zeitarbeitsunternehmen übernehmen. Da Personalentwicklung zwar einen der Arbeitsbereiche der gaus gmbh darstellt, die diese aber keinesfalls als Weiterbildungsträger agieren wollte, wurde für entsprechende Anfragen aus der Zeitarbeitsbranche das TZZ als „Tochterunternehmen" der gaus gmbh gegründet.

Ein ähnliches Konzept verfolgt die gaus gmbh derzeit mit der Gründung einer Dachgesellschaft für die „Burnout-Zentren für Gesundes Arbeiten". Wie bereits oben angeführt, baut die gaus gmbh derzeit mehrere Präventionszentren für psychische Belastungen in NRW auf, deren Leistungen unter dem Dach einer eigenen Gesellschaft koordiniert und abgerechnet werden sollen. Der Grund für die Ausgründung liegt wiederum in der Strategie, die gaus gmbh als Forschungs- und Entwicklungsgesellschaft für innovative Personal- und Organisationskonzepte nicht mit operativen Abwicklungen zu belasten, sondern – auch unternehmenskulturell – als „Think Tank" zu positionieren. Diese Konzentration auf das „Kerngeschäft Innovation" ist eine wesentliche Unternehmensphilosophie der gaus gmbh.

17.4   Personalstruktur und Personaleinsatz

Die gaus gmbh beschäftigt ein interdisziplinäres Team u. a. aus den Arbeits-, Sozial- und Wirtschaftswissenschaften, Bildungswissenschaften, Kulturwissenschaften, Pflegewissenschaften, aus der Psychologie und Wirtschaftsinformatik. Die gaus gmbh arbeitet mit einem festen Stamm von ca. zehn Mitarbeiterinnen und Mitarbeitern. Darüber hinaus werden projektbezogen weitere Wissenschaftlerinnen oder Wissenschaftler und Assistenzkräfte für bestimmte Zeit eingestellt.

Im Rahmen einer bewussten Nachwuchsförderung legt die gaus gmbh Wert darauf, motivierten und leistungsfähigen Assistenzkräften einen ersten Einstieg ins Berufsleben zu ermöglichen. Da die gaus gmbh aufgrund ihrer Arbeitsinhalte sowie der organisatorischen Rahmenbedingungen keine Ausbildungsplätze in einem klassischen Berufsbild anbieten kann, hat sie es sich zur Aufgabe gemacht, den akademischen Nachwuchs zu fördern. So sieht die klassische Karriere junger Wissenschaftlerinnen und Wissenschaftler in gaus gmbh folgendermaßen aus: Praktikum, studentische bzw. wissenschaftliche Hilfskraft, Diplom-, Bachelor- oder Masterarbeit im Rahmen eines Projektes, wissenschaftliche Mitarbeit. Die gaus gmbh versucht dabei, als Karriereplattform für diese Mitarbeitenden zu fungieren. Durch die Arbeit in unterschiedlichen Projekten lernen die jungen Mitarbeiterinnen und Mitarbeiter verschiedene Partner kennen und haben so die Chance, nach Ende der Vertragslaufzeit zu einem der Kooperationspartner zu wechseln.

Den Kern der gaus gmbh bilden drei Geschäftsführer sowie zwei Bereichsleiter, die sich aufgrund ihrer unterschiedlichen beruflichen Biografien ergänzen und jeweils unterschiedliche Arbeits- und Themenschwerpunkte abdecken. Aufgabe dieses Führungsteams ist die Akquisition neuer Projekte, die Koordination und Steuerung der Projekte, Aufträge und personellen Ressourcen sowie die konsequente Nutzung von Synergien zwischen den einzelnen Projekten.

Um auch im Urlaubs- und Krankheitsfall einen reibungslosen Projektverlauf zu gewährleisten, wird jedes Projekt von einer „Doppelspitze" aus zwei erfahrenen Mitarbeitern geleitet. Ergänzt wird ein Projektteam dann durch junge Mitarbeiterinnen und Mitarbeiter sowie durch ein oder zwei Assistenzkräfte. Dabei kommt es in jedem Projekt zu unterschiedlichen personellen Zusammensetzungen, was sich positiv auf die Kreativität auswirkt und die Nutzung von Synergien erleichtert. Auch im Bereich der Personalentwicklung bietet diese Form der Personaleinsatzplanung Chancen. Durch die Arbeit in unterschiedlichen Teams profitieren gerade junge Beschäftigte. Im Rahmen informeller Lernprozesse erwerben sie „quasi nebenbei" zusätzliches Wissen und neue Kompetenzen. Durch ein regelmäßiges Feedback zwischen allen Teammitgliedern und jährliche Personalentwicklungsgespräche mit allen Beschäftigten wird die berufliche Entwicklung aller Mitarbeiterinnen und Mitarbeiter arbeitsbegleitend unterstützt.

Im Rahmen einer strukturierten Personalentwicklungsplanung werden pro Jahr vier bis sechs interne Weiterbildungen durchgeführt, in denen insbesondere die Methodenkompetenz durch praktisches Training weiterentwickelt wird. Diese internen Weiterbildungen werden im Regelfall in Kleingruppen als Videotrainings mit Gruppenfeedback durchgeführt. Themenvorschläge für diese Fortbildungen können von allen Beschäftigten kommen.

Um zu gewährleisten, dass alle Mitarbeiterinnen und Mitarbeiter einen Überblick über die laufenden sowie geplante Projekte und Aufträge der gaus gmbh haben, findet einmal monatlich eine Teamsitzung statt, an der möglichst alle Beschäftigten – von der Geschäftsleitung bis zum Praktikanten – teilnehmen sollen. Alle Mitarbeitenden sind angehalten, Zeit für diese interne Besprechung einzuplanen. In der ca. zweistündigen Sitzung wird der Stand der einzelnen Projekte besprochen.

Daneben gibt es in jeder Sitzung einen inhaltlichen Schwerpunkt. Dieser kann in der gemeinsamen Diskussion eines sich in einer schwierigen Phase befindlichen Projektes, in der Vorstellung eines für alle interessanten neuen Produktes oder einer neuen Dienstleistung, aber auch in der intensiveren Diskussion eines neuen Themenfeldes oder der Sammlung von Ideen zur Geschäftsfeldentwicklung liegen.

17.5 Arbeitsweise innerhalb der gaus gmbh

Kooperation als wichtigster Erfolgsfaktor

Die Arbeit in der gaus gmbh baut auf den oben bereits beschriebenen Teamstrukturen auf. Dabei ist die Zusammenarbeit zwischen den erfahrenen, verantwortlichen Mitarbeitern genauso wichtig wie das Zusammenspiel innerhalb der einzelnen Projektteams.

Schwerpunktmäßig beschäftigen sich die fünf verantwortlichen Führungskräfte der gaus gmbh mit unterschiedlichen Themenfeldern (Bildung, Arbeitsgestaltung, Gesundheitsförderung, Work-Life-Balance, Branchenmodernisierung). Darüber hinaus sind drei Personen eher in die Konzeption und Durchführung der Forschungsprojekte, zwei eher in die Entwicklung und Umsetzung der Gestaltungsprojekte sowie die Vermarktung der sich hieraus ergebenden Dienstleistungen eingebunden.

Trotz der Schwerpunktsetzungen ist eine enge Kooperation dieser Mitarbeitenden aber unabdingbar. In regelmäßigen Sitzungen werden Ideen für neue Projekte und deren Realisierungsmöglichkeiten diskutiert. Darüber hinaus werden aktuelle Ausschreibungen und Wett-

bewerbe bewertet und es wird definiert, ob und mit welchen Projektideen und Netzwerkpart-
nern eine Beteiligung sinnvoll ist. Häufig ergeben sich Ideen für Gestaltungsprojekte aus
Forschungsprojekten, Studien und Gutachten heraus, Ideen für neue Dienstleistungen resultieren aus Gestaltungsprojekten.

Auch bei der Steuerung der Projekte ist eine enge Zusammenarbeit der verantwortlichen
Mitarbeiterinnen und Mitarbeiter erforderlich. Kunden, Auftraggeber, Kooperationspartner
und Projektteams profitieren wie oben beschrieben von der konsequenten Nutzung von Synergien. Ergebnisse und Erfahrungen aus dem einen Projekt bilden häufig die Basis für die
Arbeit in einem anderen Projekt. Auch bestehende Netzwerkkontakte aus den verschiedenen
Projekten können sowohl für den Transfer und die nachhaltige Nutzung der Projektergebnisse in der betrieblichen Praxis sowie die Vergabe von Aufträgen an externe Spezialisten gut
genutzt werden.

Innovative Vermarktung der Projektergebnisse

Die Vermarktung der Projektergebnisse in der Öffentlichkeit spielt bei allen Aktivitäten der
gaus gmbh eine wichtige Rolle. Hier kommt wieder das „Dreiecksverhältnis", in dem die
gaus gmbh sich bewegt, zum Tragen. Die Ergebnisse müssen einerseits für Vertreter aus
Wissenschaft und Forschung, andererseits aber auch für Unternehmensleitungen und Beschäftigte, und ebenso für politische Akteure und andere Fördergeber zielgruppengerecht
aufbereitet werden.

Als eher kleineres Institut ist die gaus gmbh auch bei der Aufbereitung dieser Ergebnisse
wieder auf kreative Ideen und Konzepte angewiesen. Ziel ist es, durch ausgefallene Präsenta-
tionsformen oder die Kommunikation spannender und innovativer Inhalte die Aufmerksamkeit der verschiedenen Zielgruppen zu wecken. Dabei gilt es, eine Sprache zu finden, die auf
die jeweilige Zielgruppe abgestimmt ist. Ein und dasselbe Projektergebnis muss für die wissenschaftliche Community anders aufbereitet werden als für politische Entscheider oder die
interessierte Unternehmenspraxis. Aufgabe der gaus gmbh ist es, für alle Zielgruppen die
relevanten Informationen herauszuarbeiten und in geeigneter Art und Weise zu präsentieren
bzw. zu kommunizieren. In der praktischen Arbeit führt das dazu, dass es aus fast allen Projekten heraus eine Vielzahl unterschiedlicher Transfermedien gibt, von Veröffentlichungen
in Fachzeitschriften über eine gaus gmbh-eigene Buchreihe bis hin zu Broschüren, Hand-
lungsleitfäden oder Artikeln in der aktuellen Tagespresse.

Entsprechende Kompetenzen im Bereich Marketing und Öffentlichkeitsarbeit hat sich die
gaus gmbh durch ihre langjährige Beratungstätigkeit in der Druck- und Medienwirtschaft
angeeignet. Durch die enge Kooperation mit dem Verband Druck und Medien und die Begleitung der Modernisierung der Druckindustrie „Vom traditionellen Druckbetrieb zum modernen Mediendienstleister" hat die gaus gmbh schon früh entsprechende Kompetenzen im
Bereich der neuen Medien erworben. So setzte die gaus gmbh als eines der ersten Institute
im Rahmen von Transferaktivitäten auf die Nutzung neuer Medien. Die Erstellung von Internetseiten zur Darstellung von Projektaktivitäten und -ergebnissen, die Dokumentation von
Tagungen und Veranstaltungen auf CD und DVD, die Erstellung von multimedialen Unter-

nehmenspräsentationen auf CD und im Internet waren Angebote, mit denen sich die gaus gmbh in den 1990er Jahren von anderen Forschungs- und Beratungseinrichtungen abhob. Auch mit der Entwicklung einer eigenen Schriftenreihe nach dem „Book on Demand"-Prinzip übernahm die gaus gmbh vor einigen Jahren eine Vorreiterrolle.

Aufgrund der „Reizüberflutung" von Unternehmen, Politik und Forschung mit Newslettern und Internetauftritten geht die gaus gmbh jetzt wieder neue Wege und kehrt zu den klassischen Printmedien zurück. Durch die „præview – Zeitschrift für innovative Arbeitsgestaltung und Prävention", die sich an praxisorientierte Forschung und forschungsorientierte Praktiker wendet, geht die gaus gmbh erneut einen etwas außergewöhnlichen Weg des Transfers und sorgt so für Aufmerksamkeit in der relevanten Öffentlichkeit.

Einsatz von technischen Unterstützungsinstrumenten

Auch der Einsatz technischer Unterstützungsinstrumente spielt in vielen gaus gmbh-Projekten eine wichtige Rolle. Dabei werden die entsprechenden Techniken allerdings nicht als Selbstzweck eingesetzt, sondern sollen lediglich dabei helfen, die gewünschten Projektziele zu erreichen.

Im Bereich der Weiterbildung von Beschäftigten setzte die gaus gmbh schon früh auf den Einsatz von eLearning-Tools. Sie kamen dort zum Einsatz, wo Mitarbeiter dezentral und zu unterschiedlichen Zeiten lernen sollten. Wichtig war allerdings eine Verknüpfung dieses eLearning-Angebots mit (zumindest kurzen) Präsenzveranstaltungen, in denen zunächst Selbstlernkompetenz zur Bewältigung der eLearning-Arbeit vermittelt und im Verlauf des Lernprozesses das Gelernte im Rahmen von Videotrainings vertieft und reflektiert wurde. Die gaus gmbh ließ ein eigenes eLearning-Tool programmieren, das es ermöglicht, neue Lerninhalte schnell und ohne große technische Kenntnisse einzuspeisen. Kern des eLearnings bildet ein individuelles Trainerfeedback, welches es dem Tutor ermöglicht, ein individuelles Feedback auf frei formulierte Antworten der Lernenden zu geben und bei Bedarf in den Dialog mit jedem einzelnen Lernenden zu treten.

Nach der erfolgreichen Erprobung von eLearning-Systemen im Rahmen von unterschiedlichen Projekten und Weiterbildungsaufträgen entwickelte die gaus gmbh ein Konzept zum iPod-Lernen. Dieses Angebot richtet sich an Beschäftigtengruppen, die im Umgang mit dem PC nicht geübt sind, aber dennoch in kurzen Sequenzen Lernimpulse erhalten sollen. In der praktischen Arbeit z. B. mit Pflegekräften zeigte sich, dass diese Art des Lernens die Lernmotivation massiv erhöhen kann, sofern die Praxisbeispiele auf dem iPod (Audios und Videos abgerundet durch Fragen, die zum kritischen Beobachten des eigenen Verhaltens im Arbeitsalltag anregen sollen) dem Arbeitskontext der Lernenden entnommen sind.

Auch im Bereich der Bildungsbedarfsanalyse bedient sich die gaus gmbh technischer Unterstützung. So hat sie gemeinsam mit Praktikern den so genannten job.profiler entwickelt, ein Tool, welches die Erstellung von individuellen Stellenanforderungsprofilen durch Vorgesetzte bzw. von Kompetenzprofilen durch Beschäftigte ermöglicht. Ein solches Instrument erschien sinnvoll, weil viele Arbeitsplätze heute nicht mehr einem einzigen klassischen Berufsbild entsprechen, sondern Kompetenzen aus unterschiedlichen Ausbildungsberufen sowie ergänzende sozial-kommunikative Fähigkeiten verlangen. Auch Beschäftigte bringen aufgrund diskontinuierlicher Erwerbsbiografien häufig Fähigkeiten und Kompetenzen mit, die weit über das in der Ausbildung Gelernte hinausgehen. Der job.profiler kommt in einer Vielzahl von Bildungsprojekten der gaus gmbh und von Kooperationspartnern aus Wissenschaft und Praxis zum Einsatz.

Netzwerke

Aus der oben beschriebenen Arbeitsweise der gaus gmbh wird deutlich, dass der Netzwerkarbeit eine besondere Bedeutung zukommt.

Eine wichtige Rolle, insbesondere bei der Durchführung von Forschungsprojekten aber auch bei der externen Evaluation von Gestaltungsprojekten, spielt die kontinuierliche und langjährige Kooperation mit institutionellen Forschungspartnern. So bestehen intensive Kontakte zu Universitäten und Fachhochschulen (u. a. Technische Universität Dortmund, Fachhochschule Dortmund, Deutsche Hochschule der Polizei, Ludwig-Maximilians-Universität München, Universität Duisburg-Essen), aber auch zu anderen Forschungs- und Beratungseinrichtungen (u. a. Sozialforschungsstelle Dortmund, Zentrum für Türkeistudien).

Daneben sind auch Verbindungen in die Unternehmenspraxis von großer Bedeutung für die Arbeit der gaus gmbh. Es bestehen intensive Kontakte zu verschiedenen Unternehmensverbänden und Gewerkschaften. Dabei legt die gaus gmbh Wert darauf, im Rahmen einer ganzheitlichen Projektarbeit immer die Interessen und Sichtweisen beider Gruppen zu berücksichtigen und Lösungsansätze zu finden, die im Idealfall zu einer Win-win-Situation für beide Seiten führen.

Neben Kontakten zu institutionellen Vertretern aus der Praxis bestehen selbstverständlich auch Beziehungen zu einzelnen Unternehmen. Diese reichen vom allein agierenden Freelancer über kleine und mittelständische Unternehmen bis hin zu international agierenden Konzernen unterschiedlichster Branchen. Mit all diesen Unternehmen arbeitet die gaus gmbh sowohl als Auftraggeberin (z. B. bei der Entwicklung technischer Unterstützungsinstrumente in bestimmten Projekten), als auch als Kooperationspartnerin (in gemeinschaftlich beantragten oder durchgeführten Projekten) sowie als Auftragnehmerin zusammen.

Auch die Initiierung neuer Netzwerke treibt die gaus gmbh aktiv voran. Die Bildung solcher Netzwerke trägt zum einen zur Sicherung der Nachhaltigkeit der Projektergebnisse, zum anderen zum Transfer der Projektergebnisse in die breite Öffentlichkeit bei. In anderen Fällen (z. B. Arbeitskreis Moderne Zeitarbeit) können solche Netzwerke die Modernisierung von Branchen unterstützen und führen dadurch auch zur Generierung neuer Projektideen.

17.6   Qualitätssicherung

Klassische Qualitätssicherungssysteme, die auf der Beschreibung von Prozessen und Arbeitsabläufen eines Unternehmens beruhen, eignen sich nur in Teilen für die gaus gmbh.

Gerade die Entwicklung innovativer Ansätze und kreativer Ideen, die die Arbeit der gaus gmbh ausmachen, lässt sich schwer in standardisierten Prozessen abbilden.

Die gaus gmbh führt daher ein vereinfachtes Total Quality Management durch, das auf drei Säulen beruht:

1. Betrachtung der beteiligten Menschen im Unternehmen

Die gaus gmbh lebt von der Kreativität, aber auch von einer wissenschaftlich fundierten sowie kundenorientierten Arbeitsweise ihrer Beschäftigten. Aufgrund der überschaubaren Größe und flacher Hierarchien besteht ein enger Kontakt zwischen Führungskräften und Mitarbeitern. Die gaus gmbh legt zur Förderung der Kreativität des Unternehmens Wert darauf, dass alle Mitarbeiter ihre unterschiedlichen Kompetenzen, Sichtweisen und Ideen permanent einbringen. Dies wird durch eine offene Diskussionskultur und einen intensiven Austausch innerhalb, aber auch zwischen den Projektteams gewährleistet.

Feedbackgespräche werden zwischen allen Mitarbeitern nicht nur gefördert, sondern auch gefordert. Dies bedeutet, dass auch die Führungskräfte eine regelmäßige Rückmeldung zu ihrer Arbeit bekommen. Jährliche Mitarbeitergespräche sowie interne und externe Fortbildungen, die neben den Zielen des Unternehmens auch die Interessen und Entwicklungswünsche der Beschäftigten so weit wie möglich berücksichtigen, sind ebenfalls Bestandteil des Qualitätssicherungskonzeptes der gaus gmbh. Darüber hinaus misst die gaus gmbh der gezielten Personalentwicklung junger Nachwuchswissenschaftler eine hohe Bedeutung zu. Sie begleitet (wie oben bereits ausführlicher beschrieben) regelmäßig Studierende vom Studium bis hin zu den ersten Berufserfahrungen.

2. Betrachtung der Geschäftsprozesse bzw. Projektabläufe

Zu den üblichen Geschäftsprozessen in der gaus gmbh gehören die Akquisition von Projekten, die Implementierung neuer Projekte, die Kooperation zwischen Projekten sowie Marketing und Öffentlichkeitsarbeit der Projekte. Die Abläufe unterscheiden sich hier nicht von den allgemein in Unternehmen üblichen Verfahrensweisen. Ein Unterschied zu anderen Forschungs- und Beratungseinrichtungen liegt in der intensiven internen Vernetzung aller Aktivitäten. Die permanente interne Diskussion der Projekte zur konsequenten Nutzung von Synergien, vor allem aber auch zur Entwicklung kreativer Projektergebnisse und neuer Projektideen unterscheidet die gaus gmbh von anderen Beratungsunternehmen, in denen die verschiedenen Arbeitsbereiche sehr autark arbeiten.

Eine weitere Besonderheit der gaus gmbh ist die praxisorientierte Ausrichtung aller Forschungsaktivitäten. Die gaus gmbh versucht, Konzepte zu entwickeln und Ergebnisse zu erarbeiten, die eine hohe Praxisrelevanz haben. Darüber hinaus hat sie den Anspruch, Ergebnisse so aufzubereiten, dass sie auch von Praktikern verstanden werden.

3. Betrachtung der Ergebnisse von Projekten

Die Ergebnisse der Projekte müssen sich daran messen lassen, ob Kunden bzw. Auftraggeber zufrieden sind. Darüber hinaus wird der Anspruch erhoben, dass die Qualität und der Nutzen von Produkten, Publikationen und Dienstleistungen auch über das einzelne Projekt hinaus bestehen. Die gaus gmbh legt Wert auf eine externe Qualitätskontrolle durch einen wissenschaftlichen Begleitkreis (Forschungsprojekte) bzw. eine enge Kooperation mit Praktikern (z. B. Arbeitskreise, Netzwerke). Nur so gelangen immer wieder Impulse und neue Ideen von außen ins Unternehmen. Der kritische Blick von außen hilft, eine in allen Unternehmen immer drohende Betriebsblindheit zu vermeiden.

17.7   Projektbeispiel

Am Beispiel des Projektes „Verdeckte Lernprozesse" soll die Arbeitsweise der gaus gmbh bei der Visualisierung sowie Systematisierung vorhandener Lernprozesse verdeutlicht werden.

Projektkontext

Ziel des aus Mitteln des Europäischen Sozialfonds und des Landes NRW finanzierten Modellprojektes „Verdeckte Lernprozesse" war die Erhebung und Dokumentation sowie die effizientere Gestaltung und Steuerung der vorhandenen verdeckten Lernprozesse am Beispiel der Gesundheits- und Seniorenwirtschaft.

Im Rahmen des verpflichtenden Qualitätsmanagements wird von Pflegeeinrichtungen ein internes Weiterbildungskonzept gefordert. Dieses Weiterbildungskonzept sieht im Regelfall eine Jahresplanung vor, in der Weiterbildungsthemen festgelegt und grob terminiert werden. Im Rahmen von Quartalsplanungen werden die Weiterbildungsangebote dann konkretisiert und die Teilnehmer werden festgelegt. Im Regelfall werden als Weiterbildungsmaßnahmen mehrstündige bzw. ganztägige Lehrveranstaltungen definiert, die intern oder extern organisiert werden. Darüber hinaus existiert aber eine Vielzahl informeller Lernprozesse. Allerdings ist weder der Geschäftsführung noch den Mitarbeitenden der Umfang dieser Lernarbeit bekannt. An dieser Stelle hat das Projekt angesetzt.

Vorgehensweise

Identifikation der Lernprozesse

In einem ersten Schritt – der Analysephase – wurden in den drei Einrichtungen der Altenpflege und in den Stationen im Krankenhaus informelle Lernprozesse dokumentiert und transparent dargestellt. Zunächst wurden die unterschiedlichen Formen des Lernens erfasst, die in den Einrichtungen zum Einsatz kommen. Außerdem wurden Wünsche nach zusätzlichen Lerninhalten und weiteren Unterstützungsangeboten erhoben. Dass Lernen auch außerhalb fester Weiterbildungstermine im Rahmen von Teambesprechungen, der Qualitätszirkelarbeit oder auch durch Selbstlernprozesse stattfindet, war vielen Pflegekräften zunächst einmal nicht bewusst. In den Modellbetrieben wurden alle Mitarbeiter und Mitarbeiterinnen schriftlich befragt. Die Fragebögen beschäftigten sich mit der Lernkultur im Unternehmen, dem individuellen Lernverhalten und der Akzeptanz der vorhandenen Unterstützungsangebote.

Im Anschluss daran wurde eine intensive teilnehmende Beobachtungsphase durchgeführt, die mit einer umfangreichen Befragung der Pflegekräfte, Wohnbereichs- und Stationsleitungen gekoppelt war. Dazu wurden neben persönlichen Interviews vor allem kleine Workshops mit Pflegedienstleitungen, Wohnbereichs- und Stationsleitungen sowie Pflegekräften realisiert. Die Ergebnisse der Befragung und der teilnehmenden Beobachtung wurden schriftlich aufgearbeitet und der Leitungsebene sowie allen Mitarbeitern in den Einrichtungen bzw. Stationen präsentiert und mit ihnen diskutiert.

Instrumentenentwicklung
Nach Auswertung und Präsentation der erhobenen Daten wurden gemeinsam mit den Pflegekräften Ideen entwickelt, die Lernen zukünftig einfacher bzw. effektiver gestalten können. Diese Ideen bilden die Basis für die Erarbeitung entsprechender Instrumente und Unterstützungsangebote. Auf der Grundlage der Analysephase wurde eine Übersicht zu vorhandenen Lernsettings erstellt, die alle Dimensionen der Lernarbeit in den Pflegeeinrichtungen darstellt und beschreibt.

Ausgewählte Mitarbeiterinnen und Mitarbeiter waren im Rahmen von Workshops an der Erstellung dieser Übersicht beteiligt. In vertiefenden Workshops wurden die Instrumente und Verfahren gemeinsam mit den Pflegekräften diskutiert, weiterentwickelt und auf die eigene Organisation bzw. den eigenen Arbeitsbereich zugeschnitten. Dies erfolgte je nach Thematik wohnbereichsübergreifend oder individuell für jeden Wohnbereich bzw. jede Station.

Erprobungsphase
Wichtig war, dass die Pflegekräfte durch ihre eigene Mitarbeit zum einen dafür sensibilisiert wurden, welche Anforderungen zukünftig an die Pflegekräfte gestellt werden. Zum anderen wurden sie in die Lage versetzt, Lernprozesse auch außerhalb typischer Lernsituationen in Seminaren und Weiterbildungen zu erkennen und eine entsprechende Lernkompetenz zu entwickeln. Neben der Lernkompetenz ist ein wesentlicher Faktor für informelles Lernen am Arbeitsplatz die Lehrkompetenz der Mitarbeiter. Eine solche Lehrkompetenz wird in der Pflegeausbildung nicht vermittelt. Das führt dazu, dass die Vermittlung und Weitergabe von Wissen häufig unstrukturiert und wenig effizient erfolgt.

Es wurden daher Hilfestellungen entwickelt, wie diese Lehrkompetenz gesteigert werden kann, und Situationen festgelegt, in denen sie praktisch geübt und erweitert werden kann, z. B. im Rahmen von Kurzreferaten auf Teamsitzungen. In der Erprobungsphase wurden die individuell entwickelten und von den Mitarbeitern erlernten Methoden und Instrumente auf ihre Praxistauglichkeit hin überprüft. Dies geschah u. a. durch Diskussion und Bewertung in zentralen Qualitätskonferenzen, in der Qualitätszirkelarbeit, durch Ausprobieren auf den Wohnbereichen und Stationen und begleitendes Coaching.

Projektergebnisse

Im Rahmen des Projektes wurden verschiedene Instrumente und Konzepte entwickelt, die auch in anderen Unternehmen in ähnlicher Form eingesetzt werden können.

Hierzu gehört insbesondere die Erstellung einer Kompetenzmatrix, in der die fachlichen wie auch außerfachlichen Kompetenzen aller Mitarbeiter sichtbar und für das Gesamtunternehmen nutzbar gemacht werden sollten. Da die Beschäftigten bezüglich ihrer außerfachlichen Kompetenzen eher zurückhaltend sind, wurde innerhalb des Workshops vereinbart, zunächst nur die fachlichen Kompetenzen mittels eines speziell für den Altenpflegebereich entwickelten Fragebogens zu erheben. Die außerfachlichen Kompetenzen (Hobbys etc.) sollten zunächst unstrukturiert innerhalb der einzelnen Wohnbereiche der verschiedenen Häuser erhoben werden. Der Fragebogen wurde gemeinsam mit Leitungskräften der unterschiedlichen Häuser entwickelt und in Papierform an alle Beschäftigten verteilt. Die ausgefüllten Fragebögen wurden anschließend EDV-technisch erfasst und grafisch aufbereitet. Die Führungskräfte aller Häuser haben Zugriff auf die Datei und können bei Bedarf nach benötigten Kompetenzen suchen.

Darüber hinaus bildet die Kompetenzmatrix die Basis für die Zusammenstellung geeigneter Lerntandems. Zunächst hat man sich auf die bewussten Lernbedarfe konzentriert. Alle Mitarbeiter haben die Möglichkeit, konkrete Lernbedarfe zu formulieren und an die Vorgesetzten zu kommunizieren. Diese legen die wichtigsten Lernbedarfe sowie erforderliche Lernzeiten fest und stellen auf Basis der Kompetenzübersicht Lerntandems zusammen. Unbekannte Lernbedarfe sollen angegangen werden, sobald sich das Instrument etabliert hat.

Zur langfristigen Verankerung der systematischen Nutzung der informellen Lernprozesse sollen diese in vorhandenen Strukturen verankert werden. So haben die dezentralen Qualitätszirkel die Aufgabe erhalten, eine intensive Diskussion zur besseren Organisation der Wissensweitergabe in Gang zu bringen und Lösungsansätze für die einzelnen Unternehmensbereiche zu entwickeln. Auch die anderen Ergebnisse des Projektes wurden der Verantwortung vorhandener Gremien übertragen.

Langfristige Wirkungen und Einsatzmöglichkeiten

Die im Rahmen dieses Projektes entwickelten neuen Lernstrategien und Instrumente werden die Angebote formalen Lernens nicht ersetzen. Vielmehr ist die Entwicklung von geeigneten Schnittstellen zwischen den Lernbereichen von zentraler Bedeutung. Es ist auch nicht zu erwarten, dass die Bedeutung formaler Bildungsangebote zurückgehen wird. Sicher ist allerdings, dass die Art und Organisation des Lernens eine andere ist.

Um dies auch langfristig und über ein Modellprojekt hinaus im Unternehmen zu verankern, war es wichtig, die Mitarbeiter in die Lage zu versetzen, diese Lernarbeit professionell zu betreiben. Dazu gehören neben individuellen Kompetenzen auch entsprechende räumliche Bedingungen in den Betrieben. Um der Lernarbeit den nötigen Stellenwert einzuräumen, müssen Unternehmen auch lernen, entsprechende Räumlichkeiten und Materialien bereit zu stellen und für die Mitarbeiter verfügbar zu halten.

Grundlage für den Erfolg des exemplarisch vorgestellten Projektes „Verdeckte Lernprozesse" war die motivierte Beteiligung der Mitarbeiterinnen und Mitarbeiter in allen Phasen des Projektes. Dabei war es wichtig, dass die Mitarbeiterinnen und Mitarbeiter das Gefühl hatten, dass ihre persönlichen Wünsche und Arbeitsbedingungen bei der Analyse verdeckter Lernprozesse und der Entwicklung neuer Instrumente sowie Lern- und Lehrmodelle berücksichtigt werden. Dies wurde u. a. durch die intensive Beteiligung der Pflegekräfte an den Workshops erreicht. Wichtig war ebenso eine Unterstützung durch die Leitungsebene. Neben Geschäftsführung, Pflegedirektion und Hausleitungen wurden die Wohnbereichs- und Stationsleitungen sowie Qualitätsbeauftragten intensiv in den Arbeitsprozess einbezogen und damit die Akzeptanz der erarbeiteten Instrumente und Unterstützungsangebote erhöht. Somit war gewährleistet, dass von Beginn an in einem vertrauensvollen Umfeld gearbeitet werden konnte.

17.8   Dilemma

Die Arbeitsweise und strategische Ausrichtung der gaus gmbh als „Think Tank" für innovative Bildungsarchitekturen und -arrangements hat auch Nachteile bzw. erzeugt Dilemmata. Zum einen benötigt die Umsetzung von modernen Weiterbildungskonzepten in der Praxis Zeit. In Unternehmen ist Bildung ein, wenn nicht das Mittel zur Optimierung der Geschäftsprozesse, zur Mitarbeiterentwicklung und zur Sicherung der Wettbewerbsfähigkeit – aber Bildung ist nicht der Unternehmenszweck.

Daher muss Bildung immer dem Alltagsgeschäft untergeordnet werden, moderne Konzepte werden vorsichtig und langsam erprobt. Die Zeiten bis zur flächendeckenden Umsetzung neuer Bildungsarrangements in einem Unternehmen übersteigen die üblichen Projektlaufzeiten um ein Vielfaches. Oftmals werden, dem Alltagsgeschäft, Krisen oder auch erfolgreichen Auftragseingängen geschuldet, bereits begonnene Weiterbildungsprojekte zurückgestellt oder sie werden aufgrund personeller Veränderungen in den Verantwortungsstrukturen der Betriebe in die Schublade gelegt. In den allermeisten Fällen werden gute Konzepte früher oder später breit umgesetzt – die gaus gmbh ist dann aber oftmals nicht mehr beteiligt, weil das Projektmandat geendet hat.

Noch länger ist der Time-Lag zwischen der Invention (Erfindung) eines neuen Konzeptes und der Adoption (verbreitete Umsetzung) in anderen Unternehmen oder gar Branchen. Es können Jahre vergehen, bis sich innovative Konzepte auf breiter Front etablieren – eLearning ist hier das beste Beispiel. In der Regel ist es dabei so, dass die gaus gmbh bereits an neuen innovativen Themen arbeitet, wenn die Nachfrage nach der Umsetzung „älterer" Konzepte einsetzt. Während sich die Forschung noch mit der Entwicklung von elaborierten eLearning-Systemen beschäftigte und die Nachfrage in der Breite der Wirtschaft nach computer- oder webbasierten Lernformen langsam anstieg, arbeiteten die Bildungswissenschaftler der gaus gmbh bereits an praxisgerechten und finanzierbaren Formen des Simulationslernens.

Dieses Beispiel zeigt auch, dass Ideen manchmal ihrer Zeit voraus sind. Eine Initiative der gaus gmbh zur Etablierung eines Entwicklungsprogramms zum Themenbereich „Simulationslernen für kleine und mittlere Unternehmen" auf Bundesebene ist bis heute nicht von Erfolg gekrönt worden. Viele Themen, die in der Forschung hingegen diskutiert werden, wurden von der gaus gmbh in Gestaltungsprojekten bereits modellhaft erprobt (z. B. iPod-Lernen).

In diesem Dilemma steht die gaus gmbh jedoch nicht allein: Viele innovative Entwickler und Anbieter erreichen keinen Return on Investment, weil sie zu weit vor dem Mainstream agieren. Vierzehn Tage, nachdem die gaus gmbh ein Konzept für ein webbasiertes Bildungsportal fertiggestellt hatte, bei dem die Teilnehmer ihre Schulungseinheiten als Podcast auf ihren iPod hätten herunterladen können, eröffnete im iTunes-Store die Rubrik „Bildung" mit bereits damals annähernd hundert deutschsprachigen Angeboten. Auch andere sind innovativ.

17.9   Vertiefungsaufgaben und -fragen

1. Welche besonderen Anforderungen stellt die Arbeit im Spannungsfeld „Wirtschaft – Politik – Wissenschaft" an die Entwicklung von Weiterbildungsangeboten?

2. Welche Bedeutung haben Netzwerke für die Entwicklung innovativer und marktgerechter Bildungsprojekte?

18 Qualitätsentwicklung der Sexualpädagogik

Uwe Sielert

18.1 Einleitung

Wenn wir Sigmund Freud Recht geben, dass der erwachsene Mensch gelernt haben solle, zu lieben und zu arbeiten, dann müssen wir ihm auch heute noch beipflichten, dass in unserem Bildungssystem allein das Arbeiten als Ziel über allen Qualifizierungsanstrengungen schwebt und das Lieben den Zufällen des Sozialisationsprozesses überlassen wird. Gleichwohl erwecken die gleich bleibende mediale Geschwätzigkeit zur Sexualität, der Siegeszug der Sexualindustrie und die immer wieder kehrenden Skandalisierungen von Kinder- und Jugendgefährdungen den Eindruck, als seien die Menschen mit nichts anderem beschäftigt, als in der pornographisierten Gesellschaft als Liebende zu überleben.

Sexualpädagogik dagegen, die sich nicht nur auf Körperfunktionen beschränkt, sondern die „Einheit des Widersprüchlichen" von Lust und Liebe, Nähe und Distanz, Sexus, Eros und Agape bei Kindern, Jugendlichen und Erwachsenen thematisiert, gehört weder im Bildungssystem allgemein, noch im akademischen Kontext zu den beliebten und ausgearbeiteten Disziplinen der Pädagogik. Ihr Gegenstandsbereich erweist sich als zu wenig abgrenzbar, zu sperrig, weil begrifflich kaum fassbar, mit zu viel Emotionalität behaftet und gesellschaftlich immer wieder ideologisch umkämpft. Kein Wunder, dass die Qualitätsentwicklung als wesentliches Kriterium der Professionalisierung sexualpädagogischen Tuns nur stockend voranschreitet.

Immerhin gehören nach dem indikatorentheoretischen Modell zur Entwicklung einer Profession die wissenschaftliche Disziplin mit Theorie und Forschungsergebnissen, eine lange und fundierte akademische Ausbildung, umfangreiches evaluiertes Handlungswissens, ein Berufsverband, ein umgrenzter Aufgabenbereich und eine gehörige Portion gesellschaftlicher Anerkennung zu den wichtigsten Indikatoren.

Obwohl der Professionalisierungsprozess der Sexualpädagogik durch Universitäten und Fachhochschulen als Teildisziplin der Erziehungswissenschaft bisher kaum wesentlich vorangebracht wurde, haben Sexualpädagogik als Theorie und Sexualerziehung als Praxis in den vergangenen dreißig Jahren einen offensichtlichen Bedeutungszuwachs erfahren.

Bezogen auf die Sexualpädagogik sind angesichts der genannten Professionalisierungskriterien folgende Befunde von Bedeutung:

- Angestoßen durch eine Reihe von empirischen Forschungsarbeiten und innovativen Modellvorhaben nimmt die Theorieentwicklung einschließlich der dazugehörenden Veröffentlichungen zur Sexualpädagogik deutlich zu.[85]
- Entstanden ist zudem ein recht umfangreiches Handlungswissen, dessen methodische Dimension sich in zahlreichen Übungs- und Impulssammlungen für die sexualerzieherische Praxis (z. B. Keil, Sielert 1990 oder BZgA 1999) wieder findet.
- Sexualpädagogik gewinnt durch ihre institutionelle Verortung in Gesetzen[86], Richtlinien[87] und Behörden[88] an gesellschaftlicher Anerkennung, wenn auch überwiegend als „Präventionspädagogik" zur Bearbeitung psychosexueller Krisenerscheinungen.
- Einige Berufstätige treten auf dem Arbeitsmarkt ausdrücklich mit der Berufsbezeichnung Sexualpädagogin/Sexualpädagoge in Erscheinung oder setzen den Begriff als Funktionsbezeichnung neben ihre ursprüngliche Ausbildung (z. B. Sozial- und Sexualpädagogin). Sie organisieren sich in Fachgesellschaften, die auch Funktionen von Berufsverbänden übernehmen.[89]
- Die wissenschaftlich gestützte Aus- und Fortbildung in Sexualpädagogik hat in den letzten Jahren deutlich zugenommen.[90]

Bei genauerem Hinsehen wird deutlich, dass diese Erfolge zwar nicht ohne Kontakt zur universitären Lehr- und Forschungswelt zustande gekommen sind, dass der Motor für den beginnenden Professionalisierungsprozess jedoch eher außerhalb der akademischen Welt zu finden ist. Dazu gehören seit der unmittelbaren Nachkriegsperiode bis in die 1980er Jahre hinein politische Fachbehörden wie z. B. die Bundeszentrale für gesundheitliche Aufklärung oder gesellschaftliche Verbände wie Pro Familia, Aktion Kinder- und Jugendschutz sowie

---

[85]   Allein die Bundeszentrale für gesundheitliche Aufklärung in Köln (www.bzga.de) hat seit dem Inkrafttreten des Schwangeren- und Familienhilfegesetzes im Jahr 1990 in ihrer Fachheftreihe zur Forschung und Praxis der Sexualaufklärung und Familienplanung über 25 Projekte dokumentiert, die insgesamt über eine beachtliche Empirie gestützte Forschungslandschaft Auskunft geben. BZgA (2005).

[86]   So vor allem im „Gesetz über Aufklärung, Verhütung, Familienplanung und Beratung", dem so genannten „Schwangeren- und Familienhilfegesetz" (SFHG) von 1992, im Kinder- und Jugendhilfegesetz (KJHG) und den Schulgesetzen der Bundesländer.

[87]   Nach den KMK-Empfehlungen zur geschlechtlichen Erziehung in Schulen erließ die Mehrheit der Bundesländer detaillierte Richtlinien zur Sexualerziehung, die zum Teil erst in jüngster Zeit überarbeitet wurden.

[88]   Die Bundeszentrale für gesundheitliche Aufklärung ist das ausführende Bundesorgan bezüglich der sexualpädagogischen Ansprüche aus dem SFHG. Die Länder sind verpflichtet, ihren Anteil in den entsprechenden Behörden zu regeln.

[89]   Neben den bereits seit längerem bekannten Gesellschaften Pro Familia und Deutsche Gesellschaft für Geschlechtserziehung (DGG; www.dgg-ev-bonn.de) existiert seit einigen Jahren die Gesellschaft für Sexualpädagogik (GSP, www.gsp-ev.de), die sich ausdrücklich der Theorie-Praxis-Kommunikation und der Förderung des Professionalisierungsprozesses in der Sexualpädagogik verpflichtet fühlt.

[90]   So existiert seit 20 Jahren das Institut für Sexualpädagogik in Dortmund, der Pro Familia Bundesverband (www.pro-familia.de) führt seit über 20 Jahren sexualpädagogische Aus- und Fortbildungen durch, an der Fachhochschule Merseburg existieren ein BA- und ein MA-studiengang zur Sexualerziehung und Familienplanung.

kleinere sexualpädagogische Vereinigungen wie die Deutsche Gesellschaft für Geschlechterziehung (DGG).

Im Kontext dieses außeruniversitären Kräftefelds konnte sich seit Mitte der 1980er Jahre ein neuer Qualitätsentwicklungsprozess entfalten, der – aufbauend auf die bis dahin vorhandenen Akteure – dem *mehr oder weniger bewussten* Bildungsmanagement einer *ursprünglich kleinen, aber zunehmend größer werdenden* Gruppe sexualpädagogisch interessierter Personen sowie Organisationen des Bildungs- und Sozialbereichs zu verdanken ist.

Gemeint sind:

- der Verein zur Förderung der Sexualpädagogik und sexueller Bildung e.V. mit seinem Institut für Sexualpädagogik in Dortmund (www.isp-dortmund.de),
- die dadurch angeregte Gesellschaft für Sexualpädagogik e.V. – „Zur Vielfalt von Sexualitäten und Lebensweisen" (www.sexualpaedagogik.info) und
- die seit kurzem gegründete „Sexualpädagogische Allianz", eine Kooperation der Berufsverbände aus Deutschland, Österreich, der Schweiz und Südtirol (www.sexuellebildung.at).

Im Folgenden wird der Beitrag dieser Institutionen zur Qualitätsentwicklung der Sexualpädagogik als Prozess des Bildungsmanagements auf der Makro- und Mesoebene beschrieben, der schließlich in der Standardisierung sexualpädagogischer Kompetenz durch Vergabe eines Qualitätssiegels einmündete.

18.2 Basisprozesse der Qualitätsentwicklung

Am Anfang stand eine neue ministerielle Konstruktion von Wirklichkeit – die „geistig-moralische Wende"

Die Initialzündung zu dem sich in Deutschland seit Mitte der 1980er Jahre ausbreitenden Qualifizierungswesen ging von einem Modellprojekt des Bundesministeriums für Jugend, Familie, Frauen und Gesundheit aus. Der damalige Minister Heiner Geißler setzte im Auftrag Helmut Kohls einen Schlussstrich unter die sexualpädagogischen Ausläufer der „sexuellen Revolution" und zog die von Vertretern um den Emanzipationspädagogen Helmut Kentler herum aufwändig erarbeitete Materialmappe „betrifft: sexualität" (Figge 1977) einschließlich der dazugehörigen Filme aus dem sexualpädagogischen Aufklärungsverkehr. Eine interdisziplinär zusammengesetzte Forschungsgruppe erarbeitete im Auftrag der Nachfolgerin Heiner Geißlers, Rita Süßmuth, vier Jahre lang in enger Kooperation mit sexualwissenschaftlichen Expertinnen und Experten sowie Mitarbeitenden aus Jugend- und Sozialverbänden neue Materialien für die Sexualpädagogik in Jugendarbeit und Schule.

Die Aufarbeitung des Forschungsstandes zur Jugendsexualität, der Einbezug von Sexualwissenschaftler und Sexualwissenschaftlerinnen sowie sexualpädagogisch interessierten Erziehungswissenschaftler und Erziehungswissenschaftlerinnen, die Didaktisierung der aktuellen sexualitätsrelevanten Diskursthemen und die Durchführung und Evaluation einer Vielzahl von Maßnahmen in Jugendverbänden, offenen Jugendtreffs und Schulen führten zu einem

reichhaltigen sexualpädagogischen Material- und Erfahrungsschatz, der diesem bisher ver-
nachlässigten Sektor pädagogischer Arbeit einen deutlichen Professionalisierungsschub
versetzte.

Sieben der engagiertesten Vertreter dieses sexualpädagogischen Netzwerks gründeten nach
Ablauf der Projektzeit 1989 den „Verein zur Förderung der Sexualpädagogik e.V." als Träger des „Instituts für Sexualpädagogik Dortmund". Noch im selben Jahr erarbeitete die
schnell größer werdende Gruppe der Institutsmitglieder ein langfristiges Aus- und Weiterbildungsangebot zur Sexualpädagogik und begann mit der Qualifizierung der ersten Sexualpädagoginnen und -pädagogen – aufbauend auf einer pädagogischen, psychologischen oder
medizinischen Grundausbildung.

Die Überzeugungskraft und das institutionelle Management einer Projektgruppe gestalten die
sexualpädagogische Szene seitdem nachhaltig; nicht alleine selbstverständlich, sondern eingebunden in das Netzwerk der schon seit den 1950er Jahren in der Sexualpädagogik aktiven
Behörden und Vereinigungen. Schon zuvor hat es den Begriff Sexualpädagogik als
„Bindestrich-Disziplin" der Pädagogik und gelegentlich auch sexualpädagogische Qualifizierungsangebote für die Praxis (vor allem von Pro Familia) gegeben. Und natürlich haben die
Bundeszentrale für Gesundheitliche Aufklärung (BZgA) mit ihren Projekten und die dadurch
an Fachhochschulen und Universitäten entstandenen kleinen Kompetenzzentren im Zuge der
AIDS-Präventionskampagne und auch andere Verbände der Sozial- und Jugendhilfe den
gerade in Gang gekommenen Professionalisierungsprozess mit gestaltet.

Dennoch kann mit Fug und Recht behauptet werden, dass viele dieser bereits existierenden
oder parallel entstandenen Aktivitäten von der Dortmunder Initiativgruppe und dem daraus
hervorgegangenen Institut für Sexualpädagogik personell und inhaltlich-konzeptionell beeinflusst worden sind; zum Teil auch allein deswegen, weil die Konkurrenz auf dem sexualpädagogischen Bildungssektor belebt worden ist.

Immerhin führte das damals an der Universität Dortmund erarbeitete Konzept mit dem in
zahlreichen Praxisfeldern erprobten didaktischen Material und den vier Jahre lang in Jugend-
und Wohlfahrtsverbänden durchgeführten Tagungen und Fortbildungen zu einem Paradigmenwechsel der deutschen Sexualpädagogik. Die Ausläufer der „sexuellen Revolution" mit
den bis in die 1980er Jahre hineinwirkenden Richtungskämpfen zwischen repressiv-
konservativen, wertneutral-affirmativen und politisch aufgeladenen emanzipativen Richtungen der Sexualpädagogik mündeten in ein Konzept der sexualfreundlichen Begleitung von
Kindern, Jugendlichen und Erwachsenen auf sexualwissenschaftlicher und humanistisch-
pädagogischer Grundlage (Schmidt, Sielert 2009, Sielert, Valtl 2000, Sielert 2005).

Dieses manchmal auch neo-emanzipative Konzept genannte Theorie- und Praxisgebäude
wurde vor allem von Wissenschaftlerinnen und Wissenschaftlern sowie Praktikerinnen und
Praktikern des Instituts für Sexualpädagogik und jenen, die dem Institut nahe stehen, aus-
formuliert und verbreitet. Ein Teil des Personals wissenschaftlicher aber auch präventiver
Praxisprojekte, auch der mit Sexualpädagogik befassten Landesbehörden sowie der BZgA
rekrutierte sich aus dem Kreis der vom ISP ausgebildeten Fachkräfte.

Dass es sich von Seiten des Instituts für Sexualpädagogik – wie oben angemerkt – um ein „mehr oder weniger bewusst" durchgeführtes Bildungsmanagement handelte, wird erst jetzt rückwirkend bei der Rekonstruktion des historischen Prozesses deutlich. Kaum ein Mitglied der Initiativgruppe hatte vor 20 Jahren den bewussten Vorsatz, das Label „Sexualpädagogik" in Deutschland mit einer gezielten Qualifizierungsperspektive institutionell zu besetzen. Vorantreibend war ursprünglich das Bestreben, die konzeptionell und pädagogisch-praktisch mit viel „Herzblut" und Kreativität ins Leben gerufene Quelle sexualpädagogischer Handlungskompetenz nach Auslaufen des Modellprojekts im Jahr 1989 nicht wieder versiegen zu lassen. Dabei kann jedoch nicht geleugnet werden, dass sowohl diverse institutionelle Widerstände als auch Verberuflichungsinteressen der inzwischen sexualpädagogisch ausgebildeten Fachkräfte ein strategisch bewusster werdendes Bildungsmanagement hervorgerufen haben.

Eine erste – zu überwindende – Barriere war das Bestreben des Ministeriums für Jugend, Familie, Frauen, Gesundheit und Senioren, die von ihm selbst in Auftrag gegebenen Materialien zur Sexualpädagogik „sang- und klanglos" in der Schublade verschwinden zu lassen, weil sie der vom damaligen Bundeskanzler Helmut Kohl ausgerufenen „geistig-moralischen Wende" nicht deutlich genug entsprachen. Die erziehungs- und sexualwissenschaftlich fundierten Ergebnisse des Modellprojekts und die inzwischen erstarkte Gruppe professioneller Sexualpädagoginnen und -pädagogen in verschiedenen Praxisverbänden ließen sich nicht für eine bestimmte parteipolitische Grundrichtung instrumentalisieren. Um dem Ministerium ein professionelles sexualpädagogisches Bildungsverständnis entgegensetzen zu können, bedurfte es diverser strategischer „Schachzüge", die durchaus einem bewussten Bildungsmanagement zugerechnet werden können. Dazu gehörten die Androhung einer Klage gegen das Ministerium, wenn das Projektergebnis der Öffentlichkeit vorenthalten wird, die Gründung des Instituts und die Suche nach einem Verlag, der wenigstens einen Kernbestand des sexualpädagogischen Materials zu veröffentlichen bereit war (Keil, Sielert 1993).

Der zweite Anlass für ein bewusstes Bildungsmanagement war die Erfahrung, dass es mit der Gründung eines Vereins und eines Instituts nicht getan war, um Sexualpädagogik überhaupt und ihr spezifisches Verständnis als sexualfreundliche Begleitung von Kindern und Jugendlichen gesellschaftlich zu etablieren. Die mit den Anlässen AIDS, Gewalt (Missbrauch) und den unerwünschten Schwangerschaften Minderjähriger verbundene staatlich geförderte „Gefahrenabwehrpädagogik" drohte eine sexualfreundliche Erziehung wieder an den Rand zu drängen. Mit Hilfe von Veröffentlichungen, Expertisen, Fachtagungen und fachpolitischer Netzwerkarbeit (vor allem mit sexualwissenschaftlichen Vereinigungen und Pro Familia) konnten einflussreiche Kräfte des politisch-administrativen Systems des Bundes und vieler Länder überzeugt werden, dass jeder Prävention ein Mindestmaß an Sexualpädagogik vorausgehen muss. Manche Länder gestalteten ihre schulischen Richtlinien für Sexualpädagogik und das empfohlene Lehrmaterial entsprechend fortschrittlich und die BZgA ließ auf dem Hintergrund des 1992 verabschiedeten „Gesetzes über Aufklärung, Verhütung, Familienplanung und Beratung" (SFGH) überwiegend sexualfreundliche Materialien erarbeiten[91].

---

[91] Siehe dazu die ständig aktualisierte Veröffentlichung der BZgA zu den verfügbaren Medien und Materialien zur Sexualaufklärung und Familienplanung (www.bzga.de).

Das Institut für Sexualpädagogik entwickelt sich durch interne und externe Organisationsentwicklung

Die schon bisher deutlich gewordene Fülle der Initiativen und Aufgaben auf der Makroebene des sexualpädagogischen wie auch sexualpolitischen Bildungsmanagements lässt erahnen, dass aus der *ursprünglich kleinen Gruppe eine immer größer werdende Organisation mit Netzwerkcharakter* geworden ist. Die Ursprungsgruppe des universitären Forschungs- und Modellprojekts wurde um das schnell anwachsende Institut für Sexualpädagogik sowie weitere Personen und Organisationseinheiten erweitert. Kern und Ausgangspunkt des sexualpädagogischen Bildungs- und Qualitätsmanagements in Deutschland wurde zunächst dieses Dortmunder Institut mit seiner Theorie- und Methodenentwicklung sowie der regen Aus- und Fortbildungspraxis und Öffentlichkeitsarbeit. Die durchschnittlich 20 aktiven Mitglieder ergänzten sich in der Regel durch Berufung neuer Mitarbeiterinnen und Mitarbeiter, die in den langfristigen Ausbildungskursen positiv auffielen und jene Ehemaligen kompensierten, die als aktive Personen aus dem inneren Kreis ausschieden und sich zu den passiven Mitgliedern in den Außenkreis gesellten. Der Kern des Instituts rekrutiert sich bis heute immer noch aus sexualpädagogisch versierten Professionellen verschiedener Einrichtungen des Bildungs- und Sozialwesens, die meist im Institut selbst ausgebildet wurden. Die Sexualpädagogen und -pädagoginnen arbeiten zum geringeren Teil ihrer Arbeitszeit im Institut und sind überwiegend bei ihren Anstellungsträgern tätig. Nur einige wenige leben freiberuflich weitgehend von sexualpädagogischen Aufträgen, die sie selbst oder das Institut einwerben. Der nach außen gerichteten Aus- und Fortbildungspraxis sowie der vielfältigen Beratungs- und Expertisentätigkeit entspricht eine hohe interne Verbindlichkeit der Zusammenarbeit, des hoch entwickelten Wissensmanagements und eine starke innere Funktionsdifferenzierung. Die Darstellung der Binnenstruktur des Instituts, also der Mesoebene des Bildungsmanagements, würde eine ausführlichere Studie zum Bildungsmanagement erfordern. Die Komplexität der Arbeits-, Kommunikations- und Entscheidungsstrukturen, der internen Qualitätssicherung und nach außen gerichteten Aktivitäten, des Finanzmanagements sowie der Balancierung von ehrenamtlichen und bezahlten Tätigkeiten kann hier nicht annähernd adäquat entfaltet werden. Die auch im deutschsprachigen Ausland erfolgreiche Professionalisierungs- und Qualifizierungsarbeit zur Sexualpädagogik ist bis heute nur durch eine Mischung aus strikt eingehaltenen und transparenten Organisationsstrukturen einerseits und persönlichen (Sympathie)Beziehungen andererseits sowie der Nutzung moderner Kommunikationstechnologien möglich.

Das Ergebnis jedenfalls ist beeindruckend: Das Institut für Sexualpädagogik führt seit vielen Jahren Weiterbildungen, Seminare und Fachtagungen zu allen sexualpädagogischen Themen durch. Die sexualpädagogischen Weiterbildungen des ISP richten sich an Personen, die in Erziehung, Bildungsarbeit und Beratung mit Kindern, Jugendlichen und Erwachsenen tätig sind und eine umfassende Qualifizierung für den professionellen Umgang mit Sexualität und Geschlechterfragen anstreben. Die Weiterbildungen sind konzeptionell an der Methode der Themenzentrierten Interaktion ausgerichtet, sie ermöglichen den Teilnehmenden,

- ihr Fachwissen zu vertiefen und zu aktualisieren,
- professionelle Handlungs- und Sprachkompetenz zu gewinnen und zu differenzieren sowie
- ihre Reflexionskompetenz – auch in Bezug auf eigene Erfahrungen und Einstellungen zu Sexualität – zu erweitern.

Sexualpädagogische Weiterbildungen – auch speziell zum Themenbereich Sexualität und Behinderung – werden derzeit in Deutschland, Österreich, der Schweiz und in Südtirol/Italien angeboten. Das Grundlagenkonzept der langfristigen und stets weiterentwickelten Qualifizierungen diente als Basis vieler didaktischer Modellprojekte, die von der Bundeszentrale für gesundheitliche Aufklärung in Auftrag gegeben und teilweise in Kooperation mit dem ISP aber auch anderen Trägern durchgeführt wurden, um zur Sexualpädagogin/zum Sexualpädagogen in ganz Deutschland zu qualifizieren. In regelmäßigen Abständen werden offene Seminare zu verschiedenen Themen angeboten.

Neben diesen offenen Angeboten, die das ISP in eigener Regie organisiert, bietet das Institut Inhouse-Fachtage als kompakte eintägige Schulungen für Mitarbeiterinnen und Mitarbeiter vor Ort zu aktuellen und in der Öffentlichkeit diskutierten Themen der Sexualpädagogik. Das Programm wird jeweils in Absprache mit den Auftraggebern auf die Bedürfnisse der Zielgruppe abgestimmt. Darüber hinaus können Seminare, Fachvorträge, Projektberatungen und Fall-Supervisionen gebucht werden. Träger des Bildungs- und Sozialwesens werden auch unterstützt, wenn sie ein größeres sexualpädagogisches Projekt planen oder eine Fachtagung organisieren möchten.

18.3   Anfänge der Qualitätssicherung

Expansion des Aus- und Weiterbildungssektors

Neben der Qualitätsoffensive des Instituts für Sexualpädagogik Dortmund verstärkten vor allem der sexualpädagogisch traditionsreiche Fachverband Pro Familia aber auch andere Wohlfahrtsverbände ihre Anstrengungen, Sexualpädagogik flächendeckend auszubauen und entsprechende Fachkräfte zu professionalisieren. Rein quantitativ, vermutlich auch qualitativ, blieb das Institut für Sexualpädagogik mit seiner langfristigen Qualifizierung und den vielen anderen professionellen Impulsen zunächst führend in Deutschland. Das gilt bis heute im Hinblick auf den Weiterbildungsmarkt, auch wenn inzwischen andere Wohlfahrtsverbände ebenfalls eigene „hausinterne" Weiterbildungen etabliert haben. Das gilt jedoch nicht für die akademische Ausbildung, die inzwischen an zwei Hochschulen in Deutschland möglich geworden ist. An der Universität Kiel kann seit 1993 im Rahmen der erziehungswissenschaftlichen Diplomausbildung ein Wahlpflichtfach Sexualpädagogik studiert werden und im gleichen Jahr begann an der Hochschule für Soziale Arbeit in Merseburg das Schwerpunktstudium „Sexualpädagogik".

Sehr bald mündete die Merseburger Ausbildung in einen Bachelor-Studiengang und wurde 2005 um einen Master-Nachdiplomstudiengang ergänzt, der ebenfalls stark auf Sexualpädagogik ausgerichtet ist. Auch in Kiel bleibt die Schwerpunktausbildung Sexualpädagogik im Rahmen der neuen Bachelor/Master-Studienstruktur erhalten. Das Kieler Ausbildungscurriculum entstand durch ein Bund-Länder-Modellprojekt zur sexualpädagogischen Hochschulausbildung, das in der Zeit von 1997–1999 an der Universität Kiel von ISP-Mitarbeitern geleitet wurde. Das Merseburger Projekt integrierte Traditionen der Sexualwissenschaft, wie sie in den neuen Bundesländern schon lange vor der Wende existierten, mit der sexualpädagogischen Kompetenztradition von Pro Familia aus der alten Bundesrepublik.

Immerhin wurden seit Anfang der 1990er Jahre an verschiedenen Standorten und in diversen Einrichtungen unterschiedlich intensiv sexualpädagogische Fachkräfte aus- und weitergebildet. Die Qualitätsunterschiede sind beträchtlich und reichen von den fragwürdigen Kompetenzen der schon immer selbst ernannten (Sexual-)Pädagogen sowie Theologen aus konservativ-katholischen oder evangelikalen Traditionen über ausgebildete Sexualpädagogen von Pro Familia oder des Sozialdienstes Katholischer Frauen bis zu den Absolventen einer sexualpädagogischen Hochschulausbildung. Jedenfalls ist die Bezeichnung Sexualpädagogin/Sexualpädagoge öffentlich nicht geschützt und potentielle Auftraggeber sexualpädagogischer Dienstleistungen konnten bisher nie ganz sicher sein, ob sie qualitativ gut ausgebildete Fachkräfte „einkauften".

Gründungsprobleme einer neuen fach- und berufspolitischen Gesellschaft

Sowohl dieses Problem als auch das Bedürfnis vieler der in Ausbildungsinstitutionen oder in der Praxis sexualpädagogisch tätigen „Profis", sich fach- und berufspolitisch zu organisieren, führte schon in der Mitte der 1990er Jahre zu ersten Anstrengungen, eine Gesellschaft für Sexualpädagogik in Deutschland zu etablieren. Sowohl über die Notwendigkeit als auch den Charakter eines solchen Zusammenschlusses gab es bundesweit zunächst divergierende Meinungen. Beide zuvor existierenden bundesweiten Vereinigungen (Pro Familia und die DGG) waren zwar zu den ersten Gründungsversammlungen der neuen Gesellschaft immer hinzugebeten worden, fürchteten jedoch aus unterschiedlichen Gründen den Verlust ihrer eigenen Definitionsmacht und blieben zunächst auf Distanz zur Gründungsinitiative.

Der traditionsreiche sexualpädagogische Fachverband Pro Familia meldete auf der Bundesebene Bedenken an und ergänzte den bisherigen Untertitel des Verbandes „Deutsche Gesellschaft für Sexualberatung und Familienplanung e.V." um den Begriff „Sexualpädagogik". Seit 1995 lautet der volle Titel nun Pro Familia – „Deutsche Gesellschaft für Familienplanung, Sexualpädagogik und Sexualberatung e.V.".

Der Bundesverband nahm für sich in Anspruch, schon seit langem eine fortschrittliche Sexualpädagogik zu vertreten, wurde aber den Wünschen einer sich professionalisierenden und neben der Familienplanung und Sexualberatung sich entwickelnden Sexualpädagogik nach Meinung vieler Sexualpädagoginnen und -pädagogen des eigenen Verbandes nicht mehr gerecht. Zudem wollten Mitarbeiterinnen und Mitarbeiter anderer Wohlfahrtsverbänden aus verständlichen Gründen nicht der Pro Familia beitreten, um in einem Fachverband organisiert zu sein.

Auch die schon seit den 1950er Jahren existierende „Deutsche Gesellschaft für Geschlechtserziehung" (DGG), die sich einem eher wertneutral-traditionellen Verständnis von Sexualpädagogik verpflichtet fühlte, meldete Bedenken an und drohte der schließlich 1998 in Berlin
gegründeten Deutschen Gesellschaft für Sexualpädagogik e.V. (*gsp*) mit einer Klage wegen
einer möglichen Verwechselung der beiden Gesellschaften in der Öffentlichkeit. Die neue
Vereinigung verzichtete daraufhin auf die Betonung „des Deutschen" im Titel und fügte
stattdessen einen Untertitel hinzu, der die sexualpolitische Ausrichtung deutlich werden lässt.
Sie nennt sich seitdem „Gesellschaft für Sexualpädagogik e.V. – zur Vielfalt von Sexualitäten und Lebensweisen".

Aus der Perspektive des Bildungsmanagements betrachtet, benötigte das mit dem Institut für
Sexualpädagogik verbreitete neue Verständnis von Sexualpädagogik und Sexueller Bildung
(ein Begriff, der in diesem Zusammenhang vorbereitet und 2004 offiziell eingeführt wurde)
und das damit verbundene neue Qualifizierungsparadigma ein bundesweit ebenso sichtbares
neues Netzwerk für alle jene Sexualpädagoginnen und Sexualpädagogen, die entweder bei
Pro Familia oder den vielen anderen schulischen und außerschulischen Trägern tätig waren
und sich nicht einer schon bestehenden Traditionslinie von Geschlechtserziehung (also der
DGG) zuordnen konnten.

Die Gesellschaft für Sexualpädagogik e.V. (*gsp*) etabliert sich

Der Selbstdarstellung nach handelt es sich bei der Gesellschaft für Sexualpädagogik um
einen Zusammenschluss für professionell Tätige des Erziehungs-, Bildungs-, Sozial- und
Gesundheitsbereichs, welche sich zum Ziel gesetzt haben, Selbstbestimmung und Selbstver-
antwortung in den Bereichen Sexualität und Lebensweisen aller Menschen anzuerkennen
und zu fördern. Die *gsp* zählt zu ihren Grundlagen das Ziel der Berufs- und Interessenvertretung von Sexualpädagoginnen und -pädagogen sowie die Förderung der Dialoge zwischen
Theorie und Praxis, die besonders durch gemeinsame Tagungen und Veröffentlichungen wie
auch ein interaktives Netzwerk per Internet gepflegt werden können. Wissenschaftlerinnen
und Wissenschaftler werden dazu animiert, im Austausch und in Zusammenarbeit mit sexualpädagogischen Praktikerinnen und Praktikern aus verschiedenen Bereichen Forschungsergebnisse zu erheben, zu diskutieren und in theoretische Zusammenhänge einzuordnen. Die
reichhaltigen Alltags- und Projekterfahrungen der sexualerzieherischen Praxis sollen auf
diese Weise gesichert werden. Laut Selbstdarstellung verortet sich der Fach- und Berufsverband für Sexualpädagogik disziplinär in der Erziehungswissenschaft. Er pflegt den Diskurs
sowohl mit den anderen erziehungswissenschaftlichen Teilbereichen als auch mit ihren weiteren außerpädagogischen Bezugswissenschaften. Obenan stehen dabei das Gespräch mit der
Sexualwissenschaft und die kritische Integration von Forschungsergebnissen zur Sexualität
des Menschen aus anderen Einzelwissenschaften wie z. B. der Soziologie, Ethnologie, Psychologie, Biologie, Theologie oder Geschichte. Das Selbstverständnis der *gsp* schließt aufgrund der Ideologieanfälligkeit der Sexualpädagogik die Aufgabe mit ein, die spezifischen
gesellschaftlichen Rahmenbedingungen von Sexualpädagogik kritisch zu reflektieren. Dabei
will sich die *gsp* weder von staatlichen Direktiven noch von privatwirtschaftlichen Verwer-
tungsinteressen vereinnahmen lassen.

Im Rahmen dieses Selbstverständnisses steht der Fach- und Berufsverband *gsp* Sexualpädagoginnen und Sexualpädagogen verschiedener wissenschaftlicher und konzeptioneller Richtungen offen und verspricht, wissenschaftliche und konzeptionelle Vielfalt zu pflegen.

Die *gsp* führt als deutschlandweit tätige Gesellschaft keine eigenen Aus- und Weiterbildungen durch, sondern fördert mit Tagungen und öffentlichen Erklärungen sowie den For-
schungsberichten und Publikationen der Mitglieder die Auseinandersetzung mit allen sexualpädagogisch relevanten Themen wie z. B. der Brisanz lebenslanger sexueller Sozialisation,
Sexualerziehung und Sexualberatung, Pluralisierung von Beziehungs-, Liebes- und Lebensformen, Entgrenzung kultureller, ethnischer und religiöser Zugehörigkeiten, Flexibilisierung
von Geschlechtsidentitäten und Sexualitäten, den Möglichkeiten zur sexuellen Selbstbestimmung und des Daseins für andere, Prävention sexueller Gewalt, der Wirkweise, Nähe
und Distanz in pädagogischen Institutionen sowie dem Missbrauch und den Auswirkungen
der neuen Medientechnologie auf die Sexualität der Menschen.

Alle diese sexualpädagogisch relevanten Themen werden im Hinblick auf die verschiedenen
Sozialisationsinstanzen (Elementarerziehung, Schule, Jugendhilfe, Erwachsenenbildung,
Geragogik, Gesundheitsförderung), einzelne Zielgruppen und Menschen mit unterschiedlichen Fähigkeiten sowie Lebensalter reflektiert und ausgearbeitet. Eine besondere Perspektive
der Arbeit der *gsp* ergibt sich aus der zunehmenden Internationalisierung der Wissenschaft,
Transnationalisierung von Biografien und Lebensläufen wie auch aus der Angleichung staatlicher Maßnahmen auf europäischer Ebene.

18.4   Auf dem Weg zu einem sexualpädagogischen Qualitätssiegel in Deutschland

**Hinter dem Begriff „Sexualpädagogik/Sexualpädagoge" verbergen sich sehr unter-
schiedliche Kompetenzen**

Während einer Tagung der *gsp* in Bremen (2001) entstanden die ersten Anregungen zu einem Qualitätssiegel, also der Idee, sexualpädagogisch Tätigen eine Bescheinigung auszustel-
len, mit der sie auch nach außen ihre Professionalität deutlich machen können. Die bisherige
Aus- und Weiterbildung sowie sexualpädagogische Praxiserfahrung und deren (institutionalisierte) Reflexion sollten als Standard dokumentiert und die Basis einer solchen professionellen Anerkennung bilden. Hintergrund waren die Erfahrungen vieler sexualpädagogisch
ausgebildeter Fachkräfte, dass sie in der Praxis vielen selbst ernannten Sexualpädagoginnen
und -pädagogen begegneten, die davon ausgingen, dass eine lobenswerte sexualmoralische
Position in Verbindung mit gesundem Menschenverstand und gutem Willen ausreicht, um
Kinder und Jugendliche in ihrer sexuellen Entwicklung zu begleiten. Weniger häufig, aber
um so lautstarker versuchten schon immer evangelikale Vereinigungen mit fachfremden,
meist sexualfeindlichen Argumenten gegen eine professionell begründete, sich emanzipativ
verstehende Sexualpädagogik zu polemisieren. Wo auch immer die vermeintlichen „Zerstö-
rer" einer christlich motivierten Volksmoral ausgemacht werden, in Bundesbehörden,

schwul-lesbischen Initiativen oder bei Pro Famila, regelmäßig wird ihnen von Seiten eines christlich-fundamentalistischen Sexualitätsverständnisses Indoktrination und staatliche Verführung unschuldiger Kinder vorgeworfen. Insofern liegt es nahe, auch unter wissenschaftlich-humanistischen Gesichtspunkten den Begriff der Sexualpädagogin/des Sexualpädagogen professionell zu definieren und die entsprechend ausgebildeten Personen mit einem Qualitätssiegel zu schützen, zumal potentielle Auftraggeber sexualpädagogischer Dienstleistungen auf diese Weise erfahren, wen sie sich für ihre Einrichtung „einkaufen".

Individuelle Standards vs. Zertifizierung

Zunächst musste entschieden werden, ob Ausbildungsinstitute zertifiziert werden sollen, wie das etwa die Deutsche Gesellschaft für Supervision für die zahlreichen Ausbildungsstätten vornimmt, oder ob einzelne Personen sich einer individuellen Standardisierung ihrer Qualifikation unterziehen sollen. Die *gsp* entschied sich für die Bescheinigung der persönlich nachweisbaren Ausbildungsqualität. Ausschlaggebend waren zwei Hauptargumente: Da bisher keine berufsrechtliche Anerkennung der Bezeichnung „Sexualpädagogin/Sexualpädagoge" existiert, gibt es auch kein berufsständisches Anforderungs- bzw. Ausbildungsprofil. Viele der sexualpädagogisch Tätigen haben sowohl ihre theoretische als auch praktische Qualifizierung vor oder neben den zurzeit auf dem Weiterbildungsmarkt existierenden langfristigen Ausbildungsmöglichkeiten erworben. Insofern sollen alle Qualifizierungsbausteine zur Anrechnung kommen, die entweder von einem oder mehreren Ausbildungträgern bescheinigt worden sind. Zum zweiten ist das Ziel der *gsp* die Begleitung und Weiterentwicklung sexualpädagogischer Qualität und damit gleichzeitig die Förderung des Dialogs von Theorie und Praxis und die Interessenvertretung sexualpädagogisch Tätiger im Sinne eines Berufsverbands. Aus diesem Selbstverständnis heraus (aber nicht ohne Dialog mit den Ausbildungsinstitutionen) wurden in unmittelbarem Kontakt mit den Mitgliedern die Standards festgelegt. So ist auch die Begründung der verpflichtenden Mitgliedschaft in der *gsp* zur Vergabe des Q-Siegels zu verstehen.

Was aber soll Standard werden?

Sehr schnell entstanden die üblichen Fragen der Qualitätsmessung und -entwicklung, denen sich alle pädagogischen Bereiche aussetzen müssen. Was ist sexualpädagogische Qualität? Wie kann sie gemessen werden? Was ist angemessen in einer noch nicht sehr weit entwickelten Aus- und Weiterbildungssituation? Wer darf das Q-Siegel verliehen bekommen?

Zur Absicherung dieser Standards hat der Vorstand der Gesellschaft breite Unterstützung und Anregungen eingeholt: Ausbildungsinstitute, Anstellungträger, Anbieter von internen und externen Weiterbildungen, Hochschulen und „Pioniere" der Sexualpädagogik wurden seit 2005 gezielt angesprochen und eingeladen, um an runden Tischen und Qualitätszirkeln über das Qualitätssiegel und die mit ihm verbundenen Standards zu diskutieren. Übereinstimmend war der große Zuspruch zu einer solchen Initiative, weil alle Beteiligten sich von einem solchen Gütesiegel einen großen Sprung angesichts der Professionalisierung von Sexualpädagogik versprachen. Ebenso groß war aber der Diskussionsbedarf dazu, welche Kriterien erfüllt sein müssen, um das Gütesiegel zu erhalten. Wie viele Stunden in Aus- und Weiterbildung, Berufserfahrung und Reflexion der eigenen Praxis muss jemand vorweisen? Es ging darum, die Messlatte nicht zu hoch zu hängen, weil die vorhandenen Ausbildungs- und Weiterbildungsmöglichkeiten schon rein quantitativ aber auch qualitativ sehr unterschiedlich gewertet wurden. Wenn allein die bis dahin existierende Ausbildung des Merseburger Bachelorstudiengangs oder gar des Masters zum Standard erhoben worden wären, hätten alle anderen Ausbildungsmöglichkeiten eine Abwertung erfahren und nur jene Personen hätten sich Sexualpädagogen nennen können, die ein entsprechend inhaltlich gestaltetes Hochschulstudium absolviert haben. Die Vertreterinnen und Vertreter des Instituts für Sexualpädagogik (isp) hätten gern gesehen, wenn die von ihnen entwickelten, relativ umfangreichen Ausbildungskriterien im Gütesiegel festgeschrieben worden wären. Dann wären aber die bei Pro Familia ausgebildeten Personen benachteiligt worden, weil ihnen einige Theorieeinheiten gefehlt hätten. Auch warben die Vertreterinnen des Sozialdienstes Katholischer Frauen (SKF) dafür, dass sexualpädagogische Praxiserfahrungen eine stärkere Berücksichtigung finden sollten. Letztlich konnten sich die anwesenden Vertreter der verschiedenen Organisationen auf einen Kompromiss einigen, der neben einem hohen Maß an Theorie auch Praxiserfahrung deutlich berücksichtigt. Für Qualifizierungsgänge unter dem Level der Pro Familia Fortbildung bedeutet dies jedoch, dass Absolventen zusätzliche Qualifizierungen in Anspruch nehmen müssen, um den Anforderungen des Q-Siegels gerecht zu werden.

Die Verhandlungen waren hart und von sowohl fachwissenschaftlichen Professionalisierungsargumenten als auch von marktwirtschaftlichen Rahmenbedingungen und finanziellen Möglichkeiten getragen. Interessanterweise haben sich die meisten Aus- und Weiterbildungsträger durch diese Diskussionen gegenseitig erstmals kennen gelernt, ihr Verhältnis zueinander versachlicht und Konkurrenzen abgebaut.

Das Qualitätssiegel ist beschlossen und wird von der gsp seit 2008 vergeben

Im Sommer 2007 stand die Basis für das Q-Siegel fest. Die außerordentliche Mitgliederversammlung der *gsp* gab offiziell den Auftrag an den Vorstand, das Q-Siegel „auf den Markt zu bringen". In der diesbezüglichen Erklärung der *gsp* heißt es dazu: *„Die Gesellschaft für Sexualpädagogik (gsp) vergibt seit 2008 ein Qualitätssiegel an sexualpädagogisch Tätige. Ziel ist es, die Qualität der sexualpädagogischen Arbeit in Deutschland und im deutschsprachigen Raum zu sichern, da die Berufsbezeichnung Sexualpädagogin bzw. Sexualpädagoge bislang staatlich nicht geschützt ist. Die gsp als Berufsverband bescheinigt damit Praktikerinnen und Praktikern ihre sexualpädagogische Qualifikation und trägt auf diese Weise entscheidend zur Professionalisierung der Sexualpädagogik bei. Mit der Einführung ihres Siegels ist die gsp auch im europäischen Kontext wegweisend auf dem Gebiet der Qualitätssicherung in der Sexualpädagogik. Der Siegelvergabe liegen definierte Standards für Ausbildung und Praxiserfahrung zugrunde. Sowohl Angestellte als auch freiberuflich Tätige werden durch das Qualitätssiegel in Zukunft leichter als Fachpersonal zu erkennen sein. Mit der Vergabe des Siegels ist die Berechtigung verbunden, die Bezeichnung ‚Sexualpädagogin (gsp)‘ bzw. ‚Sexualpädagoge (gsp)‘ hinter dem Namen zu führen. Für die Träger oder Auftraggeber von sexualpädagogischer Arbeit bedeutet dies größere Sicherheit und mehr Qualität bei der Auswahl von Angeboten."*

Der Begriff Qualitätssiegel impliziert in Erweiterung einer Zertifizierung nicht nur eine fachlich fundierte sexualpädagogische Weiterbildung, sondern ebenso eine geleistete und bescheinigte berufliche Praxis. Diese für die Professionalität wichtige Doppelqualifizierung geht damit über eine reine Aus- bzw. Weiterbildungszertifizierung hinaus und bescheinigt der antragstellenden Person eine theoretische und praktische Grundqualifikation als Sexualpädagogin bzw. -pädagoge. Die *gsp* schreibt damit einen Mindeststandard sexualpädagogischer Qualifizierung fest, der durch die Antragstellenden nachgewiesen werden muss. Die Gesellschaft hat dazu einen ständigen Weiterbildungsausschuss eingerichtet, dessen Mitglieder vom Vorstand berufen werden. Dieser Weiterbildungsausschuss prüft die eingereichten Unterlagen der Antragstellenden und vergibt das Qualitätssiegel. Die grundsätzliche sexualpädagogische Qualitätssicherung der *gsp* wird durch einen wissenschaftlichen Beirat begleitet, der die Standards des zu vergebenden Qualitätssiegels in einer rollenden Reform definiert und in Konfliktfällen gutachtet.

Voraussetzungen und Standards des Qualitätssiegels

Bei der Formulierung der Mindeststandards sexualpädagogischer Qualifizierung orientierte sich die *gsp an*:

- den Erfordernissen sexualpädagogischer Kompetenz, wie sie zur Bewältigung sexualpädagogischer Praxis nützlich ist,
- dem momentanen Stand der wissenschaftlichen Disziplin Sexualpädagogik in Forschung und Theorieentwicklung,
- der (noch nicht optimalen) gesellschaftlichen Bedeutung, die der Sexualpädagogik im Konzert pädagogischer Spezialqualifikation zugeschrieben wird,
- der gegenwärtigen Situation des Professionalisierungsprozesses der Sexualpädagogik, der noch nicht am (immer relativ formulierten) wünschenswerten Ziel angekommen ist,
- den gegenwärtigen vorhandenen Aus- und Weiterbildungsmöglichkeiten und entsprechenden Qualifizierungsprofilen und
- den vergleichbaren Spezialqualifikationen im Bereich des Erziehungs-, Sozial- und Gesundheitssektors.

Die dazu notwendigen Grundlagen und Informationen lieferten vorhandene Forschungsarbeiten zur Situation der sexualpädagogischen Aus- und Fortbildung, Konzeptentwicklungen und Materialien aus diesem Bereich sowie die Durchsicht der aktuellen Aus- und/oder Weiterbildungscurricula der in der Sexualpädagogik tätigen Institutionen (Pro Familia, Institut für Sexualpädagogik Dortmund, Sozialdienst katholischer Frauen, Fachhochschule Merseburg, Universität Kiel). (BZgA 2001, BZgA 2000, Sielert, Herrath 1999, Eichler, Hanwinkel, Holler 1998, Burchardt 1999)

Die sexualpädagogische Qualifizierung knüpft in der Regel an eine pädagogisch relevante Grundlagenausbildung an. Die kann in einer Fachschule, Fachhochschule oder Universität erworben worden sein. Andere nicht pädagogische Grundlagenausbildungen können angerechnet werden, wenn aus dem Qualifikationsprofil der antragstellenden Person hervorgeht, dass ausreichend pädagogische Qualifizierungsmodule in Theorie und/oder Praxis erworben wurden, so dass gerechtfertigt ist, die Bezeichnung Sexualpädagogin bzw. Sexualpädagoge (*gsp*) zu vergeben.

Eine von der *gsp* zertifizierte Qualifikation zur Sexualpädagogin/zum Sexualpädagogen kann als umfassende Weiterbildung oder in Form von einzelnen Modulen absolviert worden sein. Insofern können Qualifizierungsbausteine zur Anrechnung kommen, die entweder bei einem oder mehreren Ausbildungsträgern erworben wurden. Das entspricht realistisch der momentanen Situation von sexualpädagogisch Tätigen, die zum Teil ihre Qualifikation vor oder neben den langfristigen Weiterbildungsmaßnahmen erworben haben, die gegenwärtig auf dem Weiterbildungsmarkt angeboten werden. Dabei ist eine ausreichende thematische Breite der erworbenen sexualpädagogischen Weiterqualifizierung zu beachten. Nachzuweisen sind demnach vielfältige sexualpädagogische Inhalte, die dem Themenspektrum der Sexualpädagogik entsprechen.

Das zeitliche Minimum aller Qualifizierungen darf insgesamt 230 Unterrichtseinheiten (UE; entspricht 172 Zeitstunden) nicht unterschreiten. Das Verhältnis von Theorie bzw. Didaktik im Lehr- und Lernkontext sowie systematisch reflektierter Praxis muss einem Verhältnis von ca. zwei Drittel zu einem Drittel entsprechen. Die 230 UE müssen also mindestens 150 UE (entspricht 112 Zeitstunden) Theorie und 80 UE (entspricht 60 Zeitstunden) reflektierte Praktik enthalten.

Zum ersten Bereich – der 150 UE Theorie – gehören Theorie, Didaktik und Methodik der Sexualpädagogik, Selbstreflexion (als Kurszeit: in Präsenz mit Leitung) sowie alle inhaltlichen Seminareinheiten mit sexualpädagogischem Themenbezug.

Der zweite Bereich – der 80 UE reflektierte Praxis – umfasst Supervision, Intervision oder kollegiale Beratung, sofern dort praktisches Arbeiten reflektiert wurde. Auch die Teilnahme an institutionalisierten Arbeitskreisen sowie Prüfungszeiten können einbezogen werden. Hierzu zählt ebenfalls das Selbststudium, das aber nur mit max. 20 UE angerechnet wird und wie alle vorher genannten Bereiche durch entsprechende Nachweise bescheinigt werden muss. Tolerierbar ist in diesem Zusammenhang eine 10%ige Abweichung in beide Richtungen vom Verhältnis 150:80, d. h., auch eine Aufteilung 135:95 bzw. 165:65 würde den Anforderungen genügen.

Zusätzlich zu den theoretischen und praktischen Einheiten benötigen die Antragstellenden mindestens 120 UE (entspricht 90 Zeitstunden) nachgewiesene sexualpädagogische Praxis neben der Ausbildung. Hierbei werden ebenfalls Zeiten für die Vor- und Nachbereitung von Seminaren, Projekten etc. berücksichtigt, die aber max. 40 % nicht überschreiten dürfen.

Die antragstellende Person muss innerhalb der sexualpädagogischen Qualifizierung eine Prüfung nachweisen. Anerkannt werden Prüfungen der gängigen Ausbildungsinstitutionen z. B. der Pro Familia, des Instituts für Sexualpädagogik Dortmund, der Fachhochschule Merseburg oder der Universität Kiel bzw. äquivalenter Institutionen. Sollte bei einer Antragstellerin oder einem Antragsteller keinerlei institutionelle Prüfung der sexualpädagogischen Qualifizierung nachgewiesen sein, kann der Weiterbildungsausschuss der *gsp* ein Prüfungsgespräch durch den Beirat verlangen.

Bewerbung des Qualitätssiegels

Die Bewerbung des Qualitätssiegels erfolgte zunächst im Rahmen der *gsp*-Mitglieder selbst, um die Praktikabilität des Verfahrens zu erproben. Unter diesen Mitgliedern befinden sich selbstverständlich auch viele der so genannten Pioniere, die selbst keine formale Aus- und Weiterbildung erfahren haben, sondern den Professionalisierungsprozess erst in die Wege geleitet haben. Wie bei allen Zertifizierungsverfahren, die zu einem bestimmten Zeitpunkt des Professionalisierungsprozesses einer Disziplin eingeführt werden, sind für diese Personen Sonderregelungen eingeführt worden. Als Kriterium der Abweichung von den formalen Voraussetzungen wurde der Zeitpunkt festgelegt, zu dem es bereits fundierte Qualifikationen auf dem Weiterbildungsmarkt gab bzw. Antragstellende sie hätten besuchen können. Im Einzelfall entscheidet jeweils der Weiterbildungsausschuss in Verbindung mit dem wissenschaftlichen Beirat.

Die weitere Bewerbung des Siegels über die Mitglieder des Fach- und Berufsverbandes *gsp* hinaus, wird zum Zeitpunkt dieser Darstellung erst in Angriff genommen. Es wird sich dabei um einen längeren Prozess handeln, in dem sich diverse Faktoren wechselseitig beeinflussen müssen. So steigt die Chance, dass sexualpädagogisch tätige Einzelpersonen sich um das Qualitätssiegel bemühen und notfalls noch zu erfüllende Leistungen nachholen mit

- dem Ansehen des Fach- und Berufsverbandes *gsp*,
- der Bekanntheit des Siegels bei potentiellen Auftraggebern,
- der Bereitschaft der Verbände und Behörden, die bei ihnen beschäftigten Fachkräfte sexualpädagogisch zu qualifizieren,
- dem persönlichen, vor allem finanziellen Nutzen, den sexualpädagogisch Tätige von dem Qualitätssiegel haben sowie
- der Professionsentwicklung der Sexualpädagogik im Allgemeinen im In- und Ausland.

Nicht alle diese Faktoren, aber die meisten, sind durch ein geschicktes Bildungsmanagement zu beeinflussen.

18.5   Sexualpädagogische Allianz

Die Anerkennung sexualpädagogischer Professionalität und in diesem Kontext auch die Qualitätsentwicklung und -sicherung steigt mit der Internationalisierung der Zusammenarbeit. Bisher existiert noch kein Zusammenschluss von Sexualpädagoginnen und Sexualpädagogen auf europäischer oder gar internationaler Ebene. Die Disziplin ist über Deutschland hinaus allenfalls im Kontext eines breiteren Themenspektrums, so z. B. im Rahmen der Familienplanungsorganisationen bzw. sexualwissenschaftlicher Vereinigungen implizit, meist nur am Rande vertreten. Erst in den letzten Jahren ist eine zaghafte Kontaktaufnahme zwischen den sexualpädagogischen Vereinigungen in den deutschsprachigen Ländern erfolgt. Zaghaft deshalb, weil sich in Österreich, der Schweiz und in Südtirol auch erst seit einigen Jahren Fach- und Berufsverbände etabliert haben, zum Teil auf Initiative des Instituts für Sexualpädagogik in Dortmund. Das Institut hat dort seit einigen Jahren langfristige Weiterbildungen angeboten und zum Teil in Kooperation mit ansässigen Verbänden und Hochschulen entwickelt und durchgeführt. Die inzwischen zahlreichen Absolventinnen und Absolventen dieser Kurse haben zusammen mit bereits professionell tätigen Sexualpädagoginnen und Sexualpädagogen die Initiative ergriffen und eigene Fach- und Berufsvereinigungen gegründet:

- Sedes – Sexualpädagogik Deutsche Schweiz,
- Plattform – Sexuelle Bildung Oesterreich,
- Plattform – Sexuelle Bildung Südtirol.

Alle vier Verbände, *gsp*, sedes, Plattform Oesterreich und Plattform Südtirol haben sich 2009 zur *Sexualpädagogischen Allianz* zusammengeschlossen und die Zusammenarbeit vor allem im Bereich der Qualitätsentwicklung und Öffentlichkeitsarbeit beschlossen. Aufgrund des unterschiedlichen Organisationsgrads und der jeweils verschiedenen Schwerpunktsetzungen sind die Diskussionen zu einer gemeinsamen Basis in diesem Bereich noch in vollem Gange. So ist z. B. zur Zeit noch nicht ausgemacht, ob jedes einzelne Land ein eigenes Qualitätssiegel entwickelt und die wechselseitige Anerkennung beschlossen wird oder ob sich alle beteiligten Länder auf ein Qualitätssiegel einigen. Aufgrund der unterschiedlichen Länderstrukturen und fachpolitischen Situationen ist die wechselseitige Anerkennung jeweils eigener Zertifizierungen wahrscheinlich. Auf diese Weise wird immerhin die Möglichkeit eröffnet, sich als anerkannter Sexualpädagoge sowohl in Deutschland als auch in der Schweiz, in Österreich oder auch Südtirol niederzulassen bzw. anstellen zu lassen. In den momentanen Gesprächen spielt z. B. noch eine große Rolle, ob die Anerkennung nur von formalen Standards abhängig gemacht wird, wie das bei der *gsp* in Deutschland der Fall ist, oder ob die Verpflichtung auf eine fachpolitische und ethische Grundlinie eingefordert wird. Auch angesichts dieser Fragestellung gibt es verschiedene Modelle, die zur Zeit noch nicht entschieden sind. Immerhin ist in diesem ersten Rahmen der deutschsprachigen Länder ein internationaler Diskussionsprozess in Gang gekommen, der die Qualitätsentwicklung und damit die Professionalität der Sexualpädagogik vorantreibt.

18.6   Vertiefungsaufgaben und -fragen

1. Welche gesellschaftlichen Rahmenbedingungen haben die Qualifizierungskampagne zur Sexualpädagogik in Deutschland beeinflusst und was lässt sich daraus für die Professionalisierung anderer Themen (z. B. Erlebnispädagogik, Suchtprävention, Gewaltprävention ...) durch ein aktiv betriebenes Bildungsmanagement lernen?

2. Arbeiten Sie am Beispiel des Qualitätssiegels im Bereich der Sexualpädagogik heraus, wie realistische und doch Maßstäbe setzende Standards festgelegt werden können. Übertragen Sie die Kriterien auf andere pädagogische Domänen.

3. Entwerfen Sie ein Schreiben an potentielle Arbeitgeber bzw. Auftraggeber sexualpädagogischer Dienstleistungen, mit dem auf das Qualitätssiegel der *gsp* aufmerksam gemacht wird.

18.7   Literatur

Burchardt, E. (1999): Identität und Studium der Sexualpädagogik. Peter Lang, Frankfurt/M.

BZgA (Hrsg.) (1999): Sexualpädagogik zwischen Persönlichkeitslernen und Arbeitsfeldorientierung. Köln.

BZgA (2000): Sexualpädagogik zwischen Persönlichkeitslernen und Arbeitsfeldorientierung. Köln.

BZgA (2001): Sexualpädagogische Kompetenz. Qualifizierungsmaßnahmen im Bildungs-, Sozial- und Gesundheitswesen. Köln.

BZgA (2005): Forschung und Praxis der Sexualaufklärung. Übersicht über Studien, Expertisen und Ergebnisse aus Modellprojekten, Köln.

Eichler, D., Hanwinkel, R. & H. Holler (1998): Ergebnisse der empirischen Evaluation des BLK-Modelversuchs „Sexualpädagogik in der Hochschulausbildung". Abschlussbericht. Kiel.

Figge, P. A. W. u. a. (1977): Betrifft: Sexualität. Materialien im Medienverbund, Westermann, Braunschweig.

Keil, S. & U. Sielert (1990): Materialien zur Sexualerziehung für die Jugendarbeit in Freizeit und Schule. Beltz, Weinheim.

Keil, S. & U. Sielert (1993): Sexualpädagogische Materialien für die Arbeit in Jugendarbeit und Schule. Beltz, Weinheim Basel.

Schmidt, R.-B. & U. Sielert (2009): Handbuch Sexualpädagogik und Sexuelle Bildung. Juventa, Weinheim München.

Sielert, U. & K. Valtl (2000): Sexualpädagogik lehren. Handbuch. Beltz, Weinheim Basel.

Sielert, U. (2005): Einführung in die Sexualpädagogik. Beltz, Weinheim Basel.

Sielert, U. & F. Herrath (1999): Sexualpädagogik in der Hochschulausbildung. Abschlussbericht eines Modellprojekts des Instituts für Pädagogik der Universität Kiel. Materialien der Gesellschaft für Sexualpädagogik e.V. Band 1. Köln.

Autorinnen und Autoren

Kerstin Adolf, M. A. Erziehungswissenschaft und Betriebswirtschaftslehre, Leitung Angebots- und Auftragsbearbeitung der „Krones AG" in der Abteilung Technische Dokumentation und Übersetzung. Schwerpunkte: Bildungs-, Wissens- und Schulungsmanagement.

Dr. Bernd Benikowski, Bildungswissenschaftler und Geschäftsführer der gaus gmbh in Dortmund. Schwerpunkte: modellhafte Entwicklung und Umsetzung von neuen Bildungskonzepten und Lernarchitekturen.

Dr. Ergin Focali, Diplom-Pädagoge, Gastprofessor und Dozent u. a. an der TU Berlin, Alice-Salomon Hochschule Berlin, FH Potsdam, im Pestalozzi-Fröbel-Haus Berlin. Langjährige Tätigkeiten in unterschiedlichen Bereichen der Sozialen Arbeit (u. a. beim SOS Kinderdorf e. V.) und als GmbH-Geschäftsführer im Privatschulbereich.

apl. Prof. Dr. Christiane Griese, Akademische Rätin am Institut für Erziehungswissenschaft der Technischen Universität Berlin. Schwerpunkte: Interkulturelle Pädagogik und Schulentwicklung.

Prof. Dr. Tim Hagemann, Fachhochschule der Diakonie Bielefeld, Lehrstuhl für Arbeits-, Organisations- und Gesundheitspsychologie.

Prof. Dr. Dodo zu Knyphausen-Aufseß, Fachgebiet Strategische Führung und Globales Management an der Technischen Universität Berlin.

Prof. Dr. Anne Levin, Professorin für Allgemeine Didaktik und Empirische Unterrichtsforschung im Fachbereich Erziehungs- und Bildungswissenschaften an der Universität Bremen. Forschungsschwerpunkte: Instruktionspsychologie, Kleingruppenforschung, Erfassung von Kompetenzen.

Prof. Dr. Helga Marburger, Professorin für Interkulturelle Erziehung und Bildung am Institut für Erziehungswissenschaft der TU Berlin. Schwerpunkte: Interkulturelle Kommunikation und Kooperation, Interkulturelle Qualifizierung.

Esther Ohse, M. A. Ethnologie und Erziehungswissenschaft, Projektleitung Integrationsprojekt „Näh & Werk Studio" im Stadtteil Richardplatz Süd/Berlin-Neukölln.

Dr. Kristin Pataki, Diplom-Psychologin und Mediatorin, freiberuflich tätig als Coach im Bereich der Verkehrspsychologie und als Dozentin für Organisations- und Arbeitspsychologie sowie in der Mediation von Gruppenprozessen.

Prof. Dr. Martin Sauer, Diplom-Pädagoge, M. A. S. für Sozialmanagement, Professor für Sozialmanagement und Personalarbeit an der Fachhochschule der Diakonie (FHdD) in Bielefeld, seit 2007 Rektor der FHdD.

Jenni Schmied, 1. Staatsexamen für das Lehramt mit den Fächern Deutsch und Philosophie, stellv. Projektleitung und Prüfungscoach bei „Schule und Beruf", einem Projekt der Werkschule Berlin e.V.

Prof. Dr. Andrea Schmidt, Diplom-Pädagogin, M. A. in Personalentwicklung, Professorin für Soziale Arbeit an der Fachhochschule Potsdam. Schwerpunkte: Sozialpädagogische Handlungskonzepte und Arbeitsformen Sozialer Arbeit, Jugendarbeit, Personalentwicklung und Soziale Arbeit, Gender und Diversity.

Prof. Dr. Uwe Sielert, Professor für Sozialpädagogik an der Universität Kiel. Arbeitsfelder: Diversity Education, Sexualpädagogik, Schulsozialarbeit. Wissenschaftlicher Beirat des Instituts für Sexualpädagogik Dortmund und Geschäftsführer der Gesellschaft für Sexualpädagogik e.V. mit Sitz in Kiel.

Prof. Dr. Susanne Vaudt, Fachhochschule der Diakonie Bielefeld, Lehrstuhl für Betriebswirtschaftslehre im Sozial- und Gesundheitswesen. Schwerpunkte: Finanzierungssysteme in unterschiedlichen Hilfefeldern, Sozialmarketing, Outcome- und prozessorientiertes Controlling.

Christiane Weiling, M. A. Angewandte Kulturwissenschaften, Projekt- sowie Bereichsleiterin Gesundheits- und Seniorenwirtschaft der gaus gmbh in Dortmund. Forschungs- und Beratungsschwerpunkte: Kooperationsmanagement, Organisations- und Personalentwicklung, Weiterbildungsplanung, Strategisches Management, Marketing.

E-Learning ist nicht gleich E-Learning

Horst Otto Mayer | Willy Kriz

Evaluation von eLernprozessen

Theorie und Praxis

2010 | 260 Seiten | Broschur | € 34,80
ISBN 978-3-486-58210-8

Elektronisch gestützte Lernangebote erlebten in den letzten Jahren einen kometenhaften Aufstieg. Sie vereinnahmen zunehmend die Bildungslandschaft. Dennoch finden Qualität, Funktionalität und Wert dieser Produkte sowohl Befürworter als auch Gegner. Aus diesem Grund kommt vor allem der Evaluation von E-Learning-Angeboten ein hoher Bedeutungsgrad zu. Ausgewiesene Kenner des Fachs vergegenwärtigen dies auf Basis theoretischer Grundlagen, anhand zahlreicher erläuternder Beispiele und einem extra Praxisteil.

Das Buch richtet sich neben allen Anwendern von E-Produkten auch an Wissenschaftler, Studierende, Dozenten und Entwickler aus der Praxis.

Dr. Horst Otto Mayer ist Professor an der FH Vorarlberg und leitet dort das Department für Management- und Sozialwissenschaften.

Dr. Willy Kriz ist Professor für Human Resource Management und Leiter der Hochschuldidaktik der Fachhochschule Vorarlberg.

Oldenbourg

Lehren will gelernt sein

Gerd Hansen

Unterstützende Didaktik

Ein Konzept zur Planung und Durchführung
von Unterricht an Allgemeinen Schulen und
Förderschulen

2010 | IX, 195 Seiten | gebunden | 29,80 €
ISBN 978-3-486-59151-4

Zeitgemäß und bedarfsgerecht: Die Unterstützende
Didaktik versteht sich als Rahmenkonzept für den
Unterricht sowohl an allgemeinen Schulen als auch
an Förderschulen.

Theoretischer Bezugspunkt ist dabei eine gemäßigt
konstruktivistische Interpretation von Lehr- und Lernprozessen. Über die Integration von klassischen didaktischen Theorieelementen einerseits – wie Beziehung,
Inhalt, Handlung, Emotion – und aktuellen Befunden
der empirischen Lehr-, Lern- und Bildungsforschung
andererseits werden neben einer theoretischen Fundierung auch praktische Anregungen für einen effektiven Unterricht vermittelt.

**Angesprochen werden Studierende sämtlicher
Lehrämter, in der Lehrerausbildung tätige Dozen-
tinnen und Dozenten, Lehrkräfte in Praxis, Aus- und
Fortbildung sowie alle am Thema Interessierten.**

Prof. Dr. Gerd Hansen lehrt Didaktik in
schulischen und vorschulischen Reha-
bilitationsfeldern am Department
Heilpädagogik und Rehabilitation
der Universität zu Köln.

Oldenbourg

Bestellen Sie in Ihrer Fachbuchhandlung oder
direkt bei uns: Tel: 089/45051-248, Fax: 089/45051-333
verkauf@oldenbourg.de

www.ingramcontent.com/pod-product-compliance
Lightning Source LLC
Chambersburg PA
CBHW080917220326
41598CB00034B/5596